TEATRO ESPAÑOL
CONTEMPORÁNEO

TEATRO ESPAÑOL CONTEMPORÁNEO

BENAVENTE: Los intereses creados — La Malquerida.
MARQUINA: En Flandes se ha puesto el sol. HNOS. ÁLVAREZ
QUINTERO: Malvaloca. VALLE-INCLÁN: El embrujado.
UNAMUNO: Sombras de sueño. GARCÍA LORCA: Bodas
de sangre.

INTRODUCCIONES Y ANOTACIONES

POR

Joseph W. Zdenek

y

Guillermo I. Castillo-Feliú

SEXTA EDICIÓN

EDITORIAL PORRÚA
AV. REPÚBLICA ARGENTINA, 15
MÉXICO, 1999

Primera edición en la Colección "Sepan cuantos...", 1979

ISBN 968–432–826–5   (Rústica)
ISBN 970–07–2082–9   (Tela)

IMPRESO EN MÉXICO
PRINTED IN MEXICO

PREFACIO

Esta antología de dramas del siglo veinte, más completa que cualquier otra colección anteriormente publicada, está modelada en la bien conocida *Ninetenth Century Spanish Plays,* publicada por D. Appleton Century. Se espera que el texto que aquí ofrecemos sea de valor en cursos de literatura donde hasta ahora ha resultado necesario emplear un número de textos sueltos. Nuestro propósito es ofrecer un panorama del drama de este siglo con una representación selecta de los autores más conocidos.

La introducción al tomo pretende dar al estudiante una idea general del desarrollo del drama del siglo con unos apuntes sobre todos los autores principales de cada tendencia manifestada en el teatro. Unos informes más amplios se hallan en la introducción a cada autor cuya obra se incluye en el texto. Para estos autores hay unas notas biográficas y unos comentarios sobre la obra incluida y su obra en general. Con pocas excepciones las comedias van anotadas y se encuentran arregladas en orden cronológico. Los autores, al contrario, algunos de los cuales escriben durante gran parte de su vida, no aparecen cronológicamente según la fecha de su nacimiento. Una bibliografía, necesariamente incompleta, se da al final.

Se ha mantenido la ortografía (la acentuación y la puntuación) de las obras originales que los autores de esta antología emplearon en su trabajo de anotación. Por eso, en unas obras el acento, por ejemplo, se halla en palabras como *fui, fue, dio,* y en otras, no.

Sin la generosa cooperación de los autores incluidos en esta antología, sus herederos o representantes y casas editoras, esta antología no habría sido una realidad. Por ese motivo, deseamos expresar profunda gratitud a estas personas y entidades.

Llegue nuestro más profundo agradecimiento a nuestra secretaria, Jean Crawford, sin cuya industria esta obra nunca hubiera visto la luz.

JOSEPH W. ZDENEK
GUILLERMO I. CASTILLO-FELIÚ
16 de febrero de 1976

INTRODUCCIÓN

La dramática del siglo xx

Las direcciones del teatro español de este siglo son múltiples y variadas. Casi siempre, podemos decir, van encabezadas por algún hombre insigne y luego continuadas por un grupo de seguidores de mayor o menor mérito. Podemos esquematizar las principales tendencias en estos apartados, recordando, sin embargo, que algunas tendencias coexisten con otras:

a) transformación del género chico
b) Benavente y su escuela
c) el teatro social; el teatro revolucionario
d) el astracán.
e) el teatro de la generación del '98
f) el teatro poético
g) el esperpento
h) el teatro de orientación psicológica; el teatro vanguardista o intelectual
i) el teatro de juego y ensueño; el teatro de diversión; el teatro de evasión
j) el teatro de angustia; el teatro realista; el teatro comprometido; el teatro de lo imposible.

El género chico del xx tiene su punto de partida en el siglo anterior, aunque en cuanto a sus características, es de origen romano. Podemos trazar su desarrollo desde los mismos romanos a los juegos de escarnio del xiv y a los pasos de Lope de Rueda en el xvi, por los entremeses de Cervantes hasta las obritas del xix. En la segunda época del xix hubo un renacimiento de dos formas de este género: el sainete y la zarzuela. El sainete puede definirse como una comedia breve o una farsa, generalmente de un acto, que representa escenas de la vida vulgar o de la clase media. Está basado en la observación directa de las masas dentro de una situación cómica. Por lo general es humorístico, irónico, a veces satírico, sin pretensión de reformar. Más importantes que la trama son la situación y el diálogo, que es por lo general muy vivo, rápido y chistoso. Los personajes son de la clase ya mencionada y hablan de una manera muy realista. Se puede decir que el sainete es *une tranche de vie* como se le ve en un café o plaza de una ciudad. Siempre tiene un fin feliz. El sainete más música es una zarzuela. Hasta mediados del siglo el sainete se empleaba como un tipo

9

de entremés o como una pieza preliminar al principio de una obra más larga, pero en 1869 se estableció el llamado teatro de horas para el género chico. Cuatro o cinco piezas se presentaban en una noche, y se cobraba una entrada por cada una. Los cafés de Madrid, para atraer a una clientela, empezaron a ofrecer sainetes a veces llamados también pasillos, juguetes, parodias, etc. Para suplir la demanda pública, muchos autores escribieron sainetes, algunos de ellos sin valor. La degeneración del sainete se verá en los tipos estereotipados y el cambio de un diálogo vivo a uno con juegos de palabras rebuscados, expresiones indecentes y un divorcio de la realidad. Es difícil, según Bell, decidir si el sainete salvó o mató el drama durante su predominio. De un lado, lo entroncó con la realidad y lo hizo popular, pero de otro lo rompió en fragmentos y lo divorció de la literatura.[1]

El sainete, muy popular en el XIX, sigue en el XX con Serafín y Joaquín Álvarez Quintero (1871-1938 y 1873-1944),* considerados los mejores representantes del costumbrismo andaluz llevado al teatro. Se hallan independientes de otros movimientos renovadores pero sin duda fueron influenciados por ellos. Es un teatro ligero, encantador y superficial, que huye de los grandes temas sociales y de los complicados conflictos psicológicos. El público, satisfecho, no pidió más.

Carlos Arniches (1866-1943) tiene también su punto de partida en el género chico. En contraste con los hermanos Quintero, el ambiente que encuadra la acción suele ser el del Madrid de fin de siglo, aunque el autor es de origen levantino. Deja con sus sainetes una obra abundante que en sus buenos momentos no desmerece en la comparación con la de los grandes autores que cultivaron este género en el pasado.

El sainete madrileño, de más rancio abolengo que el andaluz, difiere de éste en la comicidad. En el andaluz, representado por los Quintero, la comicidad salta de las situaciones. En el madrileño, en cambio, predomina lo cómico verbal basado con frecuencia en palabras cultas, imágenes y metáforas, en contraste con los ademanes chulescos de los personajes.

Hay que mencionar aquí a otros cultivadores del sainete. Los hay que se inclinan a la manera de los hermanos Quintero, con predominio de lo andaluz, y los hay que prefieren seguir la línea de Arniches, con matices madrileños.

Entre los primeros mencionemos a Antonio (n. 1895) y a Pascual Guillén (1891-1972), que cultivaron casi siempre en colaboración, un teatro de doble modalidad: comedia asainetada y tema folklórico. En el segundo género, en que el tema era sólo pretexto para engarzar unas canciones populares de tipo flamenco, se hicieron célebres *La novia de Reverte* y *La copa andaluza*. En la comedia asainetada fueron muy aplaudidas por un público no muy exigente: *La*

---

[1] BELL, *Contemporary Spanish Literature*, pág. 156.
* Véase el texto. Los autores señalados con asterisco llevan una introducción amplia delante de la obra suya incluida.

Marquesona, Mayo y Abril, La luz, Veinte mil duros, Los caballeros, Mi hermana Concha, y *Morena Clara.* Esta última ganó una gran popularidad en el cine.

En la misma línea, aunque superiores por la expresión, por lo humano del tema y por el estudio de situaciones y caracteres, encontramos a los hermanos Jorge y José de la Cueva (n. 1884 y 1887), que iniciaron brillantemente su carrera teatral en 1909 con *Aquí hase farta un hombre,* sainete del más puro corte andaluz. Derivan hacia la comedia en *Agua de mayo,* y *Creo en ti.* Otras comedias suyas son: *Jaramago, Las ranas, El ancla* y *Fino Lerma.*

José María Martín López (n. 1896), más conocido como José María de Granada, logró un éxito con *El niño de oro.* La nota populachera es lo que distingue las obras de este escritor. También estrenó *La Virgen del Rocío, La guapa* y *La hija de Juan Simón.*

Dentro de la modalidad de Arniches los saineteros y comediógrafos más estimables son Pilar Millán Astray (1879-1949), autora de obras de éxito ruidoso como *Los amores de la Nati, El millonario y la bailarina, La galana, Mademoiselle Nana,* y *La tonta del bote;* y Francisco Ramos de Castro (1890-1963), autor de libretos para zarzuelas, que obtuvo éxito con *Más bueno que el pan, A ras de las olas, El concejal, Viva Alcorcón, que es mi pueblo* y *¡Pare usté la jaca, amigo!,* esta última en verso. Luis Fernández de Sevilla (n. 1888), en colaboración con varios autores, ha cultivado diversos géneros. Con Luis Tejedor colaboró en la comedia chulapona *Un moreno y un rubio* y *Eran tres, un gitano y un marqués.* Con Anselmo C. Carreño escribió el sainete bufonesco *Los marqueses de Matute* y *La capitana.* Con Rafael Sepúlveda cultivó la comedia sentimental de chiste rebuscado y toques melodramáticos: *Madre alegría, Estudiantina, Las ermitas,* y con Dora Sedano de Bedriñana escribió *La diosa de arena.*

Después de Arniches el principal cultivador del sainete madrileño es Ángel Torres del Álamo (n. 1880), que dejó una galería de tipos populares en *Margarita la Tanagra, Las pecadoras, La Mary-Tormes, Los hijos de la verbena, Lorenza "la Seria", Rocío "la canastera", Las tentaciones* y *El chico del cafetín,* este último escrito en colaboración con Antonio Asenjo.

Guillermo Fernández-Shaw (1893-1965), madrileño, alcanzó grandes éxitos con sus zarzuelas *La canción del olvido, El caserío, La villana, La rosa del azafrán, Luisa Fernanda, La chulapona,* y *La moza vieja,* entre otras.

Otros son José Fernández de Villar, de gracia fina, que estrenó *El caprichito, Mimí Valdés, Mi casa es un infierno, La vieja rica, Lola y Lolo, La educación de los padres;* Antonio Casas Bricio, que empezó por el tema flamenco en *Tú gitano y yo gitana,* para llegar a la comedia dramática en *Gloria Linares;* Luis de Vargas, que triunfó en *La de los claveles dobles, Seis pesetas, El señorito Pepe, Los Lagarteranos, Las pobrecitas mujeres;* Lorenzo López de Saa, que se inclina a los temas de historia contemporánea en *La española que fue más que reina,* sobre Eugenia de Montijo, y *La muerte del ruiseñor,* sobre

la vida de Julián Gayarre; José de Lucio, cuya gracia le acerca al
astracán que vamos a estudiar más tarde; Antonio Estremera (n.
1884), Rafael España, José Tillaeche, José Juan Cadenas (n. 1872),
Enrique Fernández Gutiérrez Roig, y Fernández Lepina.

La nota cómica también desempeña un papel de primer orden en
el teatro de Pedro Muñoz Seca (1881-1936). En su teatro cabe distinguir tres tipos de obras: la comedia sentimental, la parodia y el
astracán, que es el género típico de este autor, el que mejor le cali-
fica, y el que le dio fama y dinero.

Al grupo de las obras sentimentales pertenecen *El conflicto de
Mercedes* y *Las hijas del rey Lear.*

Más destacadas son sus parodias teatrales, *El filón* y *La venganza
de don Mendo.* En esta última, casi perfecta dentro del género, Muñoz Seca intentó ridiculizar el tono grandilocuente del teatro clásico
español, cuando es en realidad una parodia del llamado "teatro poético", tan en boga durante las primeras décadas del siglo veinte. En
este sentido hay que reconocer que es un total acierto. Incluso, algunos versos han pasado a la memoria de todos. Tiene verso altiso-
nante, palabras larguísimas y una dosis de dignidad y orgullo en los
personajes que contrasta admirablemente con lo falso y ridículo de
las situaciones.

Pero el género que define a Muñoz Seca es el astracán. Quizá
lo fundamental de esta clase de comedias sea la falta de lógica —ni
estudio de personajes, ni trama encadenada, ni lógica—. Nos enfrenta-
mos con fantoches en lugar de hombres.

El personaje casi único, el verdadero protagonista de este teatro
es el fresco, manifestación moderna del pícaro. El fresco, o como
desnuda individualidad, o formando grupo, como en *La tela,* es el per-
nosaje en torno a cuyas intemperancias, ardides y audacias se construye la pieza. Su psicología es pobre, sus apetitos consisten en comer,
no trabajar e "ir tirando" hasta la hora de la muerte. A veces se halla
convertido en reformador político, en intelectual, en embaucador o
en la forma más pura del sinvergüenza.

Todo arranca de un supuesto falso, admitido el cual, ya lo demás
se desarrolla por sus propios pasos. Muñoz Seca sintió predilección
por estas obras, entre las cuales hay unas escritas sin más finalidad
que la de entretener o provocar la hilaridad. Hay otras de tendencia
político-social, en forma de ataque a instituciones y personas. A la
primera serie corresponden: *La barba de Carrillo, La frescura de La-
fuente, Los misterios de Laguardia, Pastor y Borrego, El verdugo de
Sevilla. El último bravo, La tela, Usted es Ortiz* y *Los extremeños se
tocan,* zarzuela sin música o parodia de opereta.

La segunda época, coincidente con la proclamación de la República, está representada por *El jabalí, Anacleto se divorcia, El Ex...*
y *Cataplún.* En las piezas de este tipo la intención política y la alu-
sión casi personal a veces atenúan lo que hay en ellas de astracanada,
de disparatado y de absurdo. Incluimos aquí también *La oca,* una pieza
basada en el reparto social en que nada le tocaría a nadie y todos

tendrían que trabajar más de lo que desean, *i.e.*, que es tonto andarse en reformas. Por eso se le puede calificar como teatro contrarrevolucionario, un tipo de teatro que se explicará más tarde. Sus comedias de circunstancias, provocadas por una situación política o social, desaparecieron al desaparecer la situación. Las de puro disparate también se esfumaron porque no hay nada que muera tan pronto como lo absurdo, cuando no va acompañado del menor pálpito humano. En suma, su teatro puede estudiarse no como literatura sino más bien como fenómeno social. Ha de reconocerse que sí supo entretener al público. Valbuena Prat dice que "si hubiese tenido más dignidad literaria, gran parte del teatro satírico de Muñoz Seca podía haber constituido una especie de rama aristofánica de una época histórica".[2]

Los más asiduos colaboradores de Muñoz Seca han sido Pedro Pérez Fernández y Enrique García Álvarez. El primero apenas tiene más obra que la hecha con Muñoz Seca. El segundo, en cambio, tiene sainetes originales y otras en colaboración con Arniches, Abati y Paso. Escribió *La alegría de la huerta*, *La marcha de Cádiz*, *El pollo Tejada*, *El perro chico*, *Alma de Dios*, y *El trust de los tenorios*.

Joaquín Abati y Díaz (1865-1936) nos dejó un teatro gracioso, natural y espontáneo, tanto por el diálogo como por las situaciones. En colaboración con Paso estrenó comedias asainetadas: *El orgullo de Albacete*, *El gran tacaño* y libretos de zarzuela como *El asombro de Damasco*.

Antonio Paso es comediógrafo de asombrosa fecundidad. Sus obras pasan de doscientas y se distinguen por su gracia natural y por su inventiva inagotable. Algunas son: *El arte de ser bonita*, *La marcha de Cádiz*, *El niño judío*, *El asombro de Damasco*, *La alegría de la huerta*, *El orgullo de Albacete*, *Genio y figura*, *La alegre trompetería* y *El pícaro mundo*.

Ahora llegamos a una de las figuras más importantes del drama español, Jacinto Benavente (1866-1954).* La comedia de Benavente representa un contraste con el neorromanticismo y el efectismo retórico de Echegaray y sus discípulos, a la vez que una innovación en la escena por su finura y por la habilidad de la técnica. Crea una nueva modalidad dramática en la que lo esencial está en la ironía con que se fustigan ciertos aspectos de la sociedad. La sátira nunca tiene un tono violento. De vez en cuando su comedia está reducida a elegantes conversaciones de salón. A veces lo teatral predomina sobre lo dramático, y su espíritu algo frívolo le resta cierta profundidad hasta hacerlo caer en un simple juego algo artificial. Con todo, deja una obra duradera y su nombre sobrevivirá en la historia del teatro español, como, según muchos, el mejor dramaturgo del siglo xx.

Era contemporáneo de la generación del '98 y del modernismo pero no puede ser incluido en ninguno de los dos grupos. Le faltan la gravedad de aquélla y el exquisito mundo poético del otro. En el fondo es un continuador de la "alta comedia" o el "drama de tesis"

---

2 VALBUENA PRAT, *Teatro español*, pág. 148.

del siglo XIX. Estas comedias de problemas sociales ofrecían una lección para el público y para la sociedad.

Dos seguidores de Benavente son Manuel Linares Rivas (1867-1938) y Gregorio Martínez Sierra (1881-1948). Linares Rivas se inclina al teatro moral y a la sátira de los abusos sociales. Sus dramas son de problema o tesis, semejantes en algunos aspectos a los de Echegaray, pero necesariamente con sentido y lenguaje más modernos, con una psicología de los personajes de mejor realidad. De sus tierras gallegas de origen, Linares Rivas extrae un poderoso cuadro de emociones, nobleza, superstición y folklore. *La garra,* su obra más famosa, dramatiza un conflicto matrimonial y favorece el divorcio. *Primero vivir,* otra de sus obras sobresalientes, fue denominada con *La garra* por su autor "obras de pelea" por tratarse de piezas en las que se sacan a colación las miserias de los hombres y las desdichas injustas de las pobres mujeres. En *Cobardías* satiriza los prejuicios aristocráticos manteniendo que los malos triunfan en la sociedad gracias a la falta de decisión de los buenos. Recuerda *Los hombres de bien* de Tamayo y Baus. En *La cizaña* satiriza la maledicencia. En *La mala ley* pone de manifiesto la ingratitud de los hijos y el tema de las herencias.

En otras comedias cada vez más sujetas a una fórmula teatral que va perdiendo su eficacia al repetirse, pone de manifiesto varios conflictos entre las nuevas ideas y las leyes que han envejecido y no pueden ya resolverse ni aplicarse a los problemas de la sociedad actual. Otras obras suyas son *El caballero lobo, El abolengo, Cristobalón, Sancho Avendaño, La raza como buitres, Fantasmas, La fuerza del mal, Como hormigas, María Victoria.* y *Lady Godiva.*

En general, es un teatro bien construido sin otros defectos que su excesiva teatralidad y el abuso de la intención docente. Su teatro, pues, es un teatro reformador. A principios del siglo gozó de tanta popularidad o más que Benavente, una popularidad que ha ido decreciendo a medida que se vio la falsedad de muchas de sus tesis. Ha dejado más de setenta obras. Por pintar el mismo mundo que Benavente, y por su tendencia igualmente satírica, se le ha considerado injustamente como imitador. Pero la personalidad de Linares Rivas tiene su propio relieve. Su visión y su interpretación de la existencia contemporánea son esencialmente personales.

Gregorio Martínez Sierra es el dramaturgo que, con excepción de Benavente, más unido estuvo al modernismo. Creó y colaboró muy activamente en varias revistas de este movimiento.

Como tantos escritores de la época, su actividad literaria se ve en distintos géneros: novela, cuento, periodismo, teatro. En 1898 da su primera obra: *El poema del trabajo.* Entre sus dramas mencionemos *Mamá, Canción de cuna, La sombra del padre, Los pastores, Primavera en otoño, El pobrecito Juan* y *El ama de la casa.* Para muchos su pieza más lograda es *Don Juan de España,* una nueva versión de esta figura legendaria. Su *Canción de cuna* alcanzó enorme difusión, gracias a su adaptación al cine.

Elige sus personajes entre la clase media y reviste el ambiente de poesía. Bajo una aparente profundidad hay una ideología bastante mediocre. Tiene una concepción amable de la vida pero con cierta dosis de cursilería. Su obra dramática se distingue dentro del tono benaventiano por cierta finura psicológica y delicadeza poética. Como Benavente, sobresale en la creación de personajes femeninos.

También esta nota fina se halla en las comedias de Felipe Sassone (1884-1959) de quien la más hábil y artística producción es *La señorita está loca*. Aunque nacido en Perú, corresponde íntegramente a España por haber desarrollado toda su actividad literaria allí.

Nació en la República Argentina (1906) Enrique Suárez de Deza pero es de formación española, y por esto, puede incluirse aquí también. Obtuvo su primer gran éxito, apenas cumplidos los veinte años, con *Ha entrado una mujer,* en la que se ven las características que se hallan, por lo general, en su obra —amenidad en el diálogo, conocimiento de los recursos escénicos y reminiscencias fáciles de señalar—. Su éxito inicial, más que favorecer al dramaturgo, le perjudicó, ya que en vez de autodisciplinarse y buscar perfección, se lanzó por el camino fácil del cine y de las lecturas novelescas en busca de temas para su teatro, que alcanza un volumen considerable. En él se pueden señalar influencias diversas, en especial de Oscar Wilde. Ha escrito: *¡Catalina, no me llores!,* una farsa, y *Ambición,* comedia dramática, *Aquellas mujeres, Los sueños de Silvia, Las Furias, El pelele y F.B.,* todas obras de tesis. Así podemos ver la multiplicidad de su temática. Se aprovechó de ambientes exóticos con una técnica que se aproxima a la del cine. Ha obtenido triunfos en España pero los ha cosechado aún mayores en América, sobre todo en su ciudad natal.

El sevillano Francisco Serrano Augusta (1887-1968) merece mencionarse también. Dejó cuatro comedias justamente estimadas: *Manos de plata, Papá Gutiérrez, Tierra en los ojos,* y *El divino pecado.* También escribió otras menos logradas: *Los nietos del Cid, La paz de Dios, La dama del antifaz, El último episodio, Simpatía.* En colaboración con Manuel de Góngora (n. 1889) cultivó la comedia folklórica en *La Petenera.*

Relacionado con el teatro benaventino pero a la vez algo aparte está un teatro de la "cuestión social". En éste los papeles más destacados y brillantes se confieren al pueblo humilde y trabajador. En realidad, esta fórmula no supone novedad alguna, ya que en el teatro español, desde sus orígenes hasta el género chico, el pueblo ha sido protagonista. La diferencia, según F. García Pavón, no es cuantitativa, sino de diapasón.[3] Se saca a escena al pueblo investido de derechos que supone el movimiento proletario del siglo, uno no consciente de la injusticia social, no en perfecto acuerdo con el orden social establecido. Es un papel nuevo, pues que, según él, a partir de los dramas históricos del XVII hasta fines del XIX, el pueblo se presenta como elemento secundario, simplón y regocijante, ajeno a toda acción de gran-

---

[3] F. García Pavón, *El teatro social en España,* pág. 27.

des dimensiones humanas. Todavía en el género chico sigue en su
intrascendente papel, hasta la caricatura más patosa. Este teatro social
rehabilita la importancia dramática del pueblo en la escena, le confiere los primeros papeles como antaño y fija la atención en los problemas privados del humilde, que ya no son de honra ni solamente
políticos, sino nutridos de una nueva preocupación —la injusticia social—. Como la literatura casi siempre es expresión de unos modos
de vida existentes, el teatro social no irrumpió hasta que fue un hecho el planteamiento del problema social de lucha de clases. En las
últimas décadas del siglo veinte vemos una reafirmación de un teatro
social, pero exento de tanto criticismo político, y exento, también, de
elementos marxistas y anarquistas.

Entre los autores de teatro social con tendencia anarquista que
surgen a principios de siglo, mereció especial favor del público José
Fola Igurbide. Su obra más representativa fue *El Cristo moderno*, estrenada en Valencia en 1904. Su subtítulo es *Drama moral y filosófico
en cinco actos*. Otras obras suyas son: *Sol de la humanidad, La libertad
caída, La muerte del tirano, Los dioses de la mentira, La sociedad
ideal, El pan de piedra, La máquina humana, El cacique o la justicia
del pueblo*, las cuales dan una idea de sus tendencias místico-anarquis-
tas. Su teatro es folletinesco, pero de gran efectividad teatral. *El Cristo moderno*, así como *La sociedad ideal*, estrenada en Barcelona en
1911, son exaltaciones casi demenciales de la libertad, "no circunscrita
por ninguna frontera, ni por otra linde geográfica, hasta enseñorearse
de la tierra", según el autor quien continúa: "así desaparecen las
castas, se igualan las leyes, palpitan al unísono todos los corazones
y se llega al cumplimiento del ideal cristiano, el más hermoso y fe-
cundo que cabe dentro del espíritu".[4] La obra está saturada de adhe-
rencias al misticismo patente en la literatura rusa de la época. No se
culpa de las injusticias sociales al burgués o al aristócrata, sino a la
sociedad entera por haber subvertido el orden natural y cristiano de
la total libertad e igualdad.

Federico Oliver y Crespo (n. 1879) estrena su primera pieza dramática, *La muralla*, en 1898. Destaca por el vigor de su lenguaje, el
patetismo de las situaciones y por el cultivo de temas sociales en los
que rara vez prescinde de tono moralizador. Sus obras son: *La nena*,
de ambiente popular asturiano; *Los semidioses*, una obra reformista
sobre la vida y psicología de los toreros, considerados uno de los cán-
ceres de la patria; *Los pistoleros*, sobre las luchas sindicales de Barcelona; *Los cómicos de la legua*, una de sus mejores obras de costumbres teatrales; *Lo que ellas quieren*, donde pone de manifiesto el in-
flujo de la mujer en la vida del hombre; *El crimen de todos*, sátira
del matonismo del que hace responsable a toda la sociedad; *El pueblo
dormido, Han matado a don Juan, Oro molido, Susana y los viejos* y
Atocha. Su teatro es principalmente "teatro de tesis"

4 GARCÍA PAVÓN, *op. cit.*, pág. 67.

De Marcelino Domingo (n. 1884) ni queda recuerdo de sus obras, ni apenas de sus actividades dramáticas. Sin embargo, merece mención en cuanto al teatro social, y sus piezas están bien hechas, aunque algo exangües. Los años veinte son los de su mayor actividad teatral. De esta época son *Vidas rectas, El pan de cada día, Juan sin tierra, Encadenadas* y *Los príncipes caídos*.

Una variante interesante del drama social es el teatro de filosofía política. Un cultivador asiduo fue Julián G. Gorkin. Escribió *Lobos y ovejas, Claudio, Solidaridad, La Corriente* y *Una familia. La corriente* pretende ser el drama de una generación sacrificada, la de la guerra de 1914-18, arrastrada un momento por la revolución, incapaz de luchar contra la nueva guerra que se prepara. Es el drama del individuo frente a la corriente social que lo arrastra un día, lo arroja después a un remanso y lo destroza al fin. El autor también pretende hacer un teatro psicológico colectivo.

Hasta la República de 1931 el drama social sigue estas andaduras: 1) drama de ambiente rústico, generalmente andaluz, y 2) drama de ambiente industrial y minero. Ambos, según García Pavón,[5] pueden ser de tendencia ideológica varia, marxista, anarquista o simplemente reformista. De su esquema dramático hay que mencionar estos elementos: 1) masa inconsciente explotada por la burguesía cruel; 2) obrero consciente que ha vivido en la ciudad, que agita a la masa y ordena la huelga, a veces hijo de obrero tradicionalista y resignado; 3) conflicto de honra provocado por los amores más o menos perversos del amo o de su hijo con la hija del obrero tradicionalista, y hermana, por tanto, del agitador; 4) como consecuencia de la huelga, algún niño muere de hambre; 5) llega la policía, vence la fuerza pública, el agitador muere o cae herido; 6) el padre que ha despertado sobre todo al conocer la deshonra de su hija, se venga del burgués. Este repertorio se ve aumentado con traducciones de dramas extranjeros.

Como antídoto de estos dramas de izquierda aparece la sátira del drama social revolucionario. Al borde mismo de la República e inmediatamente después, el drama social se ciñe con frecuencia a la circunstancia política, tomando un especial desmelenamiento y una aguda inquina antiborbónica. La actitud antimilitarista y anticlerical, desusada hasta ahora, sobre todo en los años de la dictadura, emerge violenta. Como ejemplo pintoresco de este teatro podemos citar la fantasía cómica en verso *Alfonso XIII de Bom-Bom* de A. Custodio y J. de Burgos (1842-1902). Es una tosca caricatura del rey en los últimos días de su reinado.

El teatro político-social de tendencias progresistas y revolucionarias vive y crece durante medio siglo sobre las tablas sin una réplica adecuada. La reacción española, en lugar de considerar con seriedad la enorme problemática social, encasilló en posturas negativas, en formas contrarrevolucionarias puramente mecánicas. Los propósitos

---

[5] GARCÍA PAVÓN, *op. cit.*, pág. 91.

del teatro contrarrevolucionario son de réplica y contraofensiva, sin oferta de nuevas soluciones adecuadas. Este teatro prefiere las fáciles evasiones del teatro cómico, la sátira, la caricatura, y la astracanada, en las que se solía pintar a los obreros revolucionarios como vagos, resentidos y borrachos, y a sus dirigentes como explotadores de nuevo estilo, dedicados a exaltar las virtudes familiares, la tradición y el paternalismo patronal. Es, en otras palabras, absolutamente conformista. Pero es menos abundante, menos popular, y de menos calidad literaria que el teatro social de opuesto signo. Como ejemplo de este teatro que, para combatir las nuevas ideas disolventes, tiende a la exaltación de la familia y de los valores morales sedimentados por la tradición, puede servir una obrita: *Amor bolchevique,* entremés en verso, de Vicente Alsono Martín. Ataca el amor libre propugnado por el bolchevismo. Adolfo Marsillach (n. 1868) nos presenta otro ejemplo de este teatro en *El redentor del pueblo,* sobre la vida minera.

Dejando ya aparte el teatro social, mencionemos otros dramaturgos que siguen las tendencias ya establecidas. Comediógrafo de matices finos y de hondura psicológica, bien disimulada casi siempre bajo una aparente frivolidad, fue Honorio Maura y Gamazo (1886-1936), quien escribió, entre otras piezas, *Susana tiene un secreto, Eva indecisa, Julieta compra un hijo, La Muralla de oro, Corazón de mujer, Raquel, La duquesa y su bailarín, Por sus pasos contados, Hay que ser modernos, El balcón de la felicidad, Como la hiedra al tronco.* En algunas de estas obras colaboró con Martínez Sierra.

Julia Maura (1910-1971) sobrina del anterior e hija del ilustre escritor y académico Gabriel Maura, escribió *La sin pecado, Donde está la verdad, Lo que piensan los hombres, El hombre que volvió a su casa, La mentira del silencio, Chocolate a la española* y *La eterna Doña Juana,* obras en que brillan su ingenio, su sensibilidad, su gran sentido de la observación y su extensa cultura.

Luis González López muestra una claridad de exposición y viveza en el diálogo en tales comedias como *Pepe que quiere que salgas, Las hijas de Barrigón, La voluntad de Dios, La vida por ella* y *Santa del Valle.*

Adolfo Torrado (1893-1957) se dio a conocer en los años inmediatamente anteriores a la guerra y alcanzó éxitos entonces y después. Empezó escribiendo en colaboración con Leandro Navarro (a quien se menciona a continuación) con una tendencia hacia el lado cómico de la vida. A su época de colaboración corresponden *La Papirusa, Dueña y señora, Los hijos de la noche, Los pellizcos, Los niños sevillanos.* Separado de Navarro, Torrado se inclinó a los temas de ambiente gallego, tratados en tono melodramático y con un humorismo burdo y algo de comercialismo. Sus obras *Chiruca, La duquesa Chiruca, La madre guapa, Sabela de Cambados, El famoso Carballeira, Un caradura, La infeliz vampiresa, Moquita en Palacio,* y *Un beso de madrugada* han sido aplaudidas en teatros de Madrid y de las provincias.

Las obras de Leandro Navarro (n. 1910) revelan mayor respeto al público culto y mayor estudio. Unas de sus obras son: *Las colegialas, Los novios de mis hijas, La llave, Como tú me querías, Con los brazos abiertos, Historia de una boda* y *Cincuenta mil pesetas.*

José López Pinillos (1875-1922) se muestra más original y de más talla que los anteriores. Él popularizó el seudónimo de "Pármeno" en dramas de estilo crudo y recio, con notas de sarcasmo y pesimismo. Su teatro está entroncado con el de Benavente y, aún más, quizá, con el de Galdós. Censura implacablemente las costumbres y los vicios. Escribió *La tierra, El vencedor de sí mismo, Hacia la dicha, La casta, El pantano, La otra vida, A tiro limpio, Esclavitud, Los senderos del mal* y *El caudal de los hijos,* acaso su obra más lograda. Podemos catalogarlo como autor de teatro social.

Un autor que no logró gran éxito, pero superior, según muchos, a algunos de los escritores de la época de Benavente es Jacinto Grau Delgado (1877-1958). Es difícil encasillarlo por la forma *sui generis.* Sobresale por sus intentos de devolver al teatro la dignidad literaria que a causa de su comercialización iba perdiendo. Es un teatro de tendencia simbólica y lenguaje literario e intelectual que combina el intento de entroncar con los grandes temas tradicionales de la Biblia, del romancero, de Cervantes y del drama clásico con un sentido psicológico y artístico moderno. Se siente atraído por los temas universales, a los que procura vincular su doctrina filosófica. En vano declara insistentemente que su teatro, alejado de toda tesis, quiere ser sólo eso: teatro. Su preocupación didáctica salta a la vista. Lo más interesante es el análisis psicológico de los personajes. La naturaleza de sus temas hace pensar en el teatro poético en verso pero la fuerza dramática de las obras las aleja considerablemente de las vacuas evocaciones históricas de un Villaespesa. Con *Don Juan de Carillana,* por ejemplo, penetra en mundos modernistas, y a la vez hace pensar en los motivos de interior recogido y meditativo de la novela de la generación del '98.

Como artista construye su teatro y compone desde dentro, es decir, su estructura y disposición de elementos obedece a una ley interior de la pieza. Hace sus tragedias como si se tratara de un soneto o de una novela y por lo tanto pierde contacto, a veces, con la realidad de la representación y de la interpretación. Hay emoción humana y vigor dramático, y lo que no podemos negar a Grau es su propósito muy loable de huir de lo común, así en la elección de temas como en su desarrollo.

Entre sus mejores obras figuran interpretaciones vigorosas de temas tradicionales: *Las bodas de Camacho, El tercero demonio, El conde Alarcos, El hijo pródigo* y *El señor de Pigmalión,* un acierto en novedad y tradición a la vez donde aparece entre sus figuras Pedro de Urdemalas, revelando la unión del mundo cervantino con las posibilidades más nuevas, fundiéndose realidad e ilusión. Otra es *El burlador que no se burla,* una de las más originales versiones del mito. Con este drama Grau sitúa a su Don Juan en el momento actual, teniendo en cuenta lo accesorio de su traje y el prestigio de épocas lejanas.

Autor inteligente, adivina los choques personales y los conflictos eternos de dolor y amor y nos presenta al ser humano en constante lucha consigo mismo en *Los tres locos del mundo, La señora guapa* y *El caballero Varona*. Esta temática se halla dominada por tres grandes fuerzas, el amor, el dolor y el pecado, en lucha constante y trágica en las criaturas. Después de la guerra aumenta su producción con varias obras escritas en la Argentina —una farsa, *Las gafas de don Telésforo* y un drama, *Destino*. Logró más éxito en el extranjero: París, Londres, Praga y Buenos Aires.

Ramón Goy de Silva (1888-1962) escribió un drama de prosa simbólica, *La reina Silencio,* que es de notarse por la puridad de su estilo y la intensidad dramática. Su obra *La corte del cuervo blanco* es una fábula escénica en prosa con personajes simbólicos. También escribió *Sirenas mudas, El sueño de la reina Mab, El eco, Salomé, El reino de los parias*. En todas estas obras hay originalidad de concepción y cierto preciosismo verbal.

No podemos pasar adelante en nuestro panorama sin mencionar las obras dramáticas escritas por los autores del segundo Siglo de Oro, la generación del '98. La generación no tiene un teatro propiamente dicho, aunque algunos hayan escrito obras para la escena. Su teatro resulta casi una excepción en una época de criticismo y pesimismo que produjo la novela y el ensayo. Las piezas de don Miguel de Unamuno (1864-1936) * apenas tienen algo que ver con el teatro de la época, ya que los personajes, como los de sus novelas, son figuras vistas por dentro en la viva realidad de su ser. El teatro de Unamuno recuerda a veces los procedimientos de Pirandello. Su teatro tiene en conjunto un gran interés espiritual y humano a pesar de lo rudimentario de los recursos escénicos. Para algunos no ha sido debidamente enjuiciado su teatro por la crítica.

El teatro de Azorín o José Martínez Ruiz (1873-1967) constituye sólo un intento pasajero que abarca el decenio 1926-36. Su producción teatral es lo menos interesante de sus obras. Quiso presentarse como renovador de la escena. Pero el público no quiso darle la razón y sus obras representadas fueron un auténtico fracaso. A veces en su teatro suprime la escenografía, otras veces intenta hacernos sentir la presencia de personajes abstractos, creando un vago ambiente de misterio. Se aventura por las zonas del teatro surrealista. No son buenas obras por faltar un argumento y una acción de conjunto, llevada desde de la primera escena a la última con brío, con decisión, con lo que se llama pulso dramático. En Azorín la acción es casi nula y el espectáculo, otro ingrediente esencial, brilla por su ausencia.

Uno de sus mejores momentos dramáticos es la trilogía trágica *Lo invisible.* Consta de las obras *La arañita en el espejo, El segador,* y *Doctor Death, de tres a cinco,* todas sobre el tema de la muerte. En *Angelita* Azorín plantea el problema del tiempo y lo resuelve, en parte, con extraordinario ingenio y originalidad. El Tiempo en esta comedia figura como personaje abstracto. También está planteado en esta obra el tema del desdoblamiento de la personalidad. La aparición de las tres Ángelas, correspondientes a las distintas etapas de la vida, une el ingenio con la profundidad en esta obra.

Otras obras suyas son *Old Spain,* donde es de alabar cierto sentido del paisaje y de los detalles; *Brandy, mucho brandy,* comedia del arte, un teatro dentro del teatro que recuerda *Un drama nuevo; El clamor,* escrita en colaboración con Muñoz Seca; y *Cervantes o la casa encantada.*

A fines de la primera década surge un teatro poético cuyo origen se halla en buena parte en las nuevas orientaciones de los modernistas. En él se trataba de continuar la gloriosa tradición nacional, no tan antigua como sus cultivadores pretendían, pues no está en Lope y sus contemporáneos sino en Zorrilla y los suyos, sus verdaderas fuentes. La denominación *poético* se debe a que está escrito el teatro en verso, ya que casi nunca alcanza ese clima espiritual que necesita una obra para merecer llamarse auténtica poesía. Lo usual es un concepto poético vacuo y falso. La mayor parte de las obras son brillantes tiradas de versos fáciles y pegadizos sin el menor estudio de los sentimientos de los personajes.

En este teatro vemos el predominio del elemento decorativo y una temática basada por lo general en motivos exóticos o en un ambiente pseudohistórico en menoscabo del contenido dramático. Al leer estas obras se descubre la pretensión de deslumbrar a los espectadores con un despliegue maravilloso de ritmos y colores. La gran aceptación que este teatro tuvo se explica por el triunfo del modernismo, que también lleva a primer plano los factores sensoriales, auditivos y cromáticos.

Como la comedia política que desapareció con las circunstancias que la provocaron, el teatro poético desapareció con las que le favorecieron. También este teatro tuvo un enemigo implacable en el novelista, crítico y poeta Ramón Pérez de Ayala, que en *Troteras y danzaderas* traza una ingeniosísima caricatura de este teatro poético.

Dentro de éste Eduardo Marquina (1879-1946) * ofrece un teatro de indudable interés, aunque no siempre de valor decisivo. Evoca el pasado y aquí se advierten ecos del teatro del XVII con notable decoro. Ha dejado una producción más abundante y amplia de temas que ningún otro cultivador del género.

Francisco Villaespesa (1877-1936) cultivó también el teatro poético modernista en obras de ambiente histórico. Su escaso contenido dramático y el hecho de que en sus comedias se subordina todo al lirismo verbal y a una evocación del pasado justifica el olvido en que han caído sus obras después de sus primeros éxitos fulminantes. Hubo un instante en que Villaespesa deslumbró al gran público del teatro pero el hechizo pasó pronto. Halagado por el éxito, ya no se preocupó de concentrar ni de vigilar sus facultades. En vez de hacer obra personal, prefirió lanzarse por el camino de la imitación, que es mucho más cómodo. Así encontramos en *El alcázar de las perlas*

una confluencia de los estilos de Zorrilla, Rueda y Rubén Darío,
sobre todo de Zorrilla, porque Villaespesa es ante todo un romántico. Es un romántico rezagado que vino a recrear lo que el movimiento tenía de más decorativo y exótico: princesas melancólicas,
jardines en penumbra, fastuosos salones, harenes, odaliscas, perlas,
etcétera, todo un mundo de falso orientalismo, y todo expresado en
versos modernistas. También escribió *Doña María de Padilla, La maja
de Goya, Aben-Humeya, El rey Galaor, El halconero, Bolívar, La
leona de Castilla, Judith, Tristitia rerum* y *Los remansos del crepúsculo.*
Tradujo *Hernani* y adaptó *El Burlador de Sevilla.*

Luis Fernández Ardavín (1891-1962) también empezó cultivando
el tema histórico dentro de las corrientes modernistas. Aborda el drama rural en *La hija de Dolores* y *Una santa.* En *Doña Diabla* tenemos
el drama de la maternidad, del vicio y de la lección ejemplar. Aquí se
acerca Ardavín al género costumbrista. *La espada del hidalgo* es caballeresco. *El doncel romántico,* sobre la época de Larra, es, como indica
el título, romántico. Escribió una zarzuela, *La parranda.* Adaptó obras
extranjeras, por ejemplo, *Los tres mosqueteros,* en colaboración con
Valentín de Pedro. Cosechó sus mejores éxitos en lo histórico: *La
vidriera milagrosa, Rosa de Francia, La florista de la reina* y *La dama
del armiño.* El teatro de Ardavín tiene los defectos inherentes del género poético: inconsistencia dramática, énfasis, anacronismo. Pero
también escribió dramas de verso contenido como *Huracán* en que
aborda problemas actuales. Escribió obras en prosa como *La sombra
pasa,* en que plantea el problema del conflicto matrimonial. Otros
títulos suyos son: *Prostitución, El bandido de la sierra, Estampas de
la Pasión de Nuestro Señor Jesucristo, Vía Crucis.*

Joaquín Dicenta, hijo (1893-1967), estrena en 1925 *Son mis amo-
ros reales,* en torno a la aventurera vida del conde Villamediana.
A pesar de lo difícil y discutible de su forma en verso, la obra es una
hábil evocación de la corte del Buen Retiro que se impone sugestiva,
impresionante a veces, al auditorio que no analice demasiado. Escribe
también *Leonor de Aquitania* con un fondo de pasiones fuertes en el
ambiente de la corte de Enrique Plantagenet. En *La tía Javiera* y *Nobleza baturra* usa temas históricos con un costumbrismo orientado al
medio rural.

Manuel de Góngora (1889-1953), poeta, aspira en lo dramático
a entroncar con la mejor tradición clásica en *Y el ángel se hizo mujer,*
sobre el viejo tema del sacrificio y redención por amor, y en *El caballero español.* Manifiesta el costumbrismo andaluz en *La Petenera.*

Enrique López Alarcón (1881-1948) escribió *La tizona* en colaboración con Ramón de Godoy. Colaboró con Cristóbal de Castro (n.
1880) en *Gerineldo.* Entre sus propias producciones se destaca *Romance caballeresco,* en que el drama de pasión, de lealtad al señor, de
arrogancia aristocrática y sentimiento maternal, encuentra una expresión vibrante. Tiene reminiscencias de *El alcalde de Zalamea* y *Don
Álvaro.* El comienzo impresionante y trágicamente sombrío puede entroncar con los dramas modernistas de la primera época de Valle-

Inclán. Con todos estos elementos crea una poderosa tragedia original donde acaso los caracteres sean demasiado de una pieza, manejados como las figuras de un guiñol.

De José Rincón Lazcano (n. 1880) sólo merece recuerdo *La alcaldesa de Hontanares,* que se funda en una tradición segoviana. Otras comedias suyas son: *Capullito de rosa, Después de misa, Espigas de un haz.*

En el teatro, Manuel Machado y Ruiz (1874-1947), conocido principalmente como poeta de la generación del '98, no pasó la línea de lo discreto. Dejó seis obras, todas de producción tardía y todas en colaboración con su hermano Antonio: *Desdichas de la fortuna o Julianillo Valcárcel,* sobre el bastardo del conde-duque de Olivares, donde domina el elemento histórico tratado libremente; *Juan de Mañara, Las adelfas, La Lola se va a los puertos,* donde triunfa lo popular, *La duquesa de Benamejí* y *La prima Fernanda.* Estas obras también pertenecen al teatro poético y todas están escritas en verso con la excepción de *La duquesa de Benamejí,* en la que el verso alterna con la prosa. Pero en ningún momento los hermanos Machado lograron una obra dramática perfecta. Lo lírico mató la acción.

Al concepto modernista del teatro corresponden también las producciones de Fernando López Martín: *Blasco Jimeno, El rebaño, Los villanos de Olmedo,* y las de Joaquín Montaner: *El estudiante de Vich, El loco de Extremadura.*

El teatro en verso lo veremos reaparecer con José María Pemán y otros contemporáneos suyos, quizá hasta hallar el último de sus ecos en *Mariana Pineda* de García Lorca. Vamos a estudiar a estos autores un poco más adelante. Una obra nunca representada, de valor, es *Guillermo Tell* de Eugenio d'Ors (1882-1954). Es una típica muestra de un teatro intelectual que viene a ser una especie de "auto sacramental" de una personalísima visión de la historia, en que el Emperador y Guillermo Tell encarnan alegorías de la norma y la rebeldía.

Un escritor casi inclasificable es Ramón Gómez de la Serna (1891-1962). Como Unamuno, ha cultivado muchos géneros, pero es su teatro lo que nos interesa aquí. Hay que decir que la excesiva fronda anecdótica ahoga la acción principal cuando la hay, y la propensión al humorismo priva a los personajes de cierta humanidad. Entre sus obras tenemos *El drama del palacio deshabitado, La utópica Beatriz, La corona de Hierro, El lunático* y *Los medios seres,* esta última semejante a *Brandy, mucho brandy* de Azorín. Con ella entra en el vanguardismo con un fácil truco de los personajes, mitad en luz y mitad en sombra. Con el deseo de chocar se mueve una acción algo torpe.

Después del ciclo de *La guerra carlista,* don Ramón María de Valle-Inclán (1869-1936) * compuso una serie de piezas teatrales. Las primeras, en las que utiliza la métrica modernista, se hallan cerca del teatro poético. Después de pasar por varias modalidades, deriva hacia un estilo y una visión que parecen diametralmente opuestos a los de sus obras anteriores. Desde 1919, con la poesía de *La pipa de Kif,* el arte valleinclanesco da un viraje en redondo y crea el estilo satírico y grotesco de los *esperpentos,* escritos en prosa: *Luces de bohemia, Los cuernos de Don Friolera,* etc. Si antes estilizaba lo bello y lo poético en un lenguaje rítmico, ahora estiliza lo bajo y lo feo. Al impresionismo musical, sustituye el expresionismo gesticulante, visual y caricaturesco, en un lenguaje disonante y cortado pero pintoresco.

Su teatro es de los más vigorosos y originales del siglo. En verdad es difícil a veces trazar la línea divisoria en los géneros literarios cultivados por Valle-Inclán, porque lo típico es que narración y diálogo, poesía y diálogo aparezcan superpuestos, y casi toda su literatura tiene una cualidad teatral.

Hay que mencionar que en la segunda década del siglo, década de la aparición de pocos nuevos valores en el teatro, éste sigue nutriéndose con las producciones de los que ya desde mucho antes venían cosechando grandes éxitos. Siguen escribiendo Benavente, los Quintero, Marquina, etc.

Se observa por lo general en la tercera década una crisis en el teatro, debida en gran parte al auge del cine sonoro. Su mayor economía, la superioridad de escenarios y de variedad temática contribuyeron a excitar la curiosidad del público, que, como el de la época de los Austrias, se siente ávido de novedades. Ello impulsa en los autores la producción a ritmo acelerado, lo cual se traduce en la escasa consistencia de las obras, la mayor parte de las cuales son mediocres. Para obviar tales inconvenientes se recurre a colaboraciones entre autores, lo cual redunda en detrimento del producto.

Durante este período tampoco falta el deseo de remozar la escena, sentido por representantes de la primera década —recuérdese el teatro de Benavente, Azorín y Unamuno—, pero, en general, todo se reduce a intentos aislados, a veces valiosos, que sólo consiguen interesar a un auditorio reducido y selecto. Hay que esperar los últimos años de la República para que el teatro se encamine por nuevos derroteros, gracias sobre todo a la obra dramática de Federico García Lorca.

A partir de 1926, cuando da a conocer su primera obra, *Mariana Pineda,* Federico García Lorca (1898-1936)* inicia una producción teatral, de técnica cada vez más segura, en la que irá evolucionando desde un predominio de lo lírico a uno de lo dramático. Su eje fundamental es, en la mayoría de los casos, la realidad psicológica de la mujer española. El teatro de Lorca goza todavía de un resonante éxito en el extranjero.

Su creación del teatro universitario La Barraca corresponde al propósito renovador. Con Eduardo Ugarte organizó una agrupación de actores no profesionales, estudiantes en su mayoría, de la Facultad de Filosofía y Letras, que, recorriendo las provincias, dieron a conocer el repertorio de Calderón, Lope y Cervantes. Idéntica finalidad se proponían las Misiones Pedagógicas, subvencionadas por el gobierno de la República y llamadas a divulgar el primitivo teatro entre la gente humilde de los pueblos.

Junto a estas agrupaciones hay que mencionar otras que alcanzaron éxitos: El Caracol, de Cipriano Rivas Cherif; El Mirlo Blanco de doña Carmen Monné de Baroja; el teatro Fantasio, de doña Pilar Valderrama; El teatro mínimo, de Josefina de la Torre (n. 1910); y ciertas campañas de orientación dramática moderna, como las realizadas por Gregorio Martínez Sierra, en el Eslava, Josefina Díaz y Santiago Artigas en el Reina Victoria y Margarita Xirgu en el Español.

Al llegar la Guerra Civil y dividirse España en dos zonas, el teatro social en la republicana y el teatro contrarrevolucionario en la nacional, dos manifestaciones teatrales ya estudiadas crecen en virulencia y extremismo. Por lo que respecta al teatro contrarrevolucionario, llevado a lo absurdo, basta citar Los que tienen razón, de Joaquín Pérez Madrigal. Lo llamó "drama único" por ser el único que había escrito y en él lo político contrarrevolucionario alcanza la explosividad que era frecuente en el momento. Es un teatro que afortunadamente ha desaparecido de librerías y bibliotecas y que no merece recordarse por respeto al teatro, a la literatura y a España misma. Una vez concluida la guerra desaparece este teatro de facción y arenga.

Para regresar al teatro apolítico, mencionemos a Rafael Alberti (n. 1902), quien intentó la renovación escénica ateniéndose a la tradición del auto sacramental en El hombre deshabitado pero, a pesar de los toques encantadores a lo Gil Vicente y Lope, muestra una pobreza dramática. Es una obra más leída que representada. Sin embargo, Valbuena Prat la ve como prueba de un teatro poético que no tenía nada que ver con la moda modernista pero que intuía posibilidades de un nuevo sentido del teatro, porque su imprecisa concepción del mundo tendía a ser la entrada a la angustia sin solución de los existencialistas muchos años después.[6] Inferior en su obra Fermín Galán, en donde lo lírico es ingenuo y donde la pasión de una moda tiñe de mal gusto las escenas más populacheras, sin penetrar en la psicología dramática del personaje. También hizo una adaptación de la Numancia cervantina.

En algunas obras teatrales es curioso el motivo del subconsciente, del reino de los sueños y de la locura, empleado como recurso escénico. El signo de Freud, con su teoría del subconsciente, preside estas producciones teatrales. El famoso torero intelectual, Ignacio Sánchez Mejías (1887-1934), introdujo valientemente la novedad freudiana en el teatro con el conflicto entre ensueño y locura, el mundo del delirio y el de la realidad, en su aguafuerte dramático Sinrazón. En este mundo de psiquiatría y de manicomio, Sánchez Mejías ofrece también algunas reminiscencias de Pirandello. La obra es muy superior a otra de tendencia vanguardista análoga, Tararí, de Valentín Andrés Álvarez (n. 1891), profesor de ciencias económicas, que hace incursiones por el campo de las letras de cuando en cuando. Su producción literaria es escasa pero de alta calidad. Supera a ambas una produc-

[6] V. PRAT. Historia del teatro español, pág. 625.

ción en que se juega con el mundo de los sueños y de la vida, *Tictac,* del poeta y novelista Claudio de la Torre (n. 1895).

En el orden intelectual ocupan un lugar destacado las dos producciones diversas del crítico de arte José Camón Aznar (n. 1908). Una de ellas, *El héroe,* es un poderoso intento de tragedia clásica en que se trata de interpretar los complejos íntimos del protagonista, Alejandro Magno. Recuerda el estilo barroco de Gracián. A otro orden corresponde la deliciosa renovación del "misterio" a lo Gil Vicente, *El pozo amarillo,* en que una leyenda salmantina de San Juan de Sahagún cobra nueva vida entre toques irónicos y versos retorcidos y deslumbradores de imágenes. Pero la culminación de su obra está en su libro de *Tragedias* en que vuelve a la Biblia y al mundo clásico, al mito de Hamlet y a la honda preocupación existencialista de nuestros días. Acaso la mejor de estas obras sea *La tragedia del rey David.*

También se destaca una obra de un mérito literario poco común, *El viaje del joven Tobías,* de Gonzalo Torrente Ballester (n. 1910). El tema del Antiguo Testamento, como en las comedias de la época de Tirso y Lope, es un pretexto, en sus líneas esenciales, para el desarrollo del tema. La situación de las figuras dramáticas en un ambiente tropical y en los albores del romanticismo, la unión de ensueño y costumbrismo, el mundo de sueños y complejos, de ángeles y demonios, y la unión de tradición y vanguardia, se realizan con una poesía intensa, con un aire de danza y una escenografía audaz. Con un estilo original y sugestivo, el autor hace hondas penetraciones psicológicas en cada uno de los personajes. Si se compara, por ejemplo, el estado caótico de los materiales psicológicos en *El hombre deshabitado,* de Alberti, se verá a qué madurez ha llegado el mundo del psicoanálisis en esta obra de muy bella arquitectura. El mismo autor ha compuesto una vigorosa crónica dramática de la época de la conquista de América en *Lope de Aguirre,* obra en la cual crea la extraordinaria figura rebelde y vital del tirano buscador de El Dorado. Acaso recuerda la novela *Tirano Banderas,* de Valle-Inclán, pero la coincidencia es más debida al caso inverso. El esperpentista pensó en *Lope de Aguirre* para el final de su narración.

Dos poetas, Luis Rosales (n. 1910) y Luis Felipe Vivanco (n. 1907), intentaron también el género dramático. Su obra histórica, *La mejor reina de España,* aparece en 1939 y se refiere a Isabel la Católica. Está compuesta en verso y prosa y los autores la llaman figuración dramática.

Samuel Ros (1905-1945) también representa un enlace entre el teatro intelectual y el de gran público. Su curiosa comedia *Víspera* une lo trágico en el aire con un presentimiento de la liquidación de una época, y un contraste entre egoísmo narcisista, de sociedad de cabaret y de bar, frívola e inútil, y la sangrienta realidad. En *El otro cuarto* da la nota de lo bello y lo patético. Aquí la mar y los recuerdos, la nostalgia y lo insaciado se mueven en una comedia de sencilla técnica moderna sobre un argumento de amor y de aventura, lo cual hace pensar en el teatro vanguardista francés.

INTRODUCCIÓN

27

El teatro de Alejandro Rodríguez Álvarez, o Alejandro Casona, (1900-1965) no tiene nada que ver con el teatro poético, que ya hemos estudiado, pero la poesía es un elemento importante en él. Es más bien un clima poético con una evasión de la realidad. Podría llamarse teatro de poesía y realidad, de ficción y verdad, o de ilusión y humanismo. Podría vincularse con el signo de Pirandello, el maestro de toda Europa en el año veintitrés. En todo hay una sonrisa frente al dolor, un juego entre la locura y la mente sana, entre la muerte y la vida, entre la humanidad apasionada y una evasión dramáticamente lírica que justifica la aseveración de Federico C. Sáinz de Robles: "Casona ha traído al teatro español la transformación adecuada a la hora presente" y que "puede afirmarse de él que tiene una importancia tan decisiva como la que ganó Benavente al fin del pasado siglo".[7] Como García Lorca, fue director de un grupo de comediantes, Teatro del Mundo, y en los años 1931-36 recorrió más de trescientos pueblos. Entre sus comedias de este período están *La sirena varada, Otra vez el diablo, Entremés del mancebo que casó con mujer brava,* y *Nuestra Natacha.* En el exilio escribió y estrenó *Prohibido suicidarse en primavera, La dama del alba, La barca sin pescador,* y *Los árboles mueren de pie.* Dramatizó varios cuentos de *El conde Lucanor,* el *Decamerón* y un capítulo de *Don Quijote.* En los cincuenta, todavía en el exilio, estrenó *Siete gritos en el mar, La tercera palabra,* una nueva historia de Segismundo, y *El caballero con las espuelas de oro,* sobre la vida de Quevedo.

Otras características salientes de su dramática son la buena delineación del carácter y el humor. El humor es más bien una chispa diminuta que agracia y enriquece la obra pero que no la determina. Para pasar del realismo a la ilusión o de la ilusión al realismo sin hacer sentir al público incómodo o inconforme, utiliza la puerta del humor leve y suave.

Es esencialmente un teatro optimista. Sus personajes favoritos son los sembradores de amor, caridad y poesía o los que comparten estas cosas con otros. A veces Casona carece de auténtica fuerza dramática pero su calidad literaria y su valor poético lo destacan dentro de la producción escénica del siglo.

El teatro de José María Pemán (n. 1898), al contrario, se muestra vinculado al del teatro poético de un Marquina. Tenía la excepcional capacidad de asimilar los más diversos estilos y cultivar todos los géneros. En todos ha dejado obras de calidad.

Mariano Tomás (n. 1891) también pertenece a este teatro. Ha dejado una estampa notable en *La mariposa y la llama* sobre la figura del general Cabrera en la época de las guerras carlistas. Toda la obra está impregnada de un halo de lirismo, que, junto a la hábil sucesión de escenas, da a todo el drama una rara calidad.

Miguel Hernández (1910-1942), hombre de portentoso talento poético, siguió las huellas del Lorca popular y alcanzó en *El labrador*

[7] V. PRAT, *Historia del teatro español,* pág. 651.

de más aire una obra de finos matices. Como Lorca, fue víctima también de la guerra, porque murió en prisión seis años más tarde.

El teatro de Rafael Dieste (n. 1899) tiene un claro contacto con el arte dramático valleinclanesco. En 1945 publica una trilogía titulada *Viaje, duelo y perdición*. Mueve tipos populares, muñecos de guiñol, socarrones desgarrados, trágicos, añorantes o humorísticos. Su comedia *La perdición de doña Luparia*, farsa picaresca animada de una extraña poesía, es, quizás la obra que más recuerda el arte del esperpento, pero está originalmente renovada. En todo su teatro hay elementos de Valle-Inclán pero lo que en los *esperpentos* es caricatura de drama hasta lo macabro y lo grotesco, en Dieste, al revés, partiendo de bromas, contrastes y aun motivos folklóricos se alza a la más pura forma del teatro. Su obra más impresionante es el *Viaje y fin de don Frontán*. Es una verdadera tragedia, intelectual, esquelética, simbólica y popular a la vez, que representa un teatro para ser leído. Su misterio tiene algo de auto sacramental.

En la posguerra, por lo general, mientras que en el campo de la poesía y de la novela se ha presenciado la aparición de un nutrido grupo de escritores de algún valor excepcional, el teatro mantiene un nivel de medianía y se limita a fórmulas heredadas de las promociones anteriores. Lo que predominó en general hasta 1945 aproximadamente fue un teatro comercial y de baja calidad, orientado hacia la pura distracción del público. Sólo existen algunas obras aisladas de auténtica creación artística.

La etapa siguiente se caracterizó por el desarrollo de un teatro de mayor dignidad literaria pero desprovisto de verdadera ambición y caracterizado por ciertos elementos, un sentimentalismo ligero, un humor intrascendente, una moralización banal, un cosquilleo poético —todos aceptados desde hacía décadas por gran parte del público—. Se impuso un tipo de comedia amable, frecuentemente con derivaciones hacia la farsa. Fue un teatro de tono menor en el que es fácil advertir resonancias de un Benavente, el costumbrismo de un Arniches o la nota poética de un Casona. A la vez vemos desaparecer casi por completo tres modalidades: el teatro poético, el lírico o musical y el revolucionario.

Al llegar la década de 1950 esta modalidad continuó proporcionando éxitos a sus escritores ante un público de mentalidad conservadora y conformista. Sin embargo, como lo sucedido en el campo de la poesía y el de la novela, comienza a dar señales de vida un nuevo teatro dispuesto a hacerse eco de las inquietudes del tiempo y a prescindir de frívolas idealizaciones, desarrollándose hacia una mayor sinceridad y realismo. No se puede decir, sin embargo, que este propósito de llevar a la escena la problemática de la época se haya realizado siempre con altura literaria, pero es, ante todo, este sector el que ofrece lo más notable de la producción dramática.

Podríamos decir que no existen sino dos clases de producciones escénicas en las últimas décadas, desde 1950 —las realistas y las de evasión—, en las cuales se suman dos tendencias, dos estilos, dos maneras. El teatro realista es el que enfrenta al espectador con un trozo de vida fatal que tiene veinticuatro horas diarias, problemas solubles e insolubles, anhelos apremiantes, pasiones, risas y llantos, cominerías y trascendencias. Por el contrario, el teatro de evasión ofrece al público un mundo distinto, sin fatalidades de principio y de fin para cada existencia mundana, un mundo donde el tiempo no cuenta, un mundo que se alimenta de ilusiones y cuyos protagonistas son sugestivos fantasmas, el mundo que cada cual hubiera creado si cada cual hubiera podido ser Dios. Sin embargo, para Federico Carlos Sáinz de Robles [8], esta clasificación es inexacta. Dice que sí, que hay dos clases de teatro, pero son las que él llama el "colocado" y el "dislocado", y que uno y otro pueden ser humano o deshumano.

El colocado es aquel que se ciñe a la verdad vivida —realismo—, o a la verdad apetecida —idealismo—. Es decir, el teatro de evasión es un teatro perfectamente colocado mientras no trasponga las fronteras de un noble humano apremio.

El dislocado es aquel que se desvirtúa en el realismo y en el idealismo, aquel que transforma el retrato en caricatura, el ingenio en chiste, el ensueño en visión, el deseo en egoísmo, la sensualidad en sexualidad, la sugestión en suspicacia, las sutilezas en distingos, la sensibilidad enardecida en excitación. Este teatro también puede ser humano, con una humanidad desmedrada, estéril. Cuando este teatro se deshumaniza —lo que acontece en la mayoría de las ocasiones— queda reducido a una categoría infrahumana.

Con menos méritos cuentan otras varias producciones cuya intención única es esa que en argot teatral se llama "taquilla" y en las que se combinan el ingenio disparado y disparatado, la caricatura de brochazos, la deshumanización de los tipos, el retorcimiento hasta lo inverosímil de una terminología convencional. Éstas son las obras que busca el "público pagado".[9]

Vamos a analizar a algunos autores de las dos modalidades, que alcanzaron éxito durante este período, aunque hay que tener en cuenta que varios autores pertenecen a generaciones distintas, puesto que su producción se extiende a través de varias décadas.

La producción de Juan Ignacio Luca de Tena (n. 1897), por ejemplo, iniciada ya en 1918, se ha prolongado después de la guerra con una serie de ingeniosas comedias hábilmente construidas en las que la nota seria se halla tratada con cierta ligereza.

La obra de Enrique Jardiel Poncela (1901-1952) ofrece bastante originalidad y muestra gran fuerza renovadora. Debuta en el teatro en 1927 con *Una noche de primavera sin sueño* y gran parte de su producción corresponde a las décadas de 1920 y 1930. En la posguerra Jardiel Poncela cultivó un tipo de humor desorbitado y fantástico y viene a ser el Muñoz Seca de la nueva literatura.

En su teatro la gracia de las situaciones frecuentemente hace pasar la vulgaridad de la frase. Otras obras son: *El cadáver del señor*

---

[8] *Teatro español*, 1949-50, págs. 12-13.
[9] *Ibid.*, pág. 16.

García, Usted tiene ojos de mujer fatal, Un marido de ida y vuelta, Eloísa está debajo de un almendro, Blanca por fuera y rosa por dentro, Las siete vidas del gato, El pañuelo de la dama errante, etc. También es autor de narraciones.

Edgar Neville (1899-1967) estrenó su primera comedia en 1934, pero ha confirmado posteriormente sus aptitudes para la comedia fina de emoción sentimental y humor generoso.

Entre lo intelectual y lo poético retrospectivo, el fino espíritu de Agustín Foxá (1903-1959) ha dejado su comedia *Baile en Capitanía* con una fina visión del mundo español de la época de las guerras carlistas. También dentro de la modalidad del teatro poético están *Cui-Pin-Sing, El beso de la bella durmiente* y *Otoño 3006.*

Jesús López Rubio (n. 1903), cuya primera obra data de 1928, ha estrenado casi toda su producción en la década de 1950. Sus obras le acreditan como comediógrafo de trazo ligero y humor elegante y le elevan a ser uno de los mejores representantes del teatro contemporáneo.

Tampoco falta el humor ligero en la obra de Joaquín Calvo Sotelo (1905), pero lo que mejor le distingue de los citados es su atención a temas actuales de alcance político, social o ético. Su bautismo de autor dramático lo recibió en 1932 con *A la tierra: kilómetro quinientos mil.* A ésta siguió una producción abundante. Un gran número de sus obras se ha hecho centenario en las carteleras y ha sido traducido a diversos idiomas. *La muralla* ha batido todos los récords del teatro español de la posguerra.

Entre los comediógrafos que comenzaron su labor teatral después de la guerra se destaca Miguel Mihura (n. 1905), gracias a una fusión de ternura e ironía. Su chiste intelectual, el contraste y la pura ironía, no exenta a veces del vaho poético, marcan una nueva línea del teatro de puro humor. Escribió, en colaboración con Álvaro de Laiglesia (n. 1922), la comedia *El caso de la mujer asesinadita,* típica de este nuevo humorismo.

Max Aub (1903-1972) fue también poeta, crítico, cuentista y novelista. En el teatro de plena vanguardia, a que ya hemos aludido, ocupa un lugar destacado con su ágil construcción dramática *Narciso,* en que el mito externo se realiza entre motivos clásicos con un resultado ágil, poético y cortante que hace pensar en Cocteau. Varias farsas patético-irónicas de Max Aub fueron recogidas en el título *Teatro incompleto,* 1931. Max Aub es antes que nada un humorista. Lo que otro autor elegiría como argumento para un drama lleno de efectos, Max Aub lo comprime hasta achicarlo en el rincón de su íntimo humorismo. Unos críticos han afirmado que Aub era tal vez el escritor peninsular que poseía más méritos concretos en cuanto a la creación de una dramática renovada. Otro triunfo suyo es *Deseada,* drama en ocho cuadros, cuyo tema recuerda el de *La Malquerida* de Benavente.

En su recortada concisión y nuevo conceptismo, los intentos dialogados de José Bergamín (n. 1897) no han sido dirigidos a la escena. Sin embargo, *Tres escenas en ángulo recto* y, sobre todo, *Enemigo que huye,* con su esqueleto de figuras, con sus líneas cortantes y su aséptico simbolismo, atraen intensamente la atención del lector. En *Enemigo que huye* aparece una vez más el mito perenne de don Juan.

El teatro de **Víctor Ruiz Iriarte** (n. 1912) es ligero, suave y optimista y debe su éxito a la destreza del autor y a su tono risueño. Como él mismo explica, quiere en sus obras buscarle a la verdad de todos los días una vuelta risueña o angustiada. Este fin que realiza no puede ser más poético. Como no puede dejar de ver este mundo como es, añade una nota de angustia pero al modo optimista, y pinta el lado de la locura y el ensueño, o más bien la línea tangencial de los dos estados psicológicos. Se puede decir que el autor juega con la frivolidad. Pero su arte, su intención, su ironía, marcan un tipo de comedia de calidad excelente. Viene a ser como el teatro medio, la "alta comedia" de un Benavente más moderno.

Carlos Llopis (1913-1970) ha atraído también la atención de un público mayoritario con muchas comedias cuyo interés reside en la viveza y la gracia del diálogo. Ocupa un lugar medio entre la comedia y la farsa astracanada. En 1942 estrenó en Valencia su primera obra, *Siempre llego tarde,* con la que obtuvo señalado éxito. También produjo *De acuerdo, Susana, El amor y una señora, Vacaciones forzosas, Nosotros, ellas y el duende, La cigüeña dijo sí, La vida de un block, Por cualquier Puerta del Sol,* y *Cinco años y un día.*

Las obras de **Alfonso Paso** (n. 1926) equivalen a una hábil reiteración de la fórmula de la comedia amable a base de ingenio malicioso, emoción sentimental y leve sátira moralizadora. Se acerca a veces al mundo de la parodia y de la farsa y se ha convertido en uno de los dramaturgos más populares de hoy. Su diversidad impide encajar su obra en un grupo determinado.

Eduardo Criado (n. 1926) gozaba de justa consideración en Barcelona antes de afirmar su valor teatral en Madrid. *Cuando las nubes cambian de nariz* es una pieza burlesca desarrollada en cuadros cortos y con un intermedio de carácter expresionista que sirve para preparar el tránsito de la realidad a la casi fantasmagoría. La obra está escrita con lenguaje noble y natural y abunda en frases y paradojas ingeniosas no exentas de lirismo.

José Martín Recuerda (n. 1926) escribió *Las salvajes en Puente San Gil,* una farsa emparentada con algunos *esperpentos* valleinclanescos que tiene la seducción de algunos aguafuertes goyescos.

Álvaro de Laiglesia (n. 1922) estrenó en 1953 *Amor sin pasaporte,* un juguete cómico, una farsa muy moderna de fondo y de forma, con un original y desenfadado humor, sorprendente por los trucos y efectos. También escribió *El baúl de los cadáveres.*

Luis Escobar (n. 1908), en colaboración con Luis Saslawski en *El amor es un potro desbocado,* ha tomado la figura del Cid para desarrollar algunos de los episodios de su sensacional juventud. Pero más importante que esta moderna recreación, los dos han intentado defender contra los escepticismos del mundo actual lo más puro de la existencia del famoso caballero. Han podido entregar admirablemente una obra concreta, clara y desprovista de reminiscencias literarias. Escobar escribió también *Fuera es de noche,* dentro de una corriente de espiritualismo.

Como hemos mencionado, mientras estas figuras siguen escribiendo, comienza a afirmarse hacia 1950 una nueva concepción del teatro, que abandona el tono ligero, renuncia a la evasión imaginativa y a la falsa idealización, y muestra un afán por la apreciación de las realidades humanas, consideradas en su doble sentido —individual y social—. Su preferencia por estos temas humanos en su aspecto social, o sea por un tema social-realista, confiere a estos autores cierto aire de semejanza que hace pensar, más que en una escuela, en una receta común.

Esta propensión a los problemas sociales, sin embargo, se presenta concebida de nueva manera, más inteligente, menos comprometida políticamente y menos combativa de lo que era en el llamado teatro revolucionario y el contrarrevolucionario, ya estudiados. Esta preocupación por nutrir las creaciones de un "mensaje social" pasa en nuestro tiempo a ser empeño casi unánime de los cultivadores de todos los géneros literarios en el mundo entero. A veces la preocupación social adquiere un elemento de angustia al confrontarse con el problema.

Antonio Buero Vallejo (n. 1926) *nos ofrece una producción llena de nobles ambiciones en la que predomina un tono de inquietud insatisfecha. A veces reduce la obra a un simple inquirir en las realidades que se limita a presentar la existencia del problema. Como él mismo ha dicho, su realismo trascendente pretende poner de relieve todo cuanto el teatro de evasión había intentado encubrir. Su *Historia de una escalera* se considera el patrón inicial de este teatro de problemas sociales.

Horacio Ruiz de la Fuente (n. 1905) prefiere para sus obras los problemas violentos, de alta tensión, que suele resolver con la intervención de pocos personajes, en varios dramas con uno solamente, casi siempre anormales. El yo interior angustiado es el que suele llenar el teatro de este dramaturgo, cuya obsesión por huir de los caminos trillados es evidente. *La muñeca muerta, El rescate, Aurora negra, Morfina, Almas muertas, El alma prestada, El hombre que mató a nadie* son títulos de algunas de sus obras más conocidas.

Alfonso Sastre (n. 1926) también propone mostrar el problema social en sus distintas formas. Explicó una vez que la principal misión del arte en el mundo injusto en que vivimos consiste en transformarlo. Se ha señalado en su teatro la influencia de O'Neill, Sartre y Camus.

Entre los llegados a la escena durante los últimos años se hallan varios autores en quienes se advierte también, aunque en forma más directa que en Sastre, la preocupación de tipo social.

Para algunos, Carlos Muñiz (n. 1917) es el autor mejor dibujado en el camino del teatro social español después de Buero Vallejo. Buero, siempre generoso y dispuesto a ayudar a quien empieza, animó

a Muñiz a seguir la carrera dramática comenzada insatisfactoria-
mente con el estreno de *Telarañas* en 1955.

En *El grillo* hay veracidad y autenticidad en una historia donde
no hay esperanza de superar la situación angustiosa, no deparada del
todo por la condición mediocre del protagonista sino por la realidad
social. En estas estructuras sociales sólo puede salir de la pobreza
el inmoral y el superdotado; el hombre vulgar no encuentra alivia-
deros ni ayudas. En el comentario epilogal, el autor dice que al tomar
un tema de la calle para hacer un drama, no pensó hacer obra
social sino simplemente humana. Sigue con su fórmula de lo que debe
ser el nuevo teatro social:

> El teatro no debe ser cátedra donde se expliquen teorías
> políticas o sociales más o menos científicas, sino espejo
> donde se puedan mostrar al espectador —hombre— las
> necesidades, los vicios, las ambiciones y todos los senti-
> mientos propios o ajenos para, a través de sus enseñanzas,
> ponerle en el camino de pensar... Las conclusiones de-
> berá deducirlas el espectador después de una considera-
> ción subjetiva del drama, pero nunca aprenderlas durante
> la representación.[10]

En *El tintero* Muñiz vuelve a ocuparse, como en *El grillo,* de las
penurias burocráticas del empleado pobre y un poco extravagante. La
crítica ha señalado acertadamente en la obra de Muñiz ecos y reminiscencias del mecanismo expresivo chaplinesco, del de Kafka y algo
de Brecht.

Alfredo Mañas escribió *La historia de los Tarantos* con alusiones
de tipo político-social. Abunda el folklore, y sus personajes son complejos con pasiones crudas, temperamentos ardientes y sin freno, y
ambiciones alocadas.

Lauro Olmo (n. 1922) plantea en su obra *La camisa* el problema
de la emigración en un ambiente de miseria, en una mezcla de sainete
y crítica durísima. Estamos ante el proletario arrabalero totalmente
desnudo —sin una sola camisa blanca— que vive casi a la intemperie
entre las cuatro tablas de una chabola. Estos hombres del suburbio,
casi trogloditas en el complejo ciudadano del siglo xx, viven suges-
tionados por la idea casi frenética de marcharse a Alemania o a otros
países para ganarse el pan.

Antonio Valencia Linacero estrenó en 1961 *Un hermoso pedazo
de nada,* cuyos dos personajes, los vagabundos Mino y Popo, recuerdan a los de *Esperando a Godot.*

Ricardo Rodríguez Buded utiliza la forma del sainete en *La madriguera,* una pieza tragicómica en la que se plantea el angustioso
problema de la clase media que quiere y no puede, que pretende
disimular sus necesidades más perentorias con apariencias y frases

[10]   GARCÍA PAVÓN, págs. 146-7.

2

muy teatrales, que cae en la hipocresía por evitar el qué dirán. También escribió *Un hombre duerme* y *El charlatán*. Su teatro está dentro de la línea social contemporánea iniciada por Buero Vallejo.

Claudio de la Torre (n. 1895) afirma que su comedia *La caña de pescar* era el puente obligado entre el drama de López Rubio y la obra norteamericana *La casa de té de la luna de agosto*. Es muy difícil de representar. Se plantea un conflicto siempre acuciante: la lucha del hombre contra el tiempo y el espacio, el cerrado antagonismo entre la realidad que se sueña y la ficción que puede llegar a ser vivida. La obra está admirablemente construida y hablada.

Ricardo López Aranda en su obra *Cerca de las estrellas,* mueve con maestría una treintena de personajes. Su tema es el transcurso de un día cualquiera en un hogar humilde de una ciudad. El gran acierto del autor es no haberse limitado a insinuar las vidas interiores; al contrario, insiste en penetrar en estas vidas interiores hasta darles netitud y trascendencia independientes. La obra seduce y conmueve sin interrupción. Su gran moraleja es que en la aceptación de nuestra vida está nuestra única posible felicidad.

La dimensión esencial del gran teatro español del siglo xx es su protesta contra la suerte que la sociedad actual depara al ser humano. El hombre no puede amar verdaderamente porque está sumergido en un mundo sometido al interés y dominado por el egoísmo y el odio. El hombre no puede alcanzar la verdad porque la organización de la sociedad le impide establecer un contacto directo con las cosas, con los valores y con todo aquello de lo cual debería nacer la certidumbre, porque esta organización, dueña de los medios de información y de enseñanza, ha creado una multiplicidad de opiniones preconcebidas y partidistas. No puede ser él mismo y vivir realmente, porque el mundo le obliga perpetuamente a representar papeles que no corresponden a su ser profundo, pero que terminan por sustituirle en parte, haciendo problemática su misma existencia. Para seguir siendo humano, debe empeñarse en lo imposible, pues es ésta la última oportunidad que se le ofrece para poder diferenciarse de una figura sin importancia en el insensible y monstruoso desarrollo del mundo moderno. Pero la sociedad considera peligrosa esta posibilidad y, por tanto, la combate; y al que se lanza hacia ella, a su vez, se le suprime o se le aniquila. El hombre está expuesto a tropezar con la imposibilidad práctica de vivir lo que se llama "la vida cotidiana". Necesita la sociedad pero ésta no le reconoce como individuo único e irremplazable. Trata paciente y humildemente de construir una unidad social, una familia, en la que sea posible hacer triunfar los valores que defiende, pero las brutalidades de la historia, la guerra, las exigencias de la política, destruyen el hogar, lanzan al hombre por rutas desiertas y le empujan hacia la muerte o hacia el abandono.

Sin embargo, en esta dimensión eminentemente trágica del teatro español de este siglo, surge, a pesar de todo, la esperanza, una esperanza trágica, pero, no obstante, viviente, único recurso de la acción y de la moral. El hombre debe perseguir el amor y la verdad impo-

sibles, sin los cuales la existencia pierde todo sentido. Debe aceptar
la dispersión de su personalidad y vivir el desgarramiento, porque ese
desgarramiento es condición de lo humano. Debe romper las normas
que quieren reducir al individuo a las dimensiones de una máquina
o de un número. Debe aceptar que, al realizar lo imposible, tendrá
que sufrir el ataque de todas las fuerzas establecidas y sucumbir.
Debe, finalmente, llevar a cabo, en la vida cotidiana, su tarea humilde y aplastante, el heroísmo sin brillo de la lucha contra el egoísmo,
dentro de sí mismo y alrededor suyo, el combate gigantesco por una
moral exigente y difícil. Debe, en todos los terrenos de lo humano,
realizar lo imposible bajo pena de ver triunfar lo inhumano, pues es
este deber lo que constituye lo humano, y todo esfuerzo para realizarlo
es ya en sí una realización. En tanto que el hombre luche contra el
mal, aunque no sea más que contra el mal que hay en sí mismo,
lo humano y el hombre podrán salvarse.[11]

Hablando del mérito literario del teatro de las últimas décadas,
i.e., de los cincuenta, Sáinz de Robles dice que el teatro no ha avan-
zado ni con decidido y audaz paso, ni siquiera a trancas y a ba-
rrancas, sino que sigue en un estado comatoso debido a la mucha
imitación del teatro extranjero, casi nunca bien dirigida y nunca asimi-
lada, la desenfadada copia del mismo, las incontables traducciones de
obras vulgares, los afanes descarados de conseguir buenas taquillas,
aprovechando la ocasión de unos gustos públicos chabacanos y rutina-
rios, y al conocimiento acreditado de que, para estrenar, es mucho más
importante que pulir y calibrar las obras propias, pulir y calibrar las
influencias ajenas.[12] Sigue con su crítica diciendo que desconcierta ya
un tanto cómo un país tan esencialmente teatral como España ha perdido, no ya la brújula de las seguras navegaciones, sino hasta el
instinto de los sorprendentes y arriscados periplos. "En España las
más juveniles promociones se desenvuelven en un clima saturado
de añejas fórmulas y de frustrados temas; es decir, que un autor
joven se presenta tan viejo ya como nuestro más viejo dramaturgo."[13]

Pero muestra su pesimismo en el teatro en general. A principios
pensaba que la inoperancia escénica de España era una excepción,
pero se da cuenta de que en otros países el estado de sus respectivos
teatros no presenta superaciones.[14]

Otro crítico, del Río, está de acuerdo, afirmando que el teatro,
con raras excepciones, no ha estado en las últimas décadas al nivel
de los otros géneros literarios, a pesar del estímulo de los premios
y de los éxitos comerciales y de prensa obtenidos por algunos dramaturgos.[15]

A pesar de la crisis tan frecuentemente mencionada, España ha
sido y sigue siendo un país en el cual el teatro mantiene su interés

[11] JEAN-PAUL BOREL, El teatro de lo imposible, págs. 279-80.
[12] Teatro español 1951-2, pág. 9.
[13] Teatro español 1952-3, pág. 14.
[14] Teatro español 1955-6, págs. xi-xii.
[15] ÁNGEL DEL RÍO, Historia de la literatura española, págs. 377-378.

para el pueblo. En Madrid, por ejemplo, hay unos 24 teatros, un número bastante grande para una población de tres millones. En una temporada se estrenan a veces más de cien comedias, incluso obras extranjeras y revistas musicales, acusando una actividad teatral muy elevada. Muchas obras no duran en cartel; una comedia que alcanza las cien representaciones se considera éxito de taquilla.

Siguen en las carteleras durante esta época obras de los autores ya conocidos (Benavente, Casona, Pemán, López Rubio, Mihura, etc.), obras de algunos autores clásicos y también adaptaciones de obras clásicas, como *Doña Endrina*, por Criado de Val, *La Celestina*, una versión por Humberto Pérez de Ossa y otra por Casona. Se presentan muchas obras extranjeras, de Pirandello, Thornton Wilder, Tennessee Williams, Claudel, Noel Coward, Anouilh, Hellman, etc.

En realidad, la misma clasificación del teatro que hemos mencionado antes —el teatro realista y el de evasión— sigue en los sesenta y los setenta. Fácil sería llamar a uno, siguiendo otra terminología, teatro de diversión y al otro, teatro comprometido. Éste no divierte sino refleja y explica nuestro tiempo. Presenta la realidad de la sociedad en todos sus aspectos para mover al espectador a la acción con el fin de remediar los males que ve representados. Es sociopolítico y ético, pero a veces entra en el estudio del hombre en sus relaciones anímicas con el cosmos.

Otro crítico, George Wellwarth, sigue esta clasificación general, colocando dentro del teatro comprometido el teatro de alegoría política, así dividiendo la dramática contemporánea en dos categorías principales —comedia ligera, a la Broadway-West End Avenue, y alegoría política, los dos tipos atribuidos a la censura. De ahí tenemos drama que o entretiene a la gente y evita lo político o critica indirectamente para escaparse del censor. La alegoría puede ser histórica, en la que se presentan situaciones semejantes halladas en el pasado, o puede ser fantástica. En el teatro alegórico hay elementos surrealistas y absurdistas que recuerdan el teatro vanguardista francés de los años treinta. Muchos dramas de este tipo son prohibidos en España.[16]

Fernando Arrabal (n. 1932), persona *non grata* en España, vive en Francia desde 1954. Gracias a la censura española empezó a producir dramas en francés en los años cincuenta durante el período del teatro absurdo o postsurrealista. Su tema central es el de la relación entre la realidad y los deseos de la imaginación del individuo con el conflicto que resuelta de estos opuestos. Aunque en sus dramas no hace referencias directas a la política, entra en la cuestión de la verdadera moralidad, y sus dramas son prohibidos en su patria por razones morales. Se ve en él la influencia de Beckett. Escribió *Piquenique en Campagne (Picnic en campaña)*, *Le Tricycle (El triciclo)*, *Les Deux Bourreaux (Los dos verdugos)*, *Guigrgena (Guernica)*, *Le*

---

[16] *Modern Spanish Theatre*, editado por Michael Benedikt y George Wellwarth, pág. 330.

cimetière des voitures (El cementerio de automóviles) y *Fando et Lis (Fando y Lis)*.

Antonio Martínez Ballesteros (n. 1929) también escribe dramas alegóricos con un cinismo y un pesimismo fuertes. Los personajes en sus dramas son casi siempre emanaciones de ideas y problemas. Escribió *Crestiada 39*, una *Oresteia* en términos de la Guerra Civil, *Los mendigos, En el país de jauja, El camaleón* y *Los primates*, entre otros.

José María Bellido Cormenzana (n. 1922), otro dramaturgo de esta nueva ola, manifiesta su maestría en la alegoría en *Tren a F, El pan y el arroz o Geometría en amarillo, Fútbol, Los relojes de cera* y *El escorpión*.

José Ruibal (n. 1925), gallego, escribe muchas obritas para el café-teatro. Fundó el primer café-teatro en Madrid en 1968. El estilo de este tipo de teatro se ve claramente en *El asno* y *El hombre y la mosca*, en que trata de mostrarnos la verdadera realidad escondida detrás de una fachada. Como Bellido, sabe manipular con maestría la alegoría, la fantasía y la imaginería. Otra obra suya es *Conversación de café*.

Otros dramaturgos de la nueva ola son: Juan Antonio Castro (n. 1927), *Plaza de mercado, Era sólo un hombre vestido de negro, Tiempo de 98;* Jerónimo López Mozo (n. 1942), *El retorno, Collage occidental, La renuncia, Matadero solemne;* Miguel Romero (n. 1930), *Patética de los pellejos santos y el ánima piadosa;* Manuel Martínez Mediero, Luis Matilla, Ángel García Pintado, Diego Salvador, Miguel Ángel Rellán, Eduardo Quiles, Martín Elizondo y José Guevara, los dos últimos en exilio en Francia.

Hay, como otro aspecto de este teatro político, un llamado teatro "subterráneo", obras que en su mayoría quedan desconocidas por no ser presentadas ni publicadas, gracias a la censura del gobierno.

Con la temporada de 1959-60 los críticos ven un mejoramiento en el teatro debido a fortuna de éxitos de público y crítica, y en la década de los sesenta y los comienzos de los setenta muestran más satisfacción con el estado del teatro, por ser de mayor calidad en la actualidad.

Lo cierto es que cada generación ha producido algunos dramaturgos de mérito y otros seguidores de menor mérito. Estudiando las tendencias del siglo xx, es muy evidente lo multiforme que es el teatro, algunas obras del cual no ganarán apreciación ni respeto hasta, quizá, el siglo xxi.

Por falta de espacio para dedicar a cada uno de los muchos dramaturgos que producen obras actualmente, señalemos también al poeta Antonio Gala (n. 1937), que se apuntó un buen éxito con *Los verdes campos del Edén;* a Agustín Gómez Arcos, que, en *Diálogos de la herejía*, investiga dramáticamente una zona poco frecuentada del alma española; a Alemán Saiz con *Los barcos llegan siempre de noche;* a Pablo Puche que renueva la tragedia clásica y el auto en su original *Tetralogía;* a José Antonio Giménez-Arnáu (n. 1922) que escribió *Murió hace quince años;* a Juan Antonio de Laiglesia (n. 1917), que escribió *La rueda* y *Los retablos de la carreta;* a Julio Manegat (n. 1922), *Todos los días* y *El silencio de Dios;* a Francisco Casanova, *El sol sale para todos;* a Carmen Troitiño, *Si llevara agua;* y a Fernando Lázaro Carreter, *La señal.*

Otros cuyas carreras literarias debemos seguir son: Ginés de Albareda y Herrera (n. 1908); Luisa Alberca Lorente (n. 1920); José Javier Alexandre (n. 1924); Manuel Alonso Alcalde (n. 1919); Tomás Álvarez Angulo (n. 1878); Gonzalo Azcárraga (n. 1907); Julio Angulo Fernández (n. 1902); Álvaro de Arauz Pallardo (n. 1911); Jesús María de Arozamena (n. 1918); Obdulio Barrera Arango (n. 1890); Delgado Benavente; Xavier Benguerel (n. 1905); Cecilio Benítez de Castro (n. 1917); Joaquín A. Bonet (n. 1891); Juan Bonet Gelabert (n. 1917); Tomás Borras (n. 1891); Miguel Bota Totxo (n. 1920); Jaime del Burgo Torres (n. 1912); Francisco Burguera Escriva (n. 1928); Jacquín Buxo Montesinos (n. 1932); Cástulo Carrasco Martínez (n. 1910); Luciano Castañón (n. 1926); Noel Clarasso (n. 1906); Francisco de Cossío (n. 1887); Ana Diosdado; José Diez Monar (n. 1886); Salvador Espriu (n. 1913); Agustín de Figueroa (n. 1905); Ramón Folch y Camarasa (n. 1926); Eduardo González Lanuza (n. 1900); Antonio de Lara (n. 1900); Ángel Lázaro (n. 1900); Luis López Anglada (n. 1919); Jorge Llopis; Luis Maté (n. 1917); Federico de Mendizábal y G.-Lavin de Velasco (n. 1900); Alberto Miralles; Antonio Milla Ruiz (n. 1902); Valentín Moragas Roger (n. 1902); Joan Oliver i Sallares (n. 1899); Josep María Palau i Camps (n. 1914); Carlos Polo López-Berdeal (n. 1905); José Vicente Puente (n. 1915); María Puncal Reparaz (n. 1927); Carmen Resino; José María Rodríguez Méndez; Emilio Romero (n. 1917); Federico Romero (n. 1887); Horacio Ruiz de la Fuente (n. 1905); Jaime Salom (n. 1925); José Luis Sampedro (n. 1917); Mariano Sanz (n. 1912); Manuel Sito Alba (n. 1922); Carlos Soldevila (1892-1970); Fernando Soldevila (n. 1894); Bartolomé Soler (n. 1919); Marcial Suárez (n. 1918); Pablo Torremocha (n. 1898); y José Andrés Vázquez (n. 1884).

BIBLIOGRAFÍA SELECTA

BALL, Aubrey F. G. *Contemporary Spanish Literature.* N. Y.: Knopf, 1925.

BOREL, Jean-Paul. *El teatro de lo imposible.* Madrid: Guadarrama, 1966.

BROCKETT, Oscar G. *History of the Theatre.* Boston: Allyn and Bacon, 1968.

BROWN, G. G. *A Literary History of Spain.* N. Y.: Barnes & Noble, Inc., 1972.

Contemporary Spanish Dramatists, editado por Charles A. Turrel. Boston: K. G. Badger, 1919.

DIEZ-ECHARRI, Emiliano y ROCA FRANQUESA, José María. *Historia de la literatura española e hispanoamericana.* Madrid: Aguilar, 1968.

FRAILE, Medardo: "Twenty Years of Theatre in Spain", en *Image of Spain,* ed. por R. Martínez-López, Harry H. Ransom, *et al.* Austin: University of Texas, 1961.

GARCÍA LÓPEZ, José. *Historia de la literatura española.* Barcelona: Vicens-Vives, 1962.

GARCÍA PAVÓN, F. *El teatro social en España.* Madrid: Taurus, 1962.

GUILIANO, William. *Buero Vallejo, Sastre y el teatro de su tiempo.* N. Y.: Las Américas, 1971.

GULLON, R. y SCHADE, G. D. *Literatura española contemporánea.* N. Y.: Scribner's, 1965.

Modern Spanish Theatre, ed. por Michael Benedict y George E. Wellwarth. N. Y.: E. P. Dulton, 1968.

Nineteenth Century Spanish Plays, ed. por Lewis E. Brett. N. Y.: Appleton-Century Crofts, Inc., 1935.

Quién es quién en las letras españolas. Madrid: Instituto Nacional del Libro Español, 1969.

RÍO, Ángel del. *Historia de la literatura española.* N. Y.: Holt, 1963. Vol. II.

ROF CARBALLO, Juan *et al. El teatro de humor en España.* Madrid: Nacional, 1966.

ROMERA-NAVARRO, M. *Historia de la literatura española.* N. Y.: D. C. Heath, 1928.

SAINZ DE ROBLES, Federico Carlos. *El espíritu y la letra.* Madrid: Aguilar, 1966.

SALINAS, Pedro. *Literatura española: siglo XX.* México: Robredo, 1949.

Teatro español. Madrid: Aguilar.

The New Wave Spanish Drama, ed. por George E. Wellwarth. N. Y. NYU Press, 1970.

TORRENTE BALLESTER, Gonzalo. *Panorama de la literatura española contemporánea.* Madrid: Guadarrama, 1965.

————— *Teatro español contemporáneo.* Madrid: Guadarrama, 1957.

VALBUENA-PRAT, Ángel. *Historia de la literatura española*. Vol. III. Barcelona: Gustavo Gili, 1963.

———— *Historia del teatro español*. Barcelona: Noguer, 1956.

———— *Teatro moderno español*. Zaragoza: Partenón, 1944.

VALENCIA, Antonio. *El género chico*. Madrid: Taurus, 1962.

WELLWARTH, George E. *Spanish Underground Drama*. Pennsylvania: Pennsylvania State University Press, 1972.

JACINTO BENAVENTE

Hijo de un famoso médico, nació en Madrid el 12 de agosto de 1866. Como niño acompañaba a su madre en sus visitas sociales y así conocía la clase media y la psicología de la mujer, las cuales describe tan expertamente en sus obras. Entre los doce y los quince años aprendió el inglés, francés e italiano para poder leer las comedias escritas en estas lenguas. Estudió el Bachillerato en el Instituto de San Isidro y Derecho en la Universidad. Muerto su padre, al tener él diecinueve años, se dio al estudio y a los viajes por Inglaterra, Francia y Rusia.

Se estrenó como poeta y cuentista en 1893. Su primer drama, *El nido ajeno,* apareció en 1894, y desde aquella fecha hasta su muerte fue dando a los escenarios una serie grande de piezas, a razón de dos, tres o cuatro por año —una fecundidad que no ha dejado de dañar en unas ocasiones la calidad de su obra—. Con todo, sin embargo, la importancia histórica y artística de su teatro es incuestionable: logró renovar la escena española, una renovación análoga a la que realizaron en las novelas y el ensayo los miembros de la llamada generación del '98 (Azorín, Unamuno, Baroja, Valle-Inclán). Como ellos respiró el aire de fin de siglo.

La comedia benaventiana era lo más opuesto al gusto de la época que cabía concebir: sutil, irónica, antirretórica, escrita en un lenguaje de uso normal, sin mucha acción pero con mordacidad intencionada. O sea, adoptaba frente a la sociedad de su tiempo una actitud crítica, semejante a la de sus compañeros de generación, pero no la misma, por no tener él un temperamento tan escéptico ni tan grave.

También se perciben en su dramática ciertas tendencias y cualidades que se desarrollan más tarde y hasta llegan a prevalecer —finura en la caracterización psicológica y tono intelectual—. Su obra dramática siempre es una de carácter y nunca es superficial. Benavente se muestra maestro de la vida. En su drama social, tenemos al hombre dentro de la sociedad, al hombre cuyas acciones no tienen efecto sobre la sociedad sino sobre sí mismo.

Escribió comedias de varios tipos: comedias de costumbres; de ambiente rural, comedias de sátira social donde dirige los dardos contra la aristocracia y la alta burguesía, comedias idealistas y fantásticas, incluso un teatro para niños; todos los tipos excepto el escrito en verso. Durante sus últimos veinte o treinta años rara vez produjo algo superior a las creaciones de su juventud.

Fue nombrado miembro de la Real Academia en 1912. En 1922 ganó el Premio Nobel. En 1924 recibió un homenaje en Madrid, al nombrársele "Hijo Predilecto" y "Príncipe de los modernos ingenios españoles". Otros le han llamado un "segundo Lope de Vega". Sólo García Lorca, cuya obra dramática tiene valores distintos de los de Benavente, y por lo tanto es difícil compararla, puede disputarle el puesto del mejor dramaturgo del siglo xx.

También gusta al público muy contemporáneo por ser él feminista ardiente y campeón de la mujer, sus derechos, su igualdad con los hombres y los deberes de éstos en el matrimonio.

Durante la Primera Guerra mundial simpatizaba con la minoría y por esto fue acusado de ser germanófilo.

Murió en Madrid en 1954.

Sus mejores obras no dramáticas se hallan en *Teatro fantástico* (1892), *Versos, Cartas de mujeres* (1893), *Figulinas* (1898), *De sobremesa* (1910-1916) y *Acotaciones* (1914).

Sería muy difícil catalogar las obras dramáticas de Benavente por períodos, por lo mucho que escribió y porque durante ciertas épocas de su vida produjo comedias de varias orientaciones distintas. Unos títulos representativos de una catalogación basada en su muy variada orientación son los siguientes:

1. comedias de costumbres y carácter: *El tren de los maridos* (1902), *El automóvil* (1902), *Amor de amar* (1902), *Cuento inmoral* 1905);

2. comedias infantiles: *El príncipe que todo lo aprendió en los libros* (1909), *Ganarse la vida* (1909), *Nietecito* (1910);

3. comedias de la sociedad madrileña: *Gente conocida* (1896), *La farándula* (1897), *Lo cursi* (1901);

4. comedias de la vida provincial: *La gobernadora* (1901), *El marido de su viuda* (1908);

5. comedias fantástico-simbólicas, que tratan de la vida cosmopolita: *La princesa Bebé* (1905), *La escuela de las princesas* (1909), *El dragón de fuego* (1904);

6. comedias de máscaras: *La ciudad alegre y confiada* (1916) y la que incluimos aquí, *Los intereses creados* (1907);

7. comedias didácticas: *Alma triunfante* (1902), *Rosas de otoño* (1905), *Los malhechores del bien* (1905), *Por las nubes* (1909);

8. dramas de pasión: *Más fuerte que el amor* (1906), *Los ojos de los muertos* (1907), *Los andrajos de la púrpura* (1930);

9. dramas de la vida rural: *Señora ama* (1908), y la que incluimos aquí, *La malquerida* (1913).

La malquerida acaso sea el mejor conocido de sus dramas. Tuvo un gran éxito en el mundo hispánico y también en los Estados Unidos. Fue llevado a la pantalla. Este drama de pasión, celos y venganza se desarrolla en el sofocante ambiente aldeano de Castilla, un ambiente de ignorancia y murmuraciones. Hay pocas instrucciones del escenario y no hay ninguna descripción de los personajes. Por eso la atmósfera y el carácter se desarrollan por medio del diálogo, lleno del dialecto castellano. Es el tema clásico de Eurípides, Séneca y Racine con los papeles de Hipólito y Fedra invertidos en Esteban y Acacia.

La otra comedia que incluimos fue estrenada el 9 de diciembre de 1907. En ella se unen los personajes de la *commedia dell'arte* con las características del tradicional teatro español, a lo largo de una fábula profunda bajo su ligereza. La personalidad humana se desdobla en dos personajes: Leandro y Crispín, luz y sombra de una sola imagen. Es una farsa guiñolesca sin realidad alguna, con personajes que no son ni semejan hombres y mujeres sino fantoches o muñecos de cartón. Crispín, sin embargo, se deriva del gracioso. Es una sátira contra la dualidad del hombre y contra el mundo de negocios e hipocresías.

BIBLIOGRAFÍA SELECTA

Diez Echarri, E. y J. M. Roca Franquesa. *Historia general de la literatura española e hispanoamericana.* Madrid: Aguilar, 1968.

García López, J. *Historia de la literatura española.* Barcelona: Vicens-Vives, 1962.

Lázaro, A. *Jacinto Benavente: de su vida y de su obra.* Madrid, 1925.

Nineteenth Century Spanish Plays, ed. por L. E. Brett. N. Y.: Appleton-Century, 1935.

Plays by Jacinto Benavente, trad. por J. G. Underhill. N. Y.: Scribners, 1917.

Starkie, W. *Jacinto Benavente,* Oxford, 1924.

Valbuena Prat, A. *Historia de la literatura española.* Barcelona: Gustavo Gili, 1963.

LOS INTERESES CREADOS

Jacinto Benavente

PERSONAJES

Doña Sirena
Silvia
La Señora de Polichinela
Colombina
Laura
Risela
Leandro
Crispín
El Doctor
Polichinela

Arlequín
El Capitán
Pantaleón
El Hostelero
El Secretario
Mozo 1 de la Hostería
Mozo 2
Alguacilillo 1
Alguacilillo 2

La acción pasa en un país imaginario, a principios del siglo XVII

ACTO PRIMERO

PRÓLOGO

Telón corto en primer término, con puerta al foro, y en ésta un tapiz. Recitado por el personaje CRISPÍN.

He aquí el tinglado de la antigua farsa, la que alivió en posadas aldeanas el cansancio de los trajinantes, la que embobó en las plazas de humildes lugares a los simples villanos, la que juntó en ciudades populosas a los más variados concursos, como en París sobre el Puente Nuevo,[1] cuando Tabarín[2] desde su tablado de feria solicitaba la atención de todo transeúnte, desde el espetado doctor que detiene un momento su docta cabalgadura para desarrugar por un instante la frente, siempre cargada de graves pensamientos, al escuchar algún donaire de la alegre farsa, hasta el pícaro hampón, que allí divierte sus ocios horas y horas, engañando al hambre con la risa; y el prelado y la dama de calidad, y el gran señor desde sus carrozas, como la moza alegre y el soldado, y el mercader y el estudiante. Gente de toda condición, que en ningún otro lugar se hubiera reunido, comunicábase allí su regocijo, que muchas veces, más que de la farsa, reía el grave de ver reír al risueño, y el sabio al bobo, y los pobretes de ver reír a los grandes señores, ceñudos de ordinario, y los grandes de ver reír a los pobretes, tranquilizada su conciencia con pensar: ¡también los pobres ríen! Que nada prende tan pronto de unas almas en otras como esta simpatía de la risa. Alguna vez, también subió la farsa a palacios de príncipes, altísimos señores, por humorada de sus dueños, y no fue allí menos libre y despreocupada. Fue de todos y para todos. Del pueblo recogió burlas y malicias y dichos sentenciosos, de esa filosofía del pueblo, que siempre sufre, dulcificada por aquella resignación de los humildes de entonces, que no lo esperaban todo de este mundo, y por eso sabían reírse del mundo sin odio y sin amargura. Ilustró después su plebeyo origen con noble ejecutoria: Lope de Rueda, Shakespeare, Molière,[3] como enamorados príncipes de cuento de hadas, elevaron a Cenicienta al más alto trono de la Poesía y el Arte. No presume de tan gloriosa estirpe esta farsa, que por curiosidad de su espíritu inquieto os presenta un poeta de ahora. Es una farsa *quiñolesca*, de asunto disparatado, sin realidad alguna. Pronto veréis cómo cuanto en ella sucede no pudo suceder nunca, que sus personajes no son ni semejan hombres y mujeres, sino muñecos o fantoches de cartón y trapo, con groseros hilos, visibles a poca luz y al más corto de vista. Son las mismas grotescas máscaras de aquella comedia de Arte italiano,[4] no tan

---

[1] Puente Nuevo —*le Pont-Neuf*— en París.

[2] Tabarín —pseudónimo de Jean Salomon (1584-1633), famoso bufón y saltimbanco parisiense.

[3] Lope de Rueda, Shakespeare, Molière —tres dramaturgos del plebe que representan tres países (España, Inglaterra, Francia), respectivamente.

[4] La llamada *commedia dell'arte*.

regocijadas como solían, porque han meditado mucho en tanto tiempo. Bien conoce el autor que tan primitivo espectáculo no es el más digno de un culto auditorio de estos tiempos; así, de vuestra cultura tanto como de vuestra bondad se ampara. El autor sólo pide que aniñéis cuanto sea posible vuestro espíritu. El mundo está ya viejo y chochea; el Arte no se resigna a envejecer, y por parecer niño finge balbuceos... Y he aquí cómo estos viejos polichinelas pretenden hoy divertiros con sus niñerías.

CUADRO PRIMERO

Plaza de una ciudad. A la derecha, en primer término, fachada de una hostería con puerta practicable y en ella un aldabón. Encima de la puerta un letrero que diga: "Hostería".

ESCENA PRIMERA

LEANDRO y CRISPÍN *que salen por la segunda izquierda.*

LEANDRO.—Gran ciudad ha de ser ésta, Crispín; en todo se advierte su señorío y riqueza.

CRISPÍN.—Dos ciudades hay. ¡Quisiera el Cielo que en la mejor hayamos dado!

LEANDRO.—¿Dos ciudades dices, Crispín? Ya entiendo, antigua y nueva, una de cada parte del río.

CRISPÍN.—¿Qué importa el río ni la vejez ni la novedad? Digo dos ciudades como en toda ciudad del mundo: una para el que llega con dinero, y otra para el que llega como nosotros.

LEANDRO.—¡Harto es haber llegado sin tropezar con la justicia! Y bien quisiera detenerme aquí algún tiempo, que ya me cansa tanto correr tierras.

CRISPÍN.—A mí no, que es condición de los naturales, como yo, del libre reino de Picardía, no hacer asiento en parte alguna, si no es

forzado y en galeras, que es duro asiento. Pero ya que sobre esta ciudad caímos y es plaza fuerte a lo que se descubre, tracemos como prudentes capitanes nuestro plan de batalla, si hemos de conquistarla con provecho.

LEANDRO.—¡Mal pertrechado ejército venimos!

CRISPÍN.—Hombres somos, y con hombres hemos de vernos.

LEANDRO.—Por todo caudal, nuestra persona. No quisiste que nos desprendiéramos de estos vestidos, que, malvendiéndolos, hubiéramos podido juntar algún dinero.

CRISPÍN.—¡Antes me desprendiera yo de la piel que de un buen vestido! Que nada importa tanto como parecer, según va el mundo, y el vestido es lo que antes parece.

LEANDRO.—¿Qué hemos de hacer, Crispín? Que el hambre y el cansancio me tienen abatido, y mal discurro.

CRISPÍN.—Aquí no hay sino valerse del ingenio y de la desvergüenza, que sin ella nada vale el ingenio. Lo que he pensado es que tú has de hablar poco y desabrido, para darte aires de persona de calidad; de vez en cuando te permito que descargues algún golpe sobre mis costillas; a cuantos te pregunten, responde misterioso; y cuanto hables por tu cuenta, sea con gravedad; como si sentenciaras. Eres joven, de buena presencia; hasta ahora sólo supiste malgastar tus cualidades; ya es hora de aprovecharte de ellas. Ponte en mis manos, que nada conviene tanto a un hombre como llevar a su lado quien haga notar sus méritos, que en uno mismo la modestia es necedad y la propia alabanza locura, y con las dos se pierde para el mundo. Somos los hombres como mercancía, que valemos más o menos según la habilidad del mercader que nos presenta. Yo te aseguro que así fueras vidrio, a mi cargo corre que pases por diamante. Y ahora llamemos a esta hostería, que lo primero es acampar a vista de la plaza.

LEANDRO.—¿A la hostería dices? ¿Y cómo pagaremos?

CRISPÍN.—Si por tan poco te acobardas busquemos un hospital o casa de misericordia, o pidamos limosna, si a lo piadoso nos acogemos; y si a lo bravo, volvamos al camino y saltemos al primer viandante; si a la verdad de nuestros recursos nos atenemos, no son otros nuestros recursos.

LEANDRO.—Yo traigo cartas de introducción para personas de valimiento en esta ciudad, que podrán socorrernos.

CRISPÍN.—¡Rompe luego esas cartas y no pienses en tal bajeza! ¡Presentarnos a nadie como necesitados! ¡Buenas cartas de crédito son ésas! Hoy te recibirán con grandes cortesías, te dirán que su casa y su persona son tuyas, y a la segunda vez que llames a su puerta, ya te dirá el criado que su señor no está en casa ni para en ella; y a otra visita, ni te abrián la puerta. Mundo es éste de toma y daca; lonja de contratación, casa de cambio, y antes de pedir, ha de ofrecerse.

LEANDRO.—¿Y qué podré ofrecer yo si nada tengo?

CRISPÍN.—¡En qué poco te estimas! Pues qué, un hombre por sí, ¿nada vale? Un hombre puede ser soldado, y con su valor decidir una victoria; puede ser galán o marido, y con dulce medicina curar a alguna dama de calidad o doncella de buena linaje que se sienta morir de melancolía; puede ser criado de algún señor poderoso que se aficione de él y le eleve hasta su privanza, y tantas cosas más que no he de enumerar. Para subir, cualquier escalón es bueno.

LEANDRO.—¿Y si aun ese escalón me falta?

CRISPÍN.—Yo te ofrezco mis espaldas para encumbrarte. Tú te verás en alto.

LEANDRO.—¿Y si los dos damos en tierra?

CRISPÍN.—Que ella nos sea leve. (Llamando a la hostería con el aldabón.) ¡Ah de la hostería! ¡Hola, digo! ¡Hostelero o demonio! ¿Nadie responde? ¿Qué casa es ésta?

LEANDRO.—¿Por qué esas voces si apenas llamasteis?

CRISPÍN.—¡Porque es ruindad hacer esperar de ese modo! (Vuelve a llamar más fuerte.) ¡Ah de la gente! ¡Ah de la casa! ¡Ah de todos los diablos!

HOSTELERO.—(Dentro.) ¿Quién va? ¿Qué voces y qué modo son éstos? No hará tanto que esperan.

CRISPÍN.—¡Ya fue mucho! Y bien nos informaron que es ésta muy ruin posada para gente noble.

ESCENA II

DICHOS, el HOSTELERO y dos MOZOS que salen de la hostería.

HOSTELERO.—(Saliendo.) Poco a poco, que no es posada, sino hospedería,[5] y muy grandes señores han parado en ella.

CRISPÍN.—Quisiera yo ver a esos que llamáis grandes señores. Gentecilla de poco más o menos. Bien se advierte en esos mozos, que no saben conocer a las personas de calidad, y se están ahí como pasmarotes sin atender a nuestro servicio.

HOSTELERO.—¡Por vida que sois impertinente!

LEANDRO.—Este criado mío siempre ha de extremar su celo. Buena es vuestra posada para el poco tiempo que he de parar en ella. Disponed luego un aposento para mí y otro para este criado, y ahorremos palabras.

HOSTELERO.—Perdonad, señor; si antes hubierais hablado... Siempre

5 posada; hospedería —una hospedería es una habitación reservada en los conventos para los huéspedes, mientras una posada es un mesón o casa pública para alojarse; hostería es un sinónimo de posada.

los señores han de ser más comedidos que sus criados.

CRISPÍN.—Es que este buen señor mío a todo se acomoda; pero yo sé lo que conviene a su servicio, y no he de pasar por cosa mal hecha. Conducidnos ya al aposento.

HOSTELERO.—¿No traéis bagaje alguno?

CRISPÍN.—¿Pensáis que nuestro bagaje es hatillo de soldado o de estudiante para traerlo a mano, ni que mi señor ha de traer aquí ocho carros, que tras nosotros vienen, ni que aquí ha 'de parar sino el tiempo preciso que conviene al secreto de los servicios que en esta ciudad le están encomendados?

LEANDRO.—¿No callarás? ¿Qué secreto ha de haber contigo? ¡Pues voto a..., que si alguien me descubre por tu hablar sin medida!... (Le amenaza y le pega con la espada.)

CRISPÍN.—¡Valedme, que me matará! (Corriendo.)

HOSTELERO. — (Interponiéndose entre Leandro y Crispín.) ¡Teneos, señor!

LEANDRO.—Dejad que le castigue, que no ·hay falta para mí como el hablar sin tino.

HOSTELERO.—¡No le castiguéis, señor!

LEANDRO.—¡Dejadme, dejadme, que no aprenderá nunca! (Al ir a pegar a Crispín, éste se esconde detrás del Hostelero, quien recibe los golpes.)

CRISPÍN.—(Quejándose.) ¡Ay, ay, ay!

HOSTELERO.—¡Ay digo yo, que me dio de plano!

LEANDRO.—(A Crispín.) Ve a lo que diste lugar: a que este infeliz fuera el golpeado. ¡Pídele perdón!

HOSTELERO.—No es menester. Yo le perdono gustoso. (A los criados.) ¿Qué hacéis ahí parados? Disponed los aposentos donde suele parar el embajador de Mantua y preparad comida para este caballero.

CRISPÍN.—Dejad que yo les advierta de todo, que cometerán mil torpezas y pagaré yo luego, que mi señor, como veis, no perdona falta... Soy con vosotros, muchachos... y tened cuenta a quién servís, que la mayor fortuna o la mayor desdicha os entró por las puertas. (Entran los criados y Crispín en la hostería.)

HOSTELERO.—(A Leandro) ¿Y podéis decirme vuestro nombre, de dónde venís, y a qué propósito?...

LEANDRO.—(Al ver salir a Crispín de la hostería) Mi criado os lo dirá... Y aprended a no importunarme con preguntas... (Entra en la hostería,)

CRISPÍN.—¡Buena la hicisteis! ¿Atreverse a preguntar a mi señor? Si os importa tenerle una hora siquiera en vuestra casa, no volváis a dirigirle la palabra.

HOSTELERO.—Sabed que hay Ordenanzas muy severas que así lo disponen.

CRISPÍN.—¡Veníos con Ordenanzas a mi señor! ¡Callad, callad, que no sabéis a quién tenéis en vuestra casa, y si lo supierais no diríais tantas impertinencias!

HOSTELERO.—Pero ¿no he de saber siquiera?...

CRISPÍN.—¡Voto a..., que llamaré a mi señor y él os dirá lo que conviene, si no le entendisteis! ¡Cuidad de que nada le falte y atendedle con vuestros cinco sentidos, que bien puede pesaros! ¿No sabéis conocer a las personas? ¿No visteis ya quién es mi señor? ¿Qué replicáis? ¡Vamos ya! (Entra en la hostería empujando al Hostelero.)

ESCENA III

ARLEQUÍN y el CAPITÁN que salen por la segunda izquierda.[6]

ARLEQUÍN.—Vagando por los campos que rodean esta ciudad, lo mejor de ella sin duda alguna, creo que sin pensarlo hemos venido a dar

---

[6] Entre estas escenas ya ha pasado un mes.

frente a la hostería. ¡Animal de costumbre es el hombre! ¡Y dura costumbre la de alimentarse cada día!

CAPITÁN.—¡La dulce música de vuestros versos me distrajo de mis pensamientos! ¡Amable privilegio de los poetas!

ARLEQUÍN.—¡Que no les impide carecer de todo! Con temor llego a la hostería. ¿Consentirán hoy en fiarnos? ¡Válgame vuestra espada!

CAPITÁN.—¿Mi espada? Mi espada de soldado, como vuestro plectro de poeta, nada valen en esta ciudad de mercaderes y de negociantes... ¡Triste condición es la nuestra!

ARLEQUÍN.—Bien decís. No la sublime poesía, que sólo canta de nobles y elevados asuntos; ya ni sirve poner el ingenio a las plantas de los poderosos para elogiarlos o satirizarlos; alabanzas o diatribas no tienen valor para ellos; ni agradecen las unas ni temen las otras. El propio Aretino [7] hubiera muerto de hambre en estos tiempos.

CAPITÁN.—¿Y nosotros, decidme? Porque fuimos vencidos en las últimas guerras, más que por el enemigo poderoso, por esos indignos traficantes que nos gobiernan y nos enviaron a defender sus intereses sin fuerzas y sin entusiasmo, porque nadie combate con fe por lo que no estima; ellos, que no dieron uno de los suyos para soldado ni soltaron moneda sino a buen interés y a mejor cuenta, y apenas temieron verla perdida amenazaron con hacer causa con el enemigo, ahora nos culpan a nosotros y nos maltratan y nos menosprecian y quisieran ahorrarse la mísera soldada con que creen pagarnos, y de muy buena gana nos despedirían si no temieran que un día todos los oprimidos por sus maldades y tiranías se levantaran contra ellos. ¡Pobres de ellos si ese día nos acordamos de qué parte están la razón y la justicia!

ARLEQUÍN.—Si así fuera..., ese día me tendréis a vuestro lado.

CAPITÁN.—Con los poetas no hay que contar para nada, que es vuestro espíritu como el ópalo, que a cada luz hace diversos visos. Hoy os apasionáis por lo que nace y mañana por lo que muere; pero más inclinados sois a enamoraros de todo lo ruinoso por melancólico.[8] Y como sois por lo regular poco madrugadores, más veces visteis morir el sol que amanecer el día, y más sabéis de sus ocasos que de sus auroras.

ARLEQUÍN.—No lo diréis por mí, que he visto amanecer muchas veces cuando no tenía dónde acostarme. ¿Y cómo queríais que cantara al día, alegre como alondra, si amanecía tan triste para mí? ¿Os decidís a probar fortuna?

CAPITÁN.—¡Qué remedio! Sentémonos y sea lo que disponga nuestro buen hostelero.

ARLEQUÍN.—¡Hola! ¡Eh! ¿Quién sirve? (*Llamando en la hostería.*)

ESCENA IV

DICHOS, *el* HOSTELERO. *Después los* MOZOS, LEANDRO *y* CRISPÍN, *que salen a su tiempo de la hostería.*

HOSTELERO.—¡Ah, caballeros! ¿Sois vosotros? Mucho lo siento, pero hoy no puedo servir a nadie en mi hostería.

CAPITÁN.—¿Y por qué causa, si puede saberse?

HOSTELERO.—¡Lindo desahogo es el vuestro en preguntarlo! ¿Pensáis que a mí me fía nadie lo que en mi casa se gasta?

CAPITÁN.—¡Ah! ¿Es ése el motivo? ¿Y no somos personas de crédito a quien puede fiarse?

HOSTELERO.—Para mí, no. Y como nunca pensé cobrar, para favor ya fue bastante; conque así, hagan merced de no volver por mi casa.

---

[7] Aretino —satírico italiano que murió en 1557.

[8] por melancólico —por ser melancólico.

ARLEQUÍN.—¿Creéis que todo es dinero en este bajo mundo? ¿Contáis por nada las ponderaciones que de vuestra casa hicimos en todas partes? ¡Hasta un soneto os tengo dedicado y en él celebro vuestras perdices estofadas y vuestros pasteles de liebre!... Y en cuanto al señor Capitán, tened por seguro que él solo sostendrá contra un ejército el buen nombre de vuestra casa. ¿Nada vale esto? ¡Todo ha de ser moneda contante [9] en el mundo!

HOSTELERO.—¡No estoy para burlas! No he menester de vuestros sonetos ni de la espada del señor Capitán, que mejor pudiera emplearla.

CAPITÁN.—¡Voto a..., que si la emplearé escarmentando a un pícaro! (Amenazándole y pegándole con la espada.)

HOSTELERO.—(Gritando.) ¿Qué es esto? ¿Contra mí? ¡Favor! ¡Justicia!

ARLEQUÍN.—(Conteniendo al Capitán.) ¡No os perdáis por tan ruin sujeto!

CAPITÁN.—¡He de matarle! (Pegándole.)

HOSTELERO.—¡Favor! ¡Justicia!

MOZOS.—(Saliendo de la hostería.) ¡Que matan a nuestro amo!

HOSTELERO.—¡Socorredme!

CAPITÁN.—¡No dejaré uno!

HOSTELERO.—¿No vendrá nadie?

LEANDRO.—(Saliendo con Crispín.) ¿Qué alboroto es éste?

CRISPÍN.—¿En lugar donde mi señor se hospeda? ¿No hay sosiego posible en vuestra casa? Yo traeré a la Justicia, que pondrá orden en ello.

HOSTELERO.—¡Esto ha de ser mi ruina! ¡Con tan gran señor en mi casa!

ARLEQUÍN.—¿Quién es él?

HOSTELERO.—¡No oséis preguntarlo!

CAPITÁN.—Perdonad, señor, si turbamos vuestro reposo; pero este ruin hostelero...

HOSTELERO.—No fue mía la cul-

pa, señor, sino de estos desvergonzados...

CAPITÁN.—¿A mí desvergonzado? ¡No miraré nada!...

CRISPÍN.—¡Alto, señor Capitán, que aquí tenéis quien satisfaga vuestros agravios, si los tenéis de este hombre.

HOSTELERO.—Figuraos que ha más de un mes que comen a mi costa sin soltar blanca, y porque me negué hoy a servirles se vuelven contra mí.

ARLEQUÍN.—Yo, no, que todo lo llevo con paciencia.

CAPITÁN.—¿Y es razón que a un soldado no se le haga crédito?

ARLEQUÍN.—¿Y es razón que en nada se estime un soneto con estrambote que compuse a sus perdices estofadas y a sus pasteles de liebre?... Todo por fe, que no los probé nunca, sino carnero y potajes.

CRISPÍN.—Estos dos nobles señores dicen muy bien, y es indignidad tratar de ese modo a un poeta y a un soldado.

ARLEQUÍN.—¡Ah señor, sois un alma grande!

CRISPÍN.—Yo no. Mi señor, aquí presente; que como tan gran señor, nada hay para él en el mundo como un poeta y un soldado.

LEANDRO.—Cierto.

CRISPÍN.—Y estad seguros de que mientras él pare en esta ciudad no habéis de carecer de nada, y cuanto gasto hagáis aquí corre de su cuenta.

LEANDRO.—Cierto.

CRISPÍN.—¡Y mírese mucho el hostelero en trataros como corresponde!

HOSTELERO.—¡Señor!

CRISPÍN.—Y no seáis tan avaro de vuestras perdices ni de vuestras empanadas de gato, que no es razón que un poeta como el señor Arlequín hable por sueño de cosas tan palpables...

ARLEQUÍN.—¿Conocéis mi nombre?

CRISPÍN.—Yo no; pero mi señor, como tan gran señor, conoce a cuan-

<hr/>

[9] moneda contante: dinero al contado.

tos poetas existen y existieron, siempre que sean dignos de ese nombre.

LEANDRO.—Cierto.

CRISPÍN.—Y ninguno tan grande como vos, señor Arlequín; y cada vez que pienso que aquí no se os ha guardado todo el respeto que merecéis...

HOSTELERO.—Perdonad, señor. Yo les serviré como mandáis, y basta que seáis su fiador...

CAPITÁN.—Señor, si en algo puedo serviros...

CRISPÍN.—¿Es poco servicio el conoceros? ¡Glorioso Capitán, digno de ser cantado por ese solo poeta!...

ARLEQUÍN.—¡Señor!

CAPITÁN.—¡Señor!

ARLEQUÍN.—¿Y os son conocidos mis versos?

CRISPÍN.—¿Cómo conocidos? ¡Olvidados los tengo! ¿No es vuestro aquel soneto admirable que empieza:

"La dulce mano que acaricia
            [y mata"?

ARLEQUÍN.—¿Cómo decís?

CRISPÍN.—"La dulce mano que acaricia y mata."

ARLEQUÍN.—¿Ése decís? No, no es mío ese soneto.

CRISPÍN.—Pues merece ser vuestro. Y de vos, Capitán, ¿quién no conoce las hazañas? ¿No fuisteis el que sólo con veinte hombres asaltó el castillo de las Peñas Rojas en la famosa batalla de los Campos Negros?

CAPITÁN.—¿Sabéis?...

CRISPÍN.—¿Cómo si sabemos? ¡Oh! ¡Cuántas veces se lo oí referir a mi señor entusiasmado! ¡Veinte hombres, veinte, y vos delante, y desde el castillo... ¡bum!, ¡bum!, ¡bum!, disparos y bombardas y pez hirviente, y demonios encendidos...! ¡Y los veinte hombres como un solo hombre y vos delante! Y los de arriba..., ¡bum!, ¡bum!, ¡bum! Y los tambores..., ¡ran, rataplán, plan! Y los clarines..., ¡tararí, tararí, tararí!... Y vosotros sólo con vuestra espada y vos sin espada... ¡ris, ris, ris!, golpe aquí, golpe allí...,

una cabeza, un brazo... (Empieza a golpes con la espada, dándoles de plano al Hostelero y a los Mozos.)

MOZO.—¡Ay, ay!

HOSTELERO.—¡Téngase; que se apasiona como si pasara!

CRISPÍN.—¿Cómo si me apasiono? Siempre sentí yo el animus belli.[10]

CAPITÁN.—No parece sino que os hallasteis presente.

CRISPÍN.—Oírselo referir a mi señor es como verlo, mejor que verlo. ¡Y a un soldado así, al héroe de las Peñas Rojas en los Campos Negros, se le trata de esa manera!... ¡Ah! Gran suerte fue que mi señor se hallase presente y que negocios de importancia le hayan traído a esta ciudad, dónde él hará que se os trate con respeto, como merecéis... ¡Un poeta tan alto, un tan gran capitán (A los Mozos.) ¡Pronto! ¿Qué hacéis ahí como estafermos? Servidles de lo mejor que haya en vuestra casa, y ante todo una botella del mejor vino, que mi señor quiere beber con estos caballeros, y lo tendrá a gloria... ¿Qué hacéis ahí? ¡Pronto!

HOSTELERO.—¡Voy, voy! ¡No he librado de mala![11] (Se va con los Mozos a la hostería)

ARLEQUÍN.—¡Ah, señor! ¿Cómo agradeceros?...

CAPITÁN.—¿Cómo pagaros?

CRISPÍN.—¡Nadie hable aquí de pagar, que es palabra que me ofende! Sentaos, sentaos, que para mi señor, que a tantos príncipes y grandes ha sentado a su mesa, será éste el mayor orgullo.

LEANDRO.—Cierto.

CRISPÍN.—Mi señor no es de muchas palabras; pero, como véis, esas pocas son otras tantas sentencias llenas de sabiduría.

ARLEQUÍN.—En todo muestra su grandeza.

CAPITÁN.—No sabéis cómo conforta nuestro abatido espíritu hallar

---

[10] animus belli — el ánimo para guerrear.

[11] no he librado de mala —no me he librado de esta mala situación.

un gran señor como vos, que así nos considera.

CRISPÍN.—Esto no es nada, que yo sé que mi señor no se contenta con tan poco y será capaz de llevaros consigo y colocaros en tan alto estado...

LEANDRO.—(Aparte a Crispín.) No te alargues en palabras,[12] Crispín...

CRISPÍN.—Mi señor no gusta de palabras, pero ya le conoceréis por las obras.

HOSTELERO.—(Saliendo con los Mozos que traen las viandas y ponen la mesa.) Aquí está el vino..., y la comida.

CRISPÍN.—¡Beban, beban y coman y no se priven de nada, que mi señor corre con todo, y si algo os falta, no dudéis en decirlo, que mi señor pondrá orden en ello, que el hostelero es dado a descuidarse!

HOSTELERO.—No, por cierto; pero comprenderéis...

CRISPÍN.—No digáis palabra, que diréis una impertinencia.

CAPITÁN.—¡A vuestra salud!

LEANDRO.—¡A la vuestra, señores! ¡Por el más grande poeta y el mejor soldado!

ARLEQUÍN.—¡Por el más noble señor!

CAPITÁN.—¡Por el más generoso!

CRISPÍN.—Y yo también he de beber, aunque sea atrevimiento. Por este día grande entre todos que juntó al más alto poeta, al más valiente capitán, al más noble señor y al más leal criado... Y permitid que mi señor se despida, que los negocios que le traen a esta ciudad no admiten demora.

LEANDRO.—Cierto.

CRISPÍN.—¿No faltaréis a presentarle vuestros respetos cada día?

ARLEQUÍN.—Y a cada hora; y he de juntar a todos los músicos y poetas de mi amistad para festejarle con músicas y canciones.

CAPITÁN.—Y yo he de traer a toda mi compañía con antorchas y luminarias.

LEANDRO.—Ofenderéis mi modestia...

CRISPÍN.—Y ahora comed, bebed... ¡Pronto! Servid a estos señores... (Aparte al Capitán.) Entre nosotros..., ¿estaréis sin blanca?[13]

CAPITÁN.—¿Qué hemos de deciros?

CRISPÍN.—¡No digáis más! (Al Hostelero.) ¡Eh! ¡Aquí entregaréis a estos caballeros cuarenta o cincuenta escudos por encargo de mi señor y de parte suya... ¡No dejéis de cumplir sus órdenes!

HOSTELERO.—¡Descuidad! ¿Cuarenta o cincuenta, decís?

CRISPÍN.—Poned sesenta... ¡Caballeros, salud!

CAPITÁN.—¡Viva el más grande caballero!

ARLEQUÍN.—¡Viva!

CRISPÍN.—¡Decid ¡viva! también vosotros, gente incivil!

HOSTELERO Y MOZOS.—¡Viva!

CRISPÍN.—¡Viva el más alto poeta y el mayor soldado!

TODOS.—¡Viva!

LEANDRO.—(Aparte a Crispín.) ¿Qué locuras son éstas, Crispín, y cómo saldremos de ellas?

CRISPÍN.—Como entramos. Ya lo ves; la poesía y las armas son nuestras... ¡Adelante! ¡Sigamos la conquista del mundo! (Todos se hacen saludos y reverencias, y Leandro y Crispín se van por la segunda izquierda.[14] El Capitán y Arlequín se disponen a comer los asados que les han preparado el Hostelero y los Mozos que los sirven.)

SEGUNDO CUADRO

Jardín con fachada de un pabellón con puerta practicable en primer término izquierda. Es de noche.

---

[12] no te alargues —no hables tanto.

[13] sin blanca —sin dinero.

[14] la segunda izquierda —por el lado izquierdo, segunda puerta, no en primer término.

ESCENA PRIMERA

DOÑA SIRENA y COLOMBINA *saliendo del pabellón.*

SIRENA.—¿No hay para perder el juicio,[15] Colombina? ¡Que una dama se vea en trance tan afrentoso por gente baja y descomedida! ¿Cómo te atreviste a volver a mi presencia con tales razones?

COLOMBINA.—¿Y no habíais de saberlo?

SIRENA.—¡Morir me estaría mejor![16] ¿Y todos te dijeron lo mismo?

COLOMBINA.—Uno por uno, como lo oísteis... El sastre, que no os enviará el vestido mientras no le paguéis todo lo adeudado.

SIRENA.—¡El insolente! ¡El salteador de caminos! ¡Cuando es él quien me debe todo su crédito en esta ciudad, que hasta emplearlo yo en el atavío de mi persona no supo lo que era vestir damas!

COLOMBINA.—Y los cocineros y los músicos y los criados todos dijeron lo mismo: que no servirían esta noche en la fiesta si no les pagáis por adelantado.

SIRENA.—¡Los sayones! ¡Los forajidos! ¡Cuándo se vio tanta insolencia en gente nacida para servirnos! ¿Es que ya no se paga más que con dinero? ¿Es que ya sólo se estima el dinero en el mundo? ¡Triste de la que se ve como yo, sin el amparo de un marido, ni de parientes, ni de allegados masculinos!... Que una mujer sola nada vale en el mundo, por noble y virtuosa que sea. ¡Oh, tiempos de perdición! ¡Tiempos del Apocalipsis! ¡El Anticristo debe ser llegado![17]

COLOMBINA.—Nunca os vi tan apocada. Os desconozco. De mayores apuros supisteis salir adelante.

SIRENA.—Eran otros tiempos, Colombina. Contaba yo entonces con mi juventud y con mi belleza como poderosos aliados. Príncipes y grandes señores rendíanse[18] a mis plantas.

COLOMBINA.—En cambio, no sería tanta vuestra experiencia y conocimiento del mundo como ahora. Y en cuanto a vuestra belleza, nunca estuvo tan en su punto, podéis creerlo.

SIRENA.—¡Deja lisonjas! ¡Cuándo me vería yo de este modo si fuera la doña Sirena de mis veinte!

COLOMBINA.—¿Años queréis decir?

SIRENA.—Pues ¿qué pensaste? ¡Y qué diré de ti, que aún no los cumpliste y no sabes aprovecharlo! ¡Nunca lo creyera cuando al verte tan sola de criada te adopté por sobrina! ¡Si en vez de malograr tu juventud enamorándote de ese Arlequín, ese poeta que nada puede ofrecer sino versos y músicas, supieras emplearte mejor, no nos veríamos en tan triste caso!

COLOMBINA.—¿Qué queréis? Aún soy demasiado joven para resignarme a ser amada y no corresponder. Y si he de adiestrarme en hacer padecer por mi amor, necesito saber antes cómo se padece cuando se ama. Yo sabré desquitarme. Aún no cumplí los veinte años. No me creáis con tan poco juicio que piense en casarme con Arlequín.

SIRENA.—No me fío de ti, que eres muy caprichosa y siempre te dejaste llevar de la fantasía. Pero pensemos en lo que ahora importa. ¿Qué haremos en tan gran apuro? No tardarán en acudir mis convidados, todos personas de calidad y de importancia, y entre ellas el señor Polichinela con su esposa y su hija, que por muchas razones me impor-

---

[15] ¿no hay para perder el juicio? —hay tantos problemas y trances que hacen que una dama pierda el juicio.

[16] morir me estaría mejor —hubiera sido mejor si hubiera muerto yo.

[17] debe ser llegado —imita aquí el lenguaje de la Biblia, empleando *ser* en vez de *haber.*

[18] rendíanse —se rendían (pronombre en posición enclítica).

tan más que todos. Ya sabes cómo frecuentan esta casa algunos caballeros nobilísimos, pero, como yo, harto deslucidos en su nobleza, por falta de dinero. Para cualquiera de ellos, la hija del señor Polichinela, con su riquísima dote, y el gran caudal que ha de heredar a la muerte de su padre, puede ser un partido muy ventajoso. Muchos son los que la pretenden. En favor de todos ellos interpongo yo mi buena amistad con el señor Polichinela y su esposa. Cualquiera que sea el favorecido, yo sé que ha de corresponder con largueza a mis buenos oficios, que de todos me hice firmar una obligación para asegurarme. Ya no me quedan otros medios que estas mediaciones para reponer en algo mi patrimonio; si de camino algún rico comerciante o mercader se prendara de ti..., ¿quién sabe?..., aún podía ser esta casa lo que fue en otro tiempo. Pero si esta noche la insolencia de esa gente trasciende, si no puedo ofrecer la fiesta... ¡No quiero pensarlo..., que será mi ruina!

COLOMBINA.—No paséis cuidado. Con qué agasajarlos no ha de faltar. Y en cuanto a músicos y a criados, el señor Arlequín, que por algo es poeta y para algo [19] está enamorado de mí, sabrá improvisarlo todo. Él conoce a muchos truhanes de buen humor que han de prestarse a todo. Ya veréis, no faltará nada, y vuestros convidados dirán que no asistieron en su vida a tan maravillosa fiesta.

SIRENA.—¡Ay, Colombina! Si eso fuera, ¡cuánto ganarías en mi afecto! Corre en busca de tu poeta... No hay que perder tiempo.

COLOMBINA.—¿Mi poeta? Del otro lado de estos jardines pasea, de seguro, aguardando una seña mía...

SIRENA.—No será bien que asista a vuestra entrevista, que yo no debo

rebajarme en solicitar tales favores... A tu cargo lo dejo. ¡Que nada falte para la fiesta, y yo sabré recompensar a todos; que esta estrechez angustiosa de ahora no puede durar siempre..., o no sería yo doña Sirena!

COLOMBINA.—Todo se compondrá. Id descuidada. (Vase doña Sirena por el pabellón.)

ESCENA II

COLOMBINA. Después CRISPÍN, que sale por la segunda derecha.

COLOMBINA.—(Dirigiéndose a la segunda derecha y llamando.) ¡Arlequín! ¡Arlequín! (Al ver salir a Crispín). ¡No es él!

CRISPÍN.—No temáis, hermosa Colombina, amada del más soberano ingenio, que por ser raro poeta en todo, no quiso extremar en sus versos las ponderaciones de vuestra belleza. Si de lo vivo a lo pintado fue siempre diferencia, es toda en esta ocasión ventaja de lo vivo, ¡con ser tal la pintura!

COLOMBINA.—Y vos, ¿sois también poeta, o sólo cortesano y lisonjero?

CRISPÍN.—Soy el mejor amigo de vuestro enamorado Arlequín, aunque sólo de hoy le conozco, pero tales pruebas tuvo de mi amistad en tan corto tiempo. Mi mayor deseo fue el de saludaros, y el señor Arlequín no anduviera tan discreto en complacerme a no fiar tanto de mi amistad, que sin ella fuera ponerme a riesgo de amaros sólo con haberme puesto en ocasión de veros.

COLOMBINA.—El señor Arlequín fiaba tanto en el amor que le tengo como en la amistad que le tenéis. No pongáis todo el mérito de vuestra parte, que es tan necia presunción perdonar la vida a los hombres como el corazón a las mujeres.

CRISPÍN.—Ahora advierto que no sois tan peligrosa al que os ve como al que llega a escucharos.

[19] por algo es poeta y para algo está enamorado de mí —nótese el cambio de significado creado por el uso de estas preposiciones.

LOS INTERESES CREADOS 57

COLOMBINA.—Permitid; pero antes de la fiesta preparada para esta
noche he de hablar con el señor Arlequín y...

CRISPÍN.—No es preciso. A eso
vine, enviado de su parte y de parte
de mi señor, que os besa las manos.

COLOMBINA.—¿Y quién es vuestro
señor, si puede saberse?

CRISPÍN.—El más noble caballero,
el más poderoso... Permitid que
por ahora calle su nombre; pronto
habréis de conocerle. Mi señor desea
saludar a doña Sirena y asistir a su
fiesta esta noche.

COLOMBINA.—¡La fiesta! ¿No sabéis...?

CRISPÍN.—Lo sé. Mi deber es averiguarlo todo. Sé que hubo inconvenientes que pudieron estorbarla;
pero no habrá ninguno, todo está
prevenido.

COLOMBINA.—¿Cómo sabéis...?

CRISPÍN.—Yo os aseguro que no
faltará nada. Suntuoso agasajo, luminarias y fuegos de artificio, músicos y cantores. Será la más lucida
fiesta del mundo...

COLOMBINA.—¿Sois algún encantador, por ventura?

CRISPÍN.—Ya me iréis conocien-
do. Sólo os diré que por algo juntó
hoy el destino a gente de tan buen
entendimiento, incapaz de malograr-
lo con vanos escrúpulos. Mi señor
sabe que esta noche asistirá a la fiesta el señor Polichinela, con su hija
única, la hermosa Silvia, el mejor
partido de esta ciudad. Mi señor ha
de enamorarla, mi señor ha de casarse con ella y mi señor sabrá pagar como corresponde los buenos
oficios de doña Sirena y los vuestros
también si os prestáis a favorecerle.

COLOMBINA.—No andáis con ro-
deos. Debiera ofenderme vuestro
atrevimiento.

CRISPÍN.—El tiempo apremia y
no me dio lugar a ser comedido.

COLOMBINA.—Si ha de juzgarse
del amo por el criado...

CRISPÍN.—No temáis. A mi amo
le hallaréis el más cortés y atento

caballero. Mi desvergüenza le permite a él mostrarse vergonzoso. Duras
necesidades de la vida pueden obli-
gar al más noble caballero a em-
pleos de rufián, como a la más
noble dama a bajos oficios, y esta mezcla de ruindad y nobleza
en un mismo sujeto desluce con el
mundo. Habilidad es mostrar separado en dos sujetos lo que suele
andar junto en uno solo. Mi señor
y yo, con ser uno mismo, somos
cada uno una parte del otro. ¡Si así
fuera siempre! Todos llevamos en
nosotros un gran señor de altivos
pensamientos, capaz de todo lo grande y de todo lo bello... Y a su
lado, el servidor humilde, el de las
ruines obras, el que ha de emplear-
se en las bajas acciones a que obliga
la vida... Todo el arte está en se-
pararlos de tal modo que cuando
caemos en alguna bajeza podamos
decir siempre; no fue mía, no fui
yo, fue mi criado. En la mayor miseria de nuestra vida siempre hay
algo en nosotros que quiere sentirse
superior a nosotros mismos. Nos
despreciaríamos demasiado si no
creyésemos valer más que nuestra
vida... Ya sabéis quién es mi señor: el de los altivos pensamientos,
el de los bellos sueños. Ya sabéis
quién soy yo: el de los ruines em-
pleos, el que siempre, muy bajo,
rastrea y socava entre toda mentira
y toda indignidad y toda miseria.
Sólo hay algo en mí que me redime
y me eleva a mis propios ojos. Esta
lealtad de mi servidumbre, esta lealtad que se humilla y se arrastra para
que otro pueda volar y pueda ser
siempre el señor de los altivos pensamientos, el de los bellos sueños.
(Se oye música dentro.)

COLOMBINA.—¿Qué música es esa?

CRISPÍN.—La que mi señor trae
a la fiesta, con todos sus pajes y todos sus criados y toda una corte de
poetas y cantores presididos por el
señor Arlequín, y toda una legión de
soldados, con el Capitán al frente,
escoltándole con antorchas...

COLOMBINA.—¿Quién es vuestro señor, que tanto puede? Corro a prevenir a mi señora...

CRISPÍN.—No es preciso. Ella acude.

ESCENA III

DICHOS y DOÑA SIRENA, *que sale por el pabellón.*

SIRENA.—¿Qué es esto? ¿Quién previno esa música? ¿Qué tropel de gente llega a nuestra puerta?

COLOMBINA.—No preguntéis nada. Sabed que hoy llegó a esta ciudad un gran señor, y es él quien os ofrece la fiesta esta noche. Su criado os informará de todo. Yo aún no sabré deciros si hablé con un gran loco o con un gran bribón. De cualquier modo, os aseguro que él es un hombre extraordinario...

SIRENA.—¿Luego no fue Arlequín?

COLOMBINA.—No preguntéis... Todo es como cosa de magia...

CRISPÍN.—Doña Sirena, mi señor os pide licencia para besaros las manos. Tan alta señora y tan noble señor no han de entender en intrigas impropias de su condición. Por eso, antes que él llegue a saludaros, yo he de decirlo todo. Yo sé de vuestra historia mil notables sucesos que, referidos, me asegurarían toda vuestra confianza... Pero fuera impertinencia puntualizarlos. Mi amo os asegura aquí *(entregándole un papel)* con su firma la obligación que ha de cumpliros ni de vuestra parte sabéis cumplir lo que aquí os propone.

SIRENA.—¿Qué papel y qué obligación es ésta?... *(Leyendo el papel para sí.)* ¡Cómo! ¿Cien mil escudos de presente y otros tantos a la muerte del señor Polichinela si llega a casarse con su hija? ¿Qué insolencia es ésta? ¿A una dama? ¿Sabéis con quién habláis? ¿Sabéis qué casa es ésta?

CRISPÍN.—Doña Sirena..., ¡excusad la indignación! No hay nadie presente que pueda importaros. Guardad ese papel junto con otros..., y no se hable más del asunto. Mi señor no os propone nada indecoroso, ni vos consentiríais en ello... Cuanto aquí sucede será obra de la casualidad y del amor. Fui yo, el criado, el único que tramó estas cosas indignas. Vos sois siempre la noble dama, mi amo el noble señor, que al encontraros esta noche en la fiesta, hablaréis de mil cosas galantes y delicadas, mientras vuestros convidados pasean y conversan a vuestro alrededor, con admiraciones a la hermosura de las damas, al arte de sus galas, a la esplendidez del agasajo, a la dulzura de la música y a la gracia de los bailarines... ¿Y quién se atreverá a decir que no es esto todo? ¿No es así la vida, una fiesta en que la música sirve para disimular palabras y las palabras para disimular pensamientos? Que la música suene incesante, que la conversación se anime con alegres risas, que la cena esté bien servida..., es todo lo que importa a los convidados. Y ved aquí a mi señor, que llega a saludaros con toda gentileza.

ESCENA IV

DICHOS, LEANDRO, ARLEQUÍN y el CAPITÁN, *que salen por la segunda derecha.*

LEANDRO.—Doña Sirena, bésoos las manos.

SIRENA.—Caballero...

LEANDRO.—Mi criado os habrá dicho en mi nombre cuanto yo pudiera deciros.

CRISPÍN.—Mi señor, como persona grave, es de pocas palabras. Su admiración es muda.

ARLEQUÍN.—Pero sabe admirar sabiamente.

CAPITÁN.—El verdadero mérito.

ARLEQUÍN.—El verdadero valor.

CAPITÁN.—El arte incomparable de la poesía.

ARLEQUÍN.—La noble ciencia militar.

CAPITÁN.—En todo muestra su grandeza.

ARLEQUÍN.—Es el más noble caballero del mundo.

CAPITÁN.—Mi espada siempre estará a su servicio.

ARLEQUÍN.—He de consagrar a su gloria mi mejor poema.

CRISPÍN.—Basta, basta, que ofenderéis su natural modestia. Vedle, cómo quisiera ocultarse y desaparecer. Es una violeta.

SIRENA.—No necesita hablar quien de este modo hace hablar a todos en su alabanza. *(Después de un saludo y reverencia se van todos por la primera derecha. A Colombina.)* ¿Qué piensas de todo esto, Colombina?

COLOMBINA.—Que el caballero tiene muy gentil figura y el criado muy gentil desvergüenza.

SIRENA.—Todo puede aprovecharse. O yo no sé nada del mundo ni de los hombres, o la fortuna se entró hoy por mis puertas.

COLOMBINA.—Pues segura es entonces la fortuna; porque del mundo sabéis algo, y de los hombres, ¡no se diga!

SIRENA.—Risela y Laura, que son las primeras en llegar...

COLOMBINA.—¿Cuándo fueron ellas las últimas en llegar a una fiesta? Os dejo en su compañía, que yo no quiero perder de vista a nuestro caballero... *(Vase por la primera derecha.)*

ESCENA V

DOÑA SIRENA, LAURA y RISELA, *que salen por la segunda derecha.*

SIRENA.—¡Amigas! Ya comenzaba a dolerme de vuestra ausencia.

LAURA.—Pues ¿es tan tarde?

SIRENA.—Siempre lo es para veros.

RISELA.—Otras dos fiestas dejamos por no faltar a vuestra casa.

LAURA.—Por más que alguien nos dijo que no sería esta noche por hallaros algo indispuesta.

SIRENA.—Sólo por dejar mal a los maldicientes, aun muriendo la hubiera tenido.

RISELA.—Y nosotras nos hubiéramos muerto y no hubiéramos dejado de asistir a ella.

LAURA.—¿No sabéis la novedad?

RISELA.—No se habla de otra cosa.

LAURA.—Dicen que ha llegado un personaje misterioso. Unos dicen que es embajador secreto de Venecia o de Francia.

RISELA.—Otros dicen que viene a buscar esposa para el Gran Turco.

LAURA.—Aseguran que es lindo como un Adonis.

RISELA.—Si nos fuera posible conocerle... Debisteis invitarle a vuestra fiesta.

SIRENA.—No fue preciso, amigas, que él mismo envió un embajador a pedir licencia para ser recibido. Y en mi casa está y le veréis muy pronto.

LAURA.—¿Qué decís? Ved si anduvimos acertadas en dejarlo todo por asistir a vuestra casa.

RISELA.—¡Cuántas nos envidiarán esta noche!

LAURA.—Todos rabian por conocerle.

SIRENA.—Pues yo nada hice por lograrlo. Bastó que él supiera que yo tenía fiesta en mi casa.

RISELA.—Siempre fue lo mismo con vos. No llega persona importante a la ciudad que luego no os ofrezca sus respetos.

LAURA.—Ya se me tarda en verle... Llevadnos a su presencia por vuestra vida.

RISELA.—Sí, sí, llevadnos.

SIRENA.—Permitid, que llega el señor Polichinela con su familia... Pero id sin mí; no os será difícil hallarle.

RISELA.—Sí, sí; vamos Laura.

LAURA.—Vamos, Risela. Antes de que aumente la confusión y no nos sea posible acercarnos. (*Vanse por la primera derecha.*)

ESCENA VI

DOÑA SIRENA, POLICHINELA, LA SEÑORA DE POLICHINELA y SILVA, *que salen por la segunda derecha.*

SIRENA.—¡Oh, señor Polichinela! Ya temí que no vendríais. Hasta ahora no comenzó para mí la fiesta.

POLICHINELA.—No fue culpa mía la tardanza. Fue de mi mujer, que entre cuarenta vestidos no supo nunca cuál ponerse.

SEÑORA DE POLICHINELA.—Si por él fuera, me presentaría de cualquier modo... Ved cómo vengo de sofocada por apresurarme.

SIRENA.—Venís hermosa como nunca.

POLICHINELA.—Pues aún no trae la mitad de sus joyas. No podría con tanto peso.

SIRENA.—¿Y quién mejor puede ufanarse con que su esposa ostente el fruto de una riqueza adquirida con vuestro trabajo?

SEÑORA DE POLICHINELA.—Pero ¿no es hora ya de disfrutar de ella, como yo le digo, y de tener más nobles aspiraciones? Figuraos que ahora quiere casar a nuestra hija con un negociante.

SIRENA.—¡Oh, señor Polichinela! Vuestra hija merece mucho más que un negociante. No hay que pensar en eso. No debéis sacrificar su corazón por ningún interés. ¿Qué dices tú, Silvia?

POLICHINELA.—Ella preferiría algún barbilindo, que, muy a pesar mío, es muy dada a novelas y poesías.

SILVIA.—Yo haré siempre lo que mi padre ordene si a mi madre no le contraría y a mí no me disgusta.

SIRENA.—Eso es hablar con juicio.

SEÑORA DE POLICHINELA.—Tu padre piensa que sólo el dinero vale y se estima en el mundo.

POLICHINELA.—Yo pienso que sin dinero no hay cosa que valga ni se estime en el mundo; que es el precio de todo.

SIRENA.—¡No habléis así! ¿Y las virtudes, y el saber, y la nobleza?

POLICHINELA.—Todo tiene su precio, ¿quién lo duda? Nadie mejor que yo lo sabe, que compré mucho de todo eso, y no muy caro.

SIRENA.—¡Oh, señor Polichinela! Es humorada vuestra. Bien sabéis que el dinero no es todo, y que si vuestra hija se enamora de algún noble caballero, no sería bien contrariarla. Yo sé que tenéis un sensible corazón de padre.

POLICHINELA.—Eso sí. Por mi hija sería capaz de todo.

SIRENA.—¿Hasta de arruinaros?

POLICHINELA.—Eso no sería una prueba de cariño. Antes sería capaz de robar, de asesinar..., de todo.

SIRENA.—Ya sé que siempre sabríais rehacer vuestra fortuna. Pero la fiesta se anima. Ven conmigo, Silvia. Para danzar téngote destinado un caballero, que habéis de ser la más lucida pareja... (*Se dirigen todos a la primera derecha. Al ir a salir el señor Polichinela, Crispín, que entra por la segunda derecha, le detiene.*)

ESCENA VII

CRISPÍN Y POLICHINELA.

CRISPÍN.—¡Señor Polichinela! Con licencia.

POLICHINELA.—¿Quién me llama? ¿Qué me queréis?

CRISPÍN.—¿No recordáis de mí? No es extraño. El tiempo todo lo borra, y cuando es algo enojoso lo borrado, no deja ni siquiera el borrón como recuerdo, sino que se apresura a pintar sobre él con alegres colores, esos alegres colores con que ocultáis al mundo vuestras jorobas. Señor Polichinela, cuando yo os conocí apenas las cubrían unos descoloridos andrajos.

POLICHINELA.—¿Y quién eres tú y dónde pudiste conocerme?

CRISPÍN.—Yo era un mozuelo, tú eras ya todo un hombre. Pero ¿has olvidado ya tantas gloriosas hazañas por esos mares, tantas victorias ganadas al turco, a que no poco contribuimos con nuestro heroico esfuerzo, unidos los dos al mismo noble remo en la misma gloriosa nave?

POLICHINELA.—¡Imprudente! ¡Calla o...!

CRISPÍN.—O harás conmigo como con tu primer amo en Nápoles, y con tu primera mujer en Bolonia, y con aquel mercader judío en Venecia...

POLICHINELA.—¡Calla! ¿Quién eres tú, que tanto sabes y tanto hablas?

CRISPÍN.—Soy..., lo que fuiste. Y quien llegará a ser lo que eres..., como tú llegaste. No con tanta violencia como tú, porque los tiempos son otros y ya sólo asesinan los locos y los enamorados y cuatro pobretes que aún asaltan a mano armada al transeúnte por calles oscuras o caminos solitarios. ¡Carne de horca, despreciable!

POLICHINELA.—¿Y qué quieres de mí? Dinero, ¿no es eso? Ya nos veremos más despacio. No es éste el lugar...

CRISPÍN.—No tiembles por tu dinero. Sólo deseo ser tu amigo, tu aliado, como en aquellos tiempos.

POLICHINELA.—¿Qué puedo hacer por ti?

CRISPÍN.—No; ahora soy yo quien va a servirte, quien quiere obligarte con una advertencia... (*Haciéndole que mire a la primera derecha.*) ¿Ves allí a tu hija cómo danza con un joven caballero y cómo son-

ríe ruborosa al oír sus galanterías? Ese caballero es mi amo.

POLICHINELA.—¿Tu amo? Será entonces un aventurero, un hombre de fortuna, un bandido como...

CRISPÍN.—¿Como nosotros..., vas a decir? No; es más peligroso que nosotros, porque, como ves, su figura es bella, y hay en su mirada un misterio de encanto, y en su voz una dulzura que llega al corazón y le conmueve como si contara una historia triste. ¿No es esto bastante para enamorar a cualquier mujer? No dirás que no te he advertido. Corre y separa a tu hija de ese hombre, y no le permitas que baile con él ni que vuelva a escucharle en su vida.

POLICHINELA.—¿Y dices que es tu amo y así le sirves?

CRISPÍN.—¿Lo extrañas? ¿Te olvidas ya de cuando fuiste criado? Yo aún no pienso asesinarle.

POLICHINELA.—Dices bien; un amo es siempre odioso. Y en servirme a mí, ¿qué interés es el tuyo?

CRISPÍN.—Llegar a buen puerto, como llegamos tantas veces remando juntos. Entonces, tú me decías alguna vez: "Tú, que eres fuerte, rema por mí..." En esta galera de ahora eres tú más fuerte que yo; rema por mí, por el fiel amigo de entonces, que la vida es muy pesada galera y yo llevo remado mucho. (*Vase por la segunda derecha.*)

ESCENA VIII

El SEÑOR POLICHINELA, DOÑA SIRENA, LA SEÑORA POLICHINELA, RISELA *y* LAURA, *que salen por la primera derecha.*

LAURA.—Sólo doña Sirena sabe ofrecer fiestas semejantes.

RISELA.—Y la de esta noche excedió a todas.

SIRENA.—La presencia de tan singular caballero fue un nuevo atractivo.

POLICHINELA.—¿Y Silvia? ¿Dónde quedó Silvia? ¿Cómo dejaste a nuestra hija?

SIRENA.—Callad, señor Polichinela, que vuestra hija se halla en excelente compañía, y en mi casa siempre está segura.

RISELA.—No hubo atenciones más que para ella.

LAURA.—Para ella es todo el agrado.

RISELA.—Y todos los suspiros.

POLICHINELA.—¿De quién? ¿De ese caballero misterioso? Pues no me contenta. Y ahora mismo...

SIRENA.—¡Pero, señor Polichinela!...

POLICHINELA.—¡Dejadme, dejádme! Yo sé lo que me hago. (Vase por la primera derecha.)

SIRENA.—¿Qué le ocurre? ¿Qué destemplanza es ésta?

SEÑORA DE POLICHINELA.—¿Veis qué hombre? ¡Capaz será de una grosería con el caballero! ¡Que ha de casar a su hija con algún mercader u hombre de baja estofa! ¡Qué ha de hacerla desgraciada para toda la vida!

SIRENA.—¡Eso no!..., que sois su madre y algo ha de valer vuestra autoridad...

SEÑORA DE POLICHINELA.—¡Ved! Sin duda dijo alguna impertinencia, y el caballero ya deja la mano de Silvia y se retira cabizbajo.

LAURA.—Y el señor Polichinela parece reprender a vuestra hija...

SIRENA.—¡Vamos, vamos! Que no puede consentirse tanta tiranía.

RISELA.—Ahora vemos, señora Polichinela, que con todas vuestras riquezas no sois menos desgraciada.

SEÑORA DE POLICHINELA.—No lo sabéis, que algunas veces llegó hasta golpearme.

LAURA.—¿Qué decís? ¿Y fuisteis mujer para consentirlo?

SEÑORA DE POLICHINELA.—Luego cree componerlo con traerme algún regalo.

SIRENA.—¡Menos mal! Que hay maridos que no lo componen con nada. (Vanse todas por la primera derecha.)

ESCENA IX

LEANDRO y CRISPÍN, *que salen por la segunda derecha.*

CRISPÍN.—¿Qué tristeza, qué abatimiento es ése? ¡Con mayor alegría pensé hallarte!

LEANDRO.—Hasta ahora no me vi perdido; hasta ahora no me importó menos perderme. Huyamos, Crispín; huyamos de esta ciudad antes de que nadie pueda descubrirnos y vengan a saber lo que somos.

CRISPÍN.—Si huyéramos, es cuando todos lo sabrían y cuando muchos correrían hasta detenernos y hacernos volver a nuestro pesar, que no parece bien ausentarnos con tanta descortesía, sin despedirnos de gente tan atenta.

LEANDRO.—No te burles, Crispín, que estoy desesperado.

CRISPÍN.—¡Así eres! Cuando nuestras esperanzas llevan mejor camino.

LEANDRO.—¿Qué puedo esperar? Quisiste que fingiera un amor, y mal sabré fingirlo.

CRISPÍN.—¿Por qué?

LEANDRO.—Porque amo, amo con toda verdad y con toda mi alma.

CRISPÍN.—¿A Silvia? ¿Y de eso te lamentas?

LEANDRO.—¡Nunca pensé que pudiera amarse de este modo! ¡Nunca pensé que yo pudiera amar! En mi vida errante por todos los caminos, no fui siquiera el que siempre pasa, sino el que siempre huye, enemiga la tierra, enemigos los hombres, enemiga la luz del sol. La fruta del camino, hurtada, no ofrecida, dejó acaso en mis labios algún sabor de amores, y alguna vez, después de muchos días azarosos, en el descanso de una noche, la serenidad del cielo me hizo soñar con algo que fuera en mi vida como aquel cielo de la noche que traía a mi alma el reposo de su serenidad. Y así esta noche, en el encanto de la fiesta..., me pareció que era un descanso en mi vida..., y soñaba... ¡He soñado! Pero mañana será otra vez la huida azarosa, será la justicia que nos persigue..., y no quiero que me halle aquí, donde está ella, donde ella puede avergonzarse de haberme visto.

CRISPÍN.—Yo creí ver que eras acogido con agrado... Y no fui yo solo en advertirlo. Doña Sirena y nuestros buenos amigos el Capitán y el Poeta le hicieron de ti los mayores elogios. A su excelente madre, la señora Polichinela, que sólo sueña emparentar con un noble, le pareciste el yerno de sus ilusiones. En cuanto al señor Polichinela...

LEANDRO.—Sospecha de nosotros... Nos conoce...

CRISPÍN.—Sí; al señor Polichinela no es fácil engañarle como a un hombre vulgar. A un zorro viejo como él hay que engañarle con lealtad. Por eso me pareció mejor medio prevenirle de todo.

LEANDRO.—¿Cómo?

CRISPÍN.—Sí; él me conoce de antiguo... Al decirle que tú eres mi amo, supuso, con razón, que el amo sería digno del criado. Y yo, por corresponder a su confianza, le advertí que de ningún modo consintiera que hablaras con su hija.

LEANDRO.—¿Eso hiciste? ¿Y qué puedo esperar?

CRISPÍN.—¡Necio eres! Que el señor Polichinela ponga todo su empeño en que no vuelvas a ver a su hija.

LEANDRO.—¡No lo entiendo!

CRISPÍN.—Y que de este modo sea nuestro mejor aliado, porque bastará que él se oponga, para que su mujer le lleve la contraria y su hija se enamore de ti más locamente. Tú no sabes lo que es una joven, hija de un padre rico, criada en el mayor regalo, cuando ve por primera vez en su vida que algo

se opone a su voluntad. Estoy seguro de que esta misma noche, antes de terminar la fiesta, consigue burlar la vigilancia de su padre para hablar todavía contigo.

LEANDRO.—Pero ¿no ves que nada me importa del señor Polichinela ni del mundo entero? Que es a ella, sólo a ella, a quien yo no quiero parecer indigno y despreciable..., a quien yo no quiero mentir...

CRISPÍN.—¡Bah! ¡Deja locuras! No es posible retroceder. Piensa en la suerte que nos espera si vacilamos en seguir adelante. ¿Que te has enamorado? Ese amor verdadero nos servirá mejor que si fuera fingido. Tal vez de otro modo hubieras querido ir demasiado de prisa y si la osadía y la insolencia convienen para todo, sólo en amor sienta bien a los hombres algo de timidez. La timidez del hombre hace ser más atrevidas a las mujeres. Y si lo dudas, aquí tienes a la inocente Silvia, que llega con el mayor sigilo y sólo espera para acercarse a ti que yo me retire o me esconda.

LEANDRO.—¿Silvia dices?

CRISPÍN.—¡Chito! [20] ¡Que pudiera espantarse! Y cuando esté a tu lado, mucha discreción..., pocas palabras, pocas... Adora, contempla, admira, y deja que hable por ti el encanto de esta noche azul, propicia a los amores, y esa música que apaga sus sones entre la arboleda y llega como triste eco de la alegría de la fiesta.

LEANDRO.—¡No te burles, Crispín; ni te burles de este amor que será mi muerte.

CRISPÍN.—¿Por qué he de burlarme? Yo sé bien que no conviene siempre rastrear. Alguna vez hay que volar por el cielo para mejor dominar la tierra. Vuela tú ahora; yo sigo arrastrándome. ¡El mundo será nuestro! (*Vase por la segunda izquierda.*)

_____
[20] ¡Chito! —voz familiar que se usa para imponer silencio.

ESCENA ÚLTIMA

LEANDRO y SILVIA, *que salen por la primera derecha. Al final*, CRISPÍN.

LEANDRO.—¡Silvia!

SILVIA.—¿Sois vos? Perdonad; no creí hallaros aquí.

LEANDRO.—Huí de la fiesta. Su alegría me entristece.

SILVIA.—¿También a vos?

LEANDRO. — ¿También, decís? ¡También os entristece la alegría!...

SILVIA.—Mi padre se ha enojado conmigo. ¡Nunca me habló de este modo! Y con vos también estuvo desatento. ¿Le perdonáis?

LEANDRO.—Sí; lo perdono todo. Pero no le enojéis por mi causa. Volved a la fiesta, que han de buscaros, y si os hallaran aquí a mi lado...

SILVIA.—Tenéis razón. Pero volved vos también. ¿Por qué habéis de estar triste?

LEANDRO.—No; yo saldré sin que nadie lo advierta... Debo ir muy lejos.

SILVIA.—¿Qué decís? ¿No os trajeron asuntos de importancia a esta ciudad? ¿No debíais permanecer aquí mucho tiempo?

LEANDRO.—¡No, no! ¡Ni un día más! ¡Ni un día más!

SILVIA.—Entonces... ¿Me habéis mentido?

LEANDRO.—¡Mentir!... No... No digáis que he mentido. No; ésta es la única verdad de mi vida... ¡Este sueño que no debe tener despertar!

(Se oye a lo lejos la música de una canción hasta que cae el telón.)

SILVIA.—Es Arlequín que canta... ¿Qué os sucede? ¿Lloráis? ¿Es la música la que os hace llorar? ¿Por qué no decirme vuestra tristeza?

LEANDRO.—¿Mi tristeza? Ya la dice esa canción. Escuchadla.

SILVIA.—Desde aquí sólo la música se percibe; las palabras se pierden. ¿No la sabéis? Es una canción al silencio de la noche, y se llama *El reino de las almas*. ¿No la sabéis?

LEANDRO.—Decidla.

SILVIA.—

La noche amorosa, sobre
[los amantes
tiende de su cielo el dosel
[nupcial.
La noche ha prendido sus
[claros diamantes
En el terciopelo de un cielo
[estival.
El jardín en sombra no
[tiene colores,
y es en el misterio de su
[oscuridad
susurro el follaje, aroma
[las flores,
y amor... un deseo dulce
[de llorar.
La voz que suspira, y la
[voz que canta
y la voz que dice palabras
[de amor,
impiedad parecen en la
[noche santa,
como una blasfemia entre
[una oración.
¡Alma del silencio, que yo
[reverencio,
tiene tu silencio la inefable
[voz
de los que murieron
[amando en silencio,
de los que callaron
[muriendo de amor,
de los que en la vida, por
[amarnos mucho,
tal vez no supieron su amor
[expresar!
¿No es la voz acaso que en
[la noche escucho
y cuando amor dice, dice
[eternidad?
¡Madre de mi alma! ¿No
[es luz de tus ojos
la luz de esa estrella
que como una lágrima de
[amor infinito
en la noche tiembla?

¡Dile a la que hoy amo que
      [yo no amé nunca
más que a ti en la tierra,
y desde que has muerto
      [sólo me ha besado
la luz de esa estrella!

LEANDRO.—
¡Madre de mi alma! Yo no
      [he amado nunca
más que a ti en la tierra,
y desde que has muerto
      [sólo me ha besado
la luz de esa estrella.

(Quedan en silencio, abrazados y mirándose.)

CRISPÍN.—*(Que aparece por la segunda izquierda. Aparte.)*

¡Noche, poesía, locuras de
                  [amante!...
¡Todo ha de servirnos en esta
                  [ocasión!
¡El triunfo es seguro! ¡Valor y
                  [adelante!
¿Quién podrá vencernos si es
                  [nuestro el amor?

(Silvia y Leandro, abrazados, se dirigen muy despacio a la primera derecha. Crispín los sigue sin ser visto por ellos. El telón va bajando muy despacio.)

TELÓN

ACTO SEGUNDO

Sala en casa de Leandro.

Escena primera

Crispín, el Capitán, Arlequín. *Salen por la segunda derecha, o sea el pasillo.*

Crispín.—Entrad caballeros, y sentaos con toda comodidad. Diré que os sirvan algo... ¡Hola! ¡Eh! ¡Hola!

Capitán.—De ningún modo. No aceptamos nada.

Arlequín.—Sólo venimos a ofrecernos a tu señor, después de lo que hemos sabido.

Capitán.—¡Increíble traición, que no quedará sin castigar! ¡Yo te aseguro que si el señor Polichinela se pone al alcance de mi mano!...

Arlequín.—¡Ventaja de los poetas! Yo siempre le tendré al alcance de mis versos... ¡Oh! La tremenda sátira que pienso dedicarle... ¡Viejo dañino, viejo malvado!

Capitán.—¿Y dices que tu amo no fue siquiera herido?

Crispín.—Pero pudo ser muerto. ¡Figuraos! ¡Una docena de espadachines asaltándolo de improviso! Gracias a su valor, a su destreza, a mis voces...

Arlequín.—¿Y ello sucedió anoche, cuando tu señor hablaba con Silvia por la tapia de su jardín?

Crispín.—Ya mi señor había tenido aviso...; pero ya le conocéis: no es hombre para intimidarse por nada.

Capitán.—Pero debió advertirnos...

Arlequín.—Debió advertir al señor Capitán. Él le hubiera acompañado gustoso.

Crispín.—Ya conocéis a mi señor. Él solo se basta.

Capitán.—¿Y dices que por fin conseguiste atrapar por el cuello a uno de los malandrines, que confesó que todo estaba preparado por el señor Polichinela para deshacerse de tu amo?...

Crispín.—¿Y quién sino él podía tener interés en ello? Su hija ama a mi señor; él trata de casarla a su gusto; mi señor estorba sus planes, y el señor Polichinela supo toda su vida cómo suprimir estorbos. ¿No enviudó dos veces en poco tiempo? No heredó en menos a todos sus parientes, viejos y jóvenes? Todos lo saben, nadie dirá que le calumnio... ¡Ah! La riqueza del señor Polichinela es un insulto a la humanidad y a la justicia. Sólo entre gente sin honor puede triunfar impune un hombre como el señor Polichinela.

Arlequín.—Dices bien. Y yo en mi sátira he de decir todo eso... Claro que sin nombrarle, porque la poesía no debe permitirse tanta licencia.

Crispín.—¡Bastante le importará a él de vuestra sátira!

Capitán.—Dejadme, dejadme a mí, que como él se ponga al alcance de mi mano... Pero bien sé que él no vendrá a buscarme.

Crispín.—Ni mi señor consentiría que se ofendiera al señor Polichinela. A pesar de todo, es el padre de Silvia. Lo que importa es que todos sepan en la ciudad cómo mi amo estuvo a punto de ser asesinado; cómo no puede consentirse que ese viejo zorro contraríe la voluntad y el corazón de su hija.

ARLEQUÍN.—No puede consentirse; el amor está sobre todo.

CRISPÍN.—Y si mi amo fuera algún ruin sujeto... Pero, decidme: ¿no es el señor Polichinela el que debía enorgullecerse de que mi señor se haya dignado enamorarse de su hija y aceptarle por suegro? ¡Mi señor, que a tantas doncellas de linaje excelso ha despreciado, y por quien más de cuatro princesas hicieron cuatro mil locuras!... Pero, ¿quién llega? (Mirando hacia la segunda derecha.) ¡Ah, Colombina! ¡Adelante, graciosa Colombina, no hayas temor! (Sale Colombina.) Todos somos amigos, y nuestra mutua amistad te defiende de nuestra unánime admiración.

ESCENA II

DICHOS y COLOMBINA, que sale por la segunda derecha, o sea el pasillo.

COLOMBINA.—Doña Sirena me envía a saber de tu señor. Apenas rayaba el día, vino Silvia a nuestra casa, y refirió a mi señora todo lo sucedido. Dice que no volverá a casa de su padre, ni saldrá de casa de mi señora más que para ser la esposa del señor Leandro.

CRISPÍN.—¿Eso dice? ¡Oh, noble joven! ¡Oh, corazón amante!

ARLEQUÍN.—¡Qué epitalamio [21] pienso componer a sus bodas!

COLOMBINA.—Silvia cree que Leandro está malherido... Desde su balcón oyó ruido de espadas, tus voces en demanda de auxilio. Después cayó sin sentido, y así la hallaron al amanecer. Decidme lo que sea del señor Leandro, pues muere de angustia hasta saberlo, y mi señora también quedó en cuidado.

CRISPÍN.—Dile que mi señor pudo salvarse, porque amor le guardaba; dile que sólo de amor muere con incurable herida... Dile... (Viendo venir a Leandro.) ¡Ah! Pero aquí llega él mismo, que te dirá cuanto yo pudiera decirte.

ESCENA III

DICHOS y LEANDRO, que sale por la primera derecha.

CAPITÁN.—(Abrazándole.) ¡Amigo mío!

ARLEQUÍN.—(Abrazándole.) ¡Amigo y señor!

COLOMBINA.—¡Ah, señor Leandro! ¡Qué estáis salvo! ¡Que alegría!

LEANDRO.—¿Cómo supisteis?

COLOMBINA.—En toda la ciudad no se habla de otra cosa; por las calles se reúne la gente en corrillos, y todos murmuran y claman contra el señor Polichinela.

LEANDRO.—¿Qué decís?

CAPITÁN.—¡Y si algo volviera a intentar contra vos!...

ARLEQUÍN.—¿Y si aún quisiera oponerse a vuestros amores?

COLOMBINA.—Todo sería inútil. Silvia está en casa de mi señora, y sólo saldrá de allí para ser vuestra esposa...

LEANDRO.—¿Silvia en vuestra casa? Y su padre...

COLOMBINA.—El señor Polichinela hará muy bien en ocultarse.

CAPITÁN.—¡Creyó que a tanto podría atreverse con su riqueza insolente!

ARLEQUÍN.—Pudo atreverse a todo, pero no al amor...

COLOMBINA.—¡Pretender asesinaros tan villanamente!

CRISPÍN.—¡Doce espadachines, doce..., yo los conté!

LEANDRO.—Yo sólo pude distinguir a tres o cuatro.

CRISPÍN.—Mi señor concluirá por deciros que no fue tanto el riesgo, por no hacer mérito de su sereni-

[21] epitalamio —poema compuesto en celebración de una boda.

dad y de su valor... Pero ¡yo lo vi! Doce eran, doce, armados hasta los dientes, decididos a todo. ¡Imposible me parece que escapara con vida!

COLOMBINA.—Corro a tranquilizar a Silvia y a mi señora.

CRISPÍN.—Escucha, Colombina. A Silvia, ¿no fuera mejor no tranquilizarla?...

COLOMBINA.—Déjalo a cargo de mi señora. Silvia cree a estas horas que tu señor está moribundo, y aunque doña Sirena finge contenerla... no tardará en venir aquí sin reparar en nada.

CRISPÍN.—Mucho fuera que tu señora no hubiera pensado en todo.

CAPITÁN.—Vamos también, pues ya en nada podemos aquí serviros. Lo que ahora conviene es sostener la indignación de las gentes contra el señor Polichinela.

ARLEQUÍN.—Apedrearemos su casa... Levantaremos a toda la ciudad en contra suya... Sepa que si hasta hoy nadie se atrevió contra él, hoy todos juntos nos atreveremos; sepa que hay un espíritu y una conciencia en la multitud.

COLOMBINA.—Él mismo tendrá que venir a rogaros que toméis a su hija por esposa.

CRISPÍN.—Sí, sí; corred amigos. Ved que la vida de mi señor no está segura... El que una vez quiso asesinarle, no se detendrá por nada.

CAPITÁN.—No temáis... ¡Amigo mío!

ARLEQUÍN.—¡Amigo y señor!

COLOMBINA.—¡Señor Leandro!

LEANDRO.—Gracias a todos, amigos míos, amigos leales. (Se van todos, menos Leandro y Crispín, por la segunda derecha.)

ESCENA IV

LEANDRO y CRISPÍN.

LEANDRO.—¿Qué es esto, Crispín? ¿Qué pretendes? ¿Hasta dónde has de llevarme con tus enredos? ¿Piensas que lo creí? Tú pagaste a los espadachines; todo fue invención tuya. ¡Mal hubiera podido valerme contra todos si ellos no vinieran de burla!

CRISPÍN.—¿Y serás capaz de reñirme, cuando así anticipo el logro de tus esperanzas?

LEANDRO.—No, Crispín, no. ¡Bien sabes que no! Amo a Silvia y no lograré su amor con engaños, suceda lo que suceda.

CRISPÍN.—Bien sabes lo que ha de sucederte... ¡Si amar es resignarse a perder lo que se ama por sutilezas de conciencia..., que Silvia misma no ha de agradecerte!...

LEANDRO.—¿Qué dices? ¡Si ella supiera quién soy!

CRISPÍN.—Y cuando lo sepa, ya no serás el que fuiste: serás su esposo, su enamorado esposo, todo lo enamorado y lo fiel y lo noble que tú quieras y ella puede desear... Una vez dueño de su amor..., y de su dote, ¿no serás el más perfecto caballero? Tú no eres como el señor Polichinela, que con todo su dinero, que tantos lujos le permite, aún no se ha permitido el lujo de ser honrado... En él es naturaleza la truhanería; pero en ti, en ti fue sólo necesidad... Y aun si no me hubieras tenido a tu lado, ya te hubieras dejado morir de hambre de puro escrupuloso. ¡Ah! ¿Crees que si yo hubiera hallado en ti otro hombre me hubiera contentado con dedicarte a enamorar?... No; te hubiera dedicado a la política, y no al dinero del señor Polichinela, el mundo hubiera sido nuestro... Pero no eres ambicioso, te contentas con ser feliz...

LEANDRO.—Pero ¿no viste que mal podía serlo? Si hubiera mentido para ser amado y ser rico de este modo hubiera sido porque yo no amaba, y mal podía ser feliz. Y si amo, ¿cómo puedo mentir?

CRISPÍN.—Pues no mientas. Ama, ama con todo tu corazón, inmensamente. Pero defiende tu amor sobre todo. En amor no es mentir callar lo que puede hacernos perder la estimación del ser amado.

LEANDRO.—Ésas sí que son sutilezas, Crispín.

CRISPÍN.—Que tú debiste hallar antes si tu amor fuera como dices. Amor es todo sutilezas, y la mayor de todas no es engañar a los demás, sino engañarse a sí mismo.

LEANDRO.—Yo no puedo engañarme, Crispín. No soy de esos hombres que cuando venden su conciencia se creen en el caso de vender también su entendimiento.

CRISPÍN.—Por eso dije que no servías para la política. Y bien dices. Que el entendimiento es la conciencia de la verdad, y el que llega a perderla entre las mentiras de su vida, es como si se perdiera a sí propio, porque ya nunca volverá a encontrarse ni a conocerse, y él mismo vendrá a ser otra mentira.

LEANDRO.—¿Dónde aprendiste tanto, Crispín?

CRISPÍN.—Medité algún tiempo en galeras, donde esta conciencia de mi entendimiento me acusó más de torpe que de pícaro. Con más picardía y menos torpeza, en vez de remar en ellas pude haber llegado a mandarlas. Por eso juré no volver en mi vida. Piensa de qué no seré capaz ahora que por tu causa me veo a punto de quebrantar mi juramento.

LEANDRO.—¿Qué dices?

CRISPÍN.—Que nuestra situación es ya insostenible, que hemos apurado nuestro crédito, las gentes ya empiezan a pedir algo efectivo. El hostelero, que nos albergó con toda esplendidez por muchos días, esperando que recibieras tus libranzas. El señor Pantalón, que, fiado del crédito del hostelero, nos proporcionó cuanto fue preciso para instalarnos con suntuosidad en esta casa... Mercaderes de todo género, que no dudaron en proveernos de todo, deslumbrados por tanta grandeza. Doña Sirena misma, que tan buenos oficios nos ha prestado en tus amores... Todos han esperado lo razonable, y sería injusto pretender más de ellos, ni quejarse de tan amable gente... ¡Con letras de oro quedará grabado en mi corazón el nombre de esta insigne ciudad que desde ahora declaro por mi madre adoptiva! A más de éstos, ¿olvidas que de otras partes habrán salido y andarán en busca nuestra? ¿Piensas que las hazañas de Mantua y de Florencia son para olvidarlas? ¿Recuerdas el famoso proceso de Bolonia?... ¡Tres mil doscientos folios sumaba cuando nos ausentamos alarmados de verle crecer tan sin tino! ¿Qué no habrá aumentado bajo la pluma de aquel gran doctor jurista que le había tomado por su cuenta! ¡Qué de considerandos y de resultandos [22] de que no resultará cosa buena! ¿Y aún dudas? ¿Y aún me reprendes porque di la batalla que puede decidir en un día de nuestra suerte?

LEANDRO.—¡Huyamos!

CRISPÍN.—¡No! ¡Basta de huir a la desesperada! Hoy ha de fijarse nuestra fortuna... Te di el amor, dame tú la vida.

LEANDRO.—Pero ¿cómo salvarnos? ¿Qué puedo yo hacer? Dime.

CRISPÍN.—Nada ya. Basta con aceptar lo que los demás han de ofrecernos. Piensa que hemos creado muchos intereses y es interés de todos el salvarnos.

ESCENA V

DICHOS y DOÑA SIRENA, *que sale por la segunda derecha, o sea el pasillo.*

SIRENA.—¿Dais licencia, señor Leandro?

LEANDRO.—¡Doña Sirena! ¿Vos en mi casa?

SIRENA.—Ya veis a lo que me expongo. A tantas lenguas maldi-

---

[22] considerandos; resultandos — términos comunes en un documento legal.

cientes. ¡Yo en casa de un caballero, joven, apuesto!

CRISPÍN.—Mi señor sabría hacer callar a los maldicientes si alguno se atreviera a poner sospechas en vuestra fama.

SIRENA.—¿Tu señor? No me fío. ¡Los hombres son tan jactanciosos! Pero en nada reparo por serviros. ¿Qué me decís, señor, que anoche quisieron daros muerte? No se habla de otra cosa... ¡Y Silvia! ¡Pobre niña! ¡Cuánto os ama! ¡Quisiera saber qué hicisteis para enamorarla de ese modo!

CRISPÍN.—Mi señor sabe que todo lo debe a vuestra amistad.

SIRENA.—No diré yo que no me deba mucho..., que siempre hablé de él como yo no debía, sin conocerle lo bastante... A mucho me atreví por amor vuestro. Si ahora faltáis a vuestras promesas...

CRISPÍN.—¿Dudáis de mi señor? ¿No tenéis cédula firmada de su mano?...

SIRENA.—¡Buena mano y buen nombre! ¿Pensáis que todos no nos conocemos? Yo sé confiar y sé que el señor Leandro cumplirá como debe. Pero si vierais que hoy es un día aciago para mí, y por lograr hoy una mitad de lo que se me ha ofrecido, perdería gustosa la otra mitad...

CRISPÍN.—¿Hoy decís?

SIRENA.—¡Día de tribulaciones! Para que nada falte, veinte años hace hoy también que perdí a mi segundo marido, que fue el primero, el único amor de mi vida.

CRISPÍN.—Dicho sea en elogio del primero.

SIRENA.—El primero me fue impuesto por mi padre. Yo no le amaba, y a pesar de ello supe serle fiel.

CRISPÍN.—¿Qué no sabréis vos, doña Sirena?

SIRENA.—Pero dejemos los recuerdos, que todo lo entristecen. Hablemos de esperanzas. ¿Sabéis que Silvia quiso venir conmigo?

LEANDRO.—¿Aquí, a esta casa?

SIRENA.—¿Qué os parece? ¿Qué diría el señor Polichinela? ¡Con toda la ciudad solviantada contra él, fuerza le sería casaros! [23]

LEANDRO.—No, no; impedidla que venga.

CRISPÍN.—¡Chito! Comprenderéis que mi señor no dice lo que siente.

SIRENA.—Lo comprendo... ¿Qué no daría él por ver a Silvia a su lado, para no separarse nunca de ella?

CRISPÍN.—¿Qué daría? ¡No lo sabéis?

SIRENA.—Por eso lo pregunto.

CRISPÍN.—¡Ah, doña Sirena!... Si mi señor es hoy esposo de Silvia, hoy mismo cumplirá lo que os prometió.

SIRENA.—¿Y si no lo fuera?

CRISPÍN.—Entonces..., lo habréis perdido todo. Ved lo que os conviene.

LEANDRO.—¡Calla, Crispín! ¡Basta! No puedo consentir que mi amor se trate como mercancía. Salid, doña Sirena, decir a Silvia que vuelva a casa de su padre, que no venga aquí en modo alguno, que me olvide para siempre, que yo he de huir donde no vuelva a saber de mi nombre... ¡Mi nombre! ¿Tengo yo nombre acaso?

CRISPÍN.—¿No callarás?

SIRENA.—¿Qué le dio? ¡Qué locura es ésta! ¡Volved en vos! ¡Renunciar de ese modo a tan gran ventura!... Y no se trata sólo de vos. Pensad que hay quien todo lo fió en vuestra suerte, y no puede burlarse así de una dama de calidad que a tanto se expuso por serviros. Vos no haréis tal locura; vos os casaréis con Silvia, o habrá quien sepa pediros cuenta de vuestros engaños, que no estoy tan sola en el mundo como pudisteis creer, señor Leandro.

CRISPÍN.—Doña Sirena dice muy bien. Pero creed que mi señor sólo

---

[23] fuerza le sería casaros —será necesario que él os case.

habla así ofendido por vuestra desconfianza.

SIRENA.—No es desconfianza en él... Es, todo he de decirlo..., es que el señor Polichinela no es hombre de dejarse burlar..., y ante el clamor que habéis levantado contra él con vuestra estratagema de anoche...

CRISPÍN.—¿Estratagema decís?

SIRENA.—¡Bah! Todos nos conocemos. Sabed que uno de los espadachines es pariente mío, y los otros me son también muy allegados... Pues bien: el señor Polichinela no se ha descuidado, y ya se murmura por la ciudad que ha dado aviso a la justicia de quién sois y cómo puede perderos; dícese también que hoy llegó de Bolonia un proceso...

CRISPÍN.—¡Y un endiablado doctor con él! Tres mil novecientos folios...

SIRENA.—Todo esto se dice, se asegura. Ved si importa no perder tiempo.

CRISPÍN.—¿Y quién lo malgasta y lo pierde sino vos? Volved a vuestra casa... Decid a Silvia...

SIRENA.—Silvia está aquí. Vino junto con Colombina, como otra doncella de mi acompañamiento. En vuestra antecámara espera. Le dije que estabais muy malherido...

LEANDRO.—¡Oh, Silvia mía!

SIRENA.—Sólo pensó en que podíais morir..., nada pensó en lo que arriesgaba con venir a veros. ¿Soy vuestra amiga?

CRISPÍN.—Sois adorable. Pronto. Acostaos aquí, haceos el doliente y el desmayado. Ved que si es preciso yo sabré que lo estéis de veras. (Amenazándole y haciéndole sentar en un sillón.)

LEANDRO.—Sí, soy vuestro; lo sé, lo veo... Pero Silvia no lo será. Sí, quiero verla; decirle que llegue, que he de salvarla a pesar vuestro, a pesar de todos, a pesar de ella misma.

CRISPÍN.—Comprenderéis que mi señor no siente lo que dice.

SIRENA.—No lo creo tan necio ni tan loco. Ven conmigo. (Se va con Crispín por la segunda derecha, o sea el pasillo.)

ESCENA VI

LEANDRO y SILVIA, que sale por la segunda derecha.

LEANDRO.—¡Silvia! ¡Silvia mía!

SILVIA.—¿No estás herido?

LEANDRO.—No; ya lo ves... Fue un engaño, un engaño más para traerte aquí. Pero no temas; pronto vendrá tu padre; pronto saldrás con él sin que nada tengas tú que reprocharme... ¡Oh! Sólo el haber empañado la serenidad de tu alma con una ilusión de amor, que para ti sólo será el recuerdo de un mal sueño.

SILVIA.—¿Qué dices, Leandro? ¿Tu amor no era verdad?

LEANDRO.—¡Mi amor, sí...; por eso no he de engañarte! Sal de aquí pronto, antes de que nadie, fuera de los que aquí te trajeron, pueda saber que viniste.

SILVIA.—¿Qué temes? ¿No estoy segura en tu casa? Yo no dudé en venir a ella... ¿Qué peligros pueden amenazarme a tu lado?

LEANDRO.—Ninguno; dices bien. Mi amor te defiende de tu misma inocencia.

SILVIA.—No he de volver a casa de mi padre después de su acción horrible.

LEANDRO.—No, Silvia, no culpes a tu padre. No fue él; fue otro engaño más, otra mentira... Huye de mí, olvida a este miserable aventurero, sin nombre, perseguido por la justicia.

SILVIA.—¡No, no es cierto! Es que la conducta de mi padre me hizo indigna de vuestro cariño. Eso es. Lo comprendo... ¡Pobre de mí!

LEANDRO.—¡Silvia! ¡Silvia mía! ¡Qué crueles tus dulces palabras! ¡Qué cruel esa noble confianza de corazón, ignorante del mal y de la vida!

ESCENA VII

DICHOS y CRISPÍN, *que sale corriendo por la segunda derecha.*

CRISPÍN.—¡Señor! ¡Señor! El señor Polichinela llega.

SILVIA.—¡Mi padre!

LEANDRO.—¡Nada importa! Yo os entregaré a él por mi mano.

CRISPÍN.—Ved que no viene solo, sino con mucha gente y justicia con él.

LEANDRO.—¡Ah! ¡Si te hallan aquí! ¡En mi poder! Sin duda tú les diste aviso... Pero no lograréis vuestro propósito.

CRISPÍN.—¿Yo? No por cierto... Que esto va de veras, y ya temo que nadie pueda salvarnos.

LEANDRO.—¡A nosotros no; ni he de intentarlo!... Pero a ella sí. Conviene ocultarte; queda aquí.

SILVIA.—¿Y tú?

LEANDRO.—Nada temas. ¡Pronto, que llegan! (*Esconde a Silvia en la habitación del foro, diciéndole a Crispín:*) Tú verás lo que trae a esa gente. Sólo cuida de que nadie entre ahí hasta mi regreso... No hay otra huida. (*Se dirige a la ventana.*)

CRISPÍN.—(*Deteniéndole.*) ¡Señor! ¡Tente! ¡No te mates así!

LEANDRO.—No pretendo matarme ni pretendo escapar; pretendo salvarla. (*Trepa hacia arriba por la escalera y desaparece.*)

CRISPÍN.—¡Señor, señor! ¡Menos mal! Creí que intentaba arrojarse al suelo, pero trepó hacia arriba... Esperemos todavía... Aún quiere volar... Es su región, las alturas. Yo, a la mía: la tierra... Ahora más que nunca conviene afirmarse en ella. (*Se sienta en un sillón con mucha calma.*)

ESCENA VIII

CRISPÍN, el SEÑOR POLICHINELA, *el* HOSTELERO, *el* SEÑOR PANTALÓN, el CAPITÁN, ARLEQUÍN, *el* DOCTOR, *el* SECRETARIO *y* DOS ALGUACILES *con enormes protocolos de curia.*[24] *Todos salen por la segunda derecha o sea el pasillo.*

POLICHINELA.—(*Dentro, a gente que se supone fuera.*) ¡Guardad bien las puertas, que nadie salga, hombre ni mujer, ni perro ni gato!

HOSTELERO.—¿Dónde están, dónde están esos bandoleros, esos asesinos?

PANTALÓN.—¡Justicia! ¡Justicia! ¡Mi dinero! ¡Mi dinero! (*Van saliendo todos por el orden que se indica. El Doctor y el Secretario se dirigen a la mesa y se disponen a escribir. Los dos Alguaciles, de pie, teniendo en las manos los enormes protocolos del proceso.*)

CAPITÁN.—Pero, ¿es posible lo que vemos, Crispín?

ARLEQUÍN.—¿Es posible lo que sucede?

PANTALÓN.—¡Justicia! ¡Justicia! ¡Mi dinero! ¡Mi dinero!

HOSTELERO.—¡Que los prendan..., que se aseguren de ellos!

PANTALÓN.—¡No escaparán..., no escaparán!

CRISPÍN.—Pero ¿qué es esto? ¿Cómo se atropella así la mansión de un noble caballero? Agradezcan la ausencia de mi señor.

PANTALÓN.—¡Calla, calla, que tú eres su cómplice y has de pagar con él!

HOSTELERO.—¿Cómo cómplice? Tan delincuente como su pretendido señor..., que él fue quien me engañó.

CAPITÁN.—¿Qué significa esto, Crispín?

---

[24] protocolos de curia —libros en que guarda el escribano los registros del juez.

ARLEQUÍN.—¿Tiene razón esta gente?

POLICHINELA.—¿Qué dices ahora, Crispín? ¿Pensaste que habían de valerte tus enredos conmigo? ¿Conque yo pretendí asesinar a tu señor? ¿Conque yo soy un viejo avaro que sacrifica a su hija? ¿Conque toda la ciudad se levanta contra mí llenándome de insultos? Ahora veremos.

PANTALÓN.—Dejadle, señor Polichinela, que éste es asunto nuestro, que al fin vos no habéis perdido nada. Pero yo..., ¡todo mi caudal, que lo presté sin garantía! ¡Perdido me veré para toda la vida! ¿Qué será de mí?

HOSTELERO.—¿Y yo, decidme, que gasté lo que no tenía y aun hube de empeñarme por servirle como creí correspondía a su calidad? ¡Esto es mi destrucción, mi ruina!

CAPITÁN.—¡Y nosotros también fuimos ruinmente engañados! ¿Qué se dirá de mí, que puse mi espada y mi valor al servicio de un aventurero?

ARLEQUÍN.—¿Y de mí, que le dediqué soneto tras soneto como al más noble señor?

POLICHINELA.—¡Ja, ja, ja!

PANTALÓN.—¡Sí, reíd, reíd!... Como nada perdisteis...

HOSTELERO.—Como nada os robaron...

PANTALÓN. — ¡Pronto, pronto! ¿Dónde está el otro pícaro?

HOSTELERO.—Registradlo todo hasta dar con él.

CRISPÍN.—Poco a poco. Si dais un solo paso... (Amenazando con la espada.)

PANTALÓN.—¿Amenazas todavía? ¿Y esto ha de sufrirse? ¡Justicia, justicia!

HOSTELERO.—¡Eso es, justicia!

DOCTOR.—Señores... Si no me atendéis, nada conseguiremos. Nadie puede tomarse justicia por su mano, que la justicia no es atropello ni venganza y *summum jus, summa injuria*.[25] La justicia es todo or-

den, y el orden es todo razón, y la razón es todo procedimiento, y el procedimiento es todo lógica. Bárbara, Celarent, Darii, Ferioque, Baralipton,[26] depositad en mí vuestros agravios y querellas, que todo ha de unirse a este proceso que conmigo traigo.

CRISPÍN.—¡Horror! ¡Aún ha crecido!

DOCTOR.—Constan aquí otros muchos delitos de estos hombres, y a ellos han de sumarse estos de que ahora les acusáis. Y yo seré parte en todos ellos; sólo así obtendréis la debida satisfacción y justicia. Escribid, señor Secretario, y vayan deponiendo los querellantes.

PANTALÓN.—Dejadnos de embrollos, que bien conocemos vuestra historia.

HOSTELERO.—No se escriba nada, que todo será poner lo blanco negro... Y quedaremos nosotros sin nuestro dinero y ellos sin castigar.

PANTALÓN.—Eso, eso... ¡Mi dinero, mi dinero! ¡Y después justicia!

DOCTOR.—¡Gente indocta, gente ignorante, gente incivil! ¿Qué idea tenéis de la justicia? No basta que os digáis perjudicados si no pareciese bien claramente que hubo intención de causaros perjuicio, esto es, fraude o dolo,[27] que no es lo mismo..., aunque la vulgar acepción los confunda. Pero sabed..., que en el un caso...

PANTALÓN.—¡Basta! ¡Basta! Que acabaréis por decir que fuimos nosotros los culpables.

DOCTOR.—¡Y como pudiera ser si os obstináis en negar la verdad de los hechos!...

HOSTELERO.—¡Ésta es buena! Que fuimos robados. ¿Qué más verdad ni más claro delito?

---

[25] *summum jus, summa injuria* — cuanta más la injusticia, tanta más la justicia.

[26] Bárbara, Celarent, Darii, Ferioque, Baralipton —modos del silogismo que enuncia el doctor.

[27] dolo —del latín *dolus;* engaño o fraude.

DOCTOR.—Sabed que robo no es lo mismo que hurto; y mucho menos que fraude o dolo, como dije primero. Desde las Doce Tablas hasta Justiniano, Triboniano, Emiliano y Tiberiano [28]...

PANTALÓN.—Todo fue quedarnos sin nuestro dinero... Y de ahí no habrá quien nos saque.

POLICHINELA.—El señor Doctor habla muy en razón. Confiad en él, y que todo conste en proceso.

DOCTOR.—Escribid, escribid luego, señor Secretario.

CRISPÍN.—¿Quieren oírme?

PANTALÓN.—¡No, no! Calle el pícaro..., calle el desvergonzado.

HOSTELERO.—Ya hablaréis donde os pesará.

DOCTOR.—Ya hablará cuando le corresponda, que a todos ha de oírse en justicia... Escribid, escribid. En la ciudad de..., a tantos... No sería malo proceder primeramente al inventario de cuanto hay en la casa.

CRISPÍN.—No dará tregua a la pluma...

DOCTOR.—Y proceder al depósito de fianza por parte de los querellantes, porque no pueda haber sospecha en su buena fe. Bastará con dos mil escudos de presente y caución [29] de todos sus bienes...

PANTALÓN.—¿Qué decís? ¡Nosotros dos mil escudos!

DOCTOR.—Ocho debieran ser; pero basta que seáis personas de algún crédito para que todo se tenga en cuenta, que nunca fui desconsiderado...

HOSTELERO.—¡Alto, y no se escriba más, que no hemos de pasar por eso!

DOCTOR.—¿Cómo? ¿Así se atropella a la Justicia? Ábrase proceso separado por violencia y mano airada contra un ministro de Justicia en funciones de su ministerio.

PANTALÓN.—¡Este hombre ha de perdernos!

HOSTELERO.—¡Está loco!

DOCTOR.—¿Hombre y loco, decís? Hablen con respeto. Escribid, escribid que hubo también ofensas de palabra...

CRISPÍN.—Bien os está por no escucharme.

PANTALÓN.—Habla, habla, que todo será mejor según vamos.

CRISPÍN.—Pues atajen a ese hombre, que levantará un monte con sus papelotes.

PANTALÓN.—¡Basta, basta ya, decimos!

HOSTELERO.—Deje la pluma...

DOCTOR.—Nadie sea osado a poner mano en nada.

CRISPÍN.—Señor Capitán, sírvanos vuestra espada, que es también atributo de justicia.

CAPITÁN.—(*Va a la mesa y da un fuerte golpe con la espada en los papeles que está escribiendo el Doctor.*) Háganos la merced de no escribir más.

DOCTOR.—Ved lo que es pedir las cosas en razón. Suspended las actuaciones, que hay cuestión previa a dilucidar... Hablen las partes entre sí... Bueno fuera, no obstante, proceder en el ínterin al inventario...

PANTALÓN.—¡No, no!

DOCTOR.—Es formalidad que no puede evitarse.

CRISPÍN.—Ya escribiréis cuando sea preciso. Dejadme ahora hablar aparte con estos honrados señores.

DOCTOR.—Si os conviene sacar testimonio de cuanto aquí les digáis...

CRISPÍN.—Por ningún modo. No se escriba una letra, o no hablaré palabra.

CAPITÁN.—Deje hablar al mozo.

CRISPÍN.—¿Y qué he de deciros? ¿De qué os quejáis? ¿De haber perdido vuestro dinero? ¿Qué pretendéis? ¿Recobrarlo?

PANTALÓN.—¡Eso, eso! ¡Mi dinero!

---

[28] Justiniano, etc. —famosos emperadores romanos.

[29] caución —fianza que da una persona por otra.

HOSTELERO.—¡Nuestro dinero!

CRISPÍN.—Pues e s c u c h a d m e aquí... ¿De dónde habéis de cobrarlo si así quitáis crédito a mi señor y así hacéis imposible su boda con la hija del señor Polichinela? ¡Voto a..., que siempre pedí tratar con pícaros mejor que con necios! ¡Ved lo que hicisteis y cómo se compondrá ahora con la Justicia de por medio. ¿Qué lograréis ahora si dan con nosotros en galeras o en sitio peor? ¿Será buena moneda para cobraros las túrdigas de nuestro pellejo? ¿Seréis más ricos, más nobles o más grandes cuando nosotros estemos perdidos? En cambio, si no nos hubierais estorbado a tan mal tiempo, hoy, hoy mismo tendríais vuestro dinero, con todos sus intereses..., que ellos solos bastarían a llevaros a la horca, si la Justicia no estuviera en esas manos y en esas plumas... Ahora haced lo que os plazca, que ya os dije lo que os convenía...

DOCTOR.—Quedaron suspensos...

CAPITÁN.—Yo aún no puedo creer que ellos sean tales bellacos.

POLICHINELA.—Este Crispín... capaz será de convencerlos.

PANTALÓN.—(Al Hostelero.) ¿Qué decís a esto? Bien mirado...

HOSTELERO.—¿Qué decís vos?

PANTALÓN.—Dices que hoy mismo se hubiera casado tu amo con la hija del señor Polichinela. ¿Y si él no da su consentimiento?...

CRISPÍN.—De nada ha de servirle. Que su hija huyó con mi señor... y lo sabrá todo el mundo... y a él más que a nadie importa que nadie sepa cómo su hija se perdió por un hombre sin condición, perseguido por la Justicia.

PANTALÓN.—Si así fuera... ¿Qué decís vos?

HOSTELERO.—No nos ablandemos. Ved que el bellaco es maestro en embustes.

PANTALÓN.—Decís bien. No sé cómo pude creerlo. ¡Justicia! ¡Justicia!

CRISPÍN.—¡Ved que lo perdéis todo!

PANTALÓN.—V e a m o s todavía... Señor Polichinela, dos palabras.

POLICHINELA.—¿Qué me queréis?

PANTALÓN.—Suponed que nosotros no hubiéramos tenido razón para quejarnos. Suponed que el señor Leandro fuera, en efecto, el más noble caballero..., incapaz de una baja acción...

POLICHINELA.—¿Qué decís?

PANTALÓN.—Suponed que vuestra hija le amara con locura, hasta el punto de haber huido con él de vuestra casa.

POLICHINELA.—¿Que mi hija huyó de mi casa con ese hombre? ¿Quién lo dijo? ¿Quién fue el desvergonzado?...

PANTALÓN.—No os alteréis. Todo es suposición.

POLICHINELA.—Pues aún así no he de tolerarlo.

PANTALÓN.—Escuchad con paciencia. Suponed que todo eso hubiera sucedido. ¿No os sería forzoso casarla?

POLICHINELA.—¿Casarla? ¡Antes la mataría! Pero es locura pensarlo. Y bien veo que eso quisierais para cobraros a costa mía, que sois otros tales bribones. Pero no será, no será...

PANTALÓN.—Ved lo que decís, y no se hable aquí de bribones cuando estáis presente.

HOSTELERO.—¡Eso, eso!

POLICHINELA.—¡Bribones, b r i b o n es, combinados para robarme! Pero no será, no será.

DOCTOR.—No hayáis cuidado, señor Polichinela, que aunque ellos renunciaran a perseguirle, ¿no es nada este proceso? ¿Creéis que puede borrarse nada de cuanto en él consta, que son cincuenta y dos delitos probados y otros tantos que no necesitan probarse?...

PANTALÓN.—¿Qué decís ahora, Crispín?

CRISPÍN.—Que todos esos delitos, si fueran tantos, son como estos otros... Dinero perdido que nunca se pagará si nunca le tenemos.

DOCTOR.—¡Eso no! Que yo he de cobrar lo que me corresponda de cualquier modo que sea.

CRISPÍN.—Pues será de los que se quejaron, que nosotros harto haremos en pagar con nuestras personas.

DOCTOR.—Los derechos de Justicia son sagrados, y lo primero será embargar para ellos cuanto hay en esta casa.

PANTALÓN.—¿Cómo es eso? Esto será para cobrarnos algo.

HOSTELERO.—Claro es; y de otro modo...

DOCTOR.—Escribid, escribid, que si hablan todos nunca nos entenderemos.

PANTALÓN y HOSTELERO.—¡No, no!

CRISPÍN.—Oídme aquí, señor Doctor. Y si se os pagara de una vez y sin escribir tanto vuestros..., ¿cómo los llamáis? ¿Estipendios?

DOCTOR.—Derechos de Justicia.

CRISPÍN.—Como queráis. ¿Qué os parece?

DOCTOR.—En ese caso...

CRISPÍN.—Pues ved que mi amo puede ser hoy rico, poderoso, si el señor Polichinela consiente en casarle con su hija. Pensad que la joven es hija única del señor Polichinela; pensad en que mi señor ha de ser dueño de todo; pensad...

DOCTOR.—Puede, puede estudiarse.

PANTALÓN.—¿Qué os dijo?

HOSTELERO.—¿Qué resolvéis?

DOCTOR.—Dejadme reflexionar. El mozo no es lerdo y se ve que no ignora los procedimientos legales. Porque si consideramos que la ofensa que recibisteis fue puramente pecuniaria y que todo delito que puede ser reparado en la misma forma lleva en la reparación el más justo castigo; si consideramos que así en la ley bárbara y primitiva del ta-

lión [30] se dijo: ojo por ojo, diente por diente, mas no diente por ojo ni ojo por diente... Bien puede decirse que en este caso escudo por escudo. Porque al fin, él no os quitó la vida para que podáis exigirle la suya en pago. No os ofendió en vuestra persona, honor ni buena fama, para que podáis exigir otro tanto. La equidad es la suprema justicia. *Equitas justitia magna est*.[31] Y desde las Pandectas [32] hasta Triboniano, con Emiliano, Tiberiano...

PANTALÓN.—No digáis más. Si él nos pagara...

HOSTELERO.—Como él nos pagara...

POLICHINELA.—¡Qué disparates son éstos, y cómo ha de pagar, ni qué tratar ahora!

CRISPÍN.—Se trata de que todos estáis interesados en salvar a mi señor, en salvarnos por interés de todos vosotros, por no perder vuestro dinero; el señor Doctor, por no perder toda esa suma de admirable doctrina que fuisteis depositando en esa balumba de sabiduría; el señor Capitán, porque todos le vieron amigo de mi amo, y a su valor importa que no se murmure de su amistad con un aventurero; vos, señor Arlequín, porque vuestros ditirambos de poeta perderían todo su mérito al saber que tan mal los empleasteis; vos, señor Polichinela..., antiguo amigo mío, porque vuestra hija es ya ante el Cielo y ante los hombres la esposa del señor Leandro.

POLICHINELA.—¡Mientes, mientes! ¡Insolente, desvergonzado!

CRISPÍN.—Pues procédase al inventario de cuanto hay en la casa. Escribid, escribid, y sean todos estos señores testigos y empiécese por

[30] talión —pena igual a la ofensa; la pena del talión existía en la religión mosaica.
[31] *Equitas*... — repetición de la frase anterior.
[32] Pandectas —recopilación de las decisiones de los juristas romanos, hecha por orden del emperador Justiniano.

este aposento. *(Descorre el tapiz de la puerta del foro y aparecen formando grupo Silvia, Leandro, Doña Sirena, Colombina y la señora de Polichinela.)*

ÚLTIMA ESCENA

DICHOS, SILVIA, LEANDRO, DOÑA SIRENA, COLOMBINA, *y la* SEÑORA DE POLICHINELA, *que aparece por el foro.*

PANTALÓN y HOSTELERO.—¡Silvia!

CAPITÁN y ARLEQUÍN.—¡Juntos! ¡Los dos!

POLICHINELA.—¿Conque era cierto? ¡Todos contra mí! ¡Y mi mujer y mi hija con ellos! ¡Todos conjurados para robarme! ¡Prended a ese hombre, a esas mujeres, a ese impostor, o yo mismo...!

PANTALÓN.—¿Estáis loco, señor Polichinela?

LEANDRO.—*(Bajando al proscenio en compañía de los demás.)* Vuestra hija vino aquí creyéndome malherido acompañada de doña Sirena, y yo mismo corrí al punto en busca vuestra esposa para que también la acompañara. Silvia sabe quién soy, sabe toda mi vida de miserias, de engaños, de bajezas, y estoy seguro que de nuestro sueño de amor nada queda en su corazón... Llevadla de aquí, llevadla; yo os lo pido antes de entregarme a la Justicia.

POLICHINELA.—El castigo de mi hija es cuenta mía; pero a ti... ¡Prendedle digo!

SILVIA.—¡Padre! Si no le salváis, será mi muerte. Le amo, le amo siempre, ahora más que nunca. Porque su corazón es noble y fue muy desdichado, y pudo hacerme suya con mentir, y no ha mentido.

POLICHINELA.—¡Calla, calla, loca, desvergonzada! Éstas son las enseñanzas de tu madre..., sus vanidades y fantasías. Éstas son las lecturas romancescas, las músicas a la luz de la luna.

SEÑORA DE POLICHINELA.—Todo es preferible a que mi hija se case con un hombre como tú, para ser desdichada como su madre. ¿De qué me sirvió nunca la riqueza?

SIRENA.—Decís bien, señora Polichinela. ¿De qué sirven las riquezas sin amor?

COLOMBINA.—De lo mismo que el amor sin riquezas.

DOCTOR.—Señor Polichinela, nada os estará mejor que casarlos.

PANTALÓN.—Ved que esto ha de saberse en la ciudad.

HOSTELERO.—Ved que todo el mundo estará de su parte.

CAPITÁN.—Y no hemos de consentir que hagáis violencia a vuestra hija.

DOCTOR.—Y ha de constar en el proceso que fue hallada aquí, junto con él.

CRISPÍN.—Y en mi señor no hubo más falta que carecer de dinero, pero a él nadie le aventajará en nobleza..., y vuestros nietos serán caballeros..., si no dan en salir al abuelo...

TODOS.—¡Casadlos! ¡Casadlos!

PANTALÓN.—O todos caeremos sobre vos.

HOSTELERO.—Y saldrá a relucir vuestra historia...

ARLEQUÍN.—Y nada iréis ganando...

SIRENA.—Os lo pide una dama, conmovida por este amor tan fuera de estos tiempos.

COLOMBINA.—Que más parece de novela.

TODOS.—¡Casadlos! ¡Casadlos!

POLICHINELA.—Cásense enhoramala. Pero mi hija quedará sin dote y desheredada... Y arruinaré toda mi hacienda antes que ese bergante...

DOCTOR.—Eso sí que no haréis, señor Polichinela.

PANTALÓN.—¿Qué disparates son éstos?

HOSTELERO.—¡No lo penséis siquiera!

ARLEQUÍN.—¿Qué se diría?

CAPITÁN.—No lo consentiremos.

SILVIA.—No, padre mío; soy yo la que nada acepto, soy yo la que ha de compartir su suerte. Así le amo.

LEANDRO.—Y sólo así puedo aceptar tu amor... (Todos corren hacia Silvia y Leandro.)

DOCTOR.—¿Qué dicen? ¿Están locos?

PANTALÓN.—¡Eso no puede ser!

HOSTELERO.—¡Lo aceptaréis todo!

ARLEQUÍN.—Seréis felices y seréis ricos.

SEÑORA DE POLICHINELA.—¡Mi hija en la miseria! ¡Ese hombre es un verdugo!

SIRENA.—Ved que el amor es niño delicado y resiste pocas privaciones.

DOCTOR.—¡No ha de ser! Que el señor Polichinela firmará aquí mismo espléndida donación, como corresponde a una persona de su calidad y a un padre amantísimo. Escribid, escribid, señor Secretario, que a esto no ha de oponerse nadie.

TODOS.—(Menos Polichinela.) ¡Escribid! ¡Escribid!

DOCTOR.—Y vosotros, jóvenes enamorados..., resignaos con las riquezas, que no conviene extremar escrúpulos que nadie agradece.

PANTALÓN.—(A Crispín.) ¿Seremos pagados?

CRISPÍN.—¿Quién lo duda? Pero habéis de proclamar que el señor Leandro nunca os engañó... Ved cómo se sacrifica por satisfaceros aceptando esa riqueza que ha de repugnar a sus sentimientos.

PANTALÓN.—Siempre le creímos un noble caballero.

HOSTELERO.—Siempre.

ARLEQUÍN.—Todos lo creímos.

CAPITÁN.—Y lo sostendremos siempre.

CRISPÍN.—Y ahora, Doctor, ese proceso, ¿habrá tierra bastante en la tierra para echarle encima?

DOCTOR.—Mi previsión se anticipa a todo. Bastará con puntuar debidamente algún concepto... Ved aquí: donde dice... "Y resultando que si no declaró...", basta una coma, y dice: "Y resultando que sí, no declaró..." Y aquí: "Y resultando que no debe condenársele", fuera la coma, y dice: "Y resultando que no debe condenársele..."

CRISPÍN.—¡Oh, admirable coma! ¡Maravillosa coma! ¡Genio de la Justicia! ¡Oráculo de la Ley! ¡Monstruo de la Jurisprudencia!

DOCTOR.—Ahora confío en la grandeza de tu señor.

CRISPÍN.—Descuidad. Nadie mejor que vos sabe cómo el dinero puede cambiar a un hombre.

SECRETARIO.—Yo fui el que puso y quitó esas comas...

CRISPÍN.—En espera de algo mejor... tomad esta cadena. Es de oro.

SECRETARIO.—¿De ley?

CRISPÍN.—Vos lo sabréis, que entendéis de leyes.

POLICHINELA.—Sólo impondré una condición: que este pícaro deje para siempre de estar a tu servicio.

CRISPÍN.—No necesitáis pedirlo, señor Polichinela. ¿Pensáis que soy tan pobre de ambiciones como mi señor?

LEANDRO.—¿Quieres dejarme Crispín? No será sin tristeza de mi parte.

CRISPÍN.—No la tengáis, que ya de nada puedo serviros y conmigo dejáis la piel del hombre viejo... ¿Qué os dije, señor? Que entre todos habían de salvarnos... Creedlo. Para salir adelante con todo, mejor que crear afectos es crear intereses...

LEANDRO.—Te engañas, que sin el amor de Silvia nunca me hubiera salvado.

CRISPÍN.—¿Y es poco interés ese amor? Yo di siempre su parte al ideal y conté con él siempre. Y ahora acabó la farsa.

SILVIA.—*(Al público.)* Y en ella visteis, como en las farsas de la vida, que a estos muñecos, como a los humanos, muévenlos cordelillos groseros, que son los intereses, las pasioncillas, los engaños y todas las miserias de su condición: tiran unos de sus pies y los llevan a tristes andanzas; tiran otros de sus manos, que trabajan con pena, luchan con rabia, hurtan con astucia, matan con violencia. Pero entre todos ellos, desciende a veces del cielo al corazón un hilo sutil, como tejido con luz del sol y con luz de luna: el hilo del amor, que a los humanos, como a esos muñecos que semejan humanos, les hace parecer divinos, y trae a nuestra frente resplandores de aurora, y pone alas en nuestro corazón y nos dice que no todo es farsa en la farsa, que hay algo divino en nuestra vida que es verdad y es eterno, y no puede acabar cuando la farsa acaba. *(Telón.)*

FIN DE LA COMEDIA

LA MALQUERIDA

Drama en tres actos y en prosa

Jacinto Benavente

PERSONAJES

La Raimunda   La Gaspara
La Acacia   Esteban
La Juliana   Norberto
Doña Isabel   Faustino
Milagros   El tío Eusebio
La Fidela   Bernabé
La Engracia   El Rubio
La Bernabea   Mujeres, mozas y mozos

En un pueblo de Castilla

ACTO PRIMERO

Sala en casa de unos labradores ricos

ESCENA I

La RAIMUNDA, *la* ACACIA,[1] DOÑA ISABEL. MILAGROS, *la* FIDELA, *la* ENGRACIA, *la* GASPARA *y la* BERNABEA.

Al levantarse el telón todas en pie, menos DOÑA ISABEL, *se despiden de otros cuatro o cinco, entre mujeres y mozos.*

GASPARA.—Vaya, queden ustedes con Dios; con Dios, Raimunda.

BERNABEA.—Con Dios, doña Isabel... Y tú, Acacia, y tu madre, que sea para bien.

RAIMUNDA.—Muchas gracias. Y que todos lo veamos. Anda, Acacia, sal tú con ellas.

TODAS.—Con Dios, abur.[2]

(Gran algazara. Salen las mujeres y los mozos y Acacia con ellas.)

DOÑA ISABEL.—¡Qué buena moza está la Bernabea!

ENGRACIA.—Pues va para el año bien mala que estuvo.[3] Nadie creíamos que lo contaba.[4]

DOÑA ISABEL.—Dicen que se casa también muy pronto.

FIDELA.—Para San Roque,[5] si Dios quiere.

DOÑA ISABEL.—Yo soy la última que se entera de lo que pasa en el pueblo. Como en mi casa todo son calamidades, está una tan metida en sí.[6]

ENGRACIA.—¡Qué! ¿No va mejor su esposo?

DOÑA ISABEL.—Cayendo y levantando; aburridas nos tiene. Ya ven todos lo que salimos de casa; ni para ir a misa los más de los domingos. Yo por mí ya estoy hecha, pero esta hija se me está consumiendo.

ENGRACIA.—Ya, ya. ¿En qué piensan ustedes? Y tú, mujer, mira que está el año de bodas.

DOÑA ISABEL.—Sí, sí, buena es ella.[7] No sé yo de dónde haya de venir el que le caiga en gracia.

FIDELA.—Pues para monja no irá, digo yo; así, ella verá.

DOÑA ISABEL.—Y tú, Raimunda. ¿Es a gusto tuyo esta boda? Parece que no te veo muy cumplida.

RAIMUNDA.—Las bodas siempre son para tenerles miedo.

ENGRACIA.—Pues, hija, si tú no casas la chica a gusto no sé yo quién podamos decir otro tanto; que denguna[8] como ella ha podido escoger entre lo mejorcito.

FIDELA.—De comer no ha de faltarles, dar gracias[9] a Dios, y como

---

[1] la Acacia —el artículo se usa a veces con nombres de pila en el dialecto de Castilla presentado en esta comedia.

[2] abur —interjección familiar que se usa para despedirse.

[3] estuvo bien enferma.

[4] ninguna de nosotras creía que viviría ella.

[5] San Roque —una fiesta.

[6] una —frecuentemente se emplea como primera persona; metida en sí —tan ocupada.

[7] buena es ella —dicho de una manera apática.

[8] denguna —ninguna (una forma dialectal).

[9] dar gracias —un imperativo.

están las cosas no es lo que menos hay que mirar.

RAIMUNDA.—Anda, Milagros, anda abajo con Acacia y los mozos; que me da no sé qué de verte tan parada.

DOÑA ISABEL.—Ve, mujer. Es que esta hija es como Dios la ha hecho.[10]

MILAGROS.—Con el permiso de ustedes. (Sale.)

RAIMUNDA.—Y anden ustedes con otro bizcochito y otra copita.

DOÑA ISABEL.—Se agradece; pero yo no puedo con nada.

RAIMUNDA.—Pues andar vosotras, que esto no es nada.

DOÑA ISABEL.—Pues a la Acacia tampoco la veo como debía de estar un día como el de hoy que vienen a pedirla.

RAIMUNDA.—Es que también esta hija mía es como es. ¡Más veces me tiene desesperada! Callar[11] a todo eso sí, hasta que se descose, y entonces no quiera usted oírla, que la dejará a usted bien parada.

ENGRACIA.—Es que se ha criao[12] siempre tan consentida..., como tuvisteis la desgracia de perder a los tres chicos y quedó ella sola, hágase usted cargo... Su padre, pajaritas del aire que le pidiera la muchacha,[13] y tú dos cuartos de lo mismo... Luego, cuando murió su padre, esté en gloria[14] la chica estaba tan encelada contigo; así es que cuando te volviste a casar le sentó muy malamente. Y eso es lo que ha tenido siempre esa chica, pelusa.

RAIMUNDA.—¿Y qué iba yo a hacerle? Yo bien hubiera querido no volverme a casar... Y si mis hermanos hubieran sido otros... Pero

digo, si no entran[15] aquí unos pantalones a poner orden, a pedir limosna andaríamos mi hija y yo a estas horas; bien lo saben todos.

DOÑA ISABEL.—Eso es verdad. Una mujer sola no es nada en el mundo. Y que[16] te quedaste viuda muy joven.

RAIMUNDA.—Pero yo no sé que esta hija mía y[17] haya podido tener pelusa[18] de nadie; que su madre soy y no sé yo quién la quiera y la consienta más de los dos; que Esteban no ha sido nunca un padrastro pa[19] ella.

DOÑA ISABEL.—Y es razón que así sea. No habéis tenido otros hijos.

RAIMUNDA.—Nunca va y viene, de ande quiera que sea, que no se acuerde de traerle algo... No se acuerda tanto de mí, y nunca me he sentido por eso; que al fin es mi hija, y el que la quiera de ese modo me ha hecho quererle más. Pero ella... ¿Querrán ustedes creer que ni cuando era chica, ni ahora, no se diga, ya ha permitido nunca darle un beso? Las pocas veces que le he puesto la mano encima no ha sido por otra cosa.[20]

FIDELA.—Y a mí no hay quien me quite de la cabeza que tu hija y a quien quiere y es a su primo.

RAIMUNDA.—¿A Norberto? Pues bien plantao[21] le dejó de la noche a la mañana. Ésa es otra; lo que pasó entre ellos no hemos podido averiguarlo nadie.

FIDELA.—Pues ésa es la mía, que nadie hemos podido explicárnoslo y tiene que haber su misterio.

***

[10] como Dios la ha hecho —muy inocente.
[11] callar —ella calla.
[12] criao —criado (forma dialectal).
[13] pajaritas... —su padre hacía todo por ella.
[14] esté en gloria —espero que esté en la gloria.
[15] si no entran —si no hubieran entrado.
[16] que —palabra introductoria sin significado.
[17] y —esta conjunción no significa nada aquí; es un sonido que se hace durante una pausa o un momento de indecisión.
[18] tener pelusa —tener celos.
[19] pa —para.
[20] Las pocas veces... —es decir, nunca le pegó.
[21] plantao —plantado.

LA MALQUERIDA   85

ENGRACIA.—Y ella puede y [22] que no se acuerde de su primo; pero él aún le tiene su idea.[23] Si no, mira y cómo hoy en cuanto se dijo que venía el novio con su padre a pedir a tu hija, cogió y bien temprano se fue pa los Berrocales, y los que le han visto dicen que iba como entristecío.

RAIMUNDA.—Pues nadie podrá decir que ni Esteban ni yo la hemos aconsejao en ningún sentío. Ella de por sí dejó plantao a Norberto, todos lo saben, que ya iban a correrse las proclamas, y ella consintió de hablar con Faustino. A él siempre le pareció ella bien, ésa es la verdad... Como su padre ha sido siempre muy amigo de Esteban, que siempre han andado muy unidos en sus cosas de la política y de las elecciones, cuantas veces hemos ido al Encinar por la Virgen o por cualquier otra fiesta o han venido aquí ellos, el muchacho pues no sabía qué hacerse con mi hija; pero como sabía que ella y hablaba aquí con su primo, pues decirle [24] nunca le dijo nada... Y hasta que ella, por lo que fuera, que nadie lo sabemos, plantó al otro, éste no dijo nada. Entonces, sí, cuando supieron y que ella había acabao con su primo, su padre [25] de Faustino habló con Esteban y Esteban habló conmigo y yo hablé con mi hija y a ella no le pareció mal; tanto es así que ya lo ven todos, a casarse van, y si a gusto suyo no fuera pues no tendría perdón de Dios, que lo que hace nosotros a gusto suyo y bien que a su gusto la hemos dejao.[26]

DOÑA ISABEL.—Y a su gusto será. ¿Por qué no? El novio es buen mozo y bueno parece.

ENGRACIA.—Eso sí. Aquí todos le miran como si fuera del pueblo mismamente;[27] que aunque no sea de aquí es de tan cerca y la familia es tan conocida, que no están miraos como forasteros.

FIDELA.—El tío Eusebio puede y que tenga más tierras en la jurisdicción que en el Encinar.

ENGRACIA.—Y que así es. Haste [28] cuenta; se quedó con todo lo del tío Manolito y a más con las tierras de propios que se subastaron va pa dos años.[29]

DOÑA ISABEL.—No, la casa es la más fuerte de por aquí.

FIDELA.—Que lo diga usted, y que aunque sean cuatro hermanos todos cogerán buen pellizco.

ENGRACIA.—Y la de aquí que tampoco va descalza.[30]

RAIMUNDA.—Que es ella sola y no tiene que partir con nadie y que Esteban ha mirao por la hacienda que nos quedó de su padre que no hubiera miaro más por una hija suya.

(Se oye el toque de Oraciones.)

DOÑA ISABEL.—Las Oraciones. *(Rezan todas entre dientes.)* Vaya, Raimunda, nos vamos para casa; que a Telesforo hay que darle de cenar temprano: digo cenar, la pizca de nada que toma.

ENGRACIA.—Pues quiere decirse que nosotras también nos iremos si te parece.

FIDELA.—Me parece.

RAIMUNDA.—Si queréis acompañarme a cenar... A doña Isabel no le digo nada, porque estando su esposo tan delicado no ha de dejarle solo.

ENGRACIA.—Se agradece; pero cualquiera gobierna aquella familia si una falta.[31]

---

[22] y —no hace falta esta palabra.
[23] aún le tiene su idea —no ha cambiado de parecer.
[24] pues decirle —puede decirse.
[25] su padre —el padre.
[26] que lo que... —lo que hace lo hace a gusto suyo y la hemos dejado bien a su gusto.

[27] mismamente —mismo.
[28] haste —hazte (forma dialectal).
[29] va pa dos años —va para dos años —hace dos años.
[30] tampoco va descalza —de veras no es pobre.
[31] nadie hace nada si no estoy yo.

DOÑA ISABEL.—¿Cena esta noche el novio con vosotras?

RAIMUNDA.—No, señora, se vuelven él y su padre pa el Encinar; aquí no habían de hacer noche y no es cosa de andar el camino a deshora, y estas noches sin luna... Como que ya parece que se tardan, que ya van cortando mucho los días y luego luego es noche cerrada.

ENGRACIA.—Acá suben todos. A la cuenta[32] es la despedida.

RAIMUNDA.—¿No lo dije?

ESCENA II

DICHAS, *la* ACACIA, MILAGROS, ESTEBAN, *el* TÍO EUSEBIO y FAUSTINO.

ESTEBAN.—Raimunda: aquí, el tío Eusebio y Faustino que se despiden.

EUSEBIO.—Ya es hora de volvernos pa casa; antes que se haga de noche, que con las aguas de estos días pasados están esos caminos que es una perdición.[33]

ESTEBAN.—Sí; que hay ranchos muy malos.

DOÑA ISABEL.—¿Qué dice el novio? Ya no se acuerda de mí. Verdad que bien irá para cinco años que no le había visto.

EUSEBIO.—¿No conoces a doña Isabel?

FAUSTINO.—Sí, señor, pa servirla. Creí que no se recordaba de mí.

DOÑA ISABEL.—Sí, hombre; cuando mi marido era alcalde; va para cinco años. ¡Buen susto nos diste por San Roque, cuando saliste al toro y creímos todos que te había matado!

ENGRACIA.—El mismo año que dejó tan mal herido a Julián, el de la Eudosia.

FAUSTINO.—Bien me recuerdo, sí señora.

EUSEBIO.—Aunque no fuera más que por los lapos que llevó[34] luego en casa... muy merecidos...

FAUSTINO.—¡La mocedad!

DOÑA ISABEL.—Pues no te digo nada,[35] que te llevas la mejor moza del pueblo; y que ella no se lleva mal mozo tampoco. Y nos vamos, que ustedes aún tendrán que tratar de sus cosas.

ESTEBAN.—Todo está tratao.

DOÑA ISABEL.—Anda, Milagros... ¿Qué te pasa?

ACACIA.—Que le digo que se quede a cenar con nosotros y no se atreve a pedirle a usted permiso. Déjela usted, doña Isabel.

RAIMUNDA.—Sí que la dejará. Luego la acompañan de aquí Bernabé y la Juliana y si es caso también irá Esteban.

DOÑA ISABEL.—No, ya mandaremos de casa a buscarla. Quédate, si es gusto de la Acacia.

RAIMUNDA.—Claro está, que tendrán ellas que hablar de mil cosas.

DOÑA ISABEL.—Pues con Dios todos, tío Eusebio, Esteban.

EUSEBIO.—Vaya usted con Dios, doña Isabel... Muchas expresiones a[36] su esposo.

DOÑA ISABEL.—De su parte.

ENGRACIA.—Con Dios; que lleven buen viaje.

FIDELA.—Queden con Dios... (*Salen todas las mujeres.*)

EUSEBIO.—¡Qué nueva está doña Isabel! Y a la cuenta debe de andarse por mis años. Pero bien dicen: quien tuvo, retuvo y guardó para la vejez..., porque doña Isabel ha estao una buena moza ande las haya habío.[37]

ESTEBAN.—Pero siéntese usted un poco, tío Eusebio. ¿Qué prisa le ha entrao?

---

[32] a la cuenta —parece que.

[33] ha llovido tanto que los caminos son una perdición.

[34] los lapos que llevó —el castigo que recibió.

[35] no te digo nada —no hace falta decirte.

[36] muchas expresiones a —saludos a.

[37] ande... —donde las haya habido.

EUSEBIO.—Déjate estar, que es buena hora de volvernos, que viene muy oscuro. Pero tú no nos acompañes; ya vienen los criados con nosotros.

ESTEBAN.—Hasta el arroyo siquiera; es un paseo.

(Entran la Raimunda, la Acacia y la Milagros.)

EUSEBIO.—Y vosotros deciros tóo [38] lo que tengáis que deciros.

ACACIA.—Ya lo tenemos todo hablao.

EUSEBIO.—¡Eso te creerás tú!

RAIMUNDA.—Vamos, tío Eusebio; no sofoque usted a la muchacha.

ACACIA.—Muchas gracias de todo.

EUSEBIO.—¡Anda ésta! ¡Qué gracias!

ACACIA.—Es muy precioso el aderezo.

EUSEBIO.—Es lo más aparente que se ha encontrao.

RAIMUNDA.—Demasiado para una labradora.

EUSEBIO.—¡Qué demasiado! Dejarse estar.[39] Con más piedras que la Custodia de Toledo lo hubiera yo querido. Abraza a tu suegra.

RAIMUNDA.[40]—Ven acá, hombre; que mucho tengo que quererte pa perdonarte lo que te me llevas. ¡La hija de mis entrañas!

ESTEBAN.—¡Vaya! Vamos a jipar [41] ahora... Mira la chica. Ya está hecha una Madalena.[42]

MILAGROS.—¡Mujer!... ¡Acacia! *(Rompe también a llorar.)*

ESTEBAN.—¡Anda la otra! ¡Vaya, vaya!

EUSEBIO.—No ser así... Los llantos pa los difuntos. Pero una boda como ésta, tan a gusto de tóos. Ea,[43] alegrarse... y hasta muy pronto.

RAIMUNDA.—Con Dios, tío Eusebio. Y a la Julia que no le perdono que no haya venido un día como hoy.

EUSEBIO.—Si ya sabes cómo anda de la vista...[44] Había que haber puesto el carro y está esa subida de los Berrocales pa matarse el ganao.[45]

RAIMUNDA.—Pues déle usted muchas expresiones [46] y que se mejore.

EUSEBIO.—De su parte.

RAIMUNDA.—Y andarse ya, andarse ya, que se hace noche. *(A Esteban.)* ¿Tardarás mucho?

EUSEBIO.—Ya le he dicho que no venga...

ESTEBAN.—¡No faltaba otra cosa! Iré hasta el arroyo. No esperarme [47] a cenar.

RAIMUNDA.—Sí que te esperamos. No es cosa de cenar solas un día como hoy. Y a la Milagros le da lo mismo cenar un poco más tarde.

MILAGROS.—Sí, señora; lo mismo.

EUSEBIO.—¡Con Dios!

RAIMUNDA.—Bajamos a despedirles.

FAUSTINO.—Yo tenía que decir una cosa a la Acacia...

EUSEBIO.—Pues haberlo dejao [48] pa mañana. ¡Como no habéis platicao tóo el día!

FAUSTINO.—Si es que... unas veces que no me acordao y otras con el bullicio de la gente...

EUSEBIO.—A ver po ande sales...[49]

FAUSTINO.—Si no es nada... Madre, que al venir, como cosa suya, me dió este escapulario pa la Acacia; de las monjas de allá.

---

[38] tóo — todo.

[39] dejarse estar —dejadla estar tan extravagante.

[40] aquí Raimunda habla con Faustino.

[41] jipar —hipar, llorar.

[42] está hecha una Madalena —una Magdalena, es decir, está llorando mucho.

[43] ea —exclamación.

[44] cómo anda de la vista —la condición de sus ojos.

[45] esa subida de los Berrocales es muy dura para los caballos.

[46] véase nota 36.

[47] imperativo: no me esperes.

[48] haberlo dejao —podría haberlo dejado.

[49] po ande sales — por dónde sales — qué estás planeando.

ACACIA.—¡Es muy precioso!

MILAGROS.—¡Bordao de lentejuela! ¡Y de la Virgen Santísima del Carmen!

RAIMUNDA.—¡Poca devoción que ella le tiene! Da las gracias a tu madre.

FAUSTINO.—Está bendecío...

EUSEBIO.—Bueno; ya hiciste el encargo. Capaz eras de haberte vuelto con él y ¡hubiera tenido que oír tu madre! Pero ¡qué corto eres, hijo! No sé yo a quién hayas salío...

(Salen todos. La escena queda sola un instante. Ha ido oscureciendo. Vuelven la Raimunda, la Acacia y la Milagros.)

RAIMUNDA.—Mucho se han entretenido; salen de noche... ¿Qué dices, hija? ¿Estás contenta?

ACACIA.—Ya lo ve usted.[50]

RAIMUNDA.—¡Ya lo ve usted! Pues eso quisiera yo... ¡verlo... ¡Cualquiera[51] sabe contigo!

ACACIA.—Lo que estoy es cansada.

RAIMUNDA.—¡Es que hemos llevao un día! Desde las cinco y que estamos en pie en esta casa.

MILAGROS.—Y que no habrá faltao nadie a darte el parabién.

RAIMUNDA.—Pues todo el pueblo, puede decirse; principiando por el señor cura, que fue de los primeritos. Ya le he dao pa que diga una misa y diez panes pa los pobrecitos, que de todos hay que acordarse un día así. ¡Bendito sea Dios, que nada nos falta! ¿Están ahí las cerillas?

ACACIA.—Aquí están, madre.

RAIMUNDA.—Pues enciende esa luz, hija; que da tristeza esta oscuridad. *(Llamando.)* ¡Juliana, Juliana! ¿Ande andará ésa?

JULIANA.—*(Dentro y como desde abajo.)* ¿Qué?

RAIMUNDA.—Súbete pa acá una escoba y el cogedor.

JULIANA.—*(Dentro y como desde abajo.)* De seguida subo.

RAIMUNDA.—Voy a echarme otra falda; que ya no ha de venir nadie.

ACACIA.—¿Quiere usted que yo también me desnude?

RAIMUNDA.—Tú déjate estar, que no tienes que trajinar en nada y un día es un día...

(Entra la Juliana.)

JULIANA.—¿Barro aquí?

RAIMUNDA.—No; deja ahí esa escoba. Recoge todo eso; lo friegas muy bien fregao, y lo pones en el chinero; y cuidado con esas copas, que es cristal fino.

JULIANA.—¿Me puedo comer un bizcocho?

RAIMUNDA.—Sí, mujer, sí. ¡Que eres de golosona!

JULIANA.—Pues sí que la hija de mi madre ha disfrutao de nada. En sacar vino y hojuelas pa todos se me ha ido el día, con el sinfín de gente que aquí ha habío... Hoy, hoy se ha visto lo que es esta casa pa todos y también la del tío Eusebio, sin despreciar. Y ya se verá el día de la boda. Yo sé quien va a bailarte una onza de oro y quien va a bailarte una colcha bordada de sedas, con unas flores que las ves tan preciosas de[52] propias[53] que te dan ganas de cogerlas mismamente. Día grande ha de ser. ¡Bendito sea Dios!, de mucha alegría y de mucho llanto también; yo la primera, que, no diré yo como tu madre, porque con una madre no hay comparación de nada, pero quitao tu madre... Y que a más de lo que es pa mí esta casa, el pensar en la moza que se me murió, ¡hija de mi vida!, que era así y como eres tú ahora...

RAIMUNDA.—¡Vaya Juliana; arrea con todo eso y no nos encojas el corazón tú también, que ya tenemos bastante ca[54] uno con lo nuestro.

JULIANA.—No permita Dios de afligir yo a nadie... Pero estos días así no sé qué tienen que todo se

---

[50] ya lo ve usted —su actitud no es nada entusiasta; no expresa nada.
[51] cualquiera —nadie.

[52] de —y.
[53] propias —realistas.
[54] ca —cada.

agolpa, bueno y malo, y quiere una alegrarse y se pone más entristecía... Y no digas, que no he querío mentar a su padre de ella, esté en gloria. ¡Válganos Dios! ¡¡Si la hubiera visto este día! Esta hija, que era pa él la gloria del mundo.

RAIMUNDA.—¿No callarás la boca?

JULIANA.—¡No me riñas, Raimunda! Que es como si castigaras a un perro fiel, que ya sabes que eso he sido yo siempre pa esta casa y pa ti y pa tu hija; como un perro leal, con la ley de Dios el pan que he comido siempre de esta casa, con la honra del mundo como todos lo saben... [55] *(Sale.)*

RAIMUNDA.—¡Qué Juliana!... Y dice bien: que ha sido siempre como un perro de leal y de fiel pa esta casa. *(Se pone a barrer.)*

ACACIA.—Madre...

RAIMUNDA.—¿Qué quieres, hija?

ACACIA.—¿Me da usted la llave de esta cómoda, que quiero enseñarle a la Milagros unas cosillas?

RAIMUNDA.—Ahí la tienes. Y ahí os quedáis, que voy a dar una vuelta a la cena. *(Sale.)*

(La Acacia y la Milagros se sientan en el suelo y abren el cajón de abajo de la cómoda.)

ACACIA.—Mira estos pendientes; me los ha regalao... Bueno... Esteban..., ahora no está mi madre; mi madre quiere que le llame padre siempre.

MILAGROS.—Y él bien te quiere.

ACACIA.—Eso sí; pero padre y madre no hay más que unos... Estos pañuelos también me los trajo él de Toledo; las letras las han bordao las monjas... Éstas son tarjetas postales; mira qué preciosas.

MILAGROS.—¡Qué señoras tan guapetonas!

ACACIA.—Son cómicas de Madrid y de París de Francia... Mira estos

niños qué ricos... Esta caja me la trajo él también llena de dulces.

MILAGROS.—Luego dirás...

ACACIA.—Si no digo nada. Si yo bien veo que me quiere; pero yo hubiera querido mejor y estar yo sola con mi madre.

MILAGROS.—Tu madre no te ha querido menos por eso.

ACACIA.—¡Qué sé yo! Está muy ciega por él. No sé yo si tuviera que elegir entre mí y ese hombre...

MILAGROS.—¡Qué cosas dices! Ya ves, tú ahora te casas, y si tu madre hubiera seguido viuda, bien sola la dejabas.[56]

ACACIA.—Pero ¿tú crees que yo me hubiera casao si yo hubiera estao sola con mi madre?

MILAGROS.—¡Anda! ¿No te habías de haber casao? Lo mismo que ahora.

ACACIA.—No lo creas. ¿Ande iba yo haber estao más ricamente que con mi madre en esta casa?

MILAGROS.—Pues no tienes razón. Todos dicen que tu padrastro ha sido muy bueno para ti y con tu madre. Si no hubiera sido así, ya tú ves, con lo que se habla en los pueblos...

ACACIA.—Sí ha sido bueno; no diré yo otra cosa. Pero no me hubiera casao si mi madre no vuelve[57] a casarse.

MILAGROS.—¿Sabes lo que te digo?

ACACIA.—¿Qué?

MILAGROS.—Que no van descaminados los que dicen que tú no quieres a Faustino, que al que tú quieres es a Norberto.

ACACIA.—No es verdad. ¡Qué voy a quererle! Después de la acción que me hizo.

MILAGROS.—Pero si todos dicen que fuiste tú quien lo dejó.

ACACIA.—¡Que fuí yo, que fuí yo! Si él no hubiera dao motivo... En fin, no quiero hablar de esto...

---

[55] con la ley de... —he ganado mi pan honradamente.

[56] la dejabas —la dejarías.
[57] mi madre no vuelve —mi madre no hubiera vuelto.

Pero no dicen bien; quiero más a Faustino que le he querido a él.

MILAGROS.—Así debe ser. De otro modo mal harías en casarte. ¿Te han dicho que Norberto se fué del pueblo esta mañana? A la cuenta no ha querido estar aquí el día de hoy.

ACACIA.—¿Qué más tiene pa él este día que cualquier otro? Mira, ésta es la última carta que me escribió, después que concluímos... Como yo no he consentío volverle a ver..., no sé pa qué la guardo... Ahora mismito voy a hacerla pedazos. *(La rompe.)* ¡Ea!

MILAGROS.—¡Mujer, con qué rabia!...

ACACIA.—Pa lo que dice...; y quemo los pedazos...

MILAGROS.—¡Mujer, no se inflame la lámpara!

ACACIA.—*(Abre la ventana.)* Y ahora a la calle, al viento. ¡Acabao y bien acabao está todo!... ¡Qué oscuridad de noche!

MILAGROS.—*(Asomándose también a la ventana.)* Sí que está miedoso; sin luna y sin estrellas...

ACACIA.—¿Has oído?

MILAGROS.—Habrá sido [58] una puerta que habrán cerrao de golpe.

ACACIA.—Ha sonao como un tiro.

MILAGROS.—¡Qué mujer! ¿Un tiro a estas horas? Si no es que avisan de algún fuego, y no se ve resplandor de ninguna parte.

ACACIA.—¿Querrás creerme que estoy asustada?

MILAGROS.—¡Qué mujer!

ACACIA.—*(Corriendo de pronto hacia la puerta.)* ¡Madre, madre!

RAIMUNDA.—*(Desde abajo.)* ¡Hija!

ACACIA.—¿No ha oído usted nada?

RAIMUNDA.—*(Desde abajo.)* Sí, hija; ya he mandao a la Juliana a enterarse... No tengas susto.

ACACIA.—¡Ay madre!

RAIMUNDA.—*(Desde abajo.)* ¡Calla, hija! Ya subo.

ACACIA.—Ha sido un tiro lo que ha sonao, ha sido un tiro.

MILAGROS.—Aunque así sea; nada malo habrá pasao.

ACACIA.—¡Dios lo haga!

(Entra Raimunda.)

RAIMUNDA.—¿Te has asustao, hija? No habrá sido nada.

ACACIA.—También usted está asustada, madre.

RAIMUNDA.—De verte a ti... Al pronto, pues como está tu padre fuera de casa, sí me he sobresaltao... Pero no hay razón para ello. Nada malo puede haber pasao... ¡Calla! ¡Escucha! ¿Quién habla abajo? ¡Ay Virgen!

ACACIA.—¡Ay madre, madre!

MILAGROS.—¿Qué dicen, qué dicen?

RAIMUNDA.—No bajes tú, que ya voy yo.

ACACIA.—No baje usted, madre.

RAIMUNDA.—Si no sé qué he entendido... ¡Ay Esteban de mi vida y que no le haya pasao nada malo! *(Sale.)*

MILAGROS.—Abajo hay mucha gente..., pero desde aquí no les entiendo lo que hablan.

ACACIA.—Algo malo ha sido, algo malo ha sido. ¡Ay lo que estoy pensando!

MILAGROS.—También yo, pero no quiero decírtelo.

ACACIA.—¿Qué crees tú que ha sido?

MILAGROS.—No quiero decírtelo, no quiero decírtelo.

RAIMUNDA.—*(Desde abajo.)* ¡Ay Virgen Santísima del Carmen! ¡Ay qué desgracia! ¡Ay esa pobre madre cuando lo sepa que han matao a su hijo! ¡Ay no quiero pensarlo! ¡Ay qué desgracia, qué desgracia pa todos!

ACACIA.—¿Has entendido?... Mi madre... ¡Madre..., madre!...

RAIMUNDA.—¡Hija, hija, no bajes! ¡Ya voy, ya voy!

(Entran la Raimunda, la Fidela, la Engracia y algunas mujeres.)

[58] habrá sido —futuro de probabilidad.

ACACIA.—Pero ¿qué ha pasao?, ¿qué ha pasao? Ha habido una muerte, ¿verdad?, ha habido una muerte.

RAIMUNDA.—¡Hija de mi vida! ¡Faustino, Faustino!...

ACACIA.—¿Qué?

RAIMUNDA.—Que lo han matao, que lo han matao de un tiro a la salida del pueblo.

ACACIA.—¡Ay madre! ¿Y quién ha sido, quién ha sido?

RAIMUNDA.—No se sabe..., no han visto a nadie... Pero todos dicen y que ha sido Norberto; pa que sea mayor la desgracia que nos ha venido a todos.

ENGRACIA.—No puede haber sido otro.

MUJERES.—¡Norberto!... ¡Norberto!

FIDELA.—Ya han acudío los de justicia.

ENGRACIA.—Lo traerán preso.

RAIMUNDA.—Aquí está tu padre. (Entra Esteban.) ¡Esteban de mi vida! ¿Cómo ha sido? ¿Qué sabes tú?

ESTEBAN.—¡Qué tengo de saber! Lo que todos... Vosotras no me salgáis de aquí, no tenéis que hacer nada por el pueblo.

RAIMUNDA.—¡Y ese padre cómo estará! ¡Y aquella madre cuando le lleven a su hijo, que salió esta mañana de casa lleno de vida y lleno de ilusiones y vea que se lo traen muerto de tan mala manera, asesinao de esta manera!

ENGRACIA.—Con la horca no paga y[59] el que haiga sío.[60]

FIDELA.—Aquí, aquí mismo habían de matarlo.

RAIMUNDA.—Yo quisiera verlo, Esteban; que no se lo lleven sin verlo... Y esta hija también; al fin iba a ser su marido.

[59] y —no se traduce aquí.
[60] haiga sío —haya sido; es decir la horca será un castigo bueno para tal persona.

ESTEBAN.—No acelerarse; lugar habrá para todo. Esta noche no os mováis de aquí, ya lo he dicho. Ahora no tiene que hacer allí nadie más que la justicia; ni el médico ni el cura han podido hacer nada. Yo me vuelvo pa allá, que a todos han de tomarnos declaración (Sale Esteban.)

RAIMUNDA.—Tiene razón tu padre. ¿Qué podemos ya hacer por él? Encomendarle su alma a Dios... Y a esa pobre madre que no se me quita del pensamiento... No estés así, hija, que me asustas más que si te viera llorar y gritar. ¡Ay! ¡Quién nos hubiera dicho esta mañana lo que tenía que sucedernos tan pronto!

ENGRACIA.—El corazón y dicen que le ha partido.

FIDELA.—Redondo cayó del caballo.

RAIMUNDA.—¡Qué borrón y qué deshonra pa este pueblo y que de aquí haya salido el asesino con tan mala entraña! ¡Y que sea de nuestra familia pa mayor vergüenza!

GASPARA.—Eso es lo que aún no sabemos nadie.

RAIMUNDA.—¿Y quién otro puede haber sido? Si lo dicen todos...

ENGRACIA.—Todos lo dicen. Norberto ha sido.

FIDELA.—Norberto, no puede haber sido otro.

RAIMUNDA.—Milagros, hija, enciende esas luces a la Virgen y vamos a rezarle un rosario ya que no podamos hacer otra cosa más que rezarle por su alma.

GASPARA.—¡El Señor le haiga perdonao!

ENGRACIA.—Que ha muerto sin confesión.

FIDELA.—Y estará su alma en pena. ¡Dios nos libre!

RAIMUNDA.—(A Milagros.) Lleva tú el rosario; yo ni puedo rezar. ¡Esa madre, esa madre!

(Empiezan a rezar el rosario. Telón.)

FIN DEL ACTO PRIMERO

el campo

Portal de una casa de labor. Puerta grande al foro, que da al campo. Reja a los lados. Una puerta a la derecha y otra a la izquierda.

ESCENA I

La RAIMUNDA, *la* ACACIA, *la* JULIANA *y* ESTEBAN.

ESTEBAN, *sentado a una mesa pequeña, almuerza. La* RAIMUNDA, *sentada también, le sirve. La* JULIANA *entra y sale asistiendo a la mesa. La* ACACIA, *sentada en una silla baja, junto a una de las ventanas, cose, con un cesto de ropa blanca al lado.*

RAIMUNDA.—¿No está a tu gusto?
ESTEBAN.—Sí, mujer.
RAIMUNDA.—No has comido nada. ¿Quieres que se prepare alguna otra cosa?
ESTEBAN.—Déjate, mujer; si he comido bastante.
RAIMUNDA.—¡Qué vas a decirme! (*Llamando.*) Juliana, trae pa acá la ensalada. Tú has tenido algún disgusto.
ESTEBAN.—¡Qué, mujer!
RAIMUNDA.—¡Te conoceré yo! [61] Como que no has debío ir al pueblo. Habrás oído allí a unos y a otros. Quiere decir que determinamos, muy bien pensao, de venirnos al Soto por no estar allí en estos días, y te vas tú allí esta mañana sin decirme palabra. ¿Qué tenías que hacer allí?
ESTEBAN.—Tenía... que hablar con Norberto y con su padre.

RAIMUNDA.—Bueno está; pero les hubieras mandao llamar y que hubieran acudío ellos. Podías haberte ahorrao el viaje y el oír a las demás gentes, que bien sé yo las habladurías de unos y de otros que andarán por el pueblo.
JULIANA.—Como que no sirve el estarse aquí, sin querer ver ni entender a ninguno, que como el Soto es paso de tóos [62] estos lugares a la redonda, no va y viene uno que no se pare aquí a oliscar y cucharetear lo que a nadie le importa.
ESTEBAN.—Y tú, que no dejarás de conversar con todos.
JULIANA.—Pues no, señor, que está usted muy equivocao, que no he hablao con nadie, y aun esta mañana le reñí a Bernabé por hablar más de la cuenta con unos que pasaron del Encinar. Y a mí ya pueden venir a preguntarme, que de mi madre lo tengo aprendido, y es buen acuerdo: al que pregunta mucho, responderle poco, y al contrario.
RAIMUNDA.—Mujer, calla la boca. Anda allá dentro. (*Sale Juliana.*) ¿Y qué anda por el pueblo?
ESTEBAN.—Anda..., que el tío Eusebio y sus hijos han jurao de matar a Norberto; que ellos no se conforman con que la justicia y le haya soltao tan pronto; que cualquier día se presentan allí y hacen una sonada; que el pueblo anda dividío en dos bandos, y mientras unos dicen que el tío Eusebio tiene razón y que no ha podío ser otro que Norberto, los otros dicen que Norberto no ha sío, y que cuando la justicia

---

[61] ¡Te conoceré yo! —Te conozco muy bien.

[62] tóos —todos.

le ha puesto en la calle es porque está bien probao que es inocente.

RAIMUNDA.—Yo tal creo. No ha habido una declaración en contra suya; ni el padre mismo de Faustino, ni sus criados; ni tú, que ibas con ellos.

ESTEBAN.—Encendiendo un cigarro íbamos el tío Eusebio y yo; por cierto que nos reíamos como dos tontos; porque yo quise presumir con mi encendedor y no daba lumbre, y entonces el tío Eusebio fué y tiró de su buen pedernal y su yesca y me iba diciendo muerto de risa: "Anda, enciende tú con eso para que presumas ,con esa maquinaria sacadineros, que yo con esto me apaño tan ricamente..." Y ése fué el mal, que con esta broma nos quedamos rezagaos, y cuando sonó el disparo y quisimos acudir ya no podía verse a nadie. A más que, como luego vimos que había muerto, pues nos quedamos tan muertos como él y nos hubieran matao a nosotros que no nos hubiéramos dao cuenta.

(La Acacia se levanta de pronto y va a salir)

RAIMUNDA.—¿Dónde vas, hija, como asustada? ¡Sí que está una pa sobresaltos!

ACACIA.—Es que no saben ustedes hablar de otra cosa. ¡También es gusto! No habrá usted contao veces cómo fué y no lo tendremos oído otras tantas.

ESTEBAN.—En eso lleva razón... Yo por mí no hablaría nunca; es tu madre.

ACACIA.—Tengo soñao más noches... yo, que antes no me asustaba nunca de estar sola ni a oscuras y ahora, hasta de día me entran unos miedos...

RAIMUNDA.—No eres tú sola; sí que yo duermo ni descanso de día ni de noche. Y yo sí que nunca he sido asustadiza, que ni de noche me daba cuidao de pasar por el campo santo, ni la noche de ánima que fuera, y ahora todo me sobrecoge:

los ruidos y el silencio... Y lo que son las cosas: mientras creíamos todos que podía haber sido Norberto, con ser de la familia y ser una desgracia y una vergüenza pa todos, pues quiere decirse que como ya no tenía remedio, pues... ¡qué sé yo!, estaba tan conforme..., al fin y al cabo tenía su explicación. Pero ahora..., si no ha sío Norberto, ni nadie sabemos quién ha sío y nadie podemos explicarnos por qué mataron a ese pobre, yo no puedo estar tranquila. Si no era Norberto, ¿quién podía quererle mal? Es que ha sío por una venganza, algún enemigo de su padre, quién sabe si tuyo también..., y quién sabe si no iba contra ti el golpe, y como era de noche y hacía muy oscuro no se confundieron, y lo que no hicieron entonces lo harán otro día..., y vamos, que yo no vivo ni descanso, y ca vez que sales de casa y andas por esos caminos me entra un desasosiego... Mismo hoy, como ya te tardabas, en poco estuvo de irme yo pa el pueblo.

ACACIA.—Y al camino ha salido usted.

RAIMUNDA.—Es verdad; pero como te vi desde el altozano que ya llegabas por los molinos y vi que venía el Rubio contigo, me volví corriendo pa que no me riñeras. Bien sé que no es posible, pero yo quisiera ir ahora siempre ande tú fueras, no desapartarme de junto a ti por nada de este mundo; de otro modo no puedo estar tranquila, no es vida ésta.

ESTEBAN.—Yo no creo que nadie me quiera mal. Yo nunca hice mal a nadie. Yo bien descuidao voy ande quiera,[63] de día como de noche.

RAIMUNDA.—Lo mismo me parecía a mí antes, que nadie podía querernos mal... Esta casa ha sío el amparo de mucha gente. Pero basta

---

[63] bien descuidado voy ande quiera —voy bien descuidado adondequiera.

una mala voluntad, basta con una mala intención; ¡y qué sabemos nosotros si hay quien nos quiere mal sin nosotros saberlo! De ande ha venido este golpe puede venir otro. La justicia ha soltao a Norberto, porque no ha podido probarse que tuviera culpa ninguna... Y yo me alegro. ¿No tengo de alegrarme?, si es hijo de una hermana, la que yo más quería... Yo nunca pude creer que Norberto tuviera tan mala entraña pa hacer una cosa como ésa: ¡asesinar a un hombre a traición! Pero ¿es que ya se ha terminado todo? ¿Qué hace ahora la justicia? ¿Por qué no buscan, por qué no habla nadie? Porque alguien tié [64] que saber, alguno tié que haber visto aquel día quién pasó por allí, quien rondaba por el camino... Cuando nada malo se trama, todos son a dar razón de quién va y quién viene; sin nadie preguntar, todo se sabe, y cuando más importa saber, nadie sabe, nadie ha visto nada...

ESTEBAN.—¡Mujer! ¿Qué particular tiene que así sea? El que a nada malo va, no tiene por qué ocultarse; el que lleva una mala idea, ya mira de esconderse.

RAIMUNDA.—¿Tú quién piensas que pué haber sido?

ESTEBAN.—¿Yo? La verdad..., pensaba en Norberto, como todos; de no haber sido él, ya no me atrevo a pensar de nadie.

RAIMUNDA.—Pues mira: yo bien sé que vas a reñirme, pero ¿sabes lo que he determinao?

ESTEBAN.—Tú dirás...

RAIMUNDA.—Hablar yo con Norberto. He mandao a Bernabé a buscarlo. Pienso que no tardará en acudir.

ACACIA.—¿Norberto? ¿Y qué quiere usted saber dél?

ESTEBAN.—Eso digo yo. ¿Qué crees tú que él puede decirte?

RAIMUNDA.—¡Qué sé yo! Yo sé que él a mí no puede engañarme.

Por la memoria de su madre he de pedirle que me diga la verdá de todo. Aunque él hubiera sido, ya sabe él que yo a nadie había de ir a contarlo. Es que yo no puedo vivir así, temblando siempre por todos nosotros.

ESTEBAN.—¿Y tú crees que Norberto va a decirte a ti lo que haya sido, si ha sido él quien lo hizo?

RAIMUNDA.—Pero yo me quedaré satisfecha después de oírle.

ESTEBAN.—Allá tú, pero cree que todo ello sólo servirá para más habladurías si saben que ha venido a esta casa. A más, que hoy ha de venir el tío Eusebio y si se encuentran...

RAIMUNDA.—Por el camino no han de encontrarse, que llegan de una parte ca uno..., y aquí, la casa es grande, y ya estarán al cuidao.

(Entra la Juliana.)

JULIANA.—Señor amo...

ESTEBAN.—¿Qué hay?

JULIANA.—El tío Eusebio que está al llegar y vengo a avisarle, por si no quiere usted verlo.

ESTEBAN.—Yo, ¿por qué? Mira si ha tardao en acudir. Tú verás si acude también el otro.

RAIMUNDA.—Por pronto que quiera...

ESTEBAN.—¿Y quién te ha dicho a ti que yo no quiero ver al tío Eusebio?

JULIANA.—No vaya usted a achacármelo a mí también; que yo por mí no hablo. El Rubio ha sido quien me ha dicho y que usted no quería verle, porque está muy emperrao en que usted no se ha puesto de su parte con la justicia y por eso y han soltao a Norberto.

ESTEBAN.—Al Rubio ya le diré yo quién le manda meterse en explicaciones.

JULIANA.—Otras cosas también había usted de decirle, que está de algún tiempo a esta parte que nos quiere avasallar a todos. Hoy, Dios

---
[64] tié —tiene.

me perdone si le ofendo, pero me parece que ha bebido más de la cuenta.

RAIMUNDA.—Pues eso sí que no pué consentírsele. Me va a oír.

ESTEBAN.—Déjate, mujer. Ya le diré yo luego.

RAIMUNDA.—Sí que está la casa en república; bien se prevalen de que una no está pa gobernarla... Es que lo tengo visto, en cuantito que una se descuida... ¡Buen hato de holgazanes están todos ellos!

JULIANA.—No lo dirás por mí, Raimunda, que no quisiera oírtelo.

RAIMUNDA.—Lo digo por quien lo digo, y quien se pica ajos come.

JULIANA.—¡Señor, Señor!... ¡Quien ha visto esta casa! No parece sino que todos hemos pisao una mala yerba, a todos nos han cambiado; todos son a pagar unos con otros y todos conmigo... ¡Válgame Dios y me dé paciencia pa llevarlo todo!

RAIMUNDA.—¡Y a mí pa aguantaros!

JULIANA.—Bueno está. ¿A mí también? Tendré yo la culpa de todo.

RAIMUNDA.—Si me miraras a la cara sabrías cuándo habías de callar la boca y quitárteme de delante sin que tuviera que decírtelo.

JULIANA.—Bueno está. Ya me tiés callada como una muerta y ya me quito de delante. ¡Válgame Dios, Señor! No tendrás que decirme nada. *(Sale.)*

ESTEBAN.—Aquí está el tío Eusebio.

ACACIA.—Les dejo a ustedes. Cuando me ve se aflige..., y como está que no sabe lo que le pasa, a la postre siempre dice algo que ofende. A él le parece que nadie más que él hemos sentido a su hijo.

RAIMUNDA.—Pues más no digo, pero puede que tanto como su madre y le haya llorao yo. Al tío Eusebio no hay que hacerle caso; el pobre está muy acabao. Pero tiés razón, mejor es que no te vea.

ACACIA.—Estas camisas ya están listas, madre. Las plancharé ahora.

ESTEBAN.—¿Has estao cosiendo pa mí?

ACACIA.—Ya lo ve usted.

RAIMUNDA.—¡Si ella no cose [65]...! Yo estoy tan holgazana... ¡Bendito Dios!, no me conozco. Pero ella es trabajadora y se aplica. *(Acariciándola al pasar para el mutis.)* ¿No querrá Dios que tengas suerte, hija? *(Sale Acacia.)* ¡Lo que somos las madres! Con lo acobardada que estaba yo de pensar y que iba a casárseme tan moza, y ahora... ¡qué no daría yo por verla casada!

ESCENA II

La RAIMUNDA, ESTEBAN *y el* TÍO EUSEBIO.

EUSEBIO.—¿Ande anda la gente?

ESTEBAN.—Aquí, tío Eusebio.

EUSEBIO.—Salud a todos.

RAIMUNDA.—Venga usted con bien, tío Eusebio.

ESTEBAN.—¿Ha dejado usted acomodás [66] las caballerías?

EUSEBIO.—Ya se ha hecho cargo el espolique.

ESTEBAN.—Siéntese usted. Anda, Raimunda, ponle un vaso del vino que tanto le gusta.

EUSEBIO.—No, se agradece; dejarse estar,[67] que ando muy malamente y el vino no me presta.

ESTEBAN.—Pero si éste es talmente una medicina.

EUSEBIO.—No, no lo traigas.

RAIMUNDA.—Como usted quiera. ¿Y cómo va, tío Eusebio, cómo va? ¿Y la Julia?

EUSEBIO.—Figúrate, la Julia... Ésa se me va etrás de su hijo;[68] ya lo tengo pronosticao.

---

[65] ¡Si ella no cose! —si ella no cosiera ¿qué haría yo?

[66] acomodás —acomodadas.

[67] se agradece —lo agradezco; dejarse estar — dejadme estar.

[68] etrás —detrás; ella va a seguir a su hijo; es decir, va a morir pronto.

RAIMUNDA.—No lo quiera Dios, que aún le quedan otros cuatro por quien mirar.

EUSEBIO.—Pa más cuidaos; que aquella madre no vive pensando siempre en todo lo malo que puede sucederles. Y con esto de ahora. Esto ha venido a concluir de aplastarnos. Tan y mientras confiamos que se haría justicia... Es que me lo decían todos y yo no quería creerlo... Y ahí le tenéis, al criminal, en la calle, en su casa, riéndose de tóos nosotros; pa afirmarme yo más en lo que ya me tengo bien sabido: que en este mundo no hay más justicia que la que ca uno se toma por su mano. Y a eso darán lugar, y a eso te mandé ayer razón, pa que fueras tú y les dijeses que si mis hijos se presentaban por el pueblo que no les dejasen entrar por ningún caso, y si era menester que los pusieran presos, todo antes que otro trastorno pa mi casa; aunque me duela que la muerte de mi hijo quede sin castigar, si Dios no la castiga, que tié que castigarla o no hay Dios en el cielo.

RAIMUNDA.—No se vuelva usted contra Dios, tío Eusebio; que aunque la justicia no diera nunca con el que mató tan malamente a su hijo, nadie quisiéramos estar en su lugar dél. ¡Allá él con su conciencia! Por cosa ninguna de este mundo quisiera yo tener mi alma como él tendrá la suya; que si los que nada malo hemos hecho ya pasamos en vida el purgatorio, el que ha hecho una cosa así tié que pasar el infierno; tan cierto puede usted estar como hemos de morirnos.

EUSEBIO.—Así será como tú dices, pero ¿no es triste gracia que por no hacerse justicia como es debido, sobre lo pasao, tenga yo que andar ahora sobre mis hijos pa estorbarlos de que quieran tomarse la justicia por su mano, y que sean ellos los que, a la postre, se vean en un presidio? Y que lo harán como lo dicen. ¡Hay que oírles! Hasta el chequetico;[69] va pa los doce años, y hay que verle apretando los puños como un hombre y jurando que el que ha matao a su hermano se las tié que pagar, sea como sea... Yo le oigo y me pongo a llorar como una criatura..., y su madre, no se diga. Y la verdad es que uno bien quisiera decirles: "¡Andar ya, hijos, y matarle[70] a cantazos como a un perro malo y hacerles peazos[71] aunque sea y traérnoslo aquí a la rastra!..." Pero tié uno que tragárselo tóo y poner cara seria y decirles que ni por el pensamiento se les pase semejante cosa, que sería matar a su madre y una ruina pa todos...

RAIMUNDA.—Pero, vamos a ver, tío Eusebio, que tampoco usted quiere atender a razones; si la justicia ha sentenciado que no ha sido Norberto, si nadie ha declarao la menor cosa en contra suya, si ha podido probar ande estuvo y lo que hizo todo aquel día, una hora tras otra; que estuvo con sus criados en los Berrocales, que allí le vió también y estuvo hablando con el don Faustino, el médico del Encinar, mismo a la hora que sucedió lo que sucedió..., y diga usted si nadie podemos estar en dos partes al mismo tiempo... Y de sus criados podrá usted decir que estarían bien aleccionados, por más que no es tan fácil ponerse tanta gente acordes pa una mentira; pero don Faustino bien amigo es de usted y bastantes favores le debe..., y como él otros muchos que habían de estar de su parte de usted, y todos han declarado lo mismo. Sólo un pastor de los Berrocales supo decir que él había visto de lejos a un hombre a aquellas horas, pero que él no sabría decir quién pudiera ser; pero por la persona y el aire y el vestido no podía ser Norberto.

EUSEBIO.—Si a que no fuera él yo no digo nada. Pero ¿deja de ser

---

69 chequetico — chiquillo.
70 andar, matar —imperativos.
71 peazos —pedazos.

uno el que lo hace porque haiga comprao a otro pa que lo haga? Y eso no pué dudarse... La muerte de mi hijo no tié otra explicación... Que no vengan a mí a decirme que si éste que si el otro. Yo no tengo enemigos pa una cosa así. Yo no hice nunca mal a nadie. Harto estoy de perdonar multas a unos y a otros, sin mirar si son de los nuestros o de los contrarios. Si mis tierras paecen [72] la venta de mal abrigo. ¡Si fuera yo a poner todas las denuncias de los destrozos que me están haciendo todos los días! A Faustino me lo han matao porque iba a casarse con Acacia, no hay más razón y esa razón no podía tenerla otro que Norberto. Y si todos hubieran dicho lo que saben, ya se hubiera aclarao todo. Pero quien más podía decir, no ha querido decirlo...

RAIMUNDA.—Nosotros. ¿Verdad usted?

EUSEBIO.—Yo a nadie señalo.

RAIMUNDA.—Cuando las palabras llevan su intención no es menester nombrar a nadie ni señalar con el dedo. Es que usted está creído, porque Norberto sea de la familia, que si nosotros hubiéramos sabido algo, habíamos de haber callao.

EUSEBIO.—Pero ¿vas tú a decirme que la Acacia no sabe más de lo que ha dicho?

RAIMUNDA.—No, señor, que no sabe más de lo que todos sabemos. Es que usted se ha emperrao en que no puede ser otro que Norberto, es que usted no quiere creerse de que nadie pueda quererle a usted mal por alguna otra cosa. Nadie somos santos, tío Eusebio. Usted tendrá hecho mucho bien, pero también tendrá usted hecho algún mal en su vida; usted pensará que no es pa que nadie se acuerde, pero al que se lo haiga usted hecho no pensará lo mismo. A más, que si Nor-

berto hubiera estao enamorao de mi hija hasta ese punto, antes hubiera hecho otras demostraciones. Su hijo de usted no vino a quitársela; Faustino no habló con ella hasta que mi hija despidió a Norberto, y le despidió porque supo que él hablaba con otra moza, y él ni siquiera fué pa venir y disculparse; de modo y manera que si a ver fuéramos,[73] él fué quien la dejó a ella plantada. Ya ve usted que nada de esto es pa hacer una muerte.

EUSEBIO.—Pues si así es, ¿por qué a lo primero todos decían que no podía ser otro? Y vosotros mismos, ¿no lo ibais diciendo?

RAIMUNDA.—Es que así, a lo primero, ¿en quién otro podía pensarse? Pero si se para uno a pensar, no hay razón pa creer que él y sólo él pueda haberlo hecho. Pero usted no parece sino que quiere dar a entender que nosotros somos encubridores, y sépalo usted, que nadie más que nosotros quisiéramos que de una vez se supiese la verdad de todo, que si usted ha perdío un hijo, yo también tengo una hija que no va ganando con todo esto.

EUSEBIO.—Como que así es... Y con callar lo que sabe, mucho menos. Ni vosotros...; que Norberto y su padre, pa quitarse sospechas, no queráis saber lo que van propalando de esta casa; que si fuera uno a creerse de ello...

RAIMUNDA.—¿De nosotros? ¿Qué puen [74] ir propalando? Tú que has estado en pueblo, ¿qué icen? [75]

ESTEBAN.—¡Quién hace caso!

EUSEBIO.—No, si yo no he de creerme de na que venga de esa parte, pero bien y que os agradecen el no haber declarao en contra suya.

RAIMUNDA.—Pero ¿vuelve usted a las mismas?... ¿Sabe usted lo que le digo, tío Eusebio? Que tié una que hacerse cargo de lo que es per-

---

[72] Si mis tierras paecen... —mis tierras de veras parecen...

[73] si a ver fuéramos —si pensáramos bien en ello.

[74] puen —pueden.

[75] icen —dicen.

der un hijo como usted lo ha perdío pa no contestarle a usted de otra manera. Pero una también es madre,[76] ¡caray!, y usted está ofendiendo a mi hija y nos ofende a todos.

ESTEBAN.—¡Mujer! No se hable más... ¡Tío Eusebio!

EUSEBIO.—Yo a nadie ofendo. Lo que digo es lo que dicen todos; que vosotros por ser de la familia y todo el pueblo por quitarse de esa vergüenza, os habéis confabulado todos pa que la verdad no se sepa. Y si aquí todos creen que no ha sido Norberto, en el Encinar todos creen que no ha sido otro. Y si no se hace justicia muy pronto, va a correr mucha sangre entre los dos pueblos, sin poder impedirlo nadie, que todos sabemos lo que es la sangre moza.

RAIMUNDA.—Si usted va soliviantando a todos. Si pa usted no hay razón ni justicia que valga. ¿No está usted bien convencío de que si no fué que él compró a otro pa que lo hiciera, él no pudo hacerlo? Y eso de comprar a nadie pa una cosa así... ¡Vamos, que no me cabe a mí en la cabeza! ¿A quién puede comprar un mozo como Norberto? ¡Y no vamos a creer que su padre dél iba a meditar en una cosa así!

EUSEBIO.—Pa comprar a una mala alma no es menester mucho. ¿No tienes ahí, sin ir más lejos, a los de Valderrobles, que por tres duros y medio mataron a los dos cabreros?

RAIMUNDA.—¿Y qué tardó en saberse?; que ellos mismos se descubrieron disputando por medio duro. El que compra a un hombre pa una cosa así, viene a ser como un esclavo suyo pa toda la vida. Eso podrá creerse de algún señorón con mucho poder, que pueda comprar a quien le quite de enmedio a cualquiera que pueda estorbarle. Pero Norberto...

EUSEBIO.—A nadie nos falta un criado que es como un perro fiel en la casa pa obedecer lo que se le manda.

RAIMUNDA.—Pué que usted los tenga de esa casta y que alguna vez los haya usted mandao algo parecido, que el que lo hace lo piensa.

EUSEBIO.—Mírate bien en lo que estás diciendo.

RAIMUNDA.—Usted es el que tié que mirarse.

ESTEBAN.—Pero ¿no quiés callar, Raimunda?

EUSEBIO.—Ya lo estás oyendo. ¿Qué dices tú?

ESTEBAN.—Que dejemos esta conversación, que todo será volvernos más locos.

EUSEBIO.—Por mí, dejá está.[77]

RAIMUNDA.—Diga usted que usted no pué conformarse con no saber quién le ha matao a su hijo y razón tiene usted que le sobra; pero no es razón pa envolvernos a todos; que si usted pide que se haga justicia, más se lo estoy pidiendo yo a Dios todos los días, y que no se quede sin castigar el que lo hizo, así fuera un hijo mío el que lo hubiera hecho.

ESCENA III

DICHOS y el RUBIO.

RUBIO.—Con licencia.

ESTEBAN.—¿Qué hay, Rubio?

RUBIO.—No me mire usted así, mi amo, que no estoy bebío... Lo de esta mañana fué que salimos sin almorzar, y me convidaron, y un traguete que bebió uno, pues le cayó a uno mal, y eso fué todo... Lo que siento es que usted se haya incomodado.

RAIMUNDA.—¡Ay, me parece que tú no estás bueno! Ya me lo había dicho la Juliana.

RUBIO.—La Juliana es una enreaora.[78] Eso quería ecirle al amo.

---

[76] una también es madre —yo soy madre también.

[77] dejá está —dejada está.
[78] enreaora —enredadora.

ESTEBAN.—¡Rubio! Después me dirás lo que quieras. Está aquí el tío Eusebio. ¿No lo estás viendo?

RUBIO.—¿El tío Eusebio? Ya le había visto... ¿Qué le trae por acá?

RAIMUNDA.—¡Qué te importa a ti qué le traiga o le deje de traer! ¡Habráse visto! Anda, anda y acaba de dormirla, que tú no estás en tus cabales.

RUBIO.—No me diga usted eso, mi ama.

ESTEBAN.—¡Rubio!

RUBIO.—La Juliana es una enreaora. Yo no he bebío..., y el dinero que se me cayó era mío, yo no soy ningún ladrón, ni he robao a nadie... Y mi mujer tampoco le debe a nadie lo que lleva encima..., ¿verdá usted, señor amo?

ESTEBAN.—¡Rubio! Anda ya, y acuéstate y no parezcas hasta que te hayas hartao de dormir. ¿Qué dirá el tío Eusebio? ¿No has reparao?

RUBIO.—Demasiado que he reparao... Bueno está... No tié usted que decirme nada... (Sale.)

RAIMUNDA.—Pa lo que dice usted de los criados, tío Eusebio. Sin tenerle que tapar a uno nada, ya de por sí saben abusar...[79] Dígame usted si tuviera alguno cualquier tapujo con ellos... Pero ¿pué saberse qué le ha pasao hoy al Rubio? ¿Es que ahora va a emborracharse todos los días? Nunca había tenido él esa falta; pues no vayas a consentírsela, que como empiece así...

ESTEBAN.—¡Qué mujer! Si porque no tié costumbre es por lo que hoy se ha achispao una miaja.[80] A la cuenta, mientras yo andaba a unas cosas y otras por el pueblo, le han convidao en la taberna... Ya le he reñío yo, y le mandé acostar; pero a la cuenta, no ha dormío bastante y se ha entrao aquí sin saber

entoavía[81] lo que se habla... No es pa espantarse.

EUSEBIO.—Claro está que no. ¿Mandas algo?

ESTEBAN.—¿Ya se vuelve usted, tío Eusebio?

EUSEBIO.—Tú verás. Lo que siento es haber venío pa tener un disgusto.

RAIMUNDA.—Aquí no ha habido disgusto ninguno. ¡Qué voy yo a disgustarme con usted!

EUSEBIO.—Así debe de ser. ¡Hacerse cargo,[82] con lo que a mí me ha pasao! Esa espina no se arranca así como así; clavada estará y bien clavada hasta que quiera Dios llevársele a uno de este mundo. ¿Tenéis pensao de estar muchos días en el Soto?

ESTEBAN.—Hasta el domingo. Aquí no hay nada que hacer. Sólo hemos venido por no estar en el pueblo en estos días; como al volver Norberto tóo habían de ser historias...

EUSEBIO.—Como que así será. Pues yo no te dejo encargao otra cosa, cuando estés allí, que estés a la mira por si se presentan mis hijos, que no me vayan a hacer alguna,[83] que no quiero pensarlo.

ESTEBAN.—Vaya usted descuidao; pa que hicieran algo estando yo allí, mal había yo de verme.[84]

EUSEBIO.—Pues no te digo más. Estos días les tengo entretenidos trabajando en las tierras de la linde del río... Si no va por allí alguien que me los solivinte. Vaya, quedar con Dios. ¿Y la Acacia?

RAIMUNDA.—Por no afligirle a usted no habrá acudío... Y que ella también de verle a usted se recuerda de muchas cosas.

EUSEBIO.—Tiés razón.

[79] Sin... —los criados saben abusar de sus amos por cualquier razón.

[80] se ha achispao una miaja — se ha emborrachado un poquito.

[81] entoavía —todavía.

[82] Hacerse cargo — tener en cuenta.

[83] que no... —para que no causen daño.

[84] pa que... —no sería buen hombre yo, si hicieran daño alguno estando yo allá.

ESTEBAN.—Voy a que saquen las caballerías.

EUSEBIO.—Déjate estar. Yo daré una voz... ¡Francisco! Allá viene. No vengas tú, mujer. Con Dios. *(Van saliendo.)*

RAIMUNDA.—Con Dios, tío Eusebio; y pa la Julia no le digo a usted nada..., que me acuerdo mucho de ella, y qué más tengo rezao por ella que por su hijo, que a él Dios le habrá perdonao, que ningún daño hizo pa tener el mal fin que tuvo... ¡Pobre! *(Han salido Esteban y el Tío Eusebio.)*

ESCENA IV

RAIMUNDA y BERNABÉ.

BERNABÉ.—¡Señora ama!

RAIMUNDA.—¿Qué? ¿Viste a Norberto?

BERNABÉ.—Como que aquí está; ha venido conmigo. ¡Más pronto! Él, de su parte, estaba deseandito [85] de avistarse con usted.

RAIMUNDA.—¿No os habréis cruzado con el tío Eusebio?

BERNABÉ.—A lo lejos le vimos llegar de la parte del río; conque nosotros echamos de la otra parte y nos metimos por el corralón y allí me dejé a Norberto agazapao, hasta que el tío Eusebio se volviera pa el Encinar.

RAIMUNDA.—Pues mira si va ya camino.

BERNABÉ.—Ende [86] aquí le veo que ya va llegando por la cruz.

RAIMUNDA.—Pues ya puedes traer a Norberto. Atiende antes. ¿Qué anda por el pueblo?

BERNABÉ.—Mucha maldá, señora ama. Mucho va a tener que hacer la justicia si quiere averiguar algo.

RAIMUNDA.—Pero allí, nadie cree que haya sío Norberto, ¿verdad?

BERNABÉ.—Y que le arrean un estacazo al que diga otra cosa. Ayer, cuando llegó, que ya venía medio pueblo con él, que salieron al camino a esperarle, todo el pueblo se juntó para recibirle, y en volandas le llevaron hasta su casa, y todas las mujeres lloraban, y todos los hombres le abrazaban, y su padre se quedó como acidentao...

RAIMUNDA.—¡Pobre! ¡No, no podía haber sío él!

BERNABÉ.—Y como se susurra que los del Encinar y se han dejao decir que vendrán a matarlo el día menos pensao, pues tóos los hombres, hasta los más viejos, andan con garrotes y armas escondías.

RAIMUNDA.—¡Dios nos asista! Atiende: el amo, cuando estuvo allí esta mañana, ¿sabes si ha tenío algún disgusto?

BERNABÉ.—¿Ya le han venío a usted con el cuento?

RAIMUNDA.—No..., es décir, sí, ya lo sé.

BERNABÉ.—El Rubio, que se entró en la taberna y parece ser que allí habló cosas... Y como le avisaron al amo, se fué a buscarle y le sacó a empellones, y él se insolentó con el amo... Estaba bebío...

RAIMUNDA.—¿Y qué hablan del Rubio, si pué saberse?

BERNABÉ.—Que se fué de la lengua... Estaba bebío... ¿Quiere usted que le diga mi sentir? Pues que no debieran ustedes de parecer por el pueblo en unos cuantos días.

RAIMUNDA.—Ya puedes tenerlo por seguro. Lo que hace a mí,[87] no volvería nunca... ¡Ay Virgen, que me ha entrao una desazón que echaría a correr tóo ese camino largo adelante y después me subiría por aquellos cerros y después no sé yo ande quisiá [88] esconderme, que no parece sino que viene alguien detrás de mí, pero que pa matarme!... Y el amo... ¿Ande está el amo?

---

[85] deseandito —deseoso.
[86] ende —desde.

[87] lo que hace a mí —en cuanto a mí.
[88] quisiá —quisiera.

BERNABÉ.—Con el Rubio andaba.
RAIMUNDA.—Vé y tráete a Norberto.

(Sale Bernabé.)

ESCENA V

RAIMUNDA y NORBERTO.

NORBERTO.—¡Tía Raimunda!
RAIMUNDA.—¡Norberto! ¡Hijo! Ven que te abrace.
NORBERTO.—Lo que me he alegrao de que usted quisiera verme. Después de mi padre y de mi madre, en gloria esté, y más vale,[89] si había de verme visto como me han visto todos..., como un criminal, de nadie me acordaba como de usted.
RAIMUNDA.—Yo nunca he podido creerlo, aunque lo decían todos.
NORBERTO.—Bien lo sé, y que usted ha sío la primera en defenderme. ¿Y la Acacia?
RAIMUNDA.—Buena está; pero con la tristeza del mundo en esta casa.
NORBERTO.—¡Decir que yo había matao a Faustino! ¡Y pensar que, si no puedo probar, como pude probarlo, lo que había hecho todo aquel día, si como lo tuve pensao, cojo la escopeta y me voy solo a tirar unos tiros y no puedo dar razón de ande estuve, porque nadie me hubiera visto, me echan a un presidio pa toda la vida![90]
RAIMUNDA.—¡No llores, hombre!
NORBERTO.—Si esto no es llorar; llantos los que tengo lloraos entre aquellas cuatro paredes de una cárcel; que si me hubieran dicho a mí que tenía que ir allí algún día... Y lo malo no ha concluío. El tío Eusebio y sus hijos y todos los del Encinar sé que quieren matarme...

No quien creerse [91] de que yo estoy inocente de la muerte de Faustino, tan cierto como mi madre está bajo tierra.
RAIMUNDA.—Como nadie sabe quién haya sío... Como nada ha podido averiguarse..., pues, ya se ve, ellos no se conforman... Tú, ¿de quién sospechas?
NORBERTO.—Demasiao que sospecho.
RAIMUNDA.—¿Y no has dicho nada a la justicia?
NORBERTO.—Si no hubiera podido por menos pa verme libre, lo hubiea dicho todo... Pero ya que no haya habío necesidá de acusar a nadie... Así como así, si yo hablo... harían conmigo igual que hicieron con el otro.
RAIMUNDA.—Una venganza, ¿verdad? Tú crees que ha sío una venganza... ¿Y de quién piensas tú que pué haber sido? Quisiera saberlo, porque hazte cargo, el tío Eusebio y Esteban tien [92] que tener los mismos enemigos; juntos han hecho siempre bueno y malo, y no puedo estar tranquila... Esa venganza tanto ha sío contra el tío Eusebio como en contra de nosotros; pa estorbar que estuvieran más unidas las dos familias; pero pueden no contentarse con esto y otro día pueden hacer lo mismo con mi marido.
NORBERTO.—Por tío Esteban no pase usted cuidao.
RAIMUNDA.—Tú crees...
NORBERTO.—Yo no creo nada.
RAIMUNDA.—Vas a decirme todo lo que sepas. A más de que, no sé por qué me paece que no eres tú solo a saberlo. Si será lo mismo que ha llegao a mi conocimiento. Lo que dicen todos.
NORBERTO.—Pero no es que se haya sabido por mí... Ni tampoco pué saberse; es un runrún [93] que an-

---

[89] más vale —mejor que haya muerto.
[90] nótese aquí el cambio de los tiempos de los verbos que ordinariamente se emplearían en tal narración.

[91] no quien creerse... —no hay nadie que crea...
[92] tien —tienen.
[93] runrún —murmuraciones.

da por el pueblo no más. Por mí na se sabe.

RAIMUNDA.—Por la gloria de tu madre, vas a decírmelo todo, Norberto.

NORBERTO.—No me haga usted hablar. Si yo no he querido hablar ni a la justicia... Y si hablo me matan, tan cierto que me matan.

RAIMUNDA.—Pero ¿quién pué matarte?

NORBERTO.—Los mismos que han matao a Faustino.

RAIMUNDA.—Pero ¿quién ha matao a Faustino? Alguien compro pa eso, ¿verdad? Esta mañana en la taberna hablaba el Rubio...

NORBERTO.—¿Lo sabe usted?

RAIMUNDA.—Y Esteban fue a sacarle de allí pa que no hablara...

NORBERTO.—Pa que no le comprometiera.

RAIMUNDA.—¡Eh! ¡Pa que no le comprometiera!... Porque el Rubio estaba diciendo que él...

NORBERTO.—Que él era el amo de esta casa.

RAIMUNDA.—¡El amo de esta casa! Porque el Rubio ha sío...

NORBERTO.—Sí, señora.

RAIMUNDA.—El que ha matao a Faustino...

NORBERTO.—Eso mismo.

RAIMUNDA.—¡El Rubio! Ya lo sabía yo... ¿Y lo saben todos en el pueblo?

NORBERTO.—Si él mismo se va descubriendo; si ande llega prencipia [94] a enseñar dinero, hasta billetes... Y esta mañana, como le cantaron la copla en su cara, se volvió contra todos y fué cuando avisaron a tío Esteban y le sacó a empellones de la taberna.

RAIMUNDA.—¿La copla? Una copla que han sacao... Una copla que dice... ¿Cómo dice la copla?...

NORBERTO.—

El que quiera a la del Soto
tié pena de la vida.

Por quererla quien la quiere
le dicen la Malquerida.

RAIMUNDA.—Los del Soto somos nosotros, así nos dicen, en esta casa... Y la del Soto no pué ser otra que la Acacia..., ¡mi hija! Y esa copla... es la que cantan todos... Le dicen la Malquerida... ¿No dice así? ¿Y quién la quiere mal? ¿Quién pué quererla mal a mi hija? La querías tú y la quería Faustino... Pero ¿quién otro pué quererla y por qué le dicen la Malquerida?... Ven acá... ¿Por qué dejaste tú de hablar con ella, si la querías? ¿Por qué? Vas a decírmelo tóo... Mira que peor de lo que ya sé no vas a decirme nada...

NORBERTO.—No quiera usted perderme y perdernos a todos. Nada se ha sabido por mí; ni cuando me vi preso quise decir náa... Se ha sabío, yo no sé cómo, por el Rubio, por mi padre, que es la única persona con quien lo tengo comunicao... Mi padre sí quería hablarle a la justicia, y yo no le he dejao, porque le matarían a él y me matarían a mí.

RAIMUNDA.—No me digas náa; calla la boca... Si lo estoy viendo todo, lo estoy oyendo todo. ¡La Malquerida, la Malquerida! Escucha aquí. Dímelo a mí todo... Yo te juro que pa matarte a ti, tendrán que matarme a mí antes. Pero ya ves que tié que hacerse justicia, que mientras no se haga justicia el tío Eusebio y sus hijos van a perseguirte y de esos sí que no podrás escapar. A Faustino lo han matao pa que no se casara con la Acacia, y tú dejaste de hablar con ella pa que no hicieran lo mismo contigo. ¿Verdad? Dímelo todo.

NORBERTO.—A mí se me dijo que dejara de hablar con ella, porque había el compromiso de casarla con Faustino, que era cosa tratada de antiguo con el tío Eusebio, y que si no me avenía a las buenas, sería por las malas, y que si decía algo de todo esto... pues que...

---

[94] prencipia —principia, empieza.

RAIMUNDA.—Te matarían. ¿No es eso? Y tú...

NORBERTO.—Yo me creí de todo, y la verdad, tomé miedo, y pa que la Acacia se enfadara conmigo, pues prencipié a cortejar a otra moza, que náa me importaba... Pero luego supe que náa era verdad, que ni el tío Eusebio ni Faustino tenían tratao cosa ninguna con tío Esteban... Y cuando mataron a Faustino... pues ya sabía yo por qué lo habían matao; porque al pretender él a la Acacia, ya no había razones que darle como a mí; porque al tío Eusebio no se le podía negar la boda de su hijo, y como no se le podía negar se hizo como que se consentía a todo, hasta que hicieron lo que hicieron, que aquí estaba yo pa achacarme la muerte. ¿Qué otro podía ser? El novio de la Acacia por celos... Bien urdío sí estaba. ¡Valga Dios que algún santo veló por mí aquel día! Y que el delito pesa tanto que él mismo viene a descubrirse.

RAIMUNDA.—¡Quié decirse que todo ello es verdad! ¡Que no sirve querer estar ciegos para no verlo!... Pero ¿qué venda tenía yo elante los ojos?... Y ahora todo como la luz de claro... Pero ¡quién pudiea seguir tan ciega! [96]

NORBERTO.—¿Ande va usted?

RAIMUNDA.—¿Lo sé yo? Voy sin sentío... Si es tan grande lo que me pasa, que paece que no me pasa nada. Mira tú, de tóo ello, sólo me ha quedado la copla, esa copla de la Malquerida... Tiés que enseñarme el son pa cantarla... ¡Y a ese son vamos a bailar tóos hasta que nos muramos! ¡Acacia, Acacia, hija!... Ven acá.

NORBERTO.—¡No la llame usted! ¡No se ponga usted así, que ella no tié culpa!

95 náa —nada.
96 ¡quién pudiera seguir tan ciega!

ESCENA VI

Dichos y la ACACIA, *después* BERNABÉ *y* ESTEBAN.

ACACIA.—¿Qué quié usted, madre? ¡Norberto!

RAIMUNDA.—¡Ven acá! ¡Mírame fijo a los ojos!

ACACIA.—Pero ¿qué le pasa a usted, madre?

RAIMUNDA.—¡No, tú no pués tener culpa!

ACACIA.—Pero ¿qué le han dicho a usted, madre? ¿Qué le has dicho tú?

NORBERTO.—Lo que saben ya tóos... ¡La Malquerida! ¡Tú no sabes que anda en coplas tu honra!

ACACIA.—¡Mi honra! ¡No! ¡Eso no han podido decírselo a usted!

RAIMUNDA.—No me ocultes náa. Dímelo todo. ¿Por qué no le has llamao nunca padre? ¿Por qué?

ACACIA.—Porque no hay más que un padre; bien lo sabe usted. Y ese hombre no podía ser mi padre, porque yo le he odiao siempre, ende que entró en esta casa, pa traer el infierno consigo.

RAIMUNDA.—Pues ahora vas a llamarle tú y vas a llamarle como yo te digo, padre... Tu padre, ¿entiendes? ¿Me has entendío? Te he dicho que llames a tu padre.

ACACIA.—¿Quié usted que vaya al campo santo a llamarle? Si no es el que está allí yo no tengo otro padre. Ése... es su marido de usted, el que usted ha querido, y pa mí no pué ser más que ese hombre, ese hombre, no sé llamarle de otra manera. Y si ya lo sabe usted tóo, no me atormente usted. ¡Que le prenda la justicia y que pague tóo el mal que ha hecho!

RAIMUNDA.—La muerte de Faustino, ¿quiés decir? y a más... dímelo todo.

ACACIA.—No, madre; si yo hubiera sío consentidora no hubiera matao a Faustino. ¿Usted cree que yo no he sabío guardarme?   7

RAIMUNDA.—¿Y por qué has callao? ¿Por qué no me lo has dicho a mí tóo?

ACACIA.—¿Y se hubiera usted creído de mí más que de ese hombre, si estaba usted ciega por él? Y ciega tenía usted que estar pa no haberlo visto... Si elante de usted me comía con los ojos, si andaba desatinado tras mí a toas horas, ¿y quiere usted que le diga más? Le tengo odiao tanto, le aborrezco tanto, que hubiera querío que anduviese entavía más desatinao a ver si se le quitaba a usted la venda de los ojos, pa que viera usted qué hombre es ése, el que me ha robao su cariño, el que usted ha querío tanto, más que quiso usted nunca a mi padre.

RAIMUNDA.—¡Eso no, hija!

ACACIA.—Para que le aborreciera usted como yo le aborrezco, como me tié mandao mi padre que lo aborrezca, que muchas veces lo he oído como una voz del otro mundo.

RAIMUNDA.—¡Calla, hija, calla! Y ven aquí junto a tu madre, que ya no me queda más que tú en el mundo, y ¡bendito Dios que aún puedo guardarte!

(Entra Bernabé.)

BERNABÉ.—¡Señora ama, señora ama!

RAIMUNDA.—¿Qué traes tú tan acelerao? ¡De seguro nada bueno!

BERNABÉ.—Es que vengo a darle aviso de que no salga de aquí Norberto por ningún caso.

RAIMUNDA.—¿Pues luego...?

BERNABÉ.—Están apostaos los hijos del tío Eusebio con sus criados pa salirle al encuentro.

NORBERTO.—¿Qué le decía yo a usted? ¿Lo está usted viendo? ¡Vienen a matarme! ¡Y me matan, tan cierto que me matan!

RAIMUNDA.—¡Nos matarán a tóos! Pero eso tié que haber sío que alguien ha corrido a llamarles.

BERNABÉ.—El Rubio ha sío; que le he visto yo correrse por la linde

del río hacia las tierras del tío Eusebio; el Rubio ha sido quien les ha dado el soplo.

NORBERTO.—¿Qué le decía yo a usted? Pa taparse ellos, quieren que los otros se maten, pa que no haiga más averiguaciones; que los otros se darán por contentos creyendo que han matao a quien mató a su hermano... Y me matarán, tía Raimunda, tan cierto que me matan... Son muchos contra uno, que yo no podré defenderme, que ni un mal cuchillo traigo, que no quiero llevar arma ninguna por no tumbar a un hombre, que quiero mejor que me maten antes que volverme a ver ande ya me he visto... ¡Sálveme usted, que es muy triste morir sin culpa, acosao como un lobo!

RAIMUNDA.—No tiés que tener miedo. Tendrán que matarme a mí antes, ya te lo he dicho... Entra ahí con Bernabé. Tú coge [97] la escopeta... Aquí no se atreverán a entrar, y si alguno se atreve, le tumbas sin miedo, sea quien sea. ¿Has entendío? Sea quien sea. No es menester que cerréis la puerta. Tú, aquí conmigo, hija. ¡Esteban!... ¡Esteban!... ¡Esteban!

ACACIA.—¿Qué va usted a hacer?

(Entra Esteban.)

ESTEBAN.—¿Qué me llamas?

RAIMUNDA.—Escucha bien. Aquí está Norberto, en tu casa; allí tiés apostaos a los hijos del tío Eusebio pa que lo maten; que ni eso eres tú hombre pa hacerlo por ti y cara a cara.

ESTEBAN.—*(Haciendo intención de sacar un arma.)* ¡Raimunda!

ACACIA.—¡Madre!

RAIMUNDA.—¡No, tú no! Llama al Rubio pa que nos mate a tóos, que a tóos tié que matarnos pa encubrir tu delito... ¡Asesino, asesino!

ESTEBAN.—¡Tú estás loca!

RAIMUNDA.—Más loca tenía que estar; más loca estuve el día que en-

---

97   tú coge —imperativo.

traste en esta casa, en mi casa, como un ladrón pa robarme lo que más valía.

ESTEBAN.—Pero ¿pué saberse lo que estás diciendo?

RAIMUNDA.—Si yo no digo nada, si lo dicen tóos, si lo dirá muy pronto la justicia, y si no quieres que sea ahora mismo, que no empiece yo a voces y lo sepan tóos... Escucha bien; tú que los has traído, llévate a esos hombres que aguardan a un inocente pa matarlo a mansalva.[98] Norberto no saldrá de aquí más que junto conmigo, y pa matarle a él tién que matarme a

mí... Pa guardarle a él y pa guardar a mi hija me basto yo sola, contra ti y contra tóos los asesinos que tú pagues. ¡Mal hombre! ¡Anda ya y ve a esconderte en lo más escondío de esos cerros, en una cueva de alimañas![99] Ya han acudido tóos, ya no puedes atreverte conmigo... ¡Y aunque estuviera yo sola con mi hija! ¡Mi hija, mi hija! ¿No sabías que era mi hija? ¡Aquí la tiés! ¡Mi hija! ¡La Malquerida! Pero aquí estoy yo pa guardarla de ti, y hazte cuenta de que vive su padre... ¡Y pa partirte el corazón si quisieras llegarte a ella! (Telón.)

---

[98] a mansalva —de una manera cobarde.

[99] alimañas —animales.

FIN DEL ACTO SEGUNDO

ACTO TERCERO

La misma decoración del segundo.

ESCENA I

RAIMUNDA y la JULIANA.

RAIMUNDA *a la puerta, mirando con ansiedad a todas partes. Después la* JULIANA.

JULIANA.—¡Raimunda!

RAIMUNDA.—¿Qué traes? ¿Está peor?

JULIANA.—No, mujer, no te asustes.

RAIMUNDA.—¿Cómo está? ¿Por qué le has dejao solo?

JULIANA.—Se ha quedao como adormilao, pero no se queja de náa, y la Acacia está allí junto. Es que me das tú más cuidado que el herido. Lo de él, gracias a Dios, no es de muerte. Pero ¿es que te vas a pasar todo el día sin querer tomar nada?

RAIMUNDA.—¡Déjate, déjate!

JULIANA.—Pues ven pa allá dentro con nosotras. ¿Qué haces aquí?

RAIMUNDA.—Miraba si Bernabé no estaría al llegar.

JULIANA.—Si vienen con él los que han de llevarse a Norberto no podrá estar tan pronto de vuelta. Y si vienen también los de justicia...

RAIMUNDA.—Los de justicia... La justicia en esta casa... ¡Ay, Juliana, y qué maldición habrá caído sobre ella!

JULIANA.—Vamos, entra, y no mires más de una parte y de otra, que no es Bernabé el que tú quisieras ver llegar; es otro, es tu marío, que no puede dejar de ser tu marío.

RAIMUNDA.—Así es, que lo que ha durao muchos años no puede concluirse en un día. Sabiendo lo que sé, sabiendo que ya no puede ser otra cosa, y que si le vea llegar sería pa [100] maldecir dél y pa aborrecerle toda mi vida, estoy aquí mirando de una parte y de otra, que quisiea pasar con los ojos las piedras de esos cerros, y me paece que le estoy aguardando como otras veces, pa verle llegar lleno de alegría y entrarnos de bracero como dos novios y sentarnos a comer, y sentaos a la mesa contarnos todo lo que habíamos hecho, el tiempo que habíamos estao el uno sin el otro, y reír unas veces y porfiar otras, pero siempre con el cariño del mundo. ¡Y pensar que todo ha concluído, que ya tóo sobra en esta casa, que ya pa siempre se fué la paz de Dios de con nosotros!

JULIANA.—Sí que es pa no creerse ya de na de este mundo. Y yo por mí, vamos, que si no me lo hubiás dicho tú, y si no te vea como te veo, nunca lo hubiá creído. Lo de la muerte de Faustino, ¡anda con Dios!, aún podía tener algún otro misterio, pero lo que hace al mal querer que le ha entrao por la Acacia, vamos, que se me resiste a creerlo. Y ello es que la una sin la otra no hay quien pueda explicársela.

RAIMUNDA.—¿De modo que tú nunca habías reparado la menor cosa?

JULIANA.—Ni por lo más remoto. Y tú sabes que ende que entró en

---

[100] v{e}a —viera; pa —para.

106

No one is black or white — all are all grey in here we are

blame daughter - Justificación

esta casa pa enamorarte, nunca le he mirao con buenos ojos, que tú sabes cómo yo quería a tu primer marío, que hombre más de bien y más cabal no le habió en el mundo..., y vamos, ¡Jesús!, que si yo no hubiá reparao nunca una cosa así, ¿de aonde me habiá yo de estar calláa?... Ahora que una lo sabe ya cae una en la cuenta de que era mucho regalar a la muchacha, y mucho no darse por sentío,[101] por más de que ella le hiciera tantos desprecios, que no ha tenío palabra buena con él ende que te casaste, que era ella un redrojo y ya se le plantaba a insultarle, que no servía reprenderla unos y otros, ni que tú la tundieas a golpes, y mía[102] tú, como digo una cosa digo otra. Pué que si ella ende pequeña le hubiea tomao cariño y él se hubiea hecho a mirarla como hija suya no hubiá llegao a lo que ha llegao.

RAIMUNDA.—¿Vas tú a disculparle?

JULIANA.—¡Qué voy a disculpar, mujer; no hay disculpa pa una cosa así! Con sólo que hubiá mirao que era hija tuya. Pero, vamos, quiero decirte que pa él, salvo ser tu hija, la muchacha era como una extraña, y ya te digo, otra cosa hubiá sío si ella le hubiá mirao como padre ende un principio, porque él no es un mal hombre, y el que es malo es siempre malo, y a lo primero de casaros, cuando la Acacia era bien chica, más de cuatro veces le he visto yo caérsele los lagrimones, y de ver que la muchacha le huía como al demonio.

RAIMUNDA.—Verdad es, que son los únicos disgustos que hemos tenío, por esa hija siempre.

JULIANA.—Después la muchacha ha crecío, como tóos sabemos, que no tié su par ande quiea que se presenta, y despegá dél como una ex-

traña y siempre elante los ojos, pues nadie estamos libres de un mal pensamiento.

RAIMUNDA.—De un mal pensamiento no te digo, aunque nunca había de haber tenío ese mal pensamiento. Pero un mal pensamiento se espanta, cuando no se tié mala entraña. Pa llegar a lo que ha llegao, a tramar la muerte de un hombre, para estorbar y que mi hija se casara y saliera de aquí, de su lao, ya tié que haber más que un mal pensamiento, ya tié que estarse pensando siempre lo mismo, al acecho siempre como un criminal, con la maldad del mundo. Si yo también quisiea pensar que no hay tanta culpa, y cuanto más lo pienso lo veo que no tié disculpa ninguna... Y cuando pienso que mi hija ha estao amenazá a toas horas de una perdición como ésa, que el que es capaz de matar a un hombre es capaz de tóo... Y si eso hubiea sido, tan cierto que me llamo Raimunda que a los dos los mato, a él y a ella, pués creérmelo.[103] A él por su infamia tan grande, a ella si no se había dejao matar antes de consentirlo.

malos pensamientos

ESCENA II

Dichas y BERNABÉ.

JULIANA.—Aquí está Bernabé.

RAIMUNDA.—¿Vienes tú solo?

BERNABÉ.—Yo solo, que en el pueblo tóos son a deliberar lo que ha de hacerse, y no he querío tardarme más.

RAIMUNDA.—Has hecho bien, que no es vivir. ¿Qué dicen unos y otros?

BERNABÉ.—Pa volverse uno loco si fuera uno a hacer cuenta.[104]

RAIMUNDA.—¿Y vendrán pa llevarse a Norberto?

BERNABÉ.—En eso está su padre. El médico dice que no le lleven en

---

[101] mucho no darse por sentío — ella no rehusó nada.
[102] mía —mira.

[103] creérmelo — creémelo tú.
[104] con tanto oír hablar uno puede volverse loco.

If she would have called + accepted him as father — There would have been another relationship. daughter/father.

carro, que podía empeorarse, que le lleven en unas angarillas, y a más que debe venir el forense y el juez a tomarle aquí la declaración, no sea caso que cuando llegue allí esté peor, y como ayer no pudo declarar como estaba sin conocimiento... Si usted no sabe, ca uno es de un parecer y nadie se entiende. Ningún hombre ha salío hoy al campo, tóos andan en corrillos, y las mujeres de casa en casa y de puerta en puerta, que estos días no se habrá comío ni cenao a su hora en casa ninguna...

RAIMUNDA.—Pero ya sabrán que las heridas de Norberto no son de cuidado.

BERNABÉ.—Y cualquiera les concierta. Ayer, cuando supieron y que los hijos del tío Eusebio le habían salío al encuentro yendo con el amo, y le habían herío malamente, tóo eran llantos por el herío. Y hoy, cuando supieron y que no había sío pa tanto y que muy pronto estaría curao, los más amigos de Norberto ya dicen y que no había de haber sío tan poca cosa, que ya que le habían herío tenía que haber sío algo más, pa que los hijos del tío Eusebio tuvieran su castigo, que ahora si se cura tan pronto, tóo queará[105] en un juicio y nadie se conforma con tan poco.

JULIANA.—De modo que mucho quieren a Norberto, pero hubiean querido mejor y que los otros lo hubiean matao. ¡Serán brutos!

BERNABÉ.—Así es. Pues ya les he dicho que den gracias a usted que dió aviso al amo y al amo que se puso de por medio y hasta llegó a echarse la escopeta a la cara para estorbarles de que le mataran.

RAIMUNDA.—¿Les has dicho eso?

BERNABÉ.—A tóo el que se ha llegao a preguntarme. Y lo he dicho, lo uno, porque así es la verdad, y lo otro, porque no quiea usted saber lo que han levantao por el pueblo que aquí había habío.

RAIMUNDA.—No me digas na. ¿Y el amo? ¿No ha acudío por allí? ¿No has sabío dél?

BERNABÉ.—Sé que le han visto esta mañana con el Rubio y con los cabreros del Encinar en los Berrocales, que a la cuenta ha pasao allí la noche en algún mamparo. Y si valiea mi parecer no había de andar así como huído, que no están las cosas para que nadie piense lo que no ha sío. Que el padre de Norberto anda diciendo lo que no debiera. Y esta mañana se ha avistao con el tío Eusebio pa imburirle de que sus hijos no han tenío razón pa hacer lo que han hecho con su hijo.

RAIMUNDA.—Pero ¿es que el tío Eusebio y está en el lugar?

BERNABÉ.—Con sus hijos ha ido, que esta mañana les pusieron presos. Atados codo con codo les trajeron del Encinar, y su padre ha venío tras ellos a pie tóo el camino con el hijo chico de la mano sin dejar de llorar, que no ha habío quien no haya llorao de verle, hasta los hombres.

RAIMUNDA.—¡Y aquella madre allí y aquí yo! ¡Si supiean los hombres!

ESCENA III

Dichos y la ACACIA.

ACACIA.—¡Madre!

RAIMUNDA.—¿Qué me quiés, hija?

ACACIA.—Norberto la llama a usted. Se ha despertao y pide agua. Dice que se muere de sed. Yo no me atrevío[106] a dársela, no fuera caso que no le prestara.

RAIMUNDA.—Ha dicho el médico que pué beber agua de naranja toa la que quiera. Allí está una jarra. ¿Se queja mucho?

ACACIA.—No; ahora, no.

RAIMUNDA.—(*A Bernabé.*) ¿Te has traído lo que dijo el médico?

---

[105] tóo queará —todo quedará.

[106] no me atrevío —no me he atrevido.

BERNABÉ.—En las alforjas está todo. Voy a traerlo. (Vase.)

ACACIA.—¿No oye usted, madre? Le está a usted llamando.

RAIMUNDA.—Allá voy, hijo, Norberto.

ESCENA IV

La JULIANA *y la* ACACIA.

ACACIA.—¿No ha vuelto ese hombre?

JULIANA.—No. Desde que sucedió lo que sucedió, cogió la escopeta y salió como un loco, y el Rubio tras él.

ACACIA.—¿No le han puesto preso?

JULIANA.—Que sepamos. Antes tendrá que declarar mucha gente.

ACACIA.—Pero ya lo saben tos, ¿verdad? Tos oyeron a mi madre.

JULIANA.—De aquí, quitao yo y Bernabé, que no dirá lo que no se quiea que diga, que es un buen hombre y tié mucha ley a esta casa, los demás no han podío darse cuenta. Oyeron que gritaba tu madre, pero tos se han creío que era tocante a Norberto, y a que los hijos del tío Eusebio venían a matarle. Aquí, si la justicia nos pregunta, nadie diremos otra cosa que lo que tu madre nos diga que hayamos de decir.

ACACIA.—Pero ¿es que mi madre os va a decir que os calléis? ¿Es que ella no va a decirlo to?

JULIANA.—Pero ¿es que tú te alegrarías? ¿Es que no miras la vergüenza que va a caer sobre esta casa y pa ti muy principalmente, que ca uno pensará lo que quiera y habrá y quien no puea creer que no has sío consentiora, y habrá quien no lo crea así, y la honra de una mujer no es pa andar en boca de unos y otros, que na va ganando con ello?

ACACIA.—¡Mi honra! ¡Pa mí soy bien honrá! [107] Pa los demás, allá

ca uno.[108] Yo ya no he de casarme. Si me alegro de lo que ha sucedío es por no haberme casao. Si me casaba sólo era por desesperarle.

JULIANA.—Acacia, no quiero oírte, que eso es estar endemoniá.

ACACIA.—Y lo estoy y lo he estao siempre, de tanto como le tengo aborrecío.

JULIANA.—¿Y quién dice que ése no ha sío tóo el mal, que no has tenío razón pa aborrecerle? Y mía [109] que nadie como yo le hizo los cargos a tu madre cuando determinó de volverse a casar. Pero yo le he visto cuando eras bien chica y tú no podías darte cuenta lo que ese hombre se tié desesperao contigo.

ACACIA.—Más me tengo yo desesperao de ver cómo le quería mi madre, que andaba siempre colgá de su cuello y yo les estorbaba siempre.

JULIANA.—No digas eso, pa tu madre has sío tú siempre lo primero en el mundo. Y pa él también lo hubiás sío.[110]

ACACIA.—No; pa él sí lo he sío, pa él sí lo soy.

JULIANA.—Pero nó como dices, que paece que te alegras. Como tenía que haber sío, que no te hubiá él querío tan mal si tú le hubiás querío bien.

ACACIA.—Pero ¿cómo había de quererle, si él ha hecho que yo no quiera a mi madre?

JULIANA.—Mujer, ¿qué dices? ¿Que no quiés a tu madre?

ACACIA.—No, no la quiero como tenía que haberla querido si ese hombre no hubiea entrao nunca en esta casa. Si me acuerdo de una vez, era muy chica y no he podío olvidarlo, que toa una noche tuve un cuchillo guardao ebajo [111] la al-

---

[107] honrá —honrada.

[108] allá ca uno —que cada uno piense lo que quiera.

[109] miá —mira.

[110] lo habías sío —hubieras sido.

[111] ebajo —debajo de.

(manuscript annotation: would here kill'd Esteban or non)

mohada, y toa la noche me estuve sin dormir, pensando na más que en ir a clavárselo.

JULIANA.—¡Jesús, muchacha!, ¿qué estás diciendo? ¿Y hubiás tenío valor? ¿Y hubiás ido y le hubiás matao?

ACACIA.—¡Qué sé yo y a quién hubiera matao!

JULIANA.—¡Jesús! ¡Virgen! Calla esa boca. Tú estás dejá [112] de la mano de Dios. ¿Y quiés que te diga lo que pienso? Que no has tenío tú poca culpa de todo.

ACACIA.—¿Que yo he tenío culpa?

JULIANA.—Tú, sí, tú. Y más te digo. Que si le hubiás odiao como dices, le hubiás odiao sólo a él. ¡Ay si tu madre supiera!

ACACIA.—¿Si supiera qué?

JULIANA.—Que toa esa envidia no era de él, era de ella. Que cualquiera diría que sin tú darte cuenta le estabas queriendo.

ACACIA.—¿Qué dices?

JULIANA.—Por odio na más, no se odia de ese modo. Pa odiar así tié que haber un querer muy grande.

ACACIA.—¿Que yo he querío nunca a ese hombre? ¿Tú sabes lo que estás diciendo?

JULIANA.—Si yo no digo náa.

ACACIA.—No, y serás capaz de ir y decírselo lo mismo a mi madre.

JULIANA.—Te da miedo, ¿verdad? ¿Lo ves cómo eres tú quien lo está diciendo tóo? Pero está descuidá. ¡Qué voy a decirle! [113] ¡Bastante tié la pobre! ¡Dios nos valga!

ESCENA V

Dichas y BERNABÉ.

BERNABÉ.—Ahí está el amo.
JULIANA.—¿Le has visto tú?
BERNABÉ.—Sí, viene como rendío.
ACACIA.—Vamos de aquí nosotras.

---

[112] dejá —dejada.
[113] ¡Qué voy a decirle! —quiere decir que Juliana no va a decirle nada.

JULIANA.—Sí, vamos, y no digas náa, que no sepa tu madre que te has podío encontrar con él. *(Salen las mujeres.)*

ESCENA VI

BERNABÉ, ESTEBAN y el RUBIO, *con escopetas.*

BERNABÉ.—¿Manda usted algo?
ESTEBAN.—Nada, Bernabé.
BERNABÉ.—¿Quié usted que le diga al ama...?
ESTEBAN.—No le digas na. Ya me verán.
RUBIO.—¿Cómo está el herío?
BERNABÉ.—Va mejorcito. Allá voy con tóo esto de la botica, si no manda usted otra cosa. *(Vase.)*

ESCENA VII

ESTEBAN y el RUBIO.

ESTEBAN.—Ya me tiés aquí. Tú dirás ahora.

RUBIO.—¿Qué voy a decirle a usted? Que aquí es ande tié usted que estar. Que está usted en su casa y aquí pué usted hacerse fuerte; que eso de andar huíos y no dar la cara no es más que declararse y perdernos.

ESTEBAN.—Ya me tiés aquí, te digo, ya me has traío como querías... Y ahora, tú dirás, cuando venga esa mujer y vuelva a acusarme, y les llame a tóos y venga la justicia y el tío Eusebio con ellos... Tú dirás...

RUBIO.—Si hubiea usted dejao que los del tío Eusebio se las hubiesen entendío solos con el que está ahí... náa más que herío, ya estaría tóo acabao... Pero ahora hablará ése, hablará su padre dél, hablarán las mujeres... Y ésas son las que no tién que hablar. Lo de Faustino naide puede probárnoslo. Usted iba junto con su padre, a mí naide pudo verme; tengo buenas

(manuscript annotation: admites involuent in death)

piernas y me habían visto casi a la misma hora a dos leguas de allí. Yo adelanté el reló en la casa ande estaba, y al despedirme traje la conversación pa que reparasen bien la hora que era.

ESTEBAN.—Bueno estaría tóo eso, si después no hubieas sío tú el que ha ido descubriéndose y pregonándolo.

RUBIO.—Tié usted razón, y aquel día debió usted haberme matao; pero es que aquel día, es la primera vez qué he tenío miedo. Yo no esperaba que saliea libre Norberto. Usted no quiso hacer caso e mí cuando yo le ecía [114] a usted: "Hay que apretar con la justicia, que declare la Acacia y diga que Norberto le tenía jurao de matar a Faustino…" ¿Va usted a decirme que no podía usted obligarla a que hubiera declarao… y como ella ya hubiéramos tenío otros que hubiean declarao de haberle entendío decir lo mismo?… Y otra cosa hubiea sío; veríamos si la justicia le había soltao así como así. Pues como iba diciendo, que no es que quiea negar lo malo que hice aquel día; como vi libre a Norberto y pensé que la justicia y el tío Eusebio, que había de apretar con ella, y tóos habían de echarse a buscar por otra parte, como digo, por primera vez me entró miedo y quise atolondrarme y bebí, que no tengo costumbre, y me fuí de la lengua, que ya digo, aquel día me hubiera usted matao y razón tenía usted de sobra… Por más de que el runrún andaba ya por el pueblo, y eso fué lo que me acobardó, principalmente en oír la copla, que tóo el mal está de esa parte, créamelo usted, de que Norberto y su padre, por lo que había pasao entre usted y Norberto, ya tenían sus sospechas de que usted andaba tras la Acacia… Y ésa es la voz que hay que callar, sea como sea, que eso es lo que pué perder-

nos, que el delito por la causa se saca; por lo demás…, que no supiean por qué había muerto y a ver de ande iban a saber quién lo había matao.

ESTEBAN.—Eso me digo yo ahora. ¿Por qué ha muerto nadie? ¿Por qué ha matao nadie?

RUBIO.—Eso, usted lo sabrá. Pero cuando se confiaba usted de mí, cuando me decía usted un día y otro: "Si esta mujer es pa otro hombre no miraré náa." Y cuando me decía usted: "Va a casarse, y esta vez no pueo espantar al que se la lleva, se casa, se la llevan de aquí, y ca vez que lo pienso…" ¿No se acuerda usted cuántas mañanas, apenas si había amanecío, venía usted a despertarme: "Anda, Rubio, levántate, que no he podío pegar los ojos en toa la noche, vámonos al campo, quiero andar, quiero cansarme"?… Y ca uno con nuestra escopeta, cogíamos y nos íbamos por ahí adelante, los dos mano a mano, sin hablar palabra horas y horas… Allá, cuando caíamos en la cuenta, pa que no dijesen los que nos veían que salíamos de caza y no cazábamos, tirábamos unos tiros al aire: pa espantar la caza, que decía yo, pa espantar pensamientos, que decía usted; y al cabo de andar y andar, nos dejábamos caer, y tumbaos sobre algún ribazo, usted, siempre callao, hasta que al cabo soltaba usted como un bramío, como si se quitara usted un peso muy grande de encima, y me echaba usted un brazo por el cuello y se soltaba usted a hablar y a hablar, que usted mismo si hubiea querío recordarse no hubiea usted sabío decir lo que había hablao; pero todo ello venía a parar en lo mismo: "Que estoy loco, que no pueo vivir así, que me muero, que no sé qué me pasa, que esto es un castigo, que esto es un infierno…" Y vuelta a barajar las mismas palabras, pero con tanto barajar, siempre pintaba la misma, la de la muerte… Y pintó tanto, que un día… el cómo

---

[114] hacer caso… —hacer caso de mí cuando yo le decía…

se acordó, ya usted lo sabe, pa qué
voy a decirlo.

ESTEBAN.—¿No quiés callar?

RUBIO.—Cuidao, señor amo, cuidao con ponerme la mano encima.[115] Y no vaya usted a creerse
que antes cuando veníamos no le he
visto a usted la intención, que más
de cuatro veces se ha quedao usted como rezagao y ha querío usted
echarse la escopeta a la cara. Pa eso
no hay razón, señor amo, no hay
razón, Nosotros tenemos ya siempre que estar muy uníos... Yo bien
sé que usted está pesaroso de tóo
y que si pudiea usted no quisiea
usted verme más en su vida... Si
con eso se quedaba usted en paz,
ya me había quitao de elante. Lo
que ha de saber usted es que a mí
no me ha llevao interés nenguno.
Lo que usted me haiga[116] dao, por
su voluntad ha sío. A mí me sobra
tóo; yo no bebo, no fumo, tóos mis
gustos no han sío siempre más que
andar por esos campos a mi albe-
drío; lo único que me ha gustao
siempre, eso sí, es tener yo mando... Yo quisiea que usted y yo
fuéamos como dos hermanos mismamente; yo hice lo que he hecho
porque usted hizo confianza en mí,
como pué usted hacerla siempre, sépalo usted. Cuando los dos nos viéa-
mos perdidos me perdería yo solo,
que ya tengo pensao lo que he e
decir.[117] De usted, ni palabra, antes me hacen peazos; por mí ni la
tierra sabrá nunca náa. Diré que he
sío yo solo; yo solo por... lo que
fuea, que a nadie le importa... Yo
no sé lo que podrá salirme: diez
años, quince; usted tié poder pa que
no sean muchos; luego, con empeños, vienen los indultos; más han
hecho otros y con cuatro o cinco años han cumplío. Lo que yo
quiero es que usted no se olvide de
mí, y cuando vuelva, que yo sea

pa usted, ya lo he dicho, como un
hermano, que no hay hombre sin
hombre,[118] y uníos los dos, podre-
mos lo que queramos. Yo no quiero
ñáa más que tener mando, eso sí,
mucho mando, pero pa usted, usted
me manda siempre... ¡El ama!
(Viendo llegar a Raimunda.)

ESCENA VII

Dichos y RAIMUNDA.

(Sale Raimunda con una jarra; al
ver a Esteban y al Rubio se detiene,
asustada. Después de titubear un
momento llena la jarra en un cán-
taro.)

RUBIO.—Con licencia, señora
ama.

RAIMUNDA.—Quita, quítateme de
delante. No te me acerques. ¿Qué
haces tú aquí? No quiero verte.

RUBIO.—Pues tiene usted que verme y oírme.

RAIMUNDA.—A lo que he llegao
en mi casa. ¿A mí qué tiés tú que
decirme?

RUBIO.—Usted verá. Más tarde o
más temprano nos ha de llamar a
tóos la justicia. En bien de tóos,
bueno será que estemos tóos acordes.
Usted dirá si por habladurías de unos
y otros puede consentirse de echar
un hombre a presidio.

RAIMUNDA.—No iría uno solo.
¿Piensas tú que ibas a escapar?

RUBIO.—No he querío decir lo
que usted se piensa. Iría uno solo,
pero ése no sería ningún otro más
que yo.

RAIMUNDA.—¿Qué dices?

RUBIO.—Pero tampoco es razón
que yo me calle pa que los demás
hablen. Usted verá. A más de que
las cosas no han sío como usted se
piensa. Toas esas habladurías que
andan por el pueblo, han sío cosas

---

[115] es evidente aquí que Esteban
coge a Rubio.

[116] haiga —haya.

[117] he e decir —he de decir.

[118] no hay hombre sin hombre
—los hombres deben ayudarse, porque no viven solos.

de Norberto y de su padre. Y esa
copla tan indecente que a usted le
ha soliviantao haciéndole creer lo
que no ha sío...

RAIMUNDA.—¡Ah, os habéis con-
certado en tóo este tiempo! Yo no
tengo que creerme de náa. Ni de
coplas ni de habladurías. Me creo
de lo que es la verdad, de lo que
yo sé. Tan bien lo sé, que casi no
han tenío que decírmelo. Lo he adi-
vinado yo, lo he visto yo. Pero ni
siquiera... Tú no, ¡cómo vas a tener esa nobleza! Pero él sería más
noble que me lo confesara a mí tóo.
Si bien pué saber que yo no he de
ir a delatar a nadie... No por vosotros, por esta casa, que es la de
mis padres; por mi hija, por mí.
Pero ¿qué vale que yo no lo diga
si lo dicen tóos, si hasta las piedras lo cantan y lo pregonan por
tóo el contorno?

RUBIO.—Deje usted que pregonen,
usted es la que tié que callar.

RAIMUNDA.—Porque tú lo quieres.
Pues mira que sólo de oírte a ti ya
me entran ganas de gritarlo ande
más puedan escucharme.

RUBIO.—No se ponga usted así,
que no hay razón pa ello.

RAIMUNDA.—No hay razón y habéis dado muerte a un hombre. Y
ahí tenéis a otro que han podío matar por causa vuestra.

RUBIO.—Y ha sío lo menos malo
que ha podío suceder.

RAIMUNDA.—Calla, calla, asesino,
cobarde.

RUBIO.—A usted le dicen, señor
amo.

ESTEBAN.—¡Rubio!

RUBIO.—¡Qué!

RAIMUNDA.—Así; tiés que bajar
la cabeza delante de este hombre.
¡Qué más castigo! ¡Qué más caena
que andar atao con él pa toa la
vida! [119] Ya tié amo esta casa. ¡Gracias a Dios! ¡Pué que mire más por
su honra de lo que has mirao tú!

ESTEBAN.—¡Raimunda!

RAIMUNDA.—¡Qué, también digo
yo! ¡Pué que conmigo sí te atre-
vas!

ESTEBAN.—Tiés razón, tiés razón,
que no he sío hombre pa meterme
una onza de plomo en la cabeza y
acabar de una vez.

RUBIO.—¡Señor amo!

ESTEBAN.—¡Quita, quita! ¡Vete
de aquí, vete! ¿Cómo quiés que
te lo pida? ¿De rodillas quiés que te
lo pida?

RAIMUNDA.—¡Ah!

RUBIO.—No, señor amo. Conmigo no tié usted que ponerse así. Ya
me voy. (A Raimunda.) Si no hubiea sío por mí, no habría muerto
un hombre, pero quizá que ése hubiea perdío su hija. Ahora, ahí le
tié usted, acobardao como una criatura. Ya se ha pasao tóo, jué [120]
una ventolera, un golpe de sangre.
¡Ya está curao! Y pué que yo haiga
sío el médico. ¡Eso tié usted que
agradecerme, pa que usted lo sepa!

ESCENA IX

RAIMUNDA y ESTEBAN.

ESTEBAN.—No llores más, no
quiero verte llorar. No valgo yo pa
esos llantos. Yo no hubiea vuelto
aquí nunca, me hubiea dejao morir
entre esas breñas, si antes no me ca-
zaban como a un lobo, que yo no
había de defenderme. Pero no quiero
tampoco que tú me digas nada. Tóo
lo que puedas decirme, me lo he
dicho yo antes. Más veces que tú
pueas decírmelo me he dicho yo criminal y asesino. Déjame, déjame,
ya no soy de esta casa. Déjame,
que aquí aguardo a la justicia; y no
voy yo a buscarla y a entregarme
a ella porque no pueo más, porque
no podría tirar de mí pa llevarme.
Pero si no quieres tenerme aquí, me
saldré en medio del camino pa de-

_____
[119] caena —cadena; atao —atado;
pa toa —para toda.

_____
[120] jué —fue.

jarme caer en mitá de una de esas herrenes como si hubiean tirao una carroña fuera.

RAIMUNDA.—¡Entregarte a la justicia, pa arruinar esta casa, pa que la honra de mi hija anduviera en dichos de unos y otros! Pa ti no tenía que haber habío más justicia que yo. En mí sólo que hubieas pensao. ¿Crees que voy a creerme ahora esos llantos porque no te haya visto nunca llorar? El día que se te puso ese mal pensamiento, tenías que haber llorao hasta secársete los ojos pa no haberlos puesto y ande menos debías. Si lloras tú, ¿qué tenía que hacer yo, entonces? Y aquí me tiés, que quien me viera no podría crerse de tóo lo que a mí me ha pasao, y no sé yo qué más podía pasarme, y yo no quieo recordarme de náa, no quieo pensar otra cosa que en ver de esconder de tóos la vergüenza que ha caío sobre tóos nosotros. Estorbar que [121] de esta casa puea decirse y que ha salío un hombre pa ir a un presidio, y que ese hombre sea el que yo traje pa que fuea como otro padre pa mi hija. A esta casa, que ha sío la de mis padres y mis hermanos, ande tóos ellos han vivío con la honra del mundo, ande los hombres que han salío de ella pa servir al rey o pa casarse o pa trabajar otras tierras, cuando han vuelto a entrar por esas puertas han vuelto con tanta honra como habían salío. No llores, no escondas la cara, que tiés que levantarla como yo cuando vengan a preguntarnos a tóos. Que no se vea el humo aunque se arda la casa. Límpiate esos ojos; sangre tenían que haber llorao. ¡Bebe una copa de agua! ¡Veneno había de ser! No bebas tan aprisa, que estás tóo sudao. ¡Mira cómo vienes, arañao de las zarzas! ¡Cuchillos habían de haber sío! ¡Trae aquí que te lave, que da miedo de verte!

ESTEBAN.—¡Raimunda, mujer!

¡Ten lástima de mí! ¡Si tú supieas! Yo no quieo que tú me digas náa. Pero yo sí quieo decírtelo tóo. Confesarme a ti, como me confesaría a la hora de mi muerte. ¡Si tú supieas lo que yo tengo pasao entre mí en tóo este tiempo! ¡Como si hubiera estao porfiando día y noche con algún otro que hubiea tenío más fuerza que yo y se hubiea empeñao en llevarme ande yo no quería ir!

RAIMUNDA.—Pero ¿cómo te acudió ese mal pensamiento y en qué hora maldecía?

ESTEBAN.—Si no sabré decirlo. Fué como un mal que le entra a uno de pronto. Tóos pensamos alguna vez algo malo, pero se va el mal pensamiento y no vuelve uno a pensar más en ello. Siendo yo muy chico, un día que mi padre me riñó y me pegó malamente; con la rabia que yo tenía, me recuerdo [122] de haber pensao así en un pronto: "Miá si se muriese", pero fué ná más que pensarlo y en seguía de haberlo pensao entrarme una angustia muy grande y mucho miedo de que Dios no me le llevara. Y ende aquel día me apliqué más a respetarle. Y cuando murió, años después, que ya era yo muy hombre, tanto como su muerte tengo llorao por aquel mal pensamiento; y así me creía yo que sería de este otro. Pero éste no se iba. Mas fijo estaba cuanto más quería espantarle. Y tú lo has visto, que no podrás decir que yo haiga dejao de quererte, que te he querío más cada día. No podrás decir que haiga mirao nunca a ninguna otra mujer con mala intención. Y a ella no hubiea querío mirarla nunca. Pero sólo de sentirla andar cerca de mí se me ardía la sangre. Cuando nos sentábamos a comer no quería mirarla y ande quiea que volvía los ojos la estaba viendo elante de mí siempre. Y las noches, cuando más te tenía junto a mí, en medio del silencio de la casa, yo no sentía más que a

---

121 Estorbar que... —Impedir.

122 me recuerdo de —me acuerdo de.

ella, la sentía dormir como si estuviera respirando a mi oído. Y tengo llorao de coraje. Y le tengo pedío a Dios. Y me tengo dao de golpes. Y me hubiea matao y la hubiea matao a ella. Si yo no sabré decir cómo ha sío. Las pocas veces que no he podío por menos de encontrarme a solas con ella he tenío que escapar como un loco. Y no sabré decir lo que hubiea sío de no escapar: si la hubiea dao de besos o la hubiea dao de puñaladas.

RAIMUNDA.—Es que sin tú saberlo has estao como loco, y alguien tenía que morir de esa locura. ¡Si antes se hubiea casao, si tú no hubieas estorbao que se casase con Norberto!...

ESTEBAN.—Si no era el casarse, era el salir de aquí. Era que yo no podía vivir sin sentirla junto a mí un día y otro. Que tóo aquel aborrecimiento suyo, y aquel no mirarme a la cara, y aquel desprecio de mí que ha hecho siempre, tóo eso que tanto había de dolerme, lo necesitaba yo pa vivir como algo mío. ¡Ya lo sabes tóo! Y casi puede decirse que ahora es cuando yo me he dao cuenta. Que hasta ahora que me he confesao a ti, tóo me parecía que no había sío. Pero así ha sío, ha sío pa no perdonármelo nunca, aunque tú quisieas perdonarme.

RAIMUNDA.—No está ya el mal en que yo te perdone o deje de perdonarte. A lo primero de saberlo, sí, no había castigo que me pareciera bastante pa ti. Ahora ya no sé. Si yo creyera [123] que eras tan malo pa haber tú querío hacer tanto mal como has hecho... Pero si has sío siempre tan bueno, si lo he visto yo, un día y otro, pa mí, pa esa hija misma, cuando viniste a esta casa y era ella una criatura, pa los criaos, pa tóos los que a ti se llegaban, y tan trabajador y tan de tu casa. Y no se pué ser bueno

---

[123] Si yo creyera —Si hubiese creído.

tanto tiempo pa ser tan criminal en un día. Tóo esto ha sío, qué sé yo, miedo me da pensarlo. Mi madre, en gloria esté, nos lo decía muchas veces, y nos reíamos con ella, sin querer creernos de lo que nos decía. Pero ello es que a muchos les tié pronosticao cosas que después le han sucedío. Que los muertos no se van con nosotros, cuando paecen que se van pa siempre al llevarlos pa enterrar en el campo santo, que andan día y noche alrededor de los que han querío y de los que han odiao en vida. Y sin nosotros verlos, hablan con nosotros. ¡Que de ahí proviene que muchas veces pensamos lo que no hubiéramos creído de no haber pensao nunca!

ESTEBAN.—¿Y tú crees?

RAIMUNDA.—Que tóo esto ha sío pa castigarnos, que el padre de mi hija no me ha perdonao que yo hubiea dao otro padre a su hija. Que hay cosas que no puen explicarse en este mundo. Que un hombre bueno como tú puea dejar de serlo. Porque tú has sío muy bueno.

ESTEBAN.—Lo he sío siempre, lo he sío siempre y de oírtelo decir a ti, ¡qué consuelo y qué alegría tan grande!

RAIMUNDA.—Calla, escucha. Me parece que ha entrao gente de la otra parte de la casa. A la cuenta será el padre de Norberto y los que vienen con él pa llevárselo. No deben haber venío los de justicia, que hubiean entrao de esta parte. Voy a ver. Tú, anda allá dentro, a lavarte y mudarte de camisa, que no te vean así, que paeces...

ESTEBAN.—No te pares en decirlo. Un malhechor, ¿verdad?

RAIMUNDA.—No, no, Esteban. Pa qué atormentarnos más. Ahora lo que importa es acallar a tóos los que hablan. Después ya pensaremos. Mandaré a la Acacia unos días con las monjas del Encinar, que la quieren mucho y siempre están preguntando por ella. Y des-

Le perdona
Raimunda quiere a su marido.

pués escribiré a mi cuñada Eugenia, la de Andrada, que siempre ha querío mucho a mi hija, y se la mandaré con ella.[124] ¡Y quién sabe! Allí pue casarse, que hay mozos de muy buenas familias y bien acomodás y ella es el mejor partío de por aquí y pué volver casada y luego tendrá hijos que nos llamarán abuelos y ya iremos pa viejos y entoavía pué haber alegría en esta casa. Si no fuea...

ESTEBAN.—¿Qué?

RAIMUNDA.—Si no fuea...

ESTEBAN.—Sí. El muerto.

RAIMUNDA.—Ése, que estará ya aquí siempre, entre nosotros.

ESTEBAN.—Tiés razón. Pa siempre. Tóo pué borrarse menos eso. *(Sale.)*

ESCENA X

RAIMUNDA y ACACIA.

RAIMUNDA.—¡Acacia! ¿Estabas ahí, hija?

ACACIA.—Ya lo ve usted. Aquí estaba. Ahí está el padre de Norberto, con sus criados.

RAIMUNDA.—¿Qué dice?

ACACIA.—Paece más conforme. Como le ha visto tan mejorao... Esperan al forense que ha de venir a reconocerle. Ha ido al Sotillo a otra diligencia y luego vendrá.

RAIMUNDA.—Pues allá vamos nosotras.

ACACIA.—Es que antes quisiea yo hablar con usted, madre.

RAIMUNDA.—¿Hablar tú? ¡Ya me tiés asustá! ¡Que hablas tan pocas veces! ¿Asunto de qué?

ACACIA.—De que he entendío lo que tié usted determinado de hacer conmigo.

RAIMUNDA.—¿Andabas a la escucha?

ACACIA.—Nunca he tenío esa costumbre. Pero ponga usted que hoy he andao. Es que me importaba lo

que había usted de tratar con ese hombre. Quie decirse que en esta casa la que estorba soy yo. Que los que no tenemos culpa ninguna, hemos de pagar por los que tién tanta. Y tóo pa quedarse usted tan ricamente con su marío. A él se lo perdona usted tóo, pero a mí se me echa de esta casa, náa más que pa quedarse ustedes muy descansaos.

RAIMUNDA.—¿Qué estás diciendo? ¿Quién pué echarte a ti de esta casa? ¿Quién ha tratao semejante cosa?

ACACIA.—Usted sabrá lo que ha dicho. Que me llevará usted al convento del Encinar, y pué que quisiea usted encerrarme allí pa toda mi vida.

RAIMUNDA.—No sé cómo pueas decir eso. Pues ¿no has sío tú muchas veces la que me tié dicho que te gustaría pasar allí algunos días con las monjas? ¿Y no he sío yo la que nunca te ha consentío, por miedo no quisieas quedarte allí? Y con la tía Eugenia, ¿cuántas veces no me has pedío tú misma de dejarte ir con ella? Y ahora que se dispone en bien de tóos, en bien de esta casa, que es tuya y na más que tuya, y a todos importa poder salir de ella con la frente muy alta... qué quisieas tú, ¿que yo delatase al que has debío mirar como a un padre?

ACACIA.—¿Si querrá uste decir, como la Juliana, que yo he tenío la culpa de tóo?

RAIMUNDA.—No digo náa. Lo que yo sé es que él no ha podío mirarte como hija, porque tú no lo has sío nunca pa él.

ACACIA.—¿Si habré sío yo la que se habrá ido a poner elante e sus ojos? ¿Si habré sío yo la que habrá hecho matar a Faustino?

RAIMUNDA.—¡Calla, hija, calla! ¡Si te entienden de allí!...

ACACIA.—Pues no se saldrá usted con la suya. Si usted quié salvar a ese hombre y callar tóo lo que aquí ha pasao, yo lo diré a la justicia y a tóos. Yo no tengo que mirar

---

[124] se la mandaré con ella —se la mandaré a vivir con ella.

mothers want it to work. (handwritten)

más que por mi honra. No por la de quien no la tiene, ni la ha tenío nunca, porque es un criminal.

RAIMUNDA.—¡Calla, hija, calla! ¡Frío me da de oírte! ¡Que tú le odies, cuando yo casi le he perdonao!

ACACIA.—Sí, le odio, le he odiado siempre, y él también lo sabe. Y si no quiere verse delatao por mí, ya pué venir y matarme. ¡Si eso quisiea yo, que me matase! ¡Sí, que me mate, pa ver si de una vez deja usted de quererle!

RAIMUNDA.—¡Calla, hija, calla!

ESCENA XI

Dichas y ESTEBAN.

RAIMUNDA.—¡Esteban!

ESTEBAN.—¡Tié razón, tié razón! ¡No es ella la que tié que salir de esta casa! Pero yo no quiero que sea ella la que me entregue a la justicia. Me entregaré yo mismo. ¡Descuida! ¡Y antes de que puean entrar aquí, les saldré yo al encuentro! ¡Déjame tú, Raimunda! Te queda tu hija. Ya sé que tú me hubieas perdonao. ¡Ella no! ¡Ella me ha aborrecío siempre!

RAIMUNDA.—No, Esteban. Esteban de mi alma.

ESTEBAN.—Déjame, déjame, o llamo al padre de Norberto y se lo confieso tóo aquí mismo.

RAIMUNDA.—Hija, ya lo ves. Y ha sío por ti. ¡Esteban, Esteban!

ACACIA.—¡No lo deje usted salir, madre!

RAIMUNDA.—¡Ah!

ESTEBAN.—¿Quiés ser tú quien me delate? ¿Por qué me has odiao tanto? ¡Si yo te hubiea oído tan siquiera una vez llamarme padre! ¡Si tú pudieas saber cómo te he querío yo siempre!

ACACIA.—¡Madre, madre!

ESTEBAN.—Malquerida habrás sío sin yo quererlo. Pero antes ¡cómo te había yo querío!

RAIMUNDA.—¿No le llamarás padre, hija?

ESTEBAN.—No me perdonará nunca.

RAIMUNDA.—Sí, hija, abrázale. Que te oiga llamarle padre. ¡Y hashasta los muertos han de perdonarnos y han de alegrarse con nosotros!

ESTEBAN.—¡Hija!

ACACIA.—¡Esteban! ¡Dios mío, Esteban!

ESTEBAN.—¡Ah!

RAIMUNDA.—¿Aún no le dices padre? Qué, ¿ha perdío el sentío? ¡Ah, ¿boca con boca y tú abrazao con ella? ¡Quita, aparta, que ahora veo por qué no querías llamarle padre! ¡Que ahora veo que has sío tú quien ha tenío la culpa de tóo, maldecía!

ACACIA.—Sí, sí, ¡Máteme usted! Es verdad, es la verdad. ¡Ha sío el único hombre a quien he querío!

ESTEBAN.—¡Ah!

RAIMUNDA.—¿Qué dice, qué dice? ¡Te mato! ¡Maldecía!

ESTEBAN.—¡No te acerques!

ACACIA.—¡Defiéndame usted!

ESTEBAN.—¡No te acerques, te digo!

RAIMUNDA.—¡Ah! ¡Así! ¡Ya estáis descubiertos! ¡Más vale así! ¡Ya no podrá pesar sobre mí una muerte! ¡Que vengan tóos! ¡Aquí, acudir toa la gente! ¡Prender al asesino! ¡Y a esa mala mujer, que no es hija mía!

ACACIA.—¡Huya usted, huya usted!

ESTEBAN.—¡Contigo! ¡Junto a ti siempre! ¡Hasta el infierno, si he de condenarme por haberte querío! ¡Vamos los dos! ¡Que nos den caza si puen entre esos riscos! ¡Pa quererte y pa guardarte, seré como las fieras, que no conocen padres ni hermanos!

RAIMUNDA.—¡Aquí, aquí! ¡Ahí está el asesino! ¡Prenderle! ¡El asesino!

(Han llegado por diferentes puertas el Rubio, Bernabé y la Juliana, y gente del pueblo.)

 # loves own daughter (handwritten, right margin)

hija contra la madre (handwritten, right margin)

Blames daughter (handwritten, bottom)

ESTEBAN.—¡Abrir paso,[125] que no miraré náa!

RAIMUNDA.—¡No saldrás! ¡Asesino!

ESTEBAN.—¡Abrir paso, digo!

RAIMUNDA.—¡Cuando me haigas matao!

ESTEBAN.—¡Pues así!

(Dispara la escopeta y hiere a Raimunda.)

RAIMUNDA.—¡Ah!

JULIANA.—¡Jesús! ¡Raimunda! ¡Hija!

RUBIO.—¿Qué ha hecho usted, qué ha hecho usted?

UNO.—¡Matarle!

ESTEBAN.—¡Matarme si queréis, no me defiendo!

BERNABÉ.—¡No; entregarle vivo a la justicia!

---

[125] ¡abrir paso! —imperativo.

JULIANA.—¡Ese hombre ha sío, ese mal hombre! ¡Raimunda! ¡La hå matao! ¡Raimunda! ¿No me oyes?

RAIMUNDA.—¡Sí Juliana, sí! ¡No quisiera morir sin confesión! ¡Y me muero! ¡Miá cuánta sangre! Pero ¡no importa! ¡Ha sío por mi hija! ¡Mi hija!

JULIANA.—¡Acacia!; ¿ande está?

ACACIA.—¡Madre, madre!

RAIMUNDA.—¡Ah! ¡Menos mal, que creí que aún fuea por él por quien llorases!

ACACIA.—¡No, madre, no! ¡Usted es mi madre!

JULIANA.—¡Se muere, se muere! ¡Raimunda, hija!

ACACIA.—¡Madre, madre mía!

RAIMUNDA.—¡Ese hombre ya no podrá nada contra ti! ¡Estás salva! ¡Bendita esta sangre que salva, como la sangre de Nuestro Señor!

FIN DEL DRAMA

EDUARDO MARQUINA

Nació en Barcelona en 1879 y murió en Buenos Aires en 1946. Sus restos descansan en España. Aunque catalán por su origen y formación inicial se sintió atraído, como tantos de su generación, por los temas castellanos y nacionales

Después de un prematuro ensayo dramático, *Jesús y el diablo,* cultivó la lírica, apropiándose las formas, no el espíritu, del modernismo. Su primer período literario, excluida su labor periodística, fue casi exclusivamente lírico. Escribió *Odas* (1900), su primer libro, y después *Églogas* (1902), *Elegías* (1905) y *Vendimión* (1909). A partir de esta fecha fue simultánea la producción poética con la dramática, dotando a su poesía *(Cancionero del momento,* 1910, *Tierras de España,* 1914) de la preocupación nacional manifestada en sus dramas.

Sus primeras obras dramáticas, pronto olvidadas y muy dentro del modernismo, las escribió en prosa. Dramatizó *La tierra de todos,* de Blasco Ibáñez, cuya escasa entidad literaria no mejoró. También escribió *Cuando florezcan los rosales* (1912), donde se manifiesta la influencia de Rostand, Lavedan y Brieux, y *La hiedra* (1914), bastante inferior a aquélla.

Su primer gran éxito fue *En Flandes se ha puesto el sol* (1910), que reproducimos aquí. La acción en Flandes corresponde al período en que el Duque de Alba trataba de sofocar la rebelión de aquellos dominios. Romera-Navarro dice que la interpretación de los ideales del imperio español está hecha con espíritu demasiado moderno; hay algo de híbrido, de carácter antiguo y de ideas modernas en estos españoles antiguos de Marquina que no acaban de satisfacer enteramente.[1]

El verso es muy bello y el drama es tan bueno que pudiera haberse escrito en prosa y ser igualmente bueno. Su mérito está en las escenas realistas y el diálogo. Las figuras son un tanto acartonadas pero de penetrante efectismo. La Compañía de María Guerrero hizo de esta obra una de las de su repertorio favorito, y Marquina se hizo famoso ante el público de habla castellana.

Siguió con un modernismo exterior de pura riqueza decorativa en obras posteriores como *El pavo real* (1922) y *Era una vez en Bagdad.*

Pero superior a sus coetáneos cultivadores del teatro poético había ya intuido un poderoso motivo de las gestas en *Las hijas del Cid,*

---

[1] Romera-Navarro, *Historia de la literatura española,* p. 645.

en 1908. Realizó un auténtico dramatismo de la afrenta de Corpes e intentó llevarlo al drama moderno. Menéndez Pidal comenta:

> Ciertamente que en el drama de Marquina se percibe un eco de esta emoción nunca superada: por la escena del robledal cruza una intensa ráfaga de poesía, ora de vida andariega y de melancólicas despedidas, ora de violentos odios reprimidos.[2]

Pero no deja de hacerse alguna obligada salvedad: "lástima que absorbido por aquella emoción, el autor no haya sentido la figura misma del Cid, que tan opuesto al del *Poema* es en el drama."[3]

Como tema interesante en el modernismo y como nueva aportación a un tema de lo más nacional de la dramaturgia española, es muy interesante una obra que Marquina escribió, en colaboración con Hernández Catá, *Don Luis Mejía*, estrenada en enero de 1925. La obra es la interpretación que cabía en el modernismo de la leyenda de Don Juan. Al estar escrita por dos autores no podemos precisar qué parte corresponde a cada uno, pero el tipo de verso denota que Marquina cuidó especialmente la parte formal, ya que Catá era fundamentalmente prosista. Esta obra parte del *Tenorio* para desenvolver el carácter de un vencido rival. Así Luis Mejía aparece como un Don Juan fracasado y triste que pasa a ocupar el primer plano dramático para que, en ambiente de época, sea lo esfumado y melancólico la nota predominante. En cambio, de Don Juan sólo quedan reflejos y ecos; no llega a aparecer en escena. El desenlace está bellamente realizado y la obra discretamente versificada.

Otros dramas históricos son *Doña María la Brava* (1909); *El Rey Trovador* (1912); *Las flores de Aragón* (1914), sobre el noviazgo de Fernando e Isabel; *El Gran Capitán* (1916), de las intrigas de la corte de Juan II y la privanza de don Álvaro de Luna; *Por los pecados del rey*, sobre la vida galante de Felipe IV; *Benvenuto Cellini; La Dorotea; La santa hermandad*.

En ambiente rural escribió *Salvadora*, cuya protagonista apuñala a su antiguo amante; *Una mujer*, exaltación de las virtudes femeninas; *Ni horca ni cuchillo*, drama intenso de una muchacha lugareña enamorada de su joven señor; y *La ermita, la fuente y el río*, la más lograda del grupo.

Entre otros éxitos que obtuvo Marquina, debemos mencionar *El pobrecito carpintero* (1924), en que hay verdadero encanto armónico entre forma y argumento. También escribió *El estudiante endiablado*, interpretación de la obra de Espronceda.

Una de sus mejores obras y una de las mejores del teatro modernista en general, renovada por el motivo tradicional del Siglo de Oro, es la obra simbólica *El monje blanco* (1930). En ella el motivo de confusión sacrílega entre la amada y la imagen de la Virgen es

[2] VALBUENA PRAT, *Teatro moderno español*, p. 153.
[3] *Loc. cit.*

claramente modernista, pero además de la forma original del acto segundo, en que durante la confesión de la vida pasada de Fray Paracleto se presenta una técnica avanzada, todo el tema tiene una belleza poética. Sobre todo la escena de la aparición de la Virgen en la celda de Fray Can es bellísima.

El atadero modernista se ha superado del todo en *Teresa de Jesús* (1933), obra realista de admirable sobriedad y construcción y expresión rotunda. Sólo parece borroso el desenlace, en que el intento de simbolismo no se consigue. Se le considera una de sus mejores obras.

Al final de su vida compuso un poderoso drama poético en *María la viuda* (1943), el problema de dos almas de madre. Los personajes, tanto las dos protagonistas como los secundarios, están trazados con insuperable vigor. La trama transcurre con sabia habilidad y el desenlace corona la obra. Su tesis es similar a la de Tirso en *El condenado por desconfiado*.

También Marquina hizo traducciones del teatro alemán, francés, italiano y catalán.

Como prosista, es autor de cuentos y pequeñas novelas que no añaden nada a sus méritos.

BIBLIOGRAFIA SELECTA

Díez-Echarri, Emiliano y Roca Franquesa, José María. *Historia de la literatura española e hispanoamericana.* Madrid: Aguilar, 1968.

García López, J. *Historia de la literatura española.* Barcelona: Vicens-Vives, 1962.

Romera-Navarro, M. *Historia de la literatura española.* New York: D. C. Heath, 1928.

Valbuena Prat, Ángel. *Teatro moderno español.* Zaragoza: Partenón, 1964.

EN FLANDES SE HA PUESTO EL SOL

Eduardo Marquina

PERSONAJES

MAGDALENA GODART

MARÍA BERKEY

ISABEL CLARA

PAULOTA GRONINGA

BERTA

UNA ALDEANA

ALBERTINO

DON DIEGO ACUÑA DE CARBAJAL

FRANCISCO VALDÉS

JUAN PABLO

MANDER

HANS BOL

BARÓN MONTIGNY

MARTÍN FROBEL

DON JUAN DE BRACAMONTE

DON LUIS GAYTÁN

POTTER

ROMERO

ZAPATA

UN SOLDADO

UN PREGONERO

ACTO PRIMERO

España y Flandes

Representa la escena el interior de una pequeña hacienda campesina en el Brabante, entre Amberes y Malinas. El aspecto general de los cabarets de Teniers. En el fondo derecha, una puertecita que abre al campo. Pequeño muro, arrancando del fondo, junto a la puertecita y formando corredor para llegar a ella. En la pared lateral derecha, una puerta que comunica con el interior de la hacienda. En la pared lateral izquierda, una ventanuca alta, sin cristales, con postigo de madera jugando al interior. En la pared del fondo, una ventana grande con repecho practicable y macetas floridas. Mesa de nogal, bancos, sillas y un armario con poterías, pipas y jarros de cerveza.

Crepúsculo

Al levantarse el telón se oyen a lo lejos disparos, alaridos y mosquetazos de los españoles, que tocan arma en la vecina aldea.

En escena estarán Paulota Groninga, *que, por la puerta del fondo, mira el campo, y* Magdalena Godart, *que, por la ventana lateral sigue ansiosamente los destrozos de la aldea.*

Juan Pablo
(Saliendo a escena por la lateral derecha, después de mirar en torno cautelosamente.)
¿Qué hay por la senda?

Groninga
(Volviéndose.)
¡Ni alma que se vea!

Magdalena
¡Y el saco [1] sigue!

María
(Que estará delante de la ventana para seguir, como su hija, los incidentes del saco.)
¡Y quemarán la aldea!

Magdalena
Ya incendiaron las aspas del molino,
y el fuego por el aire abre camino.

El saqueo de Amberes tuvo lugar el 18 de noviembre de 1596.

En 1477 pasaron los Países Bajos a la casa de Habsburgo por el matrimonio de María de Borgoña, hija de Carlos el Temerario, con Maximiliano de Austria, luego emperador de Alemania y abuelo de Carlos V.

El origen de las guerras que España tuvo que sostener en los Países Bajos hay que buscarlo no sólo en el deseo de Felipe II de impedir la propagación del protestantismo y dominar a una aristocracia turbulenta que aspiraba a ocupar los primeros puestos en el gobierno del país, sino también en la defensa que el pueblo hizo de sus libertades amenazadas por el autoritarismo absoluto del monarca español.

---

[1] Durante las guerras contra los Países Bajos, que empezaron en julio de 1567, época de Felipe II (1556-98).

125

JUAN PABLO
(Gritando, acercándose a la lateral derecha.)
¡Martín Frobel!... ¡Da tregua a la
[faena!

MAGDALENA
(Solícita, acercándose a su padre.)
Padre, ¿puedo serviros en algo?

JUAN PABLO
                              Magdalena,
los españoles tornarán a Amberes
llevándose el botín; cuatro mujeres
y dos viejos que estamos
en esta choza, ¿qué queréis que
[hagamos?

MAGDALENA
¡Cuitado Martín Frobel!

JUAN PABLO
A eso atiendo.
Él... la prensa... los libros...

MAGDALENA
¡Es horrendo!

MARÍA
(Desde el fondo.)
¿Qué habláis los dos?... ¿Qué
[pasa?...
¿Sospecháis que vendrán contra la
[casa?

JUAN PABLO
No sé nada, mujer.

MARÍA
¿Y si vinieran?...

JUAN PABLO
¡En nombre del Señor, les abriría!

MARÍA
¡Nunca, abrirles!... ¡Convéncele,
[hija mía!

MAGDALENA
¡Falta que ellos también se
[convencieran!

MARÍA
Por modo que aquí estamos
peor que en la ciudad, y más
[vendidos;
entonces, ¿para qué la abandonamos?

JUAN PABLO
¡Dios ciega a los que quiere ver
[perdidos!

MAGDALENA
¿Desesperas de Dios?

JUAN PABLO
¡De quién lo hiciera!
¡Ya no espero, hace tiempo, en
[nada humano!
¡Flandes, tierra de ruina,
sin hijos, sin defensa y sin bandera:
España, armada, sobre ti camina,
y el Señor te ha dejado de su mano!

MARÍA
*(Reuniéndose en el fondo con Pau-
lota.)*
¿Oyes, Paulota?... Tiemblo de
[congoja...
sospechan que vendrán...

GRONINGA
¡Dios nos acoja!

MARÍA
¡Y ayer hicimos provisión de
[harina!

GRONINGA
¡Y está cociendo el pan en la cocina,
que hice la masa para la semana!

MARÍA
¡Y el vino!

GRONINGA
¡Compré nuevo esta mañana!

MARÍA
Y el oro que a guardar nos dió el
[Concejo
y la prensa del viejo...

GRONINGA
¡Y el cuadro grande del señor Juan
[Pablo,
que Mander, en Amberes, me decía
que buenos mil ducados te valdría!

MARÍA
¡Y la paja y la vaca en el establo!

GRONINGA
(Cambiando de tono.)
Por cierto...

MARÍA
*(Adivinando, sonriente, ganada de
pacífica alegría.)*
¡No me engañes!... ¿Te
[adivino...
¡Ay, cuánto sufriría
con la yacija estrecha que tenía!...
Dicen que las conforta pan y
[vino...

GRONINGA
¡Le he dado ya a beber!

MARÍA
¿Y está contenta?
¿Cuántos son los nacidos? ¡Cuenta,
[cuenta!

GRONINGA
Dos ternerillos, rubios como el oro;
el pelaje tan fino
como borra de paño brabantino,[2]
blanda y liviana al tacto.

MARÍA
¡Qué tesoro!
¿Y saltan?

GRONINGA
¡Bien quisieran! Pero es ella
tan de suyo juiciosa, que atropella
por los mismos impulsos de sus hijos,
y entre sus patas los mantiene fijos
como en un ancho abrazo
apretándoles bien contra el regazo:
por modo que ellos triscan y
[combaten
y, más que saltan, laten:
¡dos nuevos corazones que ella tiene
y a que se aparten de ella no se
[aviene!
Las cabecillas de los dos culminan,
inquietas, por encima de los flancos,
y, más que distinguirse, se adivinan
las frentes rojas, los morritos
[blancos...
¡y la madre les brinda, por
[almohadas
y cabezal, las ubres sonrosadas!

MARÍA
¡Qué hermosura!...¿No escuchas,
[Magdalena?

MAGDALENA
¡Escucho el alarido
del pueblo en armas y el cañón que
[truena!

MARÍA
¡Cuitados!... en mal punto habréis
[nacido.

(María se dispone a salir por la
puerta del fondo.)

JUAN PABLO
¿Adónde vas, María?

MARÍA
(Un poco cortada.)
Si das venia, al establo dirigía
mis pasos...

JUAN PABLO
¿Al establo?
¿No cuida de él la moza?

MARÍA
Sí, Juan Pablo;
pero... ya ves... quisiera...

JUAN PABLO
Yo no quiero:
que entre él y nuestra casa está el
[sendero
y hay peligro en cruzarlo.

MARÍA
Bien, espera;
no es que lo niegue... pero yo
[quisiera...,
¡ay, Señor!... Ya comprendo
que ahora no está en sazón lo que
[se diría.
Arde a dos pasos un casar; el día
alumbra muertes, lutos, ¡es horrendo!
pero...

JUAN PABLO
¿Acabas, María?

MARÍA
Acabaré... Yo sufro y peno y lloro
por todo el mal que nos están
[haciendo.
Juan Pablo; pero, ha poco, cuando
[oía
que la vaca ha tenido en la establía
dos ternerillos de oro...

MAGDALENA
¿Dos?

MARÍA
¡Y tienen los dos, precisamente,
blanco el hocico y púrpura la frente!

MAGDALENA
¡Qué hermosos!

MARÍA
Cuando Paula me contaba
cómo triscan, tan vivos,
y cómo, con las patas, les recoge
la madre, y en su seno les acoge
a la vez, abrazados y cautivos,
yo olvidé sangre y muerte
y el enemigo cerca, en asechanza,

---

2 brabantino — de Brabante.

128 EDUARDO MARQUINA

y el mal seguro y la dudosa suerte,
¡y abrí el alma a la vida y la
[esperanza!
Dame venia, Juan Pablo... iré
[advertida...

MAGDALENA
Y yo, si tú me dejas, la acompaño.

MARÍA
Ya lo ves, no nos pasa ningún daño:
no es todo muerte el mundo; ¡aún
[queda vida!

JUAN PABLO
(Efusivo, llegándose a ella.)
¡Ah, María Berkey, tú eres mi
[tierra!
Sí; con ella id las dos y proveeos
de vida y de deseos
que entregar a las llamas de la
[guerra...
Tú tráeme en esta mano,
mano de honrada paz y buen
[gobierno,
todo el calor y todo el vaho tierno
del recental enano.
Tú, Paulota Groninga, con tu brazo
robusto, de gañana y campesina,
haz lumbre en el establo a tu
[madrina
y arrímale las crías al regazo.
Y tú, mi hija mayor, mi Magdalena,
toda tan a mi modo en tus hechuras,
severa como yo, recia y serena,
sigue a tu madre y piensa que son,
[vena
donde se nutre Flandes, sus
[ternuras...
Andad con Dios para traernos
[nuevas,
cuando podáis, de los recién nacidos.
(A su mujer.)
Mira bien el camino antes que
[muevas
los pies... Gritad si os salen
[forajidos.

MARÍA
No temas; son dos pasos solamente;
¡adiós, Juan Pablo!

JUAN PABLO
Adiós, dama María.

MAGDALENA
(Saliendo ya, a la Groninga)
Dime, ¿y no tienen manchas en la
[frente?

GRONINGA
Me pareció que el uno las tenía
blancas...

MAGDALENA
¿No abren los ojos todavía?

MARÍA
¡Nunca los abren tan seguidamente!

(Salen por el fondo, después de
cerciorarse que no hay nadie en el
camino.)

JUAN PABLO
(Con muestras de impaciencia:
llegándose otra vez a la puerta lateral derecha.)
¡Martín Frobel! ¡He dicho que
[acabaras!
¡Y en casa mando yo!

MARTÍN
(Saliendo por la lateral derecha,
vueltas las mangas del jubón, sucio
lo blanco de la camisa y sucias sus
manos con tinta de imprenta: con
un pliego grande, que examina satisfecho.)
Perfectamente.
Los caracteres, claros; la escritura,
limpia, y la estampa del Maestro en
[medio,
con tanto ajuste que parece a plomo.
Pintor Juan Pablo, lo haces de
[manera
que das bulto y color a la madera.
(Va a mostrar la prueba, y parece
sorprenderle el ruido de mosquetería
que entra por las ventanas.)
¿Qué ruido es éste?

JUAN PABLO
(Secamente.)
Acaban con la aldea.

MARTÍN
¿Intentarán quemarla?

JUAN PABLO
¡Ya está en llamas!

MARTÍN
¡Váleme Dios!
(Sigue mirando el papel.)
¡Ah, no, no, no! ¿Qué es esto?
¿David sin D inicial?... ¡Tamaño
[lapso,

prensa de Frobel, no has de darlo
                         [al mundo!
Voy a empezar de nuevo...
   (Dirigiéndose a la lateral derecha.)
              ¡Isabel Clara!

JUAN PABLO
Pero, ¿qué haces, Martín? ¿Pues, no
                         [te he dicho
que dieras ya de mano a la faena?

MARTÍN
¿Pues no me ves aquí? Ya di de
                         [mano,
sino que encuentro un lapso en esta
                         [prueba
y quisiera enmendarlo... ¡Isabel
                         [Clara!

JUAN PABLO
¿No viene?

MARTÍN
No habrá oído... el ruido,
                       [acaso...

JUAN PABLO
¿Qué ruido?

MARTÍN
El de la prensa.

JUAN PABLO
               ¿Luego sigues
trabajando, sin ver el mal que
                       [causas?

MARTÍN
Yo, no... lo dejé todo, obedeciendo:
pero tu hija Isabel quedó
                       [imprimiendo,
por diversión, como de juego...

JUAN PABLO
¡Basta!
¡Paso del medio siglo, y no hallé
                       [ejemplo
de mansa terquedad como la tuya!
   (Llamando a su vez.)
¡Isabel Clara, aquí!

ISABEL
(Saliendo.)
¿Qué ocurre, padre?

MARTÍN
*(Sin pensar ya más que en su erra-
ta, a Isabel Clara.)*
Vamos a ver los dos si habrá manera
de corregir...

JUAN PABLO
Calla un momento, Frobel.
*(Ha dicho estas palabras con cierta
alarma en la voz: va junto a la ventana grande y escucha.)*
Ni el ruido de un mosquete, ni un
                       [redoble;
todo acabó. ¡Dios guarde a los
                       [vencidos!
   *(Se descubre y parece rezar; vuel-
ve a dirigirse a los que están en
escena.)*
No queda espacio que perder; el día
alumbra aún claro y tienen los del
                       [tercio
tiempo de regresar antes que acabe.
Les traerá hasta nosotros el sendero
y acaso entren en casa, Martín
                       [Frobel.

MARTÍN
¡Mi prensa!

JUAN PABLO
¡Tú lo has dicho!

MARTÍN
Estoy perdido.

JUAN PABLO
Tu prensa: la palabra para todos,
la verdad para todos, triunfadora
de toda tiranía, transportando
la voz de Dios a todos los hogares,
por sobre el tribunal de la
                       [indulgencia
y sin que Roma cobre el diezmo,
                       [Frobel...
Tu prensa, el gran pecado, Dios sin
                       [velos,
como aquel día del mayor milagro
cuando, al morir Jesús, se abrió el
                       [del templo.
Si dan con ella, estás perdido,
                       [Frobel;
ni tú te salvarás, ni ella se salva;
que pobre, humilde y viejo, con tu
                       [prensa,
¡tú eres la libertad, y ellos, España!

MARTÍN
Pero..., ¿qué medio?

JUAN PABLO
Hay uno.

ISABEL
Destruirla...

5

MARTÍN

Jamás..., ¡antes mi sangre caiga
[en ella
y rojo impriman sus postreros golpes!

JUAN PABLO

Viejo amigo Martín, no es tanto el
[riesgo.

MARTÍN

Di...

ISABEL

Cuitado maestro, ¡cómo sufre!

JUAN PABLO

Por una noche, accede a
[separarte...

MARTÍN

¿De mi prensa?

JUAN PABLO

(Señalando hacia la lateral derecha.)
Debajo de esa mesa
tiene su entrada el sótano mezquino
de esta hacienda, y en él la
[esconderemos
unos días...

MARTÍN

Respiro... ¡Sí, Juan Pablo;
como quieras se hará, cuando lo
[mandes!
Y yo mismo te ayudo; ya he cargado
muchas veces con ella, y sé
[llevarla...
¡Qué alegría!... Mi prensa... ¡Al
[fin es ella
mi oficio, mi afección y mi familia!
(Abrazando a Isabel Clara.)
¡Ya se salvó mi prensa, Isabel Clara!
¡De todo corazón, gracias, Juan
[Pablo!

(Juan Pablo y Martín Frobel salen por la lateral derecha a esconder
la prensa. Isabel Clara se queda,
mirando la catástrofe lejana. Empujando la puerta del campo, que quedó entreabierta, y sin anunciarse, en
traje de marcha, con un hato al
hombro y gorra de pelo, entra Mander en la estancia.)

ISABEL

Mander..., ¿de camino?

MANDER

Salgo
de Brabante, tierra floja,
donde, porque alguien habló
de paz, las armas estorban...

ISABEL

Sentaos.

MANDER

No queda tiempo;
ganar la senda me importa
primero que entren en ella
las panteras españolas.

ISABEL

¿Llamo a mi padre?

MANDER

No falta...
Dile que a Mander le enoja
recibir aquí la paz
de enemigos a quien odia.
Que estoy contra España, igual
que en aquellas negras horas,
cuando llevaron a Flandes
con su príncipe a la horca...
No se quejará Juan Pablo
de mí; sus órdenes todas
he cumplido; moví gentes,
alcé pueblos, compré chozas;
donde hubo hogar, arrimé,
para la guerra, mi antorcha;
si hoy con la paz os halagan,
a mí la paz me es odiosa,
y marcho a Holanda; allí juntan
nuestros príncipes sus tropas.

ISABEL

Lo diré así.

MANDER

(Marchándose.)
Y porque quiero,
si en tiempos futuros torna
mi maestro a sentir viva
la causa de Flandes toda,
ser, como lo fuí, su brazo,
le añadirás que no estorban
distancias a almas hermanas;
que con la esperanza sola
que ha de volver a llamarme,
se parte mi alma gozosa.
Nada más.

ISABEL

¿No queréis verle?

MANDER

Antes lo evito; que en horas
como ésta, las almas son
fuertes y la carne es floja.
Con Dios queda, Isabel Clara.
  (Acompañándole.)
¡Que Él os guíe, y Él disponga
de vuestros pasos!
  (Después de una vacilación.)
          Tu hermana...,
¿dónde está?

ISABEL

          Salió a la choza.
¿No aguardáis que torne?

MANDER

          No.
Partir sin verla me importa.
  (Acercándose a Isabel Clara.)
Tu hermana, Clara Isabel,
como es bella y como es moza,
viendo desde lo alto la vida,
piensa que es senda de rosas...
De sus amigos recela,
con sus adversarios goza;
juega con brasas... ¡Dios quiera
que no le llegue su hora!

ISABEL

¿Queréis decir...?
  (Alarmada.)
¿Queréis decir?...

MANDER

  (Frío.)
          Nada, al cabo...
lo digo yo... ¿Qué le importa?
  (Abraza a Isabel Clara y se dispone a salir. Cuando ya está a punto de franquear la puerta, aparece
en el marco de la ventana del fondo
Magdalena y grita risueña:)
Isabel..., ¿no conoces la nueva?

ISABEL

¡Ella!

MANDER

  (Decidiéndose, casi escapando.)
¡Adiós!

ISABEL

          Está aquí; ¿no os quedáis?

  (Ha desaparecido; cabizbaja, Isabel Clara va hacia su hermana.)

MAGDALENA

Isabel, ¿no conoces la nueva?

ISABEL

¿De qué nueva me quieres hablar?

MAGDALENA

  (De un salto se encarama sobre
el repecho de la ventana, y allí
sentada, con las piernas afuera y la-
deando el cuerpo hacia su hermana
para hablarla, dice:)
Con la madre y la buena Groninga
—¡si tú vieras qué alegres están!—
nos salimos de casa hace un rato
y nos fuimos las sendas allá,
donde está la casona arruinada,
que en establo ha venido a parar...
—¡mala puerta, si pasan soldados,
que del quicio saltándose está!—.
Con el hombro la abrió la Groninga;
nos entramos las tres al zaguán.
Poco espacio en el antro; unas
                              [tablas
donde hay hierba tendida a secar,
unas vigas muy bajas y negras,
en los muros color de humedad
y una franja de lumbre delgada
que se filtra de un roto cristal...
Se metió en el corral la Groninga;
detrás de ella empezamos a andar,
y sentí, en el calor del establo,
como un baño de calma y de paz
que, abrigado de tierra caliente,
cuando empieza el invierno a
                              [aflojar,
sube toda la savia a sus brotes
y se cuaja de flor el rosal...
—¿Dónde está la Groninga?...
                         [—allá lejos
dice madre, y la veo asomar,
por detrás de la vaca tendida,
las dos manos sobre el espaldar,
la cabeza tocada de blanco,
con que hacía una gran claridad...
Avanzamos las dos en lo oscuro,
y la moza comienza a gritar:
«¡Llegue aprisa, madama María;
no hagan ruido, les van a espantar!»
Y la bestia movió la cabeza
y nos dió una mirada de paz,
y dijeras que hablaban sus ojos...
Y la madre me hacía señal
que pisara, al andar, con cautela,
y empezamos las tres a mirar,

que la vaca ha tenido pequeños...
¡Si tú vieras qué alegres están!

ISABEL

¿No se ha vuelto contigo la madre?

MAGDALENA

Con la moza quedáronse allá.

ISABEL

Magdalena, ¿y por qué las dejaste?

MAGDALENA

Me tomaron antojos de andar,
de ver campos y verdes colinas
a mis solas; con más libertad...

ISABEL

Los senderos, en tiempo de guerra,
son esquivos.

MAGDALENA

Mi paso es de paz.
Quiero ver las cabañas en ruinas
y el rescoldo aventado en la llar
y los campos sin hombres en ellos
y la tierra esponjándose ya,
con amor de la siembra negada,
la azada partida, los hornos sin
[pan...,
¡tantas voces en tanto abandono
que piden la paz!

ISABEL

¿Es verdad que al molino del río
le arrancaron la piedra?

MAGDALENA
Es verdad.

ISABEL

¿Y quemaron las huertas en torno?

MAGDALENA

Y rompieron la esclusa al pasar...
Por caminos perdidos va el agua,
¡que hasta el río ha querido llorar!

ISABEL

¿Y tú, sola?

MAGDALENA
¿Qué riesgo hay en ello?

ISABEL

¡Torna a casa!

MAGDALENA

Me pesa de entrar.
En encierro he durado tres días,
la tarde es tranquila, la puesta un
[altar.

Me dan ansias de andar por los
[campos;
de quebrar el silencio mortal
con canciones; de herir en los ríos,
con guijarros, el limpio cristal,
y que salte la espuma; de abrirme
camino sonoro, las selvas allá,
agitando las ramas, volcando
del nido las crías, a verlas volar...

ISABEL
(Acercándose a ella, en voz baja,
como amonestándola.)
De pararte al volver de una senda,
o esconderte detrás de un zarzal
a sentir, si los aires abrasan,
y se esconde con miedo el gañán,
y las rígidas lanzas negrean
apresando hasta el aire al andar,
cuando pasan los tercios de España,
qué golpe en las venas la sangre
[te da.

MAGDALENA

¡Isabel!

ISABEL

¡Magdalena, mi hermana!
¡Por la Virgen! Me espanta pensar,
si esta odiosa quimera no olvidas,
qué amarguras las tuyas serán...

MAGDALENA
(Riéndose de los miedos de su hermana.)
He aprendido un romance de guerra;
lo cantaban mujeres de allá,
de ojos negros y trenzas de noche,
que siguen al tercio sin miedo al
[azar.

ISABEL

¡Magdalena!...

MAGDALENA

¿Qué espanto es el tuyo?
¿Ya no es dado a los tercios mentar?
Cuando el sol en sus lanzas se
[quiebra,
si de lejos les miras andar,
te parece que flota sobre ellos,
como un manto, la lumbre solar.
Traen ardiendo, en sus plumas
[bermejas,
los rescoldos de un bárbaro hogar
que no cabe en un reino, aunque es
[grande
y da unos calores que es dulce
[gustar.

*(Hay una pausa. Isabel levanta
los ojos al cielo y vuelve al fondo.
Magdalena, como si estuviera cantando para sí, dice en voz alta este
romance de la guerra.)*
"Capitán de los tercios de
[España...

ISABEL
¡Magdalena!

MAGDALENA
»Señor capitán,
el de la torcida espada,
de la capa colorada
y el buen caballo alazán:
si fuera de empresa mía,
si mi honor no se oponía,
si diera a mi fantasía
rienda suelta en este día,
ya que partes, capitán,
¡contigo me partiría,
y a la grupa montaría
de tu caballo alazán!

ISABEL
¡Vana copla de campo de guerra!
No hagas caso de coplas jamás.

MAGDALENA
»No me escuchaste, cuitada,
y allá va la cabalgada,
lanza en puño y rienda holgada,
detrás de su capitán...
¡Clávame, dueño, tu espada
del revuelto gavilán,
y llévame amortajada
en tu capa colorada,
soberbiamente plegada
sobre el caballo alazán!

ISABEL
¡Magdalena!

MAGDALENA
»Y allá lejos,
a los extraños reflejos
del fosco cielo alemán,
cuando, olvidados los dejos
de nuestros amores viejos,
me traiciones, capitán,
si favor tu boca espera
de la blanca prisionera
que una aventura guerrera
libra indefensa a tu afán,
¡con mi mano enclavijada,

que la muerte hará sagrada,
yo he de quebrarte la espada
como una espiga tronchada
por tu caballo alazán!
Dueña mía, dueña mía,
no me digas si te oía,
que estaba mi fantasía
riñéndose con mi afán;
para tu gloria y la mía,
por tu nombre y mi hidalguía,
con su tercio, en este día,
va a Flandes tu capitán.
No me hables, dueña, de olvidos,
que embargados mis sentidos
de tus hermosuras van,
y hollados y escarnecidos,
he de traerte, rendidos,
diez corazones heridos,
en el arzón suspendidos
de mi caballo alazán.»

ISABEL
¡Vana copla de campo de guerra!

MAGDALENA
*(Con prontitud y franca sinceri-
dad.)*
¡Voz de un pueblo sediendo de amar!

ISABEL
¡De oprimir!

MAGDALENA
¡De matar! ¿Quién lo niega?
El amor también es crueldad.

ISABEL
¡Qué palabras!... ¡Cambiáronte,
[hermana!

MAGDALENA
¡Isabel... ¿Por qué tarda la paz?

ISABEL
No lo sé... ¿Qué querrías tú de
[ella?

MAGDALENA
No lo sé...
(Como siguiendo el romance.)
¡Para aquí, capitán!

ISABEL
(Mirándola fijamente a los ojos.)
¿Casarías con hombre de España?

MAGDALENA
¡Calla!..., padre podría escuchar.

ISABEL
*(Que mira a la lateral derecha y
ve entrar a Juan Pablo.)*
¡Cállome entonces!

MARÍA
*(Suena su voz un poco lejos, lla-
mando.)*
¡Magdalena!

MAGDALENA
*(Rápidamente, volviendo la cabeza
al campo y gritando.)*
¡Madre!
*(Se hace pabellón con la mano en
un oído como si escuchara algo que
le dicen desde lejos.)*
Qué, ¿me buscabais?... Llevo
[tiempo hablando
aquí con Isabel. ¡Corro a
[encontraros,
y daremos las tres la vuelta a casa!

(Desaparece.)

JUAN PABLO
*(Como hablando con alguien que
queda dentro.)*
Sube ya, y cerraremos... Qué, ¿no
[subes?
ISABEL
Pretenderá quedarse con la prensa
toda la noche, como ha dicho.

JUAN PABLO
¡Aguarda,
que esta vez por lo menos se lo
[estorbo!
*(Gritando, pero dirigiendo la voz
hacia la lateral derecha, que Martín pueda oírlo.)*
¡Cierra allí el escondrijo, Isabel
[Clara,
y acércame unos jarros de cerveza,
que estoy sediento!

*(Hace a Isabel gesto significativo,
que aguarde, y viene a sentarse en
primer término; en el acto aparece
Martín Frobel, que mira a todos lados; Isabel Clara sonríe.)*

MARTÍN
(A Juan Pablo, con recelo.)
¿No se habló de jarros?

JUAN PABLO
*(Volviéndose y simulando asom-
bro.)*
¡Ah! ¿Tú aquí? Cierra el hoyo,
[Isabel Clara,
y confiesa Martín que la cerveza
le trastorna al más terco la cabeza.
*(Isabel Clara va al aparador por
jarros y cerveza.)*

MARTÍN
*(Tomando un escabel y sentándo-
se junto a Juan Pablo.)*
Bien; por lo menos, beberé...

JUAN PABLO
*(Dándole en las rodillas una ma-
notada amistosa.)*
¡Sin duda!

*(Isabel llega con la bebida en un
grande azafate. Martín se refriega
las manos con beatitud satisfecha.
Entran por el fondo, armando bulla
y risas. Paulota Groninga. Magdalena y María Berkey.)*

MARTÍN
Ahora no es vicio, es sed.

JUAN PABLO
Así la llaman.

MARÍA
(Al entrar.)
¡Juan Pablo!

JUAN PABLO
*(Teniendo en la mano el jarro de
cerveza que le dió su hija.)*
¿Ya de vuelta?

MARÍA
Escucha, escucha...

JUAN PABLO
*(Atajándola y dándola el jarro
de cerveza que tiene en la mano.)*
Nada digáis. ¡Por los recién nacidos!

MARÍA
(Tomando el jarro y levantándolo.)
¡Por ellos, si tú quieres! Lo merecen.

*(Cada cual se apodera de un ja-
rro y, sentados unos, y otros en pie,
forman cuadro alegre, viviente y co-
lorido, hasta que bruscamente acaba
esta situación.)*

GRONINGA
¡Por madama María, que es tan
                    [buena
y tan lucida y blanca!

JUAN PABLO
¡Por la moza!

MARÍA
¡A ver qué haces, Paulota; tengo
                    [celos!

GRONINGA
(Muy corrida.)
¿De mí?

MARTÍN
¡Por mis amores enterrados!

ISABEL
¡Porque el viejo Martín duerma en
                    [su cama!

MARTÍN
¡No, no paso por ello! ¡Con mi
                    [prensa!

MAGDALENA
¡Por la paz!... ¡Que nó tarde y
                    [siempre dure!

MARTÍN
¡Amén!

MARÍA
¡Que te oiga Dios!

JUAN PABLO
(Gritando seco.)
          ¡Callad! Campanas...

(Se oye el toque a rebato de unas
campanas en la aldea vecina, como
pidiendo auxilio. Todos van dejando
los jarros; el último, Martín Frobel.
El grupo se descompone conforme
avanza el diálogo.)

MAGDALENA
¿Y tocando a rebato?

MARÍA
Es en la aldea.

JUAN PABLO
No lo entiendo... ¿Pasaron los de
                    [España
sin que cuenta nos diéramos?

MARTÍN
          Lo dudo.

GRONINGA
Nadie pasó, señor, por el camino.

MARÍA
¡Y siguen!

JUAN PABLO
     Es el toque
con que piden auxilio las aldeas
después de un saco.

MAGDALENA
¡Entonces, acudámosles!

JUAN PABLO
¿Quién se arriesga?... Pensadlo.
                    [Andan los tercios,
pues acabó el saqueo, por las
                    [sendas...
¡Pero no puede ser!... Esas
                    [campanas,
al mismo tiempo que la urgencia,
                    [indican
que hay seguridad en los caminos
para llevar el natural socorro;
es la costumbre.

GRONINGA
     ¿No serán, acaso,
los mismos españoles que se ensayan,
promoviendo este son, a
                    [persuadirnos
que está el camino franco, y de este
                    [modo
hacer botín en los que salgan?

MAGDALENA
¡Calla!

JUAN PABLO
Pudiera ser...

ISABEL
¿Qué hacemos?

JUAN PABLO
(Mirando por la ventana grande.)
                    Casi es noche;
no lo sé.

MARÍA
¡Y esos bronces, qué bien piden!

MAGDALENA
¡Les socorriera yo, de todos modos!

(Suenan en la puerta del fondo,
que habrán entornado al entrar las
dos mujeres, varios golpes como de
quien llamara a ella.)

VALDÉS [3]
(Desde fuera.)
¡Ah, de casa!

JUAN PABLO
(Dando un paso.)
¿Quién va?

VALDÉS
(Entrando.)
¡La paz con todos!

(Le siguen de cerca dos soldados, Zapata y Romero, trayendo entre ellos, casi desvanecido y horriblemente pálido, a don Diego Acuña de Carvajal, capitán de los tercios. Como los que traen al herido vienen lentamente, estarán todavía detrás del tabique y los de la casa no les ven, cuando ya el alférez Valdés habla con ellos.)

GRONINGA
(Con pánico visible, retirándose. Natural emoción en el grupo. Sólo Magdalena avanza un poco, con irresistible impulso.)
¡Un soldado español!

VALDÉS
(Señalando al capitán, que entra entonces.)
¡Un hombre herido!

MAGDALENA
(Viendo al capitán, con espontánea compasión ingenua.)
¡No puede andar! ¡Está
          [desvanecido!...
(A los dos soldados.)
Tenedle bien...

(La ha visto el capitán y con desesperado esfuerzo se suelta de los que le acompañan, lleva la mano al fieltro y barre el suelo con la pluma, saludando. Se le ve luchar con la debilidad profunda que nace de la sangre perdida para mantener una actitud gallarda.)

---

[3] militar y escritor; en 1574 fue maestre de campo y tenía sitiada la plaza de Teyden.

DON DIEGO
(A Magdalena, saludándola.)
          No es menester, señora.
Antes perdón os pido
de haberos afligido
llegando tan sin arte y a deshora.

MAGDALENA
(A su padre, pidiendo con la mirada y con las manos juntas.)
¡Padre!

MARÍA
(A la Groninga.)
          Da compasión...

MARTÍN
(A Isabel Clara.)
          Llévale asiento.

(Isabel Clara y Magdalena, a porfía, se dirigen a un sillón ancho que estará contra el muro, para ofrecerlo al capitán. Juan Pablo asiente con la cabeza.)

DON DIEGO
(Deteniendo a las dos con el gesto.)
Después... Aún he de hablaros un
          [momento.
(Respirando con dificultad.)
Traigo la paz... La mandan desde
          [España:
ya no somos, en Flandes, gente
          [extraña;
hermano os soy y en mi hermandad
          [os cuento.

JUAN PABLO
¡La paz!

DON DIEGO
          Sí, noble anciano;
y, si esta honrada casa os pertenece,
como en la edad y el tono lo parece,
dadme la paz, señor; ésta es mi
          [mano.

(Quiere avanzar, tendiendo la mano, y vacila.)

MAGDALENA
(Como antes.)
¡Padre!

*(Juan Pablo se decide a dejar su
sitio, yendo a estrechar la mano del
capitán: desde este momento las caras de las mujeres y de Martín Frobel estarán radiantes de satisfacción.
Pablo, severo, pero humano, ayuda
al capitán a mantenerse en pie.)*

DON DIEGO
Llegó la nueva al campamento
cuando rodaba el muro hecho
[pedazos
y ella cumplió su oficio en un
[momento:
¡todos los brazos encontraron
[brazos!
Pero sufrió el rigor de su destino
la aldea, el fuego a perdición la
[mueve;
auxilio está pidiendo: al que lo lleve,
nadie habrá de inquietarle en el
[camino.
La paz le será guarda y compañía
desde hoy al caminante.
¡Don Diego Acuña, el capitán, lo
[fía!
Con esto hablé bastante;
cuánto a mí, como llego mal herido,
sólo un rincón donde curarme os
[pido,
porque sigan los míos adelante...

*(Rendido del esfuerzo, parece va-
cilar; le sostiene Juan Pablo, y dice
a Frobel.)*

JUAN PABLO
Tu brazo aquí, Martín.

MAGDALENA
(A Isabel.)
Y aquí acerquemos
silla en que se acomode.
(Con solicitud a Juan Pablo.)
¿Le acogemos?

JUAN PABLO
Parece bien nacido el castellano,
y en nombre de la paz nos lo
[demanda.

*(El capitán calla, medio desvane-
cido, y entre los dos hombres le
sientan en el sillón, que acercaran
Isabel y la Magdalena.)*

MAGDALENA
*(Respondiendo a las últimas pala-
bras de su padre.)*
Herido y sin apoyo, es nuestro
[hermano:
ya no la paz, la humanidad lo
[manda.

*(El capitán abre los ojos y estre-
cha a Magdalena la mano, guardán-
dola un momento en la suya.)*

JUAN PABLO
(Al alférez.)
¿En dónde fué la herida?

VALDÉS
(Levantando la mano del capitán.)
En esta mano.

JUAN PABLO
Martín le curará, que es entendido.

*(Pasa Martín, a quien siguen Mag-
dalena y su hermana, a examinar la
herida.)*

MARTÍN
La cuchilla le partió esta vena,
y el perder sangre le ha desvanecido;
da tiempo; ten su brazo, Magdalena.

*(Magdalena, con visible emoción,
sostiene el brazo del herido. La Groninga, desde hace un rato, viene colocando sobre la mesa paños, ven-
das, bálsamos y lo demás necesario
para prestar auxilio en casos durante
el de la aldea vecina durante una
guerra. A la mesa acude Martín Frobel por lo indispensable para su cura, mientras Magdalena y su hermana hacen grupo con el herido.)*

JUAN PABLO
¿Y cómo habéis podido
traerle sin socorros tanto trecho?

*(Rodean a Valdés, Juan Pablo,
María y Paulota.)*

VALDÉS
Capitán y español, no está avezado
a curarse de herida que ha dejado
intacto el corazón dentro del pecho.

Ello ocurrió de suerte
que a los favores de un azar villano,
pudo llegar el hierro hasta esa mano,
que tuvo siempre en hierros a la
[muerte.

JUAN PABLO

¿Y fué, señor?...

VALDÉS

Y fué que apenas roto
por nuestro esfuerzo el muro,
salieron de la aldea en alboroto
sus gentes, escapándose a seguro.
Niños, mozas y ancianos,
en pelotón revuelto, altas las manos
como a esquivar la muerte, que les
[llega
envuelta en el fragor de la refriega,
a derramarse van por los caminos
y los campos vecinos...
Y va su frente y clama
que les tengan piedad en tanta ruina,
dando al aire sus tocas, una dama
que pone, ante la turba que la
[aclama,
la impavidez triunfal de una heroína.
Corriendo a hacer botín de su
[hermosura,
la rufa soldadesca se amotina,
y en vano ella procura,
en súplicas, en lágrimas deshecha,
acosada y rendida,
entregando su vida,
triunfar de la deshonra que la
[acecha.
Va a sucumbir; pero en el mismo
[instante,
una mano de hierro abre a
[empellones
el cerco jadeante
de suizos y walones,
y el capitán ofrece a la hermosura
la hidalga protección de su
[bravura...
Desmañado y sujèto
queda el tercio a distancia; ella
[respira:
«Pasad, señora, que por mi os
[admira
y por mí os tiene España en su
[respeto.»,
dice, y levanta el capitán ardido
la dura mano al fieltro retorcido.

Y en este punto, el hierro de un
[villano
parte su vena a la indefensa mano.
No se contrae su rostro de granito
ni la villana acción le arranca un
[grito;
inclina el porte, tiende a la cuitada
la mano ensangrentada
y vuelve a pronunciar: «Gracias
[señores;
que si sólo he querido
a la dama y su honor hacer honores,
ahora, con esta herida, habré podido
ofrecerle en mi mano rojas flores.»
Ceremoniosamente
pasó la dama, él inclinó la frente,
y en la diestra leal que le tendía
la sangre a borbotones florecía.

MARÍA

¡Digna acción de un soldado!

JUAN PABLO

(Con cierta involuntaria brusque-
dad.)
Qué, dándole acogida
y curando su herida,
espero haber pagado.

VALDÉS

¡Oh, no penséis, señor, que él, en
[espera
de tan gallardo premio, la cumpliera!
Cuanto por él hagáis, ya que en su
[ruina
compasión os merece,
como paga, es mezquina,
como merced, señor, se os agradece.

(Un poco secamente saluda y
vuelve junto al capitán. María Berkey tira de la manga a Juan Pablo
para decirle:)

MARÍA

¿Y todo el fruto de la paz ha sido
darle socorro al español herido?

JUAN PABLO

(Volviendo a pensar en los suyos.)
¡Las gentes de la aldea
pedían con tal ansia!...

ISABEL

¡Parpadea!...

(Por el herido.)

MARTÍN
¡Torna el color al rostro!

MAGDALENA
¡Le salvamos!

JUAN PABLO
(A María Berkey.)
¿Tenemos provisión?

MARÍA
De toda cosa;
llamo a la moza y que nos siga...
[¿Vamos?

(Cuando parece decidirse, el capitán, que con la restablecida circulación de la sangre vuelve en sí,
dice:)

DON DIEGO
¡A mí los del tercio! Ordeno,
(Valdés se adelanta, y lós dos
hombres, para que su capitán pueda
verles.)
si de esta casa alguien sale
con socorros para el burgo,
que salgáis acompañándole,
y que hasta dejarle en salvo,
nadie se atreva a dejarle.
Haced luego marcha a Italia,
que es condición de las paces
que, en obra de pocos días,
no queden tercios en Flandes.
Tú, Valdés, toma, en la fuerza,
el mando que yo dejare,
porque para hacer mis veces,
te sobra con lo que vales.
No os preguntarán por mí,
que en estos tiempos a nadie
le da lustre haber nacido
segundón de casa grande;
pero, si pregunta alguno,
bueno será contestarle
que, español, a toda vena,
amé, reñí, dí mi sangre,
pensé poco, recé mucho,
jugué bien, perdí bastante,
y, porque era empresa loca
que nunca debió tentarme,
que, perdiendo, ofende a todos,
que, triunfando, alcanza a nadie,
no quise salir del mundo
sin poner mi pica en Flandes.

VALDÉS
(Con mucha emoción)
Capitán: Dios me es testigo
—que de testigos no valen,
donde hablan almas de España,
cuerpos que engendró Brabante—,
Dios me es testigo, que el mando
que venís a confiarme,
aunque es honra y crezco en ella,
como un castigo me abate.
Camino de Italia el tercio,
vuestra sombra le acompañe,
ya que en serlo pondré yo
mis únicas voluntades.
El mando que vos me dais,
porque es fuerza he de tomarle;
vuestro sitio en vuestra tropa
no esperéis que tome nadie...
Yo iré a la vera del tercio,
y hará las marchas delante
vuestro alazán, que, sin vos,
no ha de haber quien lo cabalgue...
(Volviéndose a los demás.)
Si alguien viene hasta el burgo,
[doyle escolta;
lo mandó el capitán.

MAGDALÉNA
(Con esfuerzo: no queriendo que-
darse donde ve un peligro.)
Voy con vosotros.

DON DIEGO
(Súplica que únicamente oyen Isa-
bel y Magdalena.)
¡No!

(Isabel Clara mira a su hermana:
ésta baja los ojos.)

MARÍA
Vosotras quedad con Martín
[Frobel,
cuidando de la casa y del herido.

MARTÍN
(Para sí.)
¡Y de la prensa!

MARÍA
Dadle mesa al huésped...
cerrad la puerta, disponed la cena...

JUAN PABLO
(A su mujer, impacientándose.)
¿Vamos?

MARÍA
¡Guarda a tu hermana,
[Magdalena!

*(Magdalena levanta los ojos al
cielo. Los que llevan socorros a la
aldea salen escoltados por los españoles. La Groninga distribuye algunos fardos y pasa delante. Juan Pablo da el brazo a su mujer y pone
su mano sobre el hombro de la
moza. Martín Frobel queda junto a
la ventana.)*

VALDÉS
*(Dejando salir por delante a los
demás, torna a despedirse del capitán.)*
Capitán, con pena os dejo.

DON DIEGO
(Ironía amarga.)
Perdonad que no os acompañe;
mas, si he de vivir, hay tiempo,
y si he de morir, más vale.

VALDÉS
¡Si habéis de morir, y muerto,
en esta tierra os quedaréis,
tenedla vos por el tercio,
que el tercio vendrá al rescate!
¡Que mientras cenizas vuestras,
dando en ella, la consagren,
unidos en vos serán
sólo un reino España y Flandes!

DON DIEGO
Nada temáis... aún me queda
vida para cien combates...

VALDÉS
¡Vuestra mano!...

DON DIEGO
¡Y mi alma en ella,
capitán!

VALDÉS
¡No he de olvidarme
que el nombramiento, don Diego,
lo escribís con vuestra sangre!

*(Se abrazan; situación; sale Val-
dés.)*

ISABEL
(A Martín Frobel.)
¿Qué dijo madre?

MARTÍN
Que cerréis la puerta.

ISABEL
Dijo bien, que ya es tarde.

MAGDALENA
*(Con interés, desde lejos, sin atre-
verse a acercarse a él.)*
¿Y el herido?

DON DIEGO
*(Incorporándose y volviéndose tra-
bajosamente para dirigirse a ella.)*
Dejad, bajo esta incierta
veladura de sombras, en olvido
al huésped y al soldado:
por compasión, no me lleguéis al
[lado.
Dejadme solo... Toda mi energía,
toda mi fuerza he de juntar ahora
para llegar con bien al nuevo día...

MAGDALENA
(Temerosa, dando un paso.)
¿Por qué os disgusta nuestra
[compañía?...

DON DIEGO
¡Porque mañana os he de amar,
[señora!

*(Magdalena oye con emoción in-
tensa estas palabras: se queda clavada en el sitio. Mirándola el herido, dobla poco a poco la cabeza,
que trastorna la fiebre.)*

TELÓN

ACTO SEGUNDO

La represión

Representa la escena un espacio cercado, a espaldas de la casa de DON
DIEGO ACUÑA DE CARVAJAL, *cerca de Amberes, en el campo.*

Cierran este espacio, formando un patio irregular y rústico, sencillas bardas de madera: en estas bardas, hacia el fondo derecha, una entrada, sin puerta, formada por dos tablones altos y otro horizontal, con cubierta de paja.

Toda la parte izquierda del escenario la ocupa la fachada posterior de la casa, que estará colocada en sentido transversal. En dicha casa, balconada de madera.

En el muro de la derecha, en primer término, cobertizo enano con trampa, destinado a los corrales. Por sobre las bardas de madera asoma la copa de un árbol gigantesco.

El cielo, sereno y limpio de las primeras horas de una mañana de mayo.

Un grupo de guardias suizos se supondrá detrás de las tapias de madera. Algunos de ellos estacionan delante de la puertecita de las mismas y hablan entre sí.

La casa tendrá dos puertas: una con dos peldaños que da acceso a ella, y a su lado otra más pequeña y de menor importancia que comunicará con la cocina y bajas dependencias.

Al levantarse el telón, por breves instantes, está la escena sola, sin otro accidente que los soldados del fondo.

Luego se abre la puertecita pequeña y entra en escena la GRONINGA, *que llevará en su delantal, recogido, grano y hortaliza para los corrales.*

SOLDADO

(Atreviéndose a entrar en el patio, cuando ve asomar a la Groninga.)
¡Gracia de Dios al alba lisonjera!

GRONINGA

(Atravesando la escena para abrir la trampa de los corrales.)
¡Cumplido amanecéis, meser [4]
　　　　　　　　　[soldado!

SOLDADO

(Acercándose a ella.)
¿No os quedará, mesera,
del grano, en que sois pródiga, un
　　　　　　　　　[puñado?

Es para mi caballo, que ha sabido
ganarle al viento, pero está rendido.

GRONINGA

Caballo y caballero
llamen, meser soldado, a otro
　　　　　　　　　[granero;
que si mucho padecen,
es todavía más lo que merecen.

SOLDADO

¿Arisca y sin entrañas?

GRONINGA

(Acabando de atender a los corrales y cerrando la trampa.)

¡Bueno fuera,
cuando potro y soldado

---

[4] meser — *monsieur* pronunciado
a la española.

141

andáis metiendo espanto en el
                                    [Condado,
que todavía yo vos socorriera!

(Encoge los hombros, desdeñosa.)

SOLDADO
Pues servimos, mesera,
al mismo dueño.

GRONINGA
(Volviéndole la espalda.)
        ¡No del mismo grado!

SOLDADO
Pero...

*(Va a adelantar: se abre en esto
la puertecita pequeña y aparece
Potter en escena. El soldado vuelve
a salir del patio, reuniéndose con los
suyos, que estarán a la parte exterior.)*

POTTER
¿Ha salido monseñor?

GRONINGA
        Le espera,
la escolta armada, como cada día.

POTTER
¿Y dama Magdalena?

GRONINGA
        Todavía
no ha querido mi suerte que la viera.

POTTER
*(Mirando de reojo y con ira ma-
nifiesta el piquete armado, cuyos
hombres asoman de vez en cuando.)*
¡Veneno se me torna en las entrañas,
mirándoles, la sangre!

GRONINGA
(Hablándole con misterio.)
        Me han contado
que incendieron ayer unas cabañas
donde estaba un rebelde refugiado.

POTTER
¡Y dama Magdalena cada día
más ciega!

GRONINGA
        Ama a don Diego.

POTTER
        ¡Error aciago
fué no poner remedios al estrago

cuando apenas nacía!
Meser Juan Pablo...

GRONINGA
No es culpado en ello
nuestro viejo señor; bien ha sufrido,
que ha puesto en sólo el tiempo
                                    [transcurrido
todo blanco el cabello.

POTTER
¡Antes ella muriera
que yo a un hombre de España la
                                    [cediera!

GRONINGA
Cuando se desposaron,
daba el rey español pruebas tan
                                    [grandes,
que todos afincada imaginaron,
la paz perpetua en Flandes.

POTTER
(Con desdeñosa ironía.)
¡La paz! Tú mira ahora
en qué extremos ha puesto
aquel error funesto,
cegándola en su daño, a tu señora.
*(Va enumerando los males con los
dedos.)*
Meser Juan Pablo errante... Ama
                                    [a su tierra
y corre, armando levas, el Condado,
rebelde, huraño, a preparar la guerra
y a no vivir con su enemigo al lado.
Monseñor Diego, de su parte, alzado
por España al Consejo de Justicia,
persigue a los rebeldes, amparado
del brazo ejecutor de la milicia.
La venganza, una espada, arma al
                                    [anciano;
la justicia, otra espada, asiste al
                                    [mozo,
y los dos, con las armas en la mano,
van al fatal destrozo.
Cuando las dos espadas
se crucen, sin remedio,
cogerán despiadadas
el corazón de tu señora en medio.

*(Apenas termina, cruje la puerta
de la casa, que estaba entornada,
y se abre, para dar paso a don Diego Acuña y Magdalena. Viste don
Diego severo traje, al gusto español
de los nobles de la época. Sin decir*

palabra descienden la gradilla y lle-
gan, encaminándose a la puertecilla
del fondo, hasta el centro de la esce-
na. Potter, en cuanto les ve, hace
a la Groninga señal que guarde si-
lencio, y él y la moza se internan
en la puertecita para ver a sus amos,
sin ser vistos. Movimiento en los
soldados, que hacen formación en
lo exterior desde que aparece don
Diego.)

MAGDALENA
(Llegando al centro de la escena.)
¿Tardarás?... No me engañes.

DON DIEGO
          No te engaño;
sólo dos horas.

MAGDALENA
Dos eternidades.

DON DIEGO
(Risueño, enamorado.)
Fuera yo capitán, como era antaño,
y hablaras con razón de soledades.

MAGDALENA
Si fueras capitán, te seguiría;
no muerta, como canta la balada,
viva.

DON DIEGO
¿Y si el capitán no lo quería?

MAGDALENA
¡Mi propio corazón le colgaría
entre los gavilanes de su espada!

DON DIEGO
Pues no soy capitán, soy consejero,
y amor es poco amigo de consejos.

MAGDALENA
Por eso abjuro y apartarte espero
de ese oficio de viejos.

DON DIEGO
(Incitándola a seguir andando.)
¡Tardo ya!

MAGDALENA
(Con mohín de disgusto.)
          ¡Bien te pesa, por mi vida!
No tardes más, volviendo.

DON DIEGO
          Pues por eso;
todo el tiempo que tardo en la
                    [partida
va a cuenta de tardarlo en el
                    [regreso.

MAGDALENA
Si ello es cierto, ve pronto.

DON DIEGO
          No te digo
queda con Dios porque te vas
                    [conmigo.
(A un soldado que estará a la
puerta.)
¡Mi caballo acercad!
(Desaparece el soldado. A Mag-
dalena.)
          La mano...

MAGDALENA
          ¡Un beso!

(Se abrazan: vuelve a aparecer el
soldado con el caballo, y ellos dos
van juntos hacia la puerta. Potter y
la Groninga avanzan un poco para
ver mejor.)

GRONINGA
Ella es como una aurora...

POTTER
Él es color de acero
y de tormenta.

(Teniéndole un soldado el estribo,
cabalga don Diego. Magdalena que-
da agitando su lienzo blanco.)

GRONINGA
Paloma al aire, el lienzo de ella,
                    [ahora.

POTTER
Huirá del gavilán que la amedrenta.

GRONINGA
Toda es oro, a este sol, nuestra
                    [señora.

POTTER
En un ocaso la verás sangrienta.

(Se aleja de la puerta Magdalena.
Isabel Clara, apenas acabaron de
hablar Potter y la Groninga, asomó
en la de la casa, presenciando la
despedida de don Diego. La Gro-
ninga se interna en la cocina. Potter
vuelve a andar hacia la puerta del
fondo, y al cruzarse con Magdalena,
que viene en busca de su hermana,

le hace acatamiento respetuoso.
Magdalena sonríe, agradecida. Sale
Potter por el fondo.)

ISABEL

Siempre igual; no pasa el tiempo
para ti.

MAGDALENA

Sí pasa, hermana;
pero no viene a segarme
las mieses, sino a doblarlas;
tiempo es de mayo, y me trae
más rosas cada mañana.

ISABEL

Viéndote estaba, y, al verte,
reviviendo horas pasadas,
cuando tu don Diego herido,
a las puertas de la casa,
él te contaba sus hechos
tú, eschándole, temblabas,
daba el sol, pasaba el sol,
y no acababan las pláticas.

(Habrá en el patio medios toneles
y macetas de barro con rosales.
Mientras Isabel se habrá sentado
junto a la mesa, Magdalena va de
un rosal a otro cortando flores.
Cuando tiene unas cuantas, se sienta
junto a su hermana y empieza a
hacer un ramo. La sorprende hacién-
dolo la entrada de Hans Bol y
Berta.)

MAGDALENA

¡Cuántas noches, al cerrarnos
de recogida, en la estancia,
con tus funestos augurios
me hiciste llorar, hermana!
¿Lo recuerdas?

ISABEL

(Con melancolía.)
¡Más que nunca!

MAGDALENA

(Acariciándola, al acercarse a la
mesa para dejar en ella algunas flo-
res.)
¡Pobrecita Isabel Clara,
que le da miedo la vida
y no se atreve a gozarla!

(Imitando la voz compungida de
su hermana al darle consejos.)

«Padre no querrá que cases»...
Casé. «Dos sangres, dos razas
os separarán»... Vivimos
en tan estrecha alianza
que el tiempo, has dicho tú misma,
para nosotros no pasa.
«No bendecirán los cielos
vuestra unión»... ¡Y el cielo manda
que las sonrisas de un hijo
florezcan en nuestra casa!
Maestra de profecías
no serás, que acaso erraras.

ISABEL

¡Y así no acaben mis yerros
en profetizar desgracias!

MAGDALENA

No... porque en una acertaste
¡y plegue a Dios enmendarla!
¡Padre no es nuestro! A sabiendas,
de nuestra casa se extraña,
y, estando don Diego, en ella
jamás ha puesto su planta.
Tan de tarde en tarde viene,
que desde que estoy casada
puedo contar los inviernos
por las nieves de sus canas.

ISABEL

Madre tampoco le ha visto
parar, de asiento, en su casa;
va errante, por el Condado...

MAGDALENA

¿Qué irá haciendo?... Diego calla
cuando le pregunto. Al cabo,
que en esta vida agitada
que en nosotros tres llevamos,
cambiando asiento y estancia
siempre en servicio del rey,
no nos siga, no me extraña;
yo misma, porque Albertino
no sufriera en las mudanzas,
lo he confiado al cariño
de nuestra madre, en su casa.
Pero que tampoco allí
vaya padre; que nos traigan
noticias de él los que errante
por los caminos le hallan
me llega al alma, y me digo
si habré sido yo la causa.

(Terminada la faena de coger flo-
res, pensativa y melancólica, se di-
rige ahora hacia la mesa.)

ISABEL

Padre a su Flandes adora;
dice...

MAGDALENA

Lo recuerdo, hermana;
dice: «Quiero hollar de Flandes
todo el suelo con mis plantas,
quiero recoger la tierra
que levanten mis pisadas,
quiero, mientras vivo aliente,
devotamente guardarla,
y quiero, cuando me entierren,
por si lo hace gente extraña,
que sólo cubran mis huesos
con esa tierra sagrada.»

ISABEL

Padre a su Flandes adora;
si hoy su Flandes amenazan...

MAGDALENA

¿Quién?... ¿No dió España la paz?

ISABEL

La prometió. Las guirnaldas
que festejaron la paz
ya están secas.

MAGDALENA

Pienso, hermana,
que he sido hasta hoy tan dichosa,
que tenté a Dios... Rosa ufana,
(Cogiendo una rosa abierta y mi-
rándola con melancolía y presenti-
miento.)
ya se abrió entera mi vida;
sólo falta deshojarla.

(Desde hace un momento se de-
jará oír un tumulto cerca de la puer-
ta. Las dos hermanas, callándose
para parar mientes en él, oirán vo-
ces de auxilio que las sobresaltan.
Cuando Magdalena se pone en pie
para acudir a lo que sea, entran por
la puertecita del fondo Hans Bol y
Berta, seguidos de dos o tres veci-
nos, que con muestras de desespe-
ración y angustia rodean a las da-
mas.)

BERTA

(Casi a los pies de Magdalena.)
¡Las buenas damas!

HANS

(Lo mismo.)
¡Señora!

MAGDALENA

Decid..., ¿qué ocurre?

BERTA

Os pedimos
protección.

HANS

¡Por las dos manos
inocentes de vuestro hijo!

BERTA

¡De todas nuestras cabañas
se escapan voces de auxilio!

MAGDALENA

¿Qué pasa?

ISABEL

¡Hablad!

HANS

¡Vuestra España
da de sí!

UNA VOZ

¡Por el delito
de amar la tierra en que estamos!

HANS

¡Nuestra patria!

BERTA

Han corrido
con armas todas las casas:
llevan un negro rescripto
y arrastran cuerda de presos
por la comarca; los suizos,
con sus alabardas, hacen
saltar las puertas de quicio,
entran la casa y separan
a los padres de los hijos;
hasta las mujeres prenden,
cuando ellas quieren, con gritos,
mover a los naturales
contra España y sus designios.

MAGDALENA

¿Y esto dura?

HANS

Hace tres días.

MAGDALENA

¿Y es la causa?...

HANS

Haber sabido
España que, porque ansiamos
romper de una vez los grillos
con que nos atan las manos,
todos nos hemos unido.
Todo el Brabante hizo pacto

de sangre; todos quisimos
como en tiempo del de Egmont,[5]
correr juntos el peligro.
Hubo traidores, el pacto
se ha descubierto, y los suizos,
a sueldo del español,
se encargarán del castigo.

MAGDALENA
(A Isabel.)
¡Poco ha durado la paz!

BERTA
¡Señora!... ¡He visto dos hijos
arrancarse de mis brazos
para marchar al suplicio!

MAGDALENA
¡Horror!

HANS
Tenéis en las venas
sangre de Godart; venimos
en nombre de él y de Flandes
a reclamar vuestro auxilio.

MAGDALENA
Contad con él. Diego ignora...

BERTA
¡Señora, es don Diego mismo
quien se llevó, con sus lanzas,
prisioneros a mis hijos!

MAGDALENA
(Transición.)
¡Callad!

ISABEL
(Interviniendo, compadecida de
Magdalena.)
¡No la atormentéis!
¡Salid afuera; el servicio
que le pedís, ya estáis viendo
que se lo niega el destino!

HANS
¡Afuera corre don Diego
la comarca con los· suizos!
¡No queremos tener, viéndole,
ocasión de maldecirlo!...

MAGDALENA
Callad, callad...

_____

[5] célebre capitán. Luchó contra los
franceses; el Duque de Alba le hizo
decapitar por haberse sublevado contra
la Inquisición (1522-68)

HANS
(Enardeciéndose.)
En la lengua
que fué vuestra, en la que dimos
el respeto a nuestros padres,
la crianza a nuestros hijos;
¡con las mismas maldiciones
que de labios aprendimos
de nuestro señor Juan Pablo
contra el funesto enemigo!

ISABEL
(A la mujer, con instancia supre-
ma y persuasiva.)
¡Salid!

BERTA
¡Acogednos!

MAGDALENA
(A su hermana.)
¡Deja,
que está cambiándose el hilo
de mi vida; que me arrancan
de un sueño largo sus gritos!
(A Hans Bol, transfigurada, a punto de una resolución suprema. Su
hermana la sigue con ansiedad.)
Decís que España os castiga,
decís que don Diego mismo,
con sus lanzas...

HANS
(Interrumpiéndola.)
Aún, viniendo,
sobre el caballo le vimos,
porque quedan seis casas
de rebeldes sin castigo;
la mía entre ellas... ¡Mi nombre
ve el último en el rescripto!

ISABEL
¡Huid!

HANS
(Vivamente.)
Los suizos nos cercan:
¡no hay salvación!

MAGDALENA
(Ironía terrible.)
¿Y has venido,
cobarde, a que una mujer
te socorra en el peligro,
o a que la hija de Godart,
contra ley, contra el destino,
contra Dios, muestre, en sus hechos,
la sangre de que ha nacido?

HANS

Soy de Flandes, llamo a Flandes;
no hay más razón en mis gritos;
vuestra mano, hecha de tierra
donde amasaron los siglos
cenizas de vuestros viejos
con sangre de sus martirios,
puede sujetar el brazo
sobre Flandes suspendido;
si lo hacéis, labios os canten,
porque escalasteis un sitio
en donde romper los hierros
que nos tenían cautivos;
si no lo hacéis...

*(Magdalena da un paso hacia el
campesino, como si quisiera sentir
más cerca el fuego que brota de sus
palabras.)*

ISABEL

(Reteniéndola.)
¡Magdalena!

MAGDALENA

(Rechazándola, por Hans Bol.)
Deja. ¡Mando que hable!

BERTA

(Atemorizada, en voz muy débil.)
¡Auxilio!

HANS

*(Encendido, transfigurado, frente
a frente de la hija de Godart.)*
Si no lo hacéis, vuestro nombre
quede en prenda a los nacidos
de cómo un amor impuro
corrompe linajes limpios;
si no lo hacéis, estas canas,
este horror, este mendigo,
os hablen, en mí, de aquel
que va por esos caminos
moviendo a Flandes en armas
de un mal paso arrepentido;
si no lo hacéis, contempladle
cómo un último heroísmo
le hace borrar vuestro nombre
de su corazón; ¡el libro
en donde guardan los padres
la memoria de sus hijos!

ISABEL

¡Calla! ¿Quién eres?

HANS

¡Soy Flandes;
me acosan, amparo os pido,
y Juan Pablo en estos hombros
puso sus brazos de amigo!

MAGDALENA

¡Basta ya! ¡Dios con nosotros,
y seguidme! ¡Os doy asilo!

*(Tiene ella que obligarles a en-
trar en la casa por la puertecita pequeña. Los infelices besan sus manos. Queda en la escena Isabel Clara, aturdida. Durante la escena anterior Magdalena habrá roto nervio-
samente todas las flores. Isabel Clara aparta aquel despojo para sentarse. Cautelosamente asoma por la
puerta del fondo Mander.)*

MANDER

(Sin gritar, con voz misteriosa.)
¡Isabel Clara!

ISABEL

(Con sobresalto.)
¿Quién es?
¡Mander!

MANDER

*(Imponiéndole silencio, con un de-
do en los labios. La misma voz de
antes.)*
¿Él está en la casa?

ISABEL

No. ¿Sois también perseguido?

MANDER

Toda Flandes está en armas;
mas no hablo de ello. Alguien llega
que, hallándole, le pesara.

ISABEL

¿Mi padre?

MANDER

¡Silencio!

ISABEL

*(Sin poder contener un grito, co-
rriendo a la puerta.)*
¡Padre!
*(Roto, envejecido, con cara de su-
frimiento, de lucha y de fatiga; manchado el traje de fango de los caminos, la figura venerable y apoca-
líptica, aparece Juan Pablo, con la*

cabeza completamente blanca, en el
marco de la puerta.)
¡Padre mío!

(Se arroja en sus brazos.)

JUAN PABLO
¡Isabel Clara!

(Pausa. Los dos están un rato
abrazados.)

MANDER
Bien, acercaos... Tenedle,
Isabel... que el tiempo falta;
que sólo un instante debe
permanecer en la casa
para deciros adiós.
(Baja la voz.)
Nos vienen siguiendo lanzas.
(A Juan Pablo.)
Sentaos; él no está aquí;
descansad. Luego...

JUAN PABLO
No, basta;
pues aquí llegué, aquí quedo;
la expiación es sobrada.
(Pausa. A su hija, sonriendo.)
Pasa del año, Isabel,
que tus dos manos de gracia
no pusieron sus jazmines
en la nieve de mis canas.
(Le besa las manos varias veces.
Isabel estará en una escabel bajo,
sentada a sus pies. Mander, en pie,
interviniendo a veces en el diálogo,
y lo demás del tiempo vigilando las
puertas, como quien tiene y da la
sensación de un peligro inminente.)
Hoy vi a tu madre... Ella ignora
los peligros que amenazan;
cuidadla... fué buena siempre;
animosa, alegre, casta
como en el cristal de un río
la lumbre de la mañana;
cuidadla... yo no me marcho
sin pena de abandonarla.

ISABEL
Padre, no habléis de marcharos;
esto pasará.

JUAN PABLO
Sí, pasan
los sucesos y los hombres,
¡y yo hice larga pasada!

También he visto... a Albertino;
tu pobre madre le guarda.
¡Albertino!

ISABEL
Vuestro nieto.

JUAN PABLO
Mi hijo dos veces... Jugaba,
metiendo en ellas las manos,
con las hebras de mis barbas...
«¡Qué río blanco!», decía;
su cabezuela dorada
desaparecía en ellas;
«¡me cubre, me cubre el agua...»
Y yo, inclinándome —el juego
casi me ponía a lágrimas—,
le envolvía más hundiéndole,
anegándole en mis barbas:
«¡Qué fría el agua, qué fría!...»

MANDER
(Con intención.)
¡Bien pudo lavar la mancha
de su origen!

JUAN PABLO
(Reconvención profunda y dolo-
rida.)
¡Mander, Mander!
¿A qué tan pobres palabras?
(A Isabel, con intimidad, otra
vez.)
Ha crecido... Al separarnos,
me hizo juegos con la espada;
¡ya tiene un gesto con ella!

MANDER
¡Flandes verá si lo para!

JUAN PABLO
(Lo mismo que antes.)
Mander..., ¡me cierro a escucharte!
Tan sólo hay odio en tu alma.
(Pausa. Después de una mirada
circular, a Isabel, con temor y con
cariño al mismo tiempo.)
¿Y Magdalena?

ISABEL
(Haciendo rápido gesto de incor-
porarse.)
¿La llamo,
señor?

JUAN PABLO
(Timidez de viejo.)
No, después; aguarda.
(La acaricia a ella.)

Ello es que yo, por lavar
la afrenta que imaginaba
haber hecho a nuestra tierra
desde que acogí al de España,
los últimos años míos
los di enteros a mi patria...
Mander me ayudó..., ¿verdad?
(Mander asiente sonriendo.)
¡La tarea ha sido larga!
Hoy nos persiguen..., ¡no importa!
la tierra queda sembrada;
de punta a punta el Condado
vuelve a levantarse en armas;
si mal hice, en bien lo torno;
si falté, mi sangre paga.

ISABEL
(Tomándole las manos, con sollo-
zos.)
Padre.

JUAN PABLO
¡No, lágrimas, no!
Nos vienen siguiendo lanzas;
traen mi sentencia; no pude
pasar de largo esta casa,
estando en ella vosotras,
sin entrar a que me hablarais...

MANDER
(Interviniendo, con intención.)
Yo insté; que siendo don Diego
del Consejo, por España,
logre acaso Magdalena
moverle a otorgaros gracia.

JUAN PABLO
(Serenamente.)
No, Mander; hoy ya no pongas
fingimiento en tus palabras;
tú me has hecho entrar aquí
por doblez, porque esperabas
que, al sentirse Magdalena
culpable de mi desgracia
trocando el amor en odio,
lo echara a don Diego en cara.
Yo te conozco.

MANDER
Señor,
vuestra acusación me extraña.

JUAN PABLO
Deja... Tú esperas vivir;
mi muerte ya está cercana,
y el odio es cenizas cuando
va el alma a salir en llamas.

MANDER
Repito que Magdalena,
si bien quisiera, lograra
del Consejo de Justicia,
para su padre, la gracia.

JUAN PABLO
¡Y yo digo que soy yo
quien no quiere y la rechaza!
Bastante he vivido; fuerzas
para presenciar me faltan
cómo, corriendo, la sangre
de mi pueblo a todos mancha.
Cansado estoy de llevar
juntos a un tiempo, en el alma,
un amor que aquí me trae
y un odio que me separa.
¡Corre a Montigny a decirle
que se acerque con sus lanzas;
no será un reo el que entregue
con cadenas a su España;
será un viejo que, aliviado,
por sus manos, de su carga,
sonreirá para darle,
con sus despojos, las gracias.

(Magdalena ha aparecido en la
pequeña puerta; su padre, de espaldas a ella, no puede verla. Ella escucha sus últimas palabras y se detiene para reaccionar enérgicamente
y comprender la situación.)

MAGDALENA
¡Padre mío!

JUAN PABLO
(Poniéndose en pie, con un esfuer-
zo supremo.)
¡Magdalena!
(Corre ella, dispuesta a caer a sus
pies: Juan Pablo, queriendo evitarlo,
dice:)
¡A mis brazos!

MAGDALENA
(Arrodillándose.)
¡A tus plantas!

(Mander a Isabel, con inquietud
visible y cambiando palabras, en voz
baja, salen por la parte del fondo,
para estar al corriente de lo que pasa
afuera.)

JUAN PABLO

Pues queda en ellas el tiempo
que tarda una bendición
en pasar a las de un padre
desde las manos de Dios.
Mucho en tu amor he sufrido;
pero era tanto mi amor,
que, cuando debió acabarse,
por no hacerlo, me acabó.
Muy viejo estoy; y hoy los mozos
ya no sois de nuestra pro
ni entendéis como nosotros
los deberes y el honor.
Pasan años, cambian vidas
y todo, a mi alrededor,
por disimular lo que es,
se asombra de lo que soy;
no es mi sangre, no es mi gente,
no es mi mundo este en que estoy;
si amargado lo abandono,
no me pidas la razón.

MAGDALENA

Padre mío, ¿a qué pedirla
si en todo lo que habláis vos
está latiendo el reproche
de que la causa soy yo?

JUAN PABLO

¡No!

MAGDALENA

Ni de ello hablemos, padre;
que, al cabo, si fué el amor
causa que, no resistiéndole,
Dios mío en él sucumbió,
siendo yo humana y mujer,
no puedo hacer más que Dios.
Pero, el amor puesto a un lado,
¿qué otro daño os hice yo
que a vuestras santas palabras
da tan amargo el sabor?
¿De abandonarnos habláis
y no os mueve el corazón
ver, cuando os oigo, el horrible
remordimiento en que estoy?

JUAN PABLO

No te culpo de mis penas.

MAGDALENA

No importa; me culpo yo,
que cuando a paces estábamos,
metí el rayo entre los dos.

JUAN PABLO

Tú, al cabo, ignorabas...

MAGDALENA

¡Nada!

Pero cediendo a mi amor,
no olvidé de dónde vino
la sangre a mi corazón;
creció con mi amor mi vida,
no es que de nuevo empezó;
todas las raíces de ella
más las siento en mi interior,
desde que el árbol dió fruto,
desde que un nido colgó
del árbol, pensando en él
con la bendición de Dios.

JUAN PABLO

Con todas estas razones,
hija mía, aunque ellas son
parte a endulzarme las penas
nos has de remediarlas hoy...
La fatalidad no tiene
quién la mueva; reo soy,
y España me ha sentenciado,
por Flandes, de sedición.

MAGDALENA

Consejero es de Justicia
Diego, y rogaré por vos.

JUAN PABLO

Don Diego no ha de otorgar
lo que está sobre el honor
y el deber.

MAGDALENA

Don Diego es mío,
y con él me entiendo yo.

JUAN PABLO

Ni estuviera yo en su casa,
Magdalena, como estoy,
si, entrando en ella, esperara
de don Diego protección.

MAGDALENA

¡No fuera esta casa mía
como lo es, si, estando yo,
lanzas entraran en ella
para arrancaros a vos!

JUAN PABLO
(Irguiéndose.)

¡No entrarán; saldré yo mismo!
¡No me escondo; el rostro doy
y, con marcharme, esta casa
libro de un nuevo baldón!

MAGDALENA

¡Padre!

JUAN PABLO
(Saliendo torpemente y trágica-
mente.)
¡Llevamos dos rumbos!

MAGDALENA
(Con un gesto rápido, abriendo la
puerta donde internó a sus protegi-
dos, que salen. todos, rodeándola.)
Pintor Juan Pablo: éstos son
vuestros flamencos, movidos
a rebelarse por vos;
pacto de vida o de muerte
con ellos hicisteis; hoy
asilo me demandaron,
y asilo otorguéles yo:
si salís, abandonándoles,
que en cuenta os lo tome Dios;
¡yo, por seguir vuestros pasos,
les dejo sin protección!

(Juan Pablo vacila y se detiene.)

HANS
¡Meser Juan Pablo!

BERTA
¡Maestro!

JUAN PABLO
(Corriendo a ella. Todos le ro-
dean: él, después de mirarles.)
¡Hijos míos!... ¡Pocos sois!

HANS
¡Magdalena es vuestra sangre;
no la desmiente, señor!

JUAN PABLO
¡Gracias, Dios mío!... ¿Y qué
[intentas,
hija?

MAGDALENA
¡Emplear el amor
que os abrió tantas heridas,
en óleo de todas, hoy!

(Mander e Isabel Clara entran
apresuradamente por la puerta del
fondo.)

MANDER
(Alarmado, gritando.)
¡Llegan Montigny y sus lanzas!

JUAN PABLO
(A su hija.)
Mis perseguidores son.

MAGDALENA
(Yendo a él.)
¡Padre!

HANS
¡Juan Pablo!

ISABEL
¡Ocultaos!

JUAN PABLO
¡Jamás!

MAGDALENA
(Reaccionando.)
¡Os lo pido yo!
Ya oísteis que vuestra sangre
no la desmiento, señor;
si arranco a España una vida,
no habrá de ser con baldón.
(A su padre y a todos, imponién-
dose con su actitud.)
¡Vosotros dentro, aguardando
mientras da un plazo el honor;
yo entre vosotros y España
y árbitro de todos, Dios.

(Ella misma ayuda a los perse-
guidos a internarse: suena vocerío
del pueblo, precediendo a las lanzas.
Entran algunas mujeres y niños en
escena. Mander, Isabel y la Gronin-
ga y Potter, que acaban de salir al
ruido, forman grupo junto a Mag-
dalena, que estará sobre el primer
peldaño de la puerta grande, cru-
zados los brazos, esperando la apa-
rición de Montigny. Entra este capi-
tán con guardias walonas o suizas
en escena. Griterío de chiquillos. El
tambor a las órdenes de Montigny
redobla para imponer silencio. Ter-
minado el redoble, el pregonero de
la Justicia se adelanta para leer la
siguiente citación. Se ha hecho un
gran silencio.)

PREGONERO
(Leyendo.)
«Por España y la muy noble
Católica Majestad
del rey Felipe; yo, Alberto,[6]

---

[6] llamado el Piadoso (1559-1621),
sexto hijo del emperador Maximiliano II y nieto de Carlos V. Fue elegido
por Felipe II para gobernar los Países
Bajos en 1595.

su obligado y su leal,
archiduque de Austria, usando
mi mando y mi autoridad,
y en estos Estados Bajos,
gobernador, vengo a dar
a vos, barón Montigny,
de mis lanzas capitán,
orden que, buscando al dicho
pintor Juan Pablo Godart,
le prendáis y entrega de él
hagáis a mi Tribunal;
que, si se resiste, venia
para atacarle se os da;
que al que le encubra o defienda,
le alcance castigo igual.
Por herético, enemigo
de España y Su Majestad
y de la Romana Iglesia
Madre nuestra, le serán
sus haciendas confiscadas,
retenida su heredad.
Asimismo: niego venia
a arzobispo, cardenal,
obispos, prior, abades
y otra cualquier dignidad
para confesarle, salvo
si en su error quiere abjurar,
y en la causa de su vida
que entienda mi Tribunal.»

MONTIGNY [7]
¿No oísteis?... ¿No está en la casa
Meser Juan Pablo Godart?
¿Esperáis que den mis lanzas,
para que habléis, la señal?

MAGDALENA
Barón Montigny, debisteis
mirar bien, antes de hablar,
la alcurnia de quienes oyen
y la casa donde estáis;
que, si plumas de curiales
dan fueros a un capitán,
el ser yo dama y honesta

trato y condición me da
para que, si bien nacieron
y en buena crianza están,
barran el suelo con plumas
los que me quieran hablar.

(El barón de Montigny lleva la mano a su chambergo y saluda a la dama largamente.)

MONTIGNY
Perdonad; ni yo sabía
que, hablando, me ibais a honrar,
dama, ni cuya es la casa
en que mis lanzas están.
De orden de nuestro archiduque,
busco a Juan Pablo Godart;
dijéronme que le han visto
entrar en este zaguán;
si le ocultáis, entregadle;
si no le entregáis, pensad
que al que lo encubra o defienda
le alcanza castigo igual.

MAGDALENA
Barón Montigny, éstas son
las paredes del solar
donde habita el consejero
Acuña de Carvajal;
si el ser justicia en España
no da a un hombre autoridad
sobre lanzas de soldados
y audacias de capitán,
de tal reino y tal justicia
poco se puede esperar.

MONTIGNY
Señora: honrando la insignia
de Acuña de Carvajal,
¡un consejero no puede
lo ya fallado enmendar!
Todos los justicias callan
donde habló Su Majestad,
y este rescripto, en que ha puesto
el duque su autoridad,
consejeros y soldados
lo han de acatar por igual.

MAGDALENA
No os lo niego; pero, al menos,
barón Montigny, esperad...

MONTIGNY
(Impaciente: las gentes murmuran y el capitán quiere acabar prontamente, viendo llegar el tumulto.)

[7] consejero de Margarita, regente de los Países Bajos, la cual le envió a la corte de Felipe II para solicitar del monarca que cumpliera las promesas hechas a los Países Bajos. El Duque de Alba instruyó un proceso contra el barón, fue encerrado en una cárcel y pereció en ella de muerte natural, según se declaró oficialmente, aunque algunos historiadores suponen que fue asesinado.

¡El rey no espera, señora,
y el rey con nosotros va!

MAGDALENA
¿Luego es fuerza?

MONTIGNY
¡Traigo lanzas!

MAGDALENA
¡Soy dama!

MONTIGNY
¡Pasando estáis
a reo, y un reo excusa
tratamiento a capitán!
Juan Pablo Godart; le busco:
¡responded si le entregáis!

MAGDALENA
No: ¡lo exigís de tal modo,
que os lo tengo de negar!

MONTIGNY
¡Yo haré por él!

MAGDALENA
¡Dios con todos!

MONTIGNY
¡Y por vos!

MAGDALENA
¡Mejor será;
que, al cabo, puesto a villano,
no cuenta el menos o el más!

UNA VOZ
¡Cobarde!

(Tumulto.)

MONTIGNY
(A los soldados.)
¡Tomad la casa!

MAGDALENA
¡Válgame España! Ahora entrad.
(Se inicia un movimiento, y, atro-
pellando por todos y conteniendo al
capitán y a las lanzas, entra en escena don Diego Acuña precipitada-
mente: le siguen Potter y alguien
más que habrá ido a avisarle. Al
verle, Magdalena corre a sus brazos,
gritando.)
¡Diego!

DON DIEGO
(Severo, conteniéndola con la voz
y el gesto delante de la multitud.)
¡Señora!...

(Al oír el nombre de don Diego,
se habrá abierto la puerta pequeña
y saldrán a escena, dispuestos a en-
tregarse, Juan Pablo y los demqs flamencos. Con un gesto los detiene
don Diego, como ha detenido a las
lanzas. Mira en seguida a Magdalena, dispuesto a escucharla. Don
Diego domina el cuadro desde que
aparece.)

MAGDALENA
En la tremenda prueba,
toda palabra me parece poca;
Diego, evítale esfuerzos a mi boca,
y al corazón todo tu amparo lleva.
Si mudo me preguntas,
por vez primera, con tus ojos fríos,
¡ve mi respuesta: con las manos
[juntas,
lloro y pido por éstos, que son míos!

(Cae de rodillas, besándole la mano: sin dejarla casi arrodillarse, la
obliga a alzar don Diego, haciendo
esfuerzos por aparecer sereno y do-
minando una emoción intensa. Ya
en pie Magdalena, vuelve don don
Diego el gesto al capitán Montigny.)

DON DIEGO
Capitán Montigny, ¿qué tropa es
[ésta?

MONTIGNY
(Alargándole el rescripto del ar-
chiduque, que don Diego tomará en
sus manos y leerá entero para sí.)
Ved lo que manda el archiduque
[Alberto.

DON DIEGO
(Después de haber leído: serenamente.)
¿Y dar remate a lo mandado os
[cuesta?

MONTIGNY
(Excusándose.)
Medió el empeño de una dama...

DON DIEGO
Es cierto.
Pero se ordena aquí, cuando
[defienda

quienquiera o cuando encubra al
[perseguido,
que sin piedad vuestra merced lo
[prenda,
y vos, mi capitán, no habéis
[cumplido.

MONTIGNY
(Asombrado.)
¿Debí?...

DON DIEGO
Debéis, pues que esta dama
[ampara
al preso y las justicias atropella,
poner los hierros, que trajisteis para
las manos suyas, en las manos de
[ella.
Fuera ella vuestra madre, y no sé
[fuerza
que, cayendo en delito,
la haga inmune: la ley no hay quien
[la tuerza;
delinquió, castigadla: ello está
[escrito.
(Montigny da un paso. Cambio en
don Diego, que le hace frente.)
Pero la amparo yo, y os tengo el
[brazo;
movedle vuestras lanzas y sois
[muerto.
¡Aquí entra Diego Acuña y abre
[plazo
a lo que manda el archiduque
[Alberto!
(Rasga la orden del archiduque.
Retrocede Montigny, espantado.)
¿Vacilaréis?... ¿Y es justo en este
[trance,
capitán, que el deber no se os
[alcance?

MONTIGNY
(Apurado.)
Monseñor consejero...

DON DIEGO
¿Quién me llama,
pues falté a la justicia, de esta
[suerte?
(A las lanzas, entregándose.)
Soldados: por España y por mi
[dama,
llevadme a las prisiones o a la
[muerte.

MAGDALENA
(Da un paso hacia él.)
¡Diego!

DON DIFGO
(Frío, señalando a los perseguidos
y a Juan Pablo.)
Libres ya son.
(Magdalena, Juan Pablo y los demás quieren oponerse al gesto, dán-
dose a las lanzas.)
¡A las prisiones,
capitán Montigny!... Nunca
[traiciones
hizo esta espada, pero está partida;
(La rompe en dos mitades.)
con ella rota, rota va mi vida;
(Entrega la espada, haciéndose
prisionero, al capitán.)
¡disponga el cielo de mi suerte
[ahora!
(Vuelto a Magdalena, con sencillez.)
¡España y yo somos así, señora!

(Da orden él mismo al pelotón y
salen. Magdalena y Juan Pablo están
abrazados.)

TELÓN RÁPIDO

ACTO TERCERO

LA GUERRA

Una gran sala baja, al gusto holandés de la época, en los alrededores de Malinas.

En el fondo dos puertas. La de la derecha abre sobre el campo; la de la izquierda es un gran arco de piedra, tras del cual hay un segundo recinto practicable. A este segundo recinto se ingresa por un peldaño desde el arco. En el fondo de él, otro arco más pequeño y con reja de madera en su parte alta, que abre sobre un extremo del jardín.

En la pared lateral derecha, puerta que comunica con los corrales y con la cocina de la casa; sobre esta puerta, tragaluz con cristales cuadrados y cenefa de colores, al gusto holandés. En la lateral izquierda, otra mayor, comunicando con el interior de la casa. En la pared lateral derecha, segundo término, gran chimenea holandesa. En la de la izquierda, segundo término también, aparador monumental del mismo gusto. En la estancia, una mesa grande de nogal, varias sillas y un sillón. Sobre la mesa, jarro no muy grande con flores. En la pared del fondo, entre ambas puertas, algunas espadas, pistolas y mosquetes formando panoplia. Al levantarse el telón, JUAN PABLO, que tiene un bastidor apoyado contra el quicio del arco, parece estar pintando un aspecto del jardín. Junto a la chimenea, formando grupo, ISABEL CLARA y ALBERTINO.

ALBERTINO
¡Le he visto ya!... Y madre dice
que no dejará la casa
'nunca más... Siempre a la vera
le tendremos; no se aparta
de nosotros; me hará historias,
¡me dará lición de espada!...
¡Llegó ayer... y hoy me parece
que ya están todas troncadas
estas paredes; yo mismo
soy más que yo, Isabel Clara;
como hogar vacío, donde
de pronto metieran brasas!

ISABEL
¡Pobre Albertino!

(Besándolo.)

ALBERTINO
Aunque padre
tornó más triste a la casa
que salió de ella.... ¿en qué sitios

ha pasado estas semanas
de ausencia?

ISABEL
(Evasiva.)
En la guerra, acaso...

ALBERTINO
(Rápido.)
No en la guerra... que ahora
[marchan
mal, para España, las cosas;
¡no andará en ello su espada!

ISABEL
¿Quién dijo?

ALBERTINO
Mander lo dijo...
Y acaso es ésta la causa
de las tristezas de padre;
que sus reveses le amargan
porque España es de él... ¡y yo
también quiero ser de España!

155

ISABEL

*(Señalando al abuelo, con pruden-
cia.)*
¡Albertino!...

ALBERTINO

(Vivo.)
    No; no temas,
si oye el abuelo, que me haga,
como en otros días malos,
reproche de mis palabras...
Cambió el abuelo; ahora es él
quien, a escondidas, me llama
y habla de padre, y sus ojos
blandos se llenan de lágrimas,
que el nombre de Dios con más
respeto no pronunciara.
¡Y da tanto bueno oírle
hablar de él, Isabel Clara!
¿Tú no sabes, no te han dicho
lo que pasó en nuestra casa?
¿Por qué el abuelo, dejando
los tumultos y las armas,
volvió a sus cuadros? ¿Por qué
faltó de ella estas semanas
mi padre? ¿Por qué ayer, Mander,
tornando, le acompañaba,
con aquella risa suya,
que es risa y a mí me daña?
¿Por qué, como en otros tiempos,
no hubo, al regresar, palabras
de alegría, ni entusiasmos,
ni relatar hechos de armas?...
¿Tú no sabes, no te han dicho...?

ISABEL

*(Levantándose por esquivar las
preguntas de Albertino.)*
¿Y a qué saber?... ¿No te basta
con tenerle aquí, Albertino,
que has de saber qué le traiga?

ALBERTINO

Preguntaré...

ISABEL

    No preguntes;
la curiosidad es mala...

ALBERTINO

¡No es mía, que es de amor
y mueve toda el alma!

MARÍA

(Saliendo por la lateral izquierda.)
¿Dónde estás, Juan Pablo?

JUAN PABLO

*(Viniendo en su busca y dejando
el cuadro.)*
    Di.

*(Albertino quiere acercarse a ver
qué hablan, pero Isabel le obliga a
ir con ella al fondo y desaparecen
por el jardín.)*

MARÍA

No habremos logrado nada;
lo que es fatal, es fatal,
Juan Pablo. Diego esperaba
la muerte; volver al mundo
más le pesa que le agrada.

JUAN PABLO

Parte en ello no tomamos
nosotros, aunque bastara
la deuda en que nos tenía
para procurarle gracia.
Triunfó la protesta en Flandes;
todas las furias de España
no bastaron a evitar
que el pueblo tocara alarma.
Encontróse el archiduque
sin soldados; se le alzaban
los naturales y están
los tercios de él en Italia.
Desguarnecidas prisiones
castillos y tarazanas,
Mander, con tan pocos hombres
que los dedos los contaban,
sacó a don Diego y los nuestros
de las cárceles de España;
nosotros no hicimos más
que abrirle esta puerta franca;
y ayer parecía alegre
cuando llegó a nuestra casa.

MARÍA

Hoy, no; tiene el rostro lleno
de sombras esta mañana.

JUAN PABLO

Lo esperaba: al cabo es él
de una tierra y de una raza
que, leones acosados,
a escoger, más les agrada
deber la muerte a los suyos
que la vida a gente extraña.
Mander cuenta que, al sentirse
Diego libre y ver que estaban
rodeándole los nuestros,
como se halló sin espada,

con los dientes y los puños
quiso atacarles: «¡Mi raza
me encarceló, ella me libre!»
Y pugnando que le echaran
de nuevo sus hierros, Mander,
que aplacarle procuraba,
quedó con la diestra mano
toda rota y magullada.
«¡Sea en pago —clamó Diego—
del hecho con que me infamas;
que. esa mano, al fin, ya no
volverá a empuñar espada!...»

                MARÍA
¡Siempre es él, en todas partes!

              JUAN PABLO
Le aguardaban en la casa
su hijo, Magdalena... Vino,
les ha visto; esta mañana
ya, más que ellos, en él pueden
los clamores de su raza.
Piensa... La nuestra y su tierra,
de nuevo riñen batalla;
por todas las partes suenan,
levantándose, las armas,
¿qué va a hacer él? Si la paz
nos separó, ¿será extraña
cosa que la guerra ahora
venga a aumentar la distancia?

                MARÍA
        (Atemorizada.)
¡Pero tú!...

              JUAN PABLO
        Yo mantendré
lo que juré una mañana;
ya no correrán por mí,
como corrieron, las lágrimas;
di a la venganza diez años
por Flandes; los que me faltan,
¡no es mucho darlos a Dios
para las cuentas del alma!

                MARÍA
(Reconociendo todo el esfuerzo que
le cuesta al viejo esta promesa y
apretándole la mano.)
¡Gracias!

              JUAN PABLO
    (Mirando a la lateral izquierda.)
Magdalena llega.

                MARÍA
Torna a tu arte.

              JUAN PABLO
¡Que él me valga!

María Berkey, mientras Juan Pablo pasa al fondo, se queda orde-
nando algunos objetos. Entra por la
lateral izquierda Magdalena, seguida
de don Diego. Se advertirá en éste
un cambio sensible desde el acto
anterior: parece que los arreos de
burgués, al modo flamenco, con que
aparece vestido, sin ceñir espada, le
desfiguran por completo: refleja su
rostro, menos en los momentos
en que le anima la expresión del
diálogo, un desaliento y postración
inusitados en él.)

              JUAN PABLO
    (Llegando al centro de la escena.)
¡Albertino!

(Sale el chicuelo corriendo del
fondo del jardín: llega a su madre,
a quien va a abrazar: ésta, con el
gesto, le muestra a don Diego, y
el chiquillo corre a él. Detrás ha
entrado Isabel Clara.)

              DON DIEGO
¡Albertino!

              ALBERTINO
    (Después de abrazarle.)
            ¿Ya es seguro,
padre, que tanta ausencia ha
                      [terminado?

              DON DIEGO
Ya no vuelvo a apartarme de tu lado.

              ALBERTINO
¿Lo juras?

              MAGDALENA
        (Corrigiendo.)
    ¿Lo aseguras?

              DON DIEGO
    Lo aseguro.

              ALBERTINO
(Sin parar mientes en la variación,
batiendo palmas.)
¡Y volveremos al contar de historias,
y al probar un caballo en la
                      [explanada,
y a las contiendas...!

              DON DIEGO
    Y al jugar la espada...

ALBERTINO

¡Y al relatarme tú de tus memorias!
Por cierto, que tú, padre, que solías
siempre, al volver, contar tus
                    [fechorías,
de esta postrera no me has dicho
                    [nada.
   *(Se instala a sus pies, dispuesto a
escucharle. Magdalena quiere disua-
dirle.)*
¡Cuenta!...

   *(Magdalena marca más el gesto:
don Diego, con la vista, la contiene,
y dice al niño.)*

DON DIEGO

   Mi hazaña postrera
tiene poco que contar,
hijo mío, y es vulgar
como una historia cualquiera.
Pero, en fin, hago memoria
y, ya que no lo merece,
voy a contarte otra historia
que en todo se le parece.
Este era un buen consejero
que, porque una vez holló
su ley, él mismo se dió
de su grado prisionero.
Y éste era un pueblo, movido
por tremenda sedición
a guerra, con la nación
del consejero atrevido.
Fué el consejero a prisiones;
los suyos le encarcelaron,
y, para fallar, buscaron
premáticas y sanciones.
Y, en tanto, los enemigos
de su nación que se alzaron,
al consejero libraron
de cárceles y castigos.

ALBERTINO

¡Brava hazaña!

DON DIEGO

   No, en verdad;
que, según quien la da, son
las prisiones libertad
y la libertad prisión.
Busca el consejero quien
decirle pueda, leal,
si es bien aceptar un bien
de quienes se quiere mal,
y aunque el corazón severo

le señala la prisión
donde ser, por su nación,
prisionero y carcelero,
como el consejero tiene
hijo y mujer que abrazar,
piensa en ellos, da en dudar
y a perderles no se aviene.
Porque no hay leyes que den
la razón a la razón,
cuando le parece bien
lo más malo al corazón.
Con lo que el hombre, cediendo
a la traición que aquel día
hijo y mujer le volvía,
tornó a su casa, diciendo:
«Viviré para el amor,
si he muerto para la gloria.»
Y así termina la historia
del consejero traidor.

MAGDALENA

(Con intención.)
No es traidor el que cumple sus
                    [deberes.

ISABEL

En el amor, también hay heroísmo.

JUAN PABLO

*(En el fondo, a Martín Frobel,
que habrá entrado hace un momento, mostrándole, como siempre, pruebas de sus trabajos.)*
El español aún gusta a las mujeres.

MARTÍN

Pero ya no es la sombra de sí
                    [mismo.

DON DIEGO

*(Con un suspiro, como arrancán-
dose por fuerza a sus recuerdos.)*
¡Albertino, lición tengo de darte,
ya que aún es tiempo de jugar la
                    [espada!

ALBERTINO

*(Saliendo aprisa a descolgar dos
espadas de la panoplia del fondo.)*
¡Me place!

DON DIEGO

*(Tomando una de las espadas que
gallardamente le ofrece Albertino
por la empuñadura.)*
   ¡A ver si logra, amaestrada,
suplir tu diestra el brío con el arte!
   *(Toman para la lección casi toda
la diagonal de la escena. Desde el*

arco donde Juan Pablo vuelve a pintar hasta la puertecita lateral del
primer término derecha, María Berkey, con Isabel Clara y Martín Frobel, quedan un momento en el marco
de la puerta del fondo.)
Toma el hierro, y cuando esté...

ALBERTINO
¿Qué?

DON DIEGO
En tu mano alto y desnudo...

ALBERTINO
(Interrumpiéndole, porque adivina
lo que su padre va a decirle.)
¡Saludo!

DON DIEGO
¿Para asombrar con tu hazaña?...

ALBERTINO
¡A toda España!

DON DIEGO
(Colocándose en la defensiva.)
¡Y ahora, pronto, ataca y daña!

ALBERTINO
¡Déjame despacio honrarte,
porque pienso, al saludarte,
que saludo a toda España!

DON DIEGO
(Tomando la ofensiva, para obli-
garle a comenzar.)
¡Replica, no te retires!

ALBERTINO
¡No me mires!

DON DIEGO
¿Pues te da miedo de mí?

ALBERTINO
¡Sí!

DON DIEGO
(Fallando, adrede, para que Al-
bertino se decida a atacarle.)
¿Y cuándo me ves fallar?

ALBERTINO
He de entrar.

DON DIEGO
(Desarmándole y burlando de su
torpeza.)
¡Bravas trazas de atacar
en el hijo de don Diego!

ALBERTINO
(Que recoge del suelo su espada.)
Padre, pues yo te lo ruego;
no me mires si he de entrar.

DON DIEGO
(Avanzando, para ofender de nue-
vo.)
¡Gana tierra; dame acero!

ALBERTINO
(Haciéndolo, aunque todavía con
mucha timidez.)

ALBERTINO
Pero...

DON DIEGO
¿Ya tiembla el alma esforzada?

ALBERTINO
¡De tu espada!

DON DIEGO
¿Pues tu aliento se acabó?

ALBERTINO
¡No!
Mas hijo tuyo soy yo,
y así, siendo tu segundo,
triunfaré de todo el mundo,
pero de tu espada, ¡no!

DON DIEGO
(Con sarcasmo cariñoso para pro-
curar esforzarle.)
¿Doy nombre a quien no me vale?

ALBERTINO
(Comenzando a enfurecerse infan-
tilmente.)
¡Dale!

DON DIEGO
¿A quién, si mi ley no saca?

ALBERTINO
(Desesperado, decidiéndose a ha-
cer por él, a ciegas.)
¡Al que ataca!

DON DIEGO
(Parándole y contendiendo dura-
mente, con ironía.)
¿Qué buscas, si me hallas fuerte?

ALBERTINO
(Con desesperación infantil, dando con los pies en el suelo y tirando
la espada.)
¡La muerte!

DON DIEGO
(Recogiendo la espada y obligan-
do a Albertino a empuñarla de nuevo.)
¡No, jamás, no! De esta suerte
no obra un alma esclarecida;

busca, atacando, la vida;
dale, al que ataca, la muerte.

(Albertino vuelve a tomar la espa-
da de manos de don Diego, y éste,
separándose de su hijo, prosigue
ahincadamente la lección.)
¡Vuelve a luchar contra el miedo!

ALBERTINO
(Queriendo obedecer, pero sin
fuerzas.)
Yo no puedo...

DON DIEGO
(Arreciando en el juego, para pro-
barle más.)
¡Va un golpe! ¿Y para parar?...

ALBERTINO
(Haciendo con la espada lo que
indica el diálogo.)
¡Alzar!

DON DIEGO
Te amago, ¿y está al rechazo?...

ALBERTINO
¡Mi brazo!

DON DIEGO
¡Con más furia, y no des plazo!

ALBERTINO
(Casi lloroso, con elocuencia in-
fantil.)
Si otro me atacara, sí;
pero eres tú, y contra ti
¡yo no puedo alzar mi brazo!

MAGDALENA
¿Estás cansado, Albertino?
Bien; deja a un lado tu espada,
que ha de ser carga pesada
para este puño tan fino.

ALBERTINO
Pesa poco...

DON DIEGO
Pesará
más cuando pasen más años,
de todos los desengaños
y reveses que tendrá;
que si hoy la alcanza a tender
sin que le resista nada,
con el tiempo ha de mover
medio mundo con su espada.
Tornemos...

MAGDALENA
(Reteniendo todavía a su hijo.)
¿No valdré yo
más que el parar y atacar?

DON DIEGO
Pues si apenas comenzó
la lición, ¿se ha de dejar?

MAGDALENA
¡No es tiempo tan largo un día!

DON DIEGO
Si lo ganas, es verdad;
pero es una eternidad
si lo pierdes.

MAGDALENA
¡Qué porfía!...
¿No es justo que yo le dé
también de amores lición?

DON DIEGO
La espada es la luz con que
sale al mundo el corazón;
y aunque tú le des liciones
de amor, tiernas y acabadas,
¡no ha de mover corazones
hombre que no mueva espadas!
¡Pronto!...

MAGDALENA
¿A qué ese empeño fiero?
¡Tiempo tendrá de reñir!

DON DIEGO
(Con intención. Voz honda.)
¡Hay en mi casa un acero
que yo no puedo ceñir!

MAGDALENA
(Comprendiendo.)
Diego mío..., ¿es un reproche?

DON DIEGO
(Adelantándose a consolarla.)
Magdalena...

MAGDALENA
(Dolida. Resistiéndose con dul-
zura.)
Deja ya...

(Pausa. Don Diego se detiene.)

ALBERTINO
(Con timidez.)
¿No acabamos?

DON DIEGO
(Secamente, dirigiéndose a la chi-
menea, donde toma su chambergo
flamenco.)
Tiempo habrá
de acabar hasta la noche.

*(Deja don Diego su espada junto
a la chimenea y, sin despedirse de
Magdalena, sale por el fondo, con-
trariado. Magdalena, mordiéndose
los labios, queda en la puerta un
largo rato, mirándole alejarse. Albertino, un poco desconcertado con
la respuesta de su padre, cuelga su
espada en su sitio nuevamente. Magdalena, dirigiéndose a él y sonriendo con melancolía.)*

MAGDALENA

Albertino, ¿no has cogido
para mí las rosas frescas de otros
[días?
¿No me quieres y me dejas hoy sin
[ellas?
Éstas que hay sobre la mesa están
[marchitas.

ALBERTINO
*(Llegándose a ella, con entusiasmo
infantil.)*
¡Tú verás!... Quedan dos horas de
[mañana:
¡me ha de hallar en el jardín el
[mediodía!
Y, al volver, he de llegar con tantas
[flores,
que la tierra, al pasar yo, quede
[florida,
porque, andando, me rebosen de las
[manos
y no pueda con la carga, madre
[mía...
Si te inclinas a coger las que han
[caído,
las que quedan te las echo por
[encima
a montones, ¡a montones!...
[Verás, madre!
¡No dirás de tu Albertino que te
[olvida!

*(Sonríe Magdalena, la abraza el
muchacho y da una corrida, desapa-
reciendo a saltos por el fondo del
jardín. Viene a primer término Juan
Pablo. Se habrá quedado Magdalena abatida en un sillón. Juan Pablo
mira la puerta por donde ha desaparecido don Diego y dice:)*

JUAN PABLO
¿Volverá?

MAGDALENA
Por vez primera
le he visto salir de casa
sin que nuestros corazones
uno con el otro vayan.
De mal grado recibió
la libertad que le daban;
no vuelve a unirse, me ha dicho,
cuando se rompió, una espada.
Quitó al chambergo su pluma
y al cinto el broche de plata;
ropas de flamenco viste;
del que era no guarda nada;
el que era ayer, se quedó
prisionero por España;
la sombra que aquí tenemos
poco viento ha de llevarla.

JUAN PABLO
Los días lograrán...

*(Se abre la puerta lateral derecha,
y, con su diestra herida y envuelta
en telas negras entra Mander en
escena.)*

MAGDALENA
*(Irguiéndose al verle y con ronca
voz, como si nombrara a un enemigo.)*
¡Mander!

MANDER
Mander, señora, ¿qué os pasa?

MAGDALENA
Con el odio que sembrasteis,
de años hace, en esta casa,
la guerra habéis puesto en ella:
¿venís a ver cómo acaba?

MANDER
¿No erais vos, con vuestro amor,
quien se prometió acabarla?
¿No di yo mismo, soltando
las cadenas que encerraban
a vuestro Diego, ocasión
que el amor os le trocara?

MAGDALENA
Bien sabido os era, Mander,
que en aquel paso que dabais
corrompía una traición
de un noble amor la eficacia.
Con achaque de servirnos
hicisteis violencia a un alma:
de cómo os lo agradecieron,

6

vuestra mano magullada
dará razón...

MANDER
Son azares
de la guerra, noble dama;
pero, al fin, perder la mano
no es como perder la espada,
que ésta deja en pie el honor
y el honor suple las armas.

JUAN PABLO
(Interviniendo para cortar la dis-
cusión.)
¿Y qué nuevas traéis, Mander?

MANDER
(A Juan Pablo, hiriendo habilido-
samente en él todas las cuerdas de
sus adormecidos resentimientos.)
Traigo nuevas que os tocaran,
a ser vos como antes erais,
todas las fibras del alma.
Nos envía al de Alençon,[8]
con dos mil caballos, Francia;
nuestro príncipe Mauricio
viene con gente de Holanda
y ocuparon ya, de Amberes,
sin resistencia, el alcázar;
Inglaterra, con su reina,
fleta naves que nos valgan:
con que ya somos Europa...

MAGDALENA
(Con un acento en que va su in-
tensa admiración involuntaria.)
¡Y ella sigue siendo España!

JUAN PABLO
¿No cede?

MANDER
¡Jamás! Llamó
todos sus tercios de Italia
y a estas horas estas sendas
negrean ya con sus lanzas.
Se les ve llegar de lejos
y, cuando aún las miradas
no les distinguen, de anuncio
les va sirviendo y de alarma,
como en otro tiempo, el ruido
de su tambor y las llamas
de las cosechas perdidas,
de las aldeas quemadas.

8 ciudad de Normandía, Francia,
famosa por sus encajes.

JUAN PABLO
(Sin poderse contener.)
¡Maldición!

MAGDALENA
¡Padre!

JUAN PABLO
No temas
que él oiga; y, si me escuchara,
con tanta razón me quejo
que asintiera a mis palabras.

MANDER
(Haciendo cada vez más suyo a
Juan Pablo.)
Juan Pablo, no imagináis
de qué modo se levantan
por todos estos contornos
todas las gentes en armas;
que si a moverlas bastaron
no ha mucho vuestras palabras,
¡pensad cómo se alzan hoy,
que las mueve la venganza!

MAGDALENA
(Viniendo a ellos, para imponer
silencio a Mander.)
¡Mander!

MANDER
Lástima, Juan Pablo,
que hoy, cuando la tierra os llama,
brazos extraños os guarden
por fuerza dentro de casa.

MAGDALENA
¡Mander!

MANDER
¿En Flandes estoy,
o en los castillos de España?

JUAN PABLO
(Enardecido.)
¡En Flandes!

(Cuando Magdalena ha venido a
primer término para apostrofar a
Mander, aparece en la puerta del
fondo la figura de don Diego, que
oirá los últimos versos. Avanza des-
alentado, para gritar a Mander.)

DON DIEGO
¡En Flandes, que es
tierra nuestra, Dios me valga!
Mander: aunque bien pudiera,
pues sois de sangre villana,
partiros el corazón

con medio acero, hecho daga,
no lo he de intentar, que fuera
la contienda malparada,
cuando a mí me sobran manos
y a vos una mano os falta.
Pero que entréis a sembrar
vuestro veneno en la casa
donde, porque el barro es odio,
hablan tan sólo las almas,
no os lo consiento; y así,
mientras la puerta halláis franca,
salid; que víboras que
quieran moderme las plantas,
¡no las veo, sin sentir
la comezón de aplastarlas!

*(Con el gesto y la mirada impone
a Mander.)*

MANDER
*(Sin dar la cara, camino de la
puerta.)*
¿Y me pagáis, arrojándome
vilmente de vuesta casa,
el haber sido yo parte
en que volváis a habitarla?
¡Gran merced!

DON DIEGO
¡Esto va en creces,
porque a tiempo os di la paga!

*(Mander va saliendo, sin poder
resistir el gesto del de España.)*

MANDER
(Desde fuera: amenaza sorda.)
Pues estas creces habrá
quien se encargue de tornarlas:
¡Os lo dirán vuestros tercios
recién llegados de Italia!

*(Tiene don Diego un estremeci-
miento y cierra las puertas por no
ver a Mander. Se vuelve rápidamente a Juan Pablo.)*

DON DIEGO
Señor: a cuenta que los vuestros
[callen,
yo encerraré mis odios en el alma;
sepulcro es mi silencio de mi tierra
y por cruz le pondré la de mi
[espada;
pero que insulten mi silencio manos

como ésta que mordí, porque es
[villana,
que, donde amor me ha desceñido
[el cinto,
venga a cebarse el odio con su daga,
no lo soporto: vuestro amigo es
[Mander
y vuestras son las puertas de esta
[casa;
mirad, si las abrís, quién entra en
[ella:
tarde fuera después para cerrarlas.

JUAN PABLO
(Un poco agriado.)
Diego...

MAGDALENA
Padre, asentid...

JUAN PABLO
(Después de una pausa, cediendo.)
¡Por la paz sea!
Desde hoy, tú dispondrás a quién
[las abra.

MAGDALENA
¡Gracias, padre!... Y tú, Diego,
[olvida agravios.
(Con un arranque, a los dos.)
¡Juntad las manos ante mí!

*(Golpean varias veces la puerta
con la empuñadura de una espada.
Don Diego y Juan Pablo están con
las manos extendidas, a punto de
estrecharlas.)*

DON DIEGO
(Recelando.)
¿Quién llama?

*(Se oyen alegres voces afuera y
ruido de armas.)*

JUAN PABLO
No es uno solo; suena un griterío
como de armada gente... ¿Quién?

VALDÉS
(Desde fuera, gritando.)
¡España!

(Caen las dos manos sin juntarse.)

DON DIEGO
(Estupor.)
¡Mis tercios!

JUAN PABLO
(A don Diego.)
¿Qué hago?

DON DIEGO
Vos diréis.

JUAN PABLO
Tú dices...

MAGDALENA
(Resuelta, viendo en una lucha
tremenda a don Diego.)
¡Abrid, porque su sangre se lo
[manda!

DON DIEGO
¡No!

JUAN PABLO
Piensa que es la guerra...

MAGDALENA
¡Dios con todos
y miremos la suerte cara a cara!

(Abre de par en par las puertas.
Entran el capitán Valdés, don Luis
Gaytán, alférez, y don Juan de Bracamonte, alférez también, aunque
algo viejo. Les siguen, sin entrar con
ellos, los soldados Romero y Zapata.
Entra con los tercios toda la luz del
sol: la aventura, la vida heroica, la
libertad, el aire de los campos. Juan
Pablo, indignado, hace mutis por la
lateral derecha. A su pesar, don Diego permanece, ganado desde el primer momento por los recuerdos que
suscitan en él sus viejos compañeros. En seguida, avergonzado y te-
miendo ser conocido, sale por la
puerta del jardín. Pero, a media
escena, a la frase de Valdés «Nos
regía un capitán...», vuelve a aparecer en el fondo, siguiendo ansioso
el diálogo para intervenir en el momento oportuno. Magdalena mide y
domina la situación.)

VALDÉS
(A Magdalena, sin ver a don Diego.)
Perdón, señora, si dimos
en vuestras puertas cerradas
con el hierro: no pudimos
mientras afuera estuvimos,
poner en vos las miradas,

pero ya que, entrando, os vimos,
el corazón prevenimos
y escondemos las espadas.

GAYTÁN
Da vista al mesón, Valdés,
y deja a la mesonera
que nos sirva el entremés:
la mesonera es después,
cuando la sed tiene espera.

MAGDALENA
¿Españoles de camino,
con este sol brabantino
se os secaron las gargantas?
Tengo agua fresca, buen vino,
mesa en que hagáis colación,
estas sillas y un sillón.

GAYTÁN
(Cogiendo una silla y contando las
que quedan.)
Salimos tantos a tantas.

MAGDALENA
(Excusándose.)
No tiene más el mesón.

BRACAMONTE
(A los dos soldados que quedan
sin entrar.)
Muchachos, ¿qué hacéis afuera?

GAYTÁN
(Colocando a la gente. A Magda-
lena, por las sillas.)
Bastarán de todos modos.

BRACAMONTE
(Haciendo entrar a los soldados.)
¡Aquí, que un vaso os espera!

GAYTÁN
(Después de colocar a la gente.
Con galantería.)
¡Y en el sillón la hostelera,
presidiéndonos a todos!
(Magdalena sonríe.)

VALDÉS
(Viendo en la mesa el jarro con
las flores de Albertino.)
¡Lindas flores!... Una quiero...

(Va a cogerla, pero rápidamente
Magdalena se apodera del jarro, que
no suelta ya.)

MAGDALENA
¡No!

VALDÉS
No imaginéis que, ingrato,
la arroje mustia a un sendero
tras de acariciarla un rato;
la hubiera puesto a recato,
bien cuidada, a todo esmero,
bajo el noble garabato
de mi pluma, en el sombrero.
Y una fuego, y otra espuma,
fueran así, cifra y suma
de mi ánimo emprendedor,
una osadía la pluma
y una esperanza la flor.
Vos no queréis, y me abruma
vuestra negativa, viendo
que está junto a ellas latiendo
vuestro corazón mejor;
decid, señora, ¿estas flores
son un presente de amores?

MAGDALENA
(Con intención.)
Vos lo dijisteis, señor.

GAYTÁN
Capitán Valdés, teneos;
¿se os pasan con galanteos
las fatigas del camino?

VALDÉS
No; pero me gusta el vino
beber sobre mis trofeos.
(Acercándose a Magdalena, sen-
tándose a medias en la mesa: actitud
de galantería y de marcialidad a un
tiempo.)
Ojos, que son por mi mal,
estrellas de otro horizonte;
fuentes, hoy sin manantial
porque agotan el caudal
en las hierbas de otro monte;
si mis angustias les cuento,
si a vuestros pies me lamento
y en mis lágrimas ardientes
doy hartura a sus corrientes,
decid, señora, un momento:
vuestros ojos inclementes,
¿olvidarán que son fuentes
para aplacar a un sediento?

(Magdalena sonríe, jugando dis-
traída con las flores.)

GAYTÁN
(Tirando del brazo a Valdés.)
¡Basta! Señora, traed
reparos para el camino,

y el capitán imagino,
ya que él os habla de sed,
que os lo tomará en merced
si le respondéis con vino.

MAGDALENA
Pues sólo un punto, señores,
mientras el refuerzo allego.

(Va a salir.)

VALDÉS
(Triste.)
¿Pero os marcháis con las flores?

MAGDALENA
Volveré con otras luego.

(Sale besando las flores y escon-
diendo la cara en ellas.)

BRACAMONTE
(Considerando al capitán Valdés,
que no aparta sus ojos de la puerta
por donde salió Magdalena.)
¡Romero y Zapata, aquí,
que, en los comienzos del fuego,
caer un herido vi!

ZAPATA
¿En qué fuego?

ROMERO
¿Dónde ha sido?

BRACAMONTE
El capitán, que ha querido
tomar una fortaleza,
y en lo más recio ha caído,
con el corazón partido,
¡por no volver la cabeza!

VALDÉS
(Volviendo a su distracción.)
¡Sí que es linda la hostelera!

GAYTÁN
¡Y mujer!

BRACAMONTE
Linda es cualquiera
para un alto en la carrera,
cuando el corazón ansía
vivir, gozar todavía,
y la muerte nos espera
en el campo al otro día.
Y así, el amor no es exceso
de nuestra alma envilecida;
¡es que va a muerte!, y por eso
quiere el alma, a la partida,

despedirse de la vida
bebiéndosela en un beso.

VALDÉS

Verdad.

GAYTÁN

Linda es, para mí,
la mujer, cuando, en lo recio
de un saqueo, la advertí
y el bélico frenesí
se le convierte en desprecio.
Y el odio suyo, el horror
del combate, el estertor
del moribundo, aquel modo
de infierno desgarrador
la dan más fuerzas al amor,
que estalla y salta por todo.
Y, ¿qué importa que ella airada,
sus duros brazos retuerza,
si es mi presa, está ganada
y hay en mi cinto una espada
para rendirla por fuerza?

VALDÉS

¡Que siempre has de dar, Gaytán,
en agriarnos los humores
con tu sanguinario afán!

GAYTÁN

¿Pero es que hay torres que están
para rendirse con flores?

VALDÉS

Yo encuentro linda..., ¿a qué
                              [hablar,
señores, si con mirar
tiene bastante cualquiera?
Como es nuestra mesonera,
será si un día he de amar,
la mujer a quien yo quiera.
Ni en la cuesta ni al doblar,
ni otoño ni primavera;
en tal sazón la he de hallar
que ya no pueda mudar,
ni a perder ni a mejorar,
en una década entera.
Con esto, un modo de hablar
que no otorga y dice «espera»;
la tez de un justo pasar
ni como espuma del mar
ni como gota de cera;
con un don de suspirar
que la alivie de severa,
y, en sus labios, al cerrar,
un desdén que es un pasar
a una compasión que altera.

¡Resuelta para escuchar,
honesta sin maliciar,
dulce al ver, mirando fiera,
mujer de tan buen entrar
que en el alma ha de reinar,
si en ella entró hasta que·muera!
Decidida en el andar,
española en el triunfar,
campesina en el cantar
y en el recato casera.

BRACAMONTE

Pues dejaste a tu hostelera
que sólo le falta hablar.

VALDÉS

¿Dónde vi yo una mujer
que, sin ser ella, tenía
semejante el parecer?

GAYTÁN

¿En Leyden herido, un día?

BRACAMONTE

¿En Cominges, al vencer?

ROMERO

¿En Breda, entrando a partir
después de capitular?

GAYTÁN

¿En Amberes, al salir
la guarnición a cambiar,
que se quería rendir?

VALDÉS

No sé; pero juraría
que mis recuerdos se van
uniendo..., ¿dónde sería?

GAYTÁN

¿En Nápoles?

BRACAMONTE

¿En Milán?

VALDÉS

(Recordando de pronto.)
No, ya sé; razón tenía.
Fué en Flandes, y aún yo no había
dejado la alferecía
de que hoy disfrutas, Gaytán.
Va de cuento... Nos regía
un capitán que venía
mal herido, en el afán
de la primera agonía:
¡señores, qué capitán
el capitán de aquel día!
Imaginad...

(Todos se agrupan, escuchando, y no han visto entrar a Magdalena, que llega con vasos y botellas.)

MAGDALENA

Las botellas...
(Las deja sobre la mesa.)
los vasos al lado de ellas...
y para los vasos, vino.
(Lo sirve.)

VALDÉS

(Atreviéndose a ponerle una mano en el brazo.)
¿Y mis flores?

MAGDALENA

Poned tino,
capitán, en lo que hacéis,
o, por Dios, que os quedaréis
sin las flores que os destino.

(Hace intento de ir por ellas al jardín.)

VALDÉS

¿Pero os vais al jardín?

MAGDALENA

Sí.

VALDÉS

(Enlazándola, atrevido, por el talle.)
Pues no os vayáis, que perdemos;
permaneced vos, y así,
¿para qué flores queremos,
teniendo el jardín aquí?

MAGDALENA

(Forcejeando por soltarse.)
¡Soltad!

VALDÉS

No.

MAGDALENA

(Con un grito de indignación.)
Sí.

DON DIEGO

(Cogiendo la espada, que quedó junto a la chimenea, se acerca impulsivo a la mesa. Como todos atienden a la lucha de Valdés y Magdalena, están de espaldas y no le ven. Don Diego da con la espada un golpe en la mesa, que hace gran estrépito y dice:)
¡Basta ya!

(Todos se vuelven. Magdalena, libre, corre al lado de don Diego, que la pone a su espalda.)

MAGDALENA

¡No, no Diego!

(Los dos soldados echan mano a las espadas.)

VALDÉS

(Dando la cara.)
¿Quién va allá?

DON DIEGO

Una espada, que, como es
tal carga en solo una diestra,
ya no para hasta después
de cercenaros la vuestra.
¡En guardia!

BRACAMONTE

(Interviniendo.)
No; antes sepamos,
señores, quién es el hombre;
que los pobres que aquí estamos,
a reñir no acostumbramos
con los fantasmas sin nombre.

VALDÉS

(Fanfarrón.)
Y, hecha esta advertencia, tercio
para preguntar: ¿a cuál
desdichado abro en canal?

DON DIEGO

¡Al capitán de este tercio,
Acuña de Carvajal!

VALDÉS

(Dando un paso atrás y bajando su espada, reconociéndole.)
¡Don Diego!

DON DIEGO

¡Y ahora, reñid
como os parezca oportuno;
ésta es mi dama: salid
contra mi espada, uno a uno
o todos, en buena lid!

VALDÉS

(Con un arranque.)
¡Jamás, capitán! Espadas
que lucharon hermanadas
no han de injuriarse cruzadas;
¡vuestras son!, ¡pero después
que las miréis bien honradas,

por nuestra mano arrojadas
de vuestra dama a los pies!

*(Con un gesto gallardo, tira él su
espada a los pies de Magdalena: los
demás inclinan la suya. Don Diego, ganado por este gesto de raza,
lucha un momento con sus propios
sentimientos: al fin, vencido, tiende los brazos a Valdés, diciendo:)*

DON DIEGO
¡Basta!

VALDÉS
¡Don Diego, un abrazo,
que fue duro el linternazo,
aunque, por Dios, merecido!
*(Se abrazan. Por Magdalena, con
galantería.)*
Con tal médico, no ha sido
milagro curar del brazo.
(Vuelto a los soldados.)
Y vaya una explicación
que ilustre a la compañía:
señores: estos dos son
la mujer de mi visión
y el capitán de aquel día.

*(Magdalena queda a un lado: to-
dos los soldados se acercan a don
Diego, tendiéndole la mano, envol-
viéndole, arrastrándole insensible-
mente, por la corriente de toda su
vida.)*

GAYTÁN
(Levantando su vaso.)
¡Por el capitán un vaso!

ZAPATA
¡Por él!

DON DIEGO
¡Por el tercio!

GAYTÁN
¡Quiero
ser yo el primero, y no espero!

*(Se sirve antes que nadie y levan-
ta el vaso a la salud del capitán.)*

VALDÉS
(Echándose atrás.)
Por ser el último paso;
que el último es el primero.

BRACAMONTE
Capitán, ¿y vos no hacéis
la campaña?

DON DIEGO
(Excusándose torpemente.)
¡Estoy ya viejo!

BRACAMONTE
¡Pues a fe que lo escondéis!

GAYTÁN
¡Miraos vos en su espejo;
que una cicatriz hacéis
de cada arruga que os veis,
Bracamonte, en el pellejo!

BRACAMONTE
(Riendo.)
¿Habrá osado?

DON DIEGO
*(Ganado ya por ellos: sin pensar
en nada, como ausente del sitio en
que se halla. Magdalena le observa
y prepara con el gesto, desde este
momento, la escena inmediata.)*
¿Y dónde vais
en la marcha que os espera?

VALDÉS
¡A Leyden, en la frontera!

DON DIEGO
¡Mucho será lo que hagáis
si, en vuestra hazaña, igualáis
la gloria de la primera!

GAYTÁN
¿Fué tanta?

BRACAMONTE
(Ponderativo.)
¡Por vida mía!...

DON DIEGO
El de Alba, entonces tenía
el mando, por nuestra España,
y encontró brava la hazaña;
¡pensad vos cómo sería!

GAYTÁN
¡Nunca un hecho es singular!
Donde otros pueden llegar,
llego también con mi afán.

DON DIEGO
¿Y éstos son hombres, Gaytán,
que van un hecho a igualar
y a superarlo no van?

(Enardeciéndose, a todos los compañeros.)
Pensad...

VALDÉS
(Riendo.)
¡Ya está el capitán
en actitud de arengar!

DON DIEGO
(Conteniéndose y callando.)
Sí; perdón.

VALDÉS
Recuerdo entera
la razón que nos dijisteis
en Bruguel, la vez postrera
que, arrancando una bandera,
con el tercio combatisteis:
*(Dando cierta solemnidad al tono
con que recuerda las palabras de
don Diego.)*
«¡Por España, y el que quiera
defenderla, honrado muera;
y el que, traidor, la abandone,
no tenga quien le perdone,
ni en tierra santa cobijo,
ni una cruz en sus despojos,
ni las manos de un buen hijo
para cerrarle los ojos!»

*(Magdalena, que se ha ido acer-
cando al grupo, sigue con ansiedad
indecible las palabras de Valdés, tre-
mendas en esta circunstancia. Al
acabar, horrorizada por la maldición
del propio don Diego, no puede re-
primir un grito del alma, rechazándola.)*

MAGDALENA
¡No!

*(Rapidísimo: su propia voz hace
que se dé cuenta del desvarío en que
está: se calla bruscamente: se ampara en don Diego, que acude a ella
dominándose.)*

DON DIEGO
¡Magdalena!

BRACAMONTE
*(Los demás, un poco desconcerta-
dos, cambian miradas entre sí.)*
¿Qué os pasa,
señora?

DON DIEGO
La fuerza ha sido
de la visión, que la ha herido;
*(Dando una explicación en voz
natural, tranquilo.)*
porque hay un hijo en la casa,
Bracamonte.

BRACAMONTE
¡Y bien nacido
será, que habiendo tenido
en vos padre tan cumplido,
tal madre en voz, noble dama,
por fuerza que habrá bebido
savia del árbol la rama!

*(Mientras Bracamonte pronuncia
estas palabras, todos se habrán
puesto en pie. Don Diego mantiene
cogida a su mujer, que poco a poco
se reporta: al terminar sus palabras
Bracamonte, se separa Magdalena
de don Diego y se le ve a él luchar
por ampararla todavía.)*

DON DIEGO
(A Magdalena.)
¿Ya estás reconfortada?

MAGDALENA
*(Decisión solemne: mirándole a
los ojos fijamente.)*
¡Sí!

*(Se aparta de él y ya no vuelve
a formar parte del grupo; suena lejano, pero perceptible, el redoble de
un tambor.)*

BRACAMONTE
(A don Diego.)
Y con esto os dejaremos,
capitán, que no podemos
permanecer más aquí.

DON DIEGO
(Desencantado.)
¿Tan pronto os vais?

VALDÉS
El redoble
de este tambor, en el prado
nos convoca.

GAYTÁN
Ya ha llegado
la hora de las gracias, noble
señor.
(Le estrecha las manos.)

VALDÉS
(Con sinceridad.)
Hallaros, don Diego,
para separarnos luego,
no es gusto, es tristeza doble.
*(Le estrecha las manos. Con ga-
lantería, siempre cortés.)*
En Leyden, de fijo habrá,
un estandarte altanero
que arrancar, con el acero,
de la torre donde está.
Pues, por vuestra dama va:
si bien le arranco, os le traigo;
y si en la contienda caigo,
¡bien empleado estará!

*(Vuelven a estrecharse las manos,
que han tenido unidas todo el rato,
y don Diego le pone la suya en el
hombro, amistosamente. Valdés in-
clínase caballerosamente ante Magdalena. Todos hacen lo mismo, sin
pasar a más, porque la actitud y
reserva de ella les detiene el gesto.
Van hacia la puerta del fondo. Don
Diego les acompaña, medio abrazado a Valdés y rodeado de todos,
que le muestran una viva cordia-
lidad.)*

BRACAMONTE
¿Pero de cierto os quedáis,
capitán?
*(Don Diego hace que sí con la ca-
beza.)*
¡Dadme otro abrazo!
GAYTÁN
¡Y a mí!
VALDÉS
¿No os determináis
a venir?
DON DIEGO
Es corto el plazo.
VALDÉS
Fijadlo: si vos mandáis,
duerme el tercio en el ribazo.
DON DIEGO
No.
BRACAMONTE
Gloria os brindo: ¡pensad!
DON DIEGO
No.

VALDÉS
¡Viene, en nuestra hermandad,
por ley y por cifra sola,
la locura, la mitad
de la razón española!
DON DIEGO
¡Basta!
BRACAMONTE
¡Al redoble segundo,
pensad que hemos de arrancar,
y ya no es seguro dar
con nosotros en el mundo!
DON DIEGO
(Casi empujándoles.)
¡Adiós!
BRACAMONTE
*(Volviendo a saludarle, y los de-
más, menos los soldados, que han
salido ya.)*
Adiós, si queréis.
DON DIEGO
(A Gaytán, que es el más joven.)
¡La suerte os proteja, noble
Gaytán!
GAYTÁN
¡Con ella os quedéis!
VALDÉS
(Abrazándole ahora.)
Lo dicho: plazo tenéis
hasta el segundo redoble.
Sois bravo, ésta es tierra extraña;
no olvidéis, cuando en su saña
la vida una carga os sea,
que morir en la pelea
es morir dentro de España.

*(Forman grupo y salen. Por un
momento les mira don Diego alejarse: luego abandona la puerta. Sombrío, se sienta en un sillón. Magdalena lucha un instante. Inclinándose
a su espalda, con voz tiernísima,
dice:)*

MAGDALENA
Diego, ¿por qué no confías
en mí?
DON DIEGO
Magdalena...

MAGDALENA
(Poniéndole la espada en la mano:
el rostro horriblemente contraído.)
¡Acaba
de sufrir!

DON DIEGO
¿Y tú?

MAGDALENA
Si un día
te hieren, Diego, y no hallas
quien, para lavar tu sangre,
tenga bastante en sus lágrimas,
bien recordarás las manos
que en un tiempo te curaban.

DON DIEGO
(Como si quisiera abrazarla.)
¡Magdalena!

MAGDALENA
(Con horror.)
¡No me llegues,
que las fuerzas me faltaran
para separar mis brazos
si se juntan en tu espalda!

DON DIEGO
¿Pues esto qué es, Magdalena?
Si a ti te hiere y me mata
a mí, ¿qué rayo de Dios
es, en mi mano, esta espada?

MAGDALENA
¡Ésta es la vida, que puede
más que el amor, más que el alma,
Diego!... Nuestras voluntades
cenizas son, y ella es brasa.

DON DIEGO
¡No!... ¡Yo no quiero que sufras!

MAGDALENA
¿Y, con quedarte, evitaras
mi sufrimiento, y yo el tuyo,
viendo la muerte en tu cara?
Se te llevaron al campo
la vida que te quedaba;
corre, si te quedan fuerzas,
de nuevo al campo a buscarla.

DON DIEGO
Yo olvidaré...

MAGDALENA
(Interrumpiéndole, enérgica.)
¡Tú no puedes
olvidar ni te dejaran

olvidar, si tú quisieras,
todo el peso de esta casa,
toda la gente a tu lado,
todas sus voces diarias,
toda la sangre que tienes,
todo el fuego que la arrastra!...

(Tumulto lejano. Una voz, la de
Mander, se oye desde lejos.)

MANDER
¡Razas de verdugos!

DON DIEGO
(Transición brusca.)
¿Qué?

(Se vuelve a escuchar. Por la par-
te exterior de la puerta, lado dere-
cho, asoman Juan Pablo, María Ber-
key, algún aldeano, hasta formar un
grupo en el campo, delante de la
puerta. A este grupo se incorpora
luego Mander. Todos hablan a gri-
tos. En escena, don Diego y Mag-
dalena, con el gesto y la cara, pro-
siguen su diálogo.)

MANDER
(Acercándose.)
¡Meser Juan Pablo!

GRONINGA
(Tendiendo el brazo para señalar
un punto del espacio donde se diri-
girán todas las miradas.)
¡Son llamas!

JUAN PABLO
(Con indignación, que irá crecien-
do en toda esta breve escena, hasta
provocar el apóstrofe final.)
¡Furia española! ¡Incendieron,
antes de salir, las casas
que les dieron hospedaje!

POTTER
¡Arde la aldea!

MANDER
¡Así caiga
lluvia de fuego en vosotros
para exterminaros!

POTTER
¡Vayan
sedientos por un camino
y aborte sierpes el agua!

JUAN PABLO

El humo negro que dejan
detrás de ellos les apaga
el sol de sus glorias: ¡sombras
de muerte cúbrente, España!

MANDER

¡Maldición!

MAGDALENA

¿Olvidarás?

DON DIEGO

¡Todo ha acabado!

(Yendo a ella.)

MAGDALENA

¡No, aparta!

DON DIEGO

*(Después de luchar, muy rápido,
la besa en la frente.)*
¡Sí..., ¡que es el último acaso!
¡Dios nos deja; tenme, espada!
¡La fatalidad lo quiere:
soy español y me arrastra!
*(Entre el tumulto de los de afuera, que gritan. Llegando a ellos con
un gesto.)*
¡Paso!

*(Se vuelven: conmoción. Don Diego pasa entre todos con la espada en
alto y desaparece.)*

MARÍA

¡Hijo mío!

JUAN PABLO

¡Ya ha muerto
para ti! Tierra arrancada
de su tierra, ahora se junta,
que en el hoyo ha de hacer falta.

MARTÍN

¡Ya no se le ve!...

MANDER

Ya brilla
su espada en alto, a las llamas
que los suyos encendieron...

MARTÍN

Tropiezan con él...

*(Suena el redoble de los tercios
muy lejano.)*

JUAN PABLO

(A su mujer, que llora.)
¡Aparta!

*(Unos momentos antes ha aparecido Albertino en la puerta del jardín. Se para, no entendiendo lo que
ocurre. Ve en esto llorar a su madre: corre a ella.)*

ALBERTINO

¡Madre!, ¡madre mía!..., ¿lloras?

*(Las flores se le caen en el camino: las últimas, al abrir los brazos
para echarlos al cuello de su madre,
caen a los pies de ambos.)*

MAGDALENA

¡Hijo mío!... Calla..., calla...

ALBERTINO

¿Dónde está padre?... ¿Te deja
llorar?...

MAGDALENA

¡Hijo mío..., calla!

JUAN PABLO

(A Magdalena.)
¿Y lloras por él?

MAGDALENA

No mires
con indignación mis lágrimas;
no son de ninguna tierra,
padre mío... ¡Son del alma!

*(Se abrazan. Lloran Groninga y
María Berkey, acercándose al grupo.
Los demás permanecen en el fondo.
Todavía, lejanísimo, redobla el tambor de los tercios.)*

TELÓN

ACTO CUARTO

LA PAZ

La misma decoración del acto segundo. Cae la tarde. En escena, JUAN PABLO, MARTÍN FROBEL *y* POTTER, *junto a la puerta del campo.* MANDER *hablando con* MARÍA BERKEY *y* MAGDALENA, *que, por apartarse de la conversación, hace grupo con* ALBERTINO.

JUAN PABLO
Ve tú, con buen tiento, Potter,
a lo que tengo mandado;
tú 'acompáñale, Martín,
y en tu prudencia descanso.

MARTÍN
Y haces bien que, según son
los tuyos, hoy son mis ánimos.

JUAN PABLO
No olvidéis que, como viene,
más que vencido, domado,
ni estarán en su sazón
reticencias ni entusiasmos;
tratadle como quien es,
dadle apoyo, abridle paso;
si está herido, hacedle cura;
si lo ha perdido, un caballo
procuradle.
(A Potter.)
        Y tú, sé en todo,
que yo lo quiero y lo mando,
para recibirle, amigo,
para servirle, criado.

POTTER
Se hará así.

MARTÍN
¿Le encontraremos?

JUAN PABLO
En la aldea; Mander trajo
noticias que llegó allí
con su tercio destrozado.
Dicen que los tercios mueven,
lejos de Flandes, el paso;
si Diego aún queda con ellos,
es que recela en su ánimo,

y no quiero que a una casa
que es suya, pues llega honrado
con su dolor, la sospecha
le tenga, al llamar, la mano.

MARTÍN
Descuidad.

POTTER
(Exagerando.)
        Le haremos tales
demostraciones de agrado,
que él se deje, haciendo vía,
un recelo en cada paso.

JUAN PABLO
Así es mi gusto.

MARTÍN
        Y así
la voluntad con que vamos;
descansa en ella.

JUAN PABLO
        Traedle:
no desea más Juan Pablo.

(Salen, Martín Frobel amonestando a Potter, en cuyo brazo se apoya. Queda Juan Pablo un rato a la puerta viéndoles alejarse.)

MANDER
...Y me han dicho, la Berkey,
que torna extraño: sospechan
si le han trastornado el seso
los reveses de la guerra.

MARÍA
(Crédula, con susto.)
¡Señor!

173

MAGDALENA

El es hombre, Mander,
singular en lo que piensa,
y así no es fácil que todos
los que le escuchan le entiendan.

(Volviendo a Albertino, desdeñosa.)

Albertino, sube a ver
de la terraza la senda,
y al verle llegar de lejos,
dame un grito y hazme seña.

(Albertino penetra en la casa.
Mander insiste.)

MANDER

Según son vuestros apremios,
doyme a pensar, Magdalena,
que mucho bueno esperáis
de esta vuelta de la guerra.

MAGDALENA

¿No esperáis lo mismo vos?

MANDER

No: yo vi a Diego en la aldea.
Ya no es el de aquella tarde,
cuando, abriéndome la puerta
de la casa, me arrojó
tan villanamente de ella;
hoy es mi día; hoy se ajustan
todas en su mal las cuentas.
Magdalena —hoy os lo digo,
tal vez nunca os lo dijera—,
tanto como vos le amais,
yo odié a don Diego en la tierra,
y acaso esté en vuestro amor
la razón que a mí me mueva.

MAGDALENA

(Con dignidad.)

Mander..., ¿a qué publicar,
si se adivinan bajezas?
¡No habla la serpiente, y rastro
por donde pasa nos deja!

MANDER

(Cinismo frío.)

Como queráis. —Hoy termina,
de todas suertes, la guerra—.

Vos con amor, yo con odio;
veremos hoy quién acierta.
Esta casa y este asilo
que le disponéis en ella,
veréis si una herida sólo,
de las que le han hecho, cierra.

MAGDALENA

(Volviéndole la espalda.)

No os puedo escuchar.

MANDER

Dejadme.

Ya escucharéis, Magdalena,
cómo él os pide la muerte
por piedad; la muerte aquella
que yo no le di en el campo
porque me faltó la diestra.

(Sonriendo cínicamente, a Juan
Pablo, que con María Berkey estará
en el fondo, hablando en voz baja.)

Decid... ¿no encendéis, Juan
[Pablo,
esta noche las hogueras
para festejar el triunfo?
¡Toda Flandes hace fiesta!

JUAN PABLO

(Con dignidad.)

Olvidáis que ésta es la casa
de un español; si yo en ella
me encuentro, es para mostrar
cuánto me obligan noblezas
que conmigo se tuvieron
en los días de la guerra.

MANDER

¡Hidalgas hizo el hidalgo
del Brabante las maneras!
¡Dolor que rechace Flandes
la tiranía extranjera,
cuando ya está dando España
tales frutos de nobleza!

JUAN PABLO

¡Mander!

MANDER

¡Os trocaron todo,
Juan Pablo! Ya en vos no queda
ni una gota de la sangre
que debéis a vuestra tierra.
¡Alzad la frente; yo os traigo
lumbre para las hogueras!

MARÍA

¡Juan Pablo!

JUAN PABLO

Mander, no os vale;
id por las cabañas estas,
que todas ellas el triunfo
con luminarias festejan.

MANDER

Como gustéis.

(Va a salir, sonriendo irónicamente. Como un reto, añade.)

Volveré
cuando él torne, Magdalena;
que, aunque ni vos me estimáis
ni él mis saludos espera,
quiero yo ver, por mis ojos,
cuánto logran, qué aprovechan
los milagros del amor
para acabar una guerra.

(Juan Pablo ha bajado la cabeza. María Berkey respira y va a cerciorarse de que Mander ha salido. Magdalena permanece serenamente fría.)

ALBERTINO

(Desde lo alto.)
Cae la tarde..., y desde aquí
ya no distingo el sendero.

MAGDALENA

¿No le ves si viene?

ALBERTINO

Aún no.

MAGDALENA

Pues llega un momento.
(A sus padres, que estarán en el fondo.)
Quiero
colgarle al cinto su espada,
que habrá de halagarle a Diego;
no la ha tenido en sus manos
desde aquel día funesto.

ALBERTINO

(Apareciendo en la puerta grande.)
Madre...

MAGDALENA

Llega aquí, Albertino.
(Coge una espada que habrá, con su cinto o banda, sobre la mesa, y la ciñe a Albertino. Le contempla a su sabor un instante y añade:)
Día es hoy que nos debemos
al que regresa los dos;
acostumbra el pensamiento
a que brote de él, lo mismo
que agua manantial de un cerro;
haz tus manos a llevar
la mitad de los empeños

que él quiso entregar al mundo
y en el mundo no cupieron;
piensa que te ha dado, al darte
sangre suya, en don de fuego,
con el regalo del nombre,
la obligación de los hechos;
no olvides que los linajes,
si toman carne en el cuerpo,
sólo el alma es quien al cabo
les viene a poner el sello;
piensa que eres agua, y cauce
donde correr, su recuerdo;
que eres fuerza, pero de él
partió el impulso primero;
que los hijos, de los padres,
si toman el pensamiento,
se arman para continuar
la obra de Dios en el suelo;
que sólo, en este pasar
de un mismo nativo empeño
a los hornos de los hijos
desde el hogar de los viejos,
deja de ser humo y aire
y es eternidad el tiempo...
Cuando le veas entrar,
llega tu rodilla al suelo,
que un padre, si no es Dios mismo,
para un buen hijo es un templo;
pon en sus manos tus labios,
que aunque más pida tu pecho,
tu cariño será doble
si se viste de respeto;
escucha mucho, habla poco,
pide nada, te da entero,
y queda, en mi bendición,
de la gracia de Dios lleno,
ya que es para ti, este día
que él regresa y yo le espero,
el primero de tu vida
después de tu nacimiento.

(Le bendice con las manos puestas sobre su cabeza y le abraza luego: en este mismo instante suenan, detrás de las bardas, las voces de don Diego y los ayes y quejas de Potter.)

DON DIEGO

(Dentro.)
¡Villano! ¿Pretenderás
engañarme a mí, villano?

POTTER

¡Señor!

DON DIEGO
*(Ya en la puerta, pero a medias,
vuelto de espaldas.)*
¡Decidme que no
me vencieron en el campo
porque piensa que no sé
soportar mis descalabros!
*(Levanta su espada, que trae en
la mano, contra Potter, que huye.)*
¡Vive Dios!...
*(Acaba de dar la vuelta, encogién-
dose de hombros. Va a los suyos.
En un grupo, los dos ancianos: Juan
Pablo, con su gorra de pieles en la
mano; María Berkey, sonriéndole y
casi tendiéndole sus brazos; Magdalena, con el rostro contraído de dolor, hierática; el hijo, sin comprender, atemorizado.)*
¡Ah! ¿Me esperabais?
Doyme prisa, abrevio el paso,
*(Llega hasta Magdalena, a la que
bruscamente, y casi sin mirarla, tiende su espada.)*
Cuelga de un garfio esta espada,
pero cuélgala bien alto;
que aunque rodé y me han vencido
y ya no es mía, el villano
que pretenda descolgarla
ha de tener largo el brazo.
*(Magdalena toma la espada que
le entregan y, sin mirarla, la deja
sobre la mesa. Ella, con toda el alma
en los ojos, sigue a Diego, que ahora
está delante de su hijo. Albertino
pretende arrodillarse. Don Diego,
con un arranque, grita:)*
¡A mis pies no, que te humillas!
*(Le obliga a levantarse y le abra-
za fervorosamente. Se vuelve a Magdalena y sonríe. Desde este momento se humaniza y se va quebrando
gradualmente la máscara de su rostro. Ve a los viejecitos en el fondo.
Con frialdad ceremoniosa.)*
Buena mujer, noble anciano...
(Mirando a todas partes.)
¿No quedan más?... ¡Pocos sois,
para lo nuevo del caso!

MARÍA
(Tendiéndole aún los brazos.)
¡Hijo!... ¡Diego! ¿No me ves?

JUAN PABLO
*(Severo, amargado, empujando a
su mujer para que entre con él en la
puerta pequeña.)*
María..., silencio..., vamos...
(Salen los dos.)

MAGDALENA
*(Dolorida, llegándose a don Die-
go.)*
Diego, son mis padres... ¿Fueron
tan funestos estos años
que te olvidaste?...

DON DIEGO
Aún recuerdo
la airada voz del anciano,
y, como me dió por muerto,
me extraña verle a mi lado...
¿Murió él también?...

MAGDALENA
¿Por qué finges,
Diego? ¿Qué hay vil en mis brazos,
que te los tendí al llegar
y sólo una sombra hallaron?

DON DIEGO
¿Pues esperabas tú luces,
si vuelvo con el ocaso?

MAGDALENA
Diego, en tu presencia nada
siento que me muerda al ánimo,
de nada acusarme puedes;
sobre mi tierra te he amado;
sobre mi casa y mi gente
puse mi vida en tus manos.
¿Mereció mi lealtad,
a tu regreso, este pago?
Si finges con los demás,
si pones hielo en tus labios
para que nadie, por ellos,
entre en ti, que eres sagrado,
la puerta que a otros les cierras,
¿no habrán de abrirla estas manos?

DON DIEGO
No me pidas que concuerden
las palabras de mis labios
con el horror de mi vida,
Magdalena. No inventaron
palabras tan espantosas
los mortales.

MAGDALENA
No reclamo
que tus dolores me cuentes;
me basta a mí adivinarlos.

Quiero que, al llegarme a ti
para enjugar con mis manos
tus lágrimas, no las quemes
con el fuego de tus párpados;
quiero...

*(Se ha acercado a él, le ha puesto
una mano en la espalda. Don Diego
se estremece; le coge la otra mano.
Confidencial, precipitado, leal, tem-
blándole la voz.)*

DON DIEGO
Magdalena, ha sido
la tragedia un sueño malo...
No sé si he muerto o si vivo
todavía... Nos llegamos
a esta guerra los de España
que, en tres meses, caminando,
por tres reinos, con la espuela
polvo español levantamos.
Salimos... y, por merced,
la Europa nos abre paso;
que, como somos mendigos,
nos dejan ir mendigando...

MAGDALENA
Pero tú, que el corazón
te dejaste entre mis brazos,
por una senda de flores
vuelves, glorioso, a buscarlo.

DON DIEGO
Pero como era, al partirme,
de dos mundos soberano,
y hoy, al pisar un sendero,
me obligo a un dueño, pisándolo,
no estoy hecho a ser tan poco
después de haber sido tanto;
quiero cubrir con palabras
el vacío en que me hallo;
para esconder que me falta
la espada, agrando mi manto;
el gesto no he de agrandarle,
que, como estaba en mi mano
el mundo, aunque él ha caído,
la mano quedóse en alto...

MAGDALENA
¿Por qué, si es ello verdad,
Diego mío, y no has cambiado,
respondiste con desdenes
cuando mis padres te hablaron?

DON DIEGO
Es verdad, estuve duro,
Magdalena; he de enmendarlo.

¿Tú no sabes que hace días
me atormentaba este paso?
¿Tú no sabes que sentía
vergüenza de llegar, falto
de laureles, destruido,
sin nombre, como un villano?
(Después de mirar en torno.)
Buscaba a Mander; temía
tropezar con él... ¡El paso
ya se dió!... Y tus buenos viejos,
es cierto, me contemplaron
con cariño... ¿No burlaban
de mí, verdad?... El anciano
se descubrió, al descubrirme;
tendió la anciana sus brazos...
Y yo les quiero...

MAGDALENA
Mi padre,
Diego mío, no ha dejado
que hubiera fiesta en la casa
para festejar con lauros,
como los demás, el triunfo:
los amigos que llegaron
no danzarán esta noche,
como otras, al pie del árbol;
por estas cabañas andan,
donde han querido ampararlos...

DON DIEGO
¡Noble viejo! Magdalena,
tráele aquí... Pienso que he dado
con el modo de volver,
como quien soy, a sus brazos!

MAGDALENA
(Radiante, contenta.)
¿Le llamo?

DON DIEGO
¡Tráemeles pronto!

MAGDALENA
¡Gracias, Diego!
*(Sale por la puerta pequeña. Que-
dan solos don Diego y su hijo.)*

DON DIEGO
*(Después de mirarle un rato, son-
riendo con emoción indecible.)*
¿Quién ha atado
de tu cintura este cinto
con este acero colgando,
hijo mío?

ALBERTINO
Fué mi madre,
para recibirte.

DON DIEGO
¿Hablaron
de mí los abuelos?

ALBERTINO
Mucho:
¡ellos te recuerdan tanto!

DON DIEGO
¿Y tú?

ALBERTINO
¡Yo más!

DON DIEGO
*(Sacando con cierta prisa y como
con miedo de que le sorprendan, un
libro envejecido y sucio, que traerá
bajo el jubón de soldado.)*
Toma, Alberto,
el solo botín que traigo:
a un gran demonio alemán,
rematándole en un saco,
al darle un golpe en el pecho,
se lo arranqué de las manos;
muriendo, gritó: «Esta vez,
con este solo has luchado;
por eso no bastó el hierro;
si tienes un hijo, dáselo.»
Pensé en ti, pensaba siempre,
y en mi jubón te lo traigo.

ALBERTINO
*(Tomando el libro y apretándole
contra su pecho.)*
¡Gracias; más lo estimo, padre,
que un laurel!

DON DIEGO
No vale tanto.
Y este acero de este cinto,
si un día has de desnudarlo,
para que en su punto sea,
mira al mundo, no a tu brazo.

*(Aparecen en la puerta pequeña
Magdalena y los dos viejos. Al verles, se hace atrás Diego y, mirando
a ellos y mirando luego a su hijo,
sigue diciéndole a éste de modo que
le oigan todos.)*
¡Tú, Felipe Alberto Acuña
de Carvajal... y Godart!
¿Cómo esta casa, que es tuya,
pues que de mí la tendrás,
hoy, cuando celebra Flandes
triunfos que le traen la paz,
callada y desmantelada

y muda y cerrada está?
Piensa que eres el primero
de un linaje, en marcha ya,
en que la sangre de Flandes
mezclada a mi sangre va;
linaje que es, tras las quiebras
de un estéril batallar,
la sola flor en que, unidos,
los dos reinos vivirán...
Quiero que esta casa tuya
esta noche haga temblar
toda la pradera en danzas,
todo el aire en un coral.
Busca amigos, junta mozas,
tráeme lumbre, haz festival,
que tienes sangre de Flandes
y yo no la puedo odiar.
Si, para la empresa, manos
te hacen falta, búscalas...
¡Mira si, pidiendo bien,
las suyas te quiere dar
este anciano, al lado mío,
gran patriarca, hombre leal,
de donde arranca tu sangre
brabanzona de Godart!

JUAN PABLO
*(Sin poder contenerse, a don Die-
go.)*
¡Hijo!

MARÍA
¡Diego!

DON DIEGO
¡Padres míos!
(Hacen grupo abrazados.)

JUAN PABLO
*(Terminado el abrazo, teniéndole
aún las manos. Magdalena, María
y Albertino se apartan a un lado.)*
¡Ésta sí, al fin, es la paz;
que entre tus brazos, los años
de la guerra se me van!

DON DIEGO
*(Atrayéndole más a él, queriendo
halagarle.)*
¡Viejo mío!... Y traigo empeños
que entre nosotros se harán...
Desde mañana empezamos,
yo a plantarte y a tú a pintar
una brava efigie mía
para la posteridad...
Yo a caballo, en una cumbre
tan alta y extrema ya,

que las dos piernas del potro
casi en el vacío están...
Ancho fieltro y noble pluma,
peto en punta y espaldar
y una banda sobre el peto
que le aumente majestad.
El brazo ha de estar tendido,
que es gesto de dominar;
nubes cercándome; un aire
de inmóvil eternidad,
y abajo, a mis pies, el polvo
que hizo mi potro al trotar:
un mundo que he dominado
y que se evapora ya...
¿Queda entendido?

JUAN PABLO
(Sin comprender del todo.)
Sí, queda;
y mis pinceles están
a tu servicio.

DON DIEGO
¡Mañana
lo empezamos a pintar!...
Ahora, a preparar la fiesta,
que Albertino aguarda ya.
(Salen Albertino, Juan Pablo, Ma-
ría y desde este momento empiezan
a oírse voces afuera. Diego les sigue
un rato con la mirada. Magdalena
pasará a colocarse junto a la mesa.
Sin verla, con un brusco decaimien-
to, dice don Diego:)
¡Solo!... No me entiende nadie...
¿Qué espero para acabar?

(Inicia un paso rápido, como de
quien ha tomado una decisión extre-
ma.)

MAGDALENA
(Saliendo al encuentro.)
¡Diego!

DON DIEGO
(Cordialmente, cogiéndose a ella
como a la última tabla en un nau-
fragio.)
¡Magdalena!

MAGDALENA
¡Estamos
solos, Diego! No hay razón
que calle tu corazón
en lo que los dos digamos.
Desesperado y vencido,

tanto tu ánimo ha podido,
que al llegar tú, todavía
en tus manos has traído
para todos alegría...
Los mismos que te vencieron,
en tu grandeza has vencido,
Diego; pero ellos no vieron,
cuando gozosos partieron,
que quedabas mal herido.
Lo veo yo, y aunque cuidas
de esconderme tu aflicción
con tus sonrisas fingidas,
te estoy viendo el corazón
a través de tus heridas.

DON DIEGO
¡No!

MAGDALENA
(Esperanzada.)
¿Me engaño?

DON DIEGO
No hay razón,
puesto que solos estamos,
para que, en lo que digamos,
disimule el corazón.
Había un deseo en mí,
Magdalena; de él cogí
voluntad para tornar,
y aquí quería llegar,
para colmármelo aquí.

MAGDALENA
(Adivinándole.)
¿La muerte?

DON DIEGO
La deseaba,
Magdalena, y no la temo;
cuando más agrio luchaba,
la quería y la esperaba
como un descanso supremo.

MAGDALENA
¡Diego mío!

DON DIEGO
Y ha un instante,
cuando solos nos dejaron,
veleidades me tomaron
de no seguir adelante.

MAGDALENA
¡Diego!

DON DIEGO
Pero hablaste; oí
tu voz, Magdalena, y creo
que renacer me sentí;

tanto pudo en mí el deseo,
que me ha traído hasta aquí.
Magdalena, yo quería
morir; pero al expirar,
entre tus manos dejar,
como un don, el alma mía.
Y, al llegar a hacer el don
que reservé a este momento,
con el alma mía, siento
que va a ti mi corazón.
(Tomándole las manos con infinita ternura.)
Manos que cuando curaron
por vez primera mi herida,
de la sangre que tocaron,
rosas de fuego sembraron
por las sendas de mi vida;
si a tantos gestos humanos
yo respondí con las furias
de mis odios castellanos,
hoy, que las beso, estas manos,
¿olvidarán mis injurias?
(Ella misma levanta sus manos hasta los labios de don Diego, que las besa: Magdalena sonríe inefablemente.)
Al final de la refriega,
mi alma ardiente, mi alma ciega
torna humana
y a ti y a tu hijo se llega,
tú mi vida, él mi mañana,
¡el hogar y la ventana
de mi casa solariega!
Llamo a la puerta rendido...

MAGDALENA
Mi mano te abre, al entrar.

DON DIEGO
Llego trocado y herido.

MAGDALENA
Mi mano sabe curar.

DON DIEGO
El sueño con que, al marchar,
soñé, se ha desvanecido...

MAGDALENA
¡Mi mano lo ha recogido
para volvértelo a dar!
Diego mío castellano,
mientras reñías lejano,
te he guardado, en el hogar,
lumbres, flores que cortar,
lecho para reposar,
quieta paz, huerto lozano,

un libro para rezar,
un corazón para amar;
¡todo lo que está en mi mano!

DON DIEGO
Magdalena, al regresar,
me parece despertar
en ti de un delirio insano;
¡dame fuerzas con que entrar
segunda vez en lo humano!
Acostúmbrame a olvidar,
acompáñame a esperar,
y, aun si me ves vacilar,
¡no me dejes de tu mano!

(Se hace precisa en este momento una música que desde hace rato sonaba lejana.)

MAGDALENA
(Escuchando.)
¿Este son?...

DON DIEGO
(Complacido.)
Oye..., es la fiesta.

MAGDALENA
¡Qué bien se une y se acomoda,
serenando el alma toda,
la música de la orquesta!

(Escuchan los dos un instante.)

DON DIEGO
(En voz baja.)
Di, Magdalena..., ¿no es ésta
la que sonó en nuestra boda?

MAGDALENA
¡Grande era, Diego, el contento
que mi alma entonces sentía;
pero yo no trocaría
por aquél, este momento!

DON DIEGO
Yo sí; que en aquél lucía
con luz rosada la aurora,
y esta sangrienta de ahora
anuncia que ha muerto el día;
que ya mi Imperio español
se deshace...

(Sigue al son de la orquesta el barullo precursor del festejo. La escena está oscura, vense las caras, gracias a un farolillo que alumbrará

la puerta grande y que habrá encendido la Groninga cuando salieron
los viejos.)

MAGDALENA
No, mi Diego.

DON DIEGO
Cuando mi sol era fuego,
en Flandes se ha puesto el sol.

MAGDALENA
(Con una exaltación casi profé-
tica.)
¡Alienta!... El amor te llama,
Diego mío, a salvamento,
y el amor es como un viento
que en el rescoldo hace llama!

DON DIEGO
(Renunciando, escéptico.)
¡Cenizas de empeños vanos
caen de estas manos, señora!

MAGDALENA
¡Pero quedan otras manos
hechas de rosas de aurora!

(Suena griterío de la fiesta y se
ve un pequeño resplandor flotante
detrás de las bardas.)

ALBERTINO
(Gritando mucho, acercándose rápido.)
¡Abridme, abridme camino,
que sólo mi antorcha espera,
para encumbrarse, la hoguera!

MAGDALENA
(Con una inspiración, yendo al
fondo.)
¡Albertino, aquí, Albertino!
(El pequeño resplandor de la antorcha se acerca más: de un salto,
se encarama Albertino sobre las bardas y aparece su carita alegre, sonriente, marcada en rojo relieve por
el fuego de la antorcha que lleva
en la mano.
Magdalena a Diego, transfigurada,
diciendo con el gesto toda la promesa.)
¡Mírale!

ALBERTINO
¡Padre, yo soy
el de la lumbre este día

y por ti a encenderla voy,
y ella traerá la alegría
y de la noche hará día!
¡Padre mío, madre mía,
cuando la luz destriándose ría,
pensad que en ella riéndome estoy!

(Desaparece y comienzan a prender y crujir las hogueras.)

MAGDALENA
¿Has oído, Diego?

DON DIEGO
¡Sí!

MAGDALENA
¿No parece una visión?

DON DIEGO
(Tomando la mano de ella y apre-
tándola contra su pecho.)
¡Tu mano en mi corazón
que quiere estallar en mí!

(Se hace una enorme claridad que
llena la escena. Las gentes que toman parte en la fiesta llegan hasta
la puerta, y algunas entran en escena
para ver a Diego y Magdalena.)

JUAN PABLO
(Desde la puerta, gritando.)
¿Veis, de aquí?

MAGDALENA
Sí, vemos bien.

DON DIEGO
¡Todo!

POTTER
¡Si salís afuera,
veréis toda la pradera
y a los que danzan también!

MARÍA
¡Salid!

MAGDALENA
¡No!

MARÍA
(A Juan Pablo.)
De aquí no ven
sino la luz de la hoguera.

DON DIEGO
Desde aquí ve mi deseo
lo que otro ninguno ve;
porque el infinito veo
con los ojos de la fe.

¡Antorcha es mi espada rota
en tus manos, Albertino!
¡Alúmbrame ese camino
que vuelve de la derrota!
¡Así!...

*(Albertino ha trepado al árbol con
su antorcha en la mano todavía: se
mantiene con la otra sujeto a una
rama y parece jugar con el fuego
haciendo farsas a los que están bajo
el árbol, que ríen.)*

¿No lo veis?... ¡Exijo
que le aclaméis!... En su mano
brilla un cetro soberano:
es de España, es castellano,
lleva la luz... ¡y es mi hijo!

*(Una aclamación enorme acoge
las palabras de don Diego y celebra
a Albertino, que responde agitando
la antorcha. Magdalena y Diego lloran abrazados.)*

TELÓN

SERAFÍN Y JOAQUÍN ÁLVAREZ QUINTERO *

Gemelos en espíritu, los hermanos Álvarez Quintero nacieron también en años cercanos. Don Serafín nació en Utrera, cerca de Sevilla, el 26 de marzo de 1871; su hermano don Joaquín, el 20 de enero de 1873. Su padre, don Joaquín Álvarez Hazañas, se mudó con su familia a Sevilla cuando los hermanos estaban todavía pequeños. El cambio de ambiente fomentó la futura creatividad de los dos jóvenes, quienes usaron la gran ciudad andaluza y sus alrededores como fondo para la mayoría de sus obras teatrales.

Pocos datos personales de su vida existen en la actualidad. La única fuente autobiográfica que ha quedado es un artículo muy citado que apareció el 6 de marzo de 1904 en la revista *Alma Española*. Los datos obtenidos de este artículo forman la base desde la cual se puede comprender toda la obra de los hermanos Álvarez Quintero. En un discurso pronunciado el 10 de mayo de 1926, en el parque María Luisa de Sevilla, y ante la dedicación de un monumento a ellos, declaran ambos que su vida se puede hallar en su obra literaria: sus memorias juveniles; su amor por Sevilla y España; su pasión por el teatro y su completa dedicación a él.

La primera obra teatral de los Quintero fue presentada en el Teatro Cervantes de Sevilla el 30 de enero de 1888. Se tituló *Esgrima y amor* y es un juguete cómico en el cual es de principal importancia el argumento. El prematuro y precoz éxito de esta primera producción alentó a los hermanos a pasar a Madrid, preparados para conquistar la capital repentina y dramáticamente. Pasaron nueve años de desilusión antes de recibir el reconocimiento del público madrileño.

Los nueve años no fueron desperdiciados pues habían llegado a Madrid aún jóvenes, careciendo de las experiencias y técnicas requeridas para crear un teatro de calidad artística pero dispuestos a madurar y a aprender su oficio. Se dedicaron al periodismo (su padre, cuando ellos tenías 13 y 14 años, les había comprado un periódico) y fundaron un periódico propio, *El pobrecito hablador,* con el cual obtuvieron cierto renombre y una reputación literaria. Durante estos nueve años escribieron más de cincuenta obras teatrales aunque ellos mismos no las incluyeron en su *Teatro completo*. A pesar de la falta de

---

* De los mismos autores, Editorial Porrúa ha publicado en su colección "Sepan Cuantos...", número 244, *Malvaloca, Amores y Amoríos, Pueblo de las Mujeres, Doña Clarines* y *El genio alegre*.

éxito, la experiencia les sirvió infinitamente bien como ensayo para una obra teatral que, partiendo con *El ojito derecho* y *La oreja* (1897), no vería temporada sin una o más obras de los hermanos Quintero por los siguientes cuarenta años.

Los Quintero vivieron en una época crítica en la historia de España. Sin embargo, en contraste con sus contemporáneos de la Generación del '98, no se mostraron críticos de España o de sus condiciones. Ambos admiraban grandemente la literatura española, y sus poetas favoritos fueron Campoamor y Bécquer. Al mismo tiempo eran íntimos amigos de Valera y Pérez Galdós. De espíritu generoso, dedicaron obras teatrales a rivales de la estirpe de Benavente, Echegaray y Martínez Sierra. Hombres de gran corazón, se mostraron siempre muy dispuestos a prestar ayuda a los desamparados y a escribir obras de teatro en honor de personas distinguidas con el propósito de juntar fondos para sus obras de asistencia.

Don Serafín murió el 12 de abril de 1938. Don Joaquín siguió editando y publicando obras ya escritas anteriormente en colaboración con su hermano hasta su muerte, el 14 de junio de 1944.

Estos dos "profesores de la felicidad" recibieron muchos honores. En 1900, *Los galeotes* ganó para ellos el Premio Piquer de la Academia Española. En 1912, *Malvaloca* recibió de la Academia el Premio de Espinosa y Cortina. Ambos dramaturgos fueron elegidos miembros de la Real Academia en 1913 y 1925, respectivamente.

De más de doscientas veintinueve obras de teatro, más de la mitad son de sólo un acto, algo que no sorprende, pues muchos de los años de gran producción de los Quintero corresponden a la gran boga del género chico. Debido a que ambos escribían para el público, cuando después de la Primera Guerra Mundial creció el interés por la comedia de tres actos, los Quintero siguieron el gusto popular.

La teoría dramática de los Quintero es simple y se exhibe tanto en su personalidad como en las obras que han creado. Para ellos, el teatro es la gran agencia para unificar a la humanidad por medio del poder de la ilusión creada por la obra dramática. El drama, al crear esta ilusión, debe aconsejar, estimular, dar confianza; infundir ánimo y amor. Para producir estos fines, los hermanos desarrollaron cuatro principios. Primero, el drama debe ser popular, esto es, debe tener la capacidad de atraer e interesar a un público heterogéneo. Segundo, la obra debe ser en prosa para así producir un efecto más natural. Un drama debe tener estilo teatral a pesar de estar escrito en prosa. De esta manera, se le niega al prosista una habilidad dramática por el mero hecho de escribir en prosa. Finalmente, y en primer lugar, una obra teatral debe ser realista, esto es, demostrar un realismo que suscite en cada persona del público una fácil identificación con los personajes, el ambiente y el argumento de la representación.

Se comprende, por supuesto, que este realismo del teatro de los Quintero es un realismo selectivo que no intenta presentar la anormalidad o la distorsión, en general, lo peor de la realidad. Los Quintero, en el ya mencionado discurso pronunciado en el parque María Luisa, declararon que estaban enamorados de la verdad; pero de una verdad selectiva y poética. *Malvaloca,* representada en 1912, ejemplifica la filosofía de los Quintero por completo.

BIBLIOGRAFÍA SELECTA

ÁLVAREZ QUINTERO, Serafín y Joaquín. *El Centenario and Doña Hormiga.* Ed. by Agnes Marie Brady and Harriet L. Smith. New York: The Dryden Press, 1950.

ÁLVAREZ QUINTERO, Serafín y Joaquín. *Malvaloca. Doña Clarines.* Buenos Aires: Espasa-Calpe, 1947.

MALVALOCA

DRAMA EN TRES ACTOS

Serafín y Joaquín Álvarez Quintero

PERSONAJES

Malvaloca	Hermana Dolores
Juanela	Hermana Carmen
Mariquita	Leonardo
Hermana Piedad	Salvador
Teresona	Martín el Ciego
Alfonsa	Barrabás
Doña Enriqueta	El Tío Jeromo
Dionisia	Lobito
Hermana Consuelo	Un Operario

ACTO PRIMERO

En Las Canteras, pueblo andaluz, hay un convento de fecha remota, conocido por el Convento del Carmen. Al pàsar a mejor vida, de puro vieja ya, la última de las madres allí consagradas al amor divino, vinieron a heredar la vetusta casa Las Hermanitas del Amor de Dios, Congregación semejante a la de las Hermanas de los Pobres.—Hay en el convento al comenzar la acción de esta obra, hasta seis ancianos recogidos, de quienes cuidan las hermanas con solicitud y bondad extremas.—Este primer acto pasa en uno de los corredores o galerías del claustro, por cuyos altos arcos se ve, al fondo, toda la extensión de lo que fue jardín, hoy convertido casi completamente en huerta, ya que, más que flores, da frutos. Cierra el corredor, por la derecha del actor, un muro, donde hay una gran puerta, denominada de la Cruz, porque sobre ella, en el muro, está incrustada una de palo. En el propio muro, a la altura de la mano y encima de una repisa tosca, se ve una imagen de San Antonio, pequeñita, ante la cual hay un bote lleno de garbanzos. Uno de los arcos centrales da paso al jardín. En el corredor hay dos o tres sillas y algún banco.—Es por la mañana en un día de sol del mes de abril.

BARRABÁS, viejecillo asilado, de buen humor y malas pulgas,[1] que hace en el convento de [2] jardinero y de hortelano, trajina en sus dominios. Al fondo, allá lejos, a la sombra de un arbolillo, la hermana CARMEN, abstraída y silenciosa, cose sin dar paz [3] a la mano. Alguna vez, las escenas que pasan a su alrededor la distraen un momento de su tarea; pero en seguida vuelve a fijar la vista y la atención en lo que está haciendo.

Por la izquierda del jardín salen la hermana DOLORES y la hermana CONSUELO, con sendos bolsos de pedir limosna. Pasan al corredor por el arco central y desaparecen por la puerta de la Cruz.

BARRABÁS dice en su picaresco monólogo:

BARRABÁS.—Dos en dos,
   por la sombra y no por er só:[4]
   Hermanitas del amor de Dios.

¡Je! ¡Versos míos!

   Pedimos pa los pobres;

denos usté lo que sobre,
y si pué ser plata, mejó[5] que
   [cobre.

¡Je!

(Por la puerta de la Cruz sale Martín el Ciego, que, para ayudarse a caminar, lleva un palo en la mano. Es más viejo y está más destruido[6] que Barrabás. Marcha, callado, a lo largo del corredor. Ba-

---

[1] malas pulgas — que no soporta mucho; poco sufrido.

[2] hace... de — desempeña el trabajo de; trabaja como...

[3] sin dar paz — sin cesar; sin descansar.

[4] er só — el sol (es común en el habla andaluza confundir la "l" final con la "r" y viceversa).

[5] pue sé... mejó — puede ser... mejor.

[6] más destruido — en peor estado.

rrabás, que lo ve, lo detiene hablándole.)

¡se dice güenos [7] días!

Martín.—Güenos días. No sabía que estaba usté ahí, señó [8] Barrabás.

Barrabás.—De más lo sabía usté,[9] señó Martín.

Martín.—Como usté quiera.

Barrabás.—Porque usté no ve, pero güele.[10]

Martín.—Como usté quiera. Güenos días.

Barrabás.—¿Se va usté a tomá er só?

Martín.—Con permiso de la hermana Piedá.

Barrabás.—No hay como andá [11] siempre bailando el agua pa conseguí favores. Pero ése no es mi genio.

Martín.—Ni er mío tampoco. Ni quieo [12] discusiones con usté. Y hase [13] usté malamente en criticá [14] las cosas de esta Casa, donde está usté recogío [15] por caridá, lo mismo que yo.

Barrabás.—Hay arguna diferensia,[16] compadre. Yo no soy ningún trasto inúti [17] como usté; yo soy aquí un hombre que trabaja en la güerta y en er jardín. Y gano er pan que como. ¡Y er que se come usté también!

[7] güenos — buenos.
[8] señó — señor (como en muchos casos, el acento diacrítico sobre la última vocal denota que una "r" final se está eliminando en el habla andaluza).
[9] usté — véase la nota 8. En este caso es la "d" final la que se omite.
[10] güele — huele (en la mayoría de los casos, "güe" equivale a "hue").
[11] véase la nota 8.
[12] quieo — quiero.
[13] hase — hace (denota aquí el empleo del seseo andaluz que, como en Hispanoamérica, no distingue entre "s", "z", y "c". Se verá en varias palabras).
[14] véase la nota 8. y recuérdese de ahora en adelante.
[15] recogío — recogido.
[16] diferensia — diferencia (véase la nota 13).
[17] inúti — inútil.

Martín.—A usté no le debo yo na.[18] Yo también trabajo.

Barrabás.—¡Usté me dirá lo que hase! ¡Va ya pa dos años que no sube a la torre!. . .

Martín.—Hago lo que las hermanas me mandan.

Barrabás.—Sólo que como no le mandan a usté na, se da usté la vía [19] de un canónigo.

Martín.—Le digo a usté que no quieo discusiones. Quéese [20] usté con Dios.

Barrabás.—¿Qué le ha paresío a usté hase poco er repique que ha dao [21] la *Golondrina?* ¡Vaya una campana, compadre!

Martín.—To se le güerve [22] a usté veneno en er cuerpo, señó Barrabás.

Barrabás.—Por eso me conviene sortarlo.[23]

Martín.—*(Yendo un poco hacia él, con sincera y honda emoción.)* La *Golondrina* de esta santa Casa es una campana que ar presente está rota y no suena como sonaba, porque Dios lo ha querío,[24] pero cuando la vorteaban [25] estas manos, la *Golondrina* sonaba como no han sonao campanas en er mundo desde que hay cruces en los campanarios. Y usté lo sabe tan bien como yo, sino que se gosa en oírme.

Barrabás.—¿Ni la *Sonora* de la Iglesia Mayó ha tenío tampoco mejores voces?

Martín.—¡Ya está con la *Sonora!* La manía de tos [26] los de aquer barrio! ¡Compará a la *Sonora*

[18] na — nada.
[19] vía — vida.
[20] quéese — quédese.
[21] dao — dado.
[22] güerve — vuelve.
[23] sortarlo — soltarlo.
[24] querío — querido (de aquí en adelante, generalmente se reconocerá la palabra agregándole una "d" antes de la vocal final o entre dos vocales juntas, especialmente las combinaciones "ao" y "oa".
[25] vorteaban — volteaban.
[26] tos — todos.

con la *Golondrina* der Carmen! Es mesté sé sordo pa eso.

BARRABÁS.—¿Ahora también, señó Martín?

MARTÍN.—De ahora no se trata. Si está rota desde hase ya tres años cumplíos, ¿cómo quié[27] usté que suene? ¡Qué se alegren, que se alegren los de la *Sonora*, que bastante tiempo han vivío con la pesaíya[28] de la *Golondrina!*

BARRABÁS.—Pa mí que lo que ha pasao ha sío que er Padre Eterno, paseándose por las nubes una tarde...

MARTÍN.—Deje usté en paz las cosas santas, señó.

BARRABÁS. — ...lo oyó a usté tocá la campana. ¡Tin... tan! ¡Tin... tan!... Y se conose que, pa sus barbas,[29] fué y se dijo: "Hombre, hombre, esa campana suena demasiao bien pa está en Las Canteras, que ar fin y ar cabo no es más que un pueblo." Y a un angelito que andaba de viaje por Andalucía, le mandó que la cascara de un martiyaso.[30] ¡Je! ¿No le paese[31] a usté? ¡Envidia que tuvo Dios en er sielo!

MARTÍN.—¡La envidia er que la tiene es usté en la tierra, peaso e poyino, sayón, hereje! A la Superiora vi[32] a desirle que le proníban a usté hablá conmigo. Na más que eso.

(En esto aparece por la puerta de la Cruz la hermana Piedad y corta la disputa. Esta hermana es joven y bella, humilde y suave. Su habla es ingenua y reposada. No es andaluza.)

HERMANA PIEDAD.—¿Ya estamos como de costumbre? Temprano empieza el día.

MARTÍN.—Este hombre, que no hase más que buscarme las purgas.[33]

BARRABÁS.—¿Yo? ¡No tendría mar trabajo!

HERMANA PIEDAD.—Pero, usted también, Martín, ¿por qué no sigue su camino?

MARTÍN.—¡Porque no me deja!

HERMANA PIEDAD.—¿Le pone a usted redes como a los pájaros?

MARTÍN.—Me dise unas cosas que no hay manera de seguí adelante sin responderle.

HERMANA PIEDAD.—A palabras necias..[34]

BARRABÁS. — ¿Eso de nesias va conmigo?

HERMANA PIEDAD.—Precisamente.

BARRABÁS.—Pos lo que toca hoy, no le he hecho más que darle los güenos días. Mas vale caé en grasia que sé grasioso.

HERMANA PIEDAD.—Aquí no hay preferencias para nadie, Barrabás. Ni nos curamos de las gracias. Los bufones ya no los paga el rey. De memoria me sé sus mañanas, y de memoria también cuál era la disputa. ¡Todos los días la misma!

MARTÍN.—¡La misma tos los días, hermana Piedá! Dígaselo a la Superiora.

HERMANA PIEDAD.—Pues quién sabe si Dios va a castigarlo a usted —a usted, Barrabás, a usted le hablo— y le va a mandar una rabieta. Como el milagro que yo espero llegue a obrarse...

BARRABÁS.—¡Los milagros no son de estos tiempos!

HERMANA PIEDAD.—¡Silencio, Barrabás! ¿Cómo se entiende? Ande, ante a su trabajo. Y usted, Martín, a su camino.

MARTÍN.—Dios la guarde.

(Barrabás se interna hacia la derecha del jardín sin replicar palabra. Martín desaparece por el corredor.)

---

[27] quié — quiere.

[28] pesaíya — pesadilla (denota tanto la ausencia de la "d" como el yeísmo en vez del lleísmo castellano. Fijarse, de ahora en adelante, en el empleo de la "y" eu vez de la "ll").

[29] pa sus barbas — para sus barbas, calladamente.

[30] véase la nota 28.

[31] paese — parece.

[32] vi — voy.

[33] buscarme las purgas [pulgas] — molestarme.

[34] A palabras necias... — Principio del refrán "A palabras necias oídos sordos".

(Viene Leonardo por la izquierda del jardín. Es hombre como de treinta años y de apariencia modesta y sencilla. Su fisonomía es adusta, y curiosa y penetrante su mirada. Trae el sombrero en la mano, dejando al descubierto la cabeza, poblada de fuerte y abundante cabello. Tiene toda su persona un aire de energía varonil que la hace simpática. La hermana Piedad lo ve venir y lo espera sonriéndole con dulzura.)

HERMANA PIEDAD.—Santos y buenos días, caballero.

LEONARDO.—Buenos días, hermana.

HERMANA PIEDAD.—¿A ver a su amigo, verdad?

LEONARDO.—A acompañarlo un rato. Ahora no tengo cosa mayor que hacer allá.

HERMANA PIEDAD.—Aquí estaba hace media hora. Andará por ahí de conversación con los ancianos. Tiene tan buen ángel... [35] Y le gusta mucho charlar con ellos.

LEONARDO.—Con ellos y con todo el mundo. Le da palique [36] al primero que pasa. No sabe callar. Eso sí: su conversación tiene miel. Y de usted y de toda esta Casa empieza a hablar y no concluye.

HERMANA PIEDAD.—*(Bromeando.)* ¡Ah! ¿sí? Pues le advierto a usted que somos muy interesadas. [37] Es posible que pidamos algo por cuenta de esa gratitud.

LEONARDO.—Lo que yo pueda dar... Y de él no se diga. [38]

HERMANA PIEDAD.—Hablaremos los tres. Voy por allá adentro a buscarlo. Tal vez esté con don Jacinto.

LEONARDO.—¿El cura?

HERMANA PIEDAD.—No, señor: un asilado que también se llama don Jacinto. ¿No se ha fijado usted en un viejecito muy pulcro, casi siempre solo?...

LEONARDO.—Ya sé, ya sé quién dice.

HERMANA PIEDAD.—Pertenece a una gran familia sevillana que ha venido a morir aquí. Finales de vidas que nadie puede adivinar. A todos, es claro, los tratamos con bondad y cariño. Para con él hay que añadir la cortesía. Todo le humilla y lo desconsuela. En su amigo de usted ha encontrado un buen camarada.

LEONARDO.—Es doloroso el caso. ¿Se da con frecuencia?

HERMANA PIEDAD.—En asilos más numerosos que éste, sí, señor. Aquí casi todos son de familias pobres. Algunas tanto, que hay asilado que guarda algo de lo que se habría de comer para regalárselo luego a los parientes que vienen a visitarlo.

LEONARDO.—Es interesante.

HERMANA PIEDAD.—Avisaré a su amigo.

LEONARDO.—Deje usted, [39] hermana; iré yo.

HERMANA PIEDAD.—¡No faltaría otra cosa! [40] ¡Siéntese usted, que en seguida viene! *(Se va por el jardín, hacia la derecha.)*

(Leonardo pasea un momento en silencio, y de pronto se fija en la repisa de San Antonio. Barrabás, que ha vuelto a aparecer, acecha el instante de pegar la hebra [41] con el recién llegado.)

LEONARDO.—¡Qué niñería! ¡Hoy tiene garbanzos el santo! Y anteayer, aceite y vinagre. Yo no entiendo esto.

BARRABÁS.—¿Está usté reparando en er bote de San Antonio?

---

[35] Tiene tan buen ángel... — tiene el don de agradar.

[36] palique — charla.

[37] somos muy interesadas — nos guía principalmente el interés.

[38] Y... diga — Y él, por supuesto, dará igualmente.

[39] Deje usted — No se moleste.

[40] ¡No... cosa! — ¡De ninguna manera!

[41] pegar la hebra — entablar conversación.

LEONARDO.—¿Eh? Sí, señor.

BARRABÁS.—¿No sabe usté lo que sirnifica?[42]

LEONARDO.—No, señor. Y desde que frecuento esta Casa me llama la atención un poco; pero no gusto de preguntar.

BARRABÁS.—Pos[43] yo se lo vi a esplicá a usté sin que me lo pregunte. ¡Je!

LEONARDO.—Bueno.

BARRABÁS.—Como esta Casa se sostiene de la caridá, en cuanto la hermana despensera ve que hase farta arguna[44] cosa, pone un puñaíto de lo que hase farta en er bote de San Antonio. Yega una persona caritativa, derrama la vista pa er santo, repara en los garbansos o en lo que sea, y ya sabe de lo que tiene que mandá. Y manda una boteya o un saquito. Y las hermanas disen luego que San Antonio es er que lo manda.

LEONARDO.—Ya.

BARRABÁS.—Y San Antonio está tan ajeno a los garbansos o al aseite como usté y como yo.

LEONARDO.—¡Es claro!

BARRABÁS.—Así son los milagros der día. Si yo le contara a usté más e cuatro cosas...

LEONARDO.—No, no quiero saber más.

BARRABÁS.—Es que en este asilo...

LEONARDO.—Bien está, bien está, señor.

BARRABÁS.—Usté disimule (*Leonardo se sienta a fumar. Barrabás vuelve a acercársele sonriente*) ¿Y un sigarrito, me da usté, cabayero?

LEONARDO.—(*Con muy buen agrado.*) Sí, hombre, eso sí. Tome usted un par de ellos, si quiere.

BARRABÁS.—Sí quiero. Y mu[45] agradesío. Er tabaquiyo es lo único que le quea a uno de otros tiempos. Y es lo único también que nunca

manda San Antonio. Se conoce que er santo no fuma. Tenemos que contentarnos con los pitiyos anémicos que nos hasen las madres. (*Leonardo sonríe.*) La primera vez en mi vía que lo veo a usté risueño. ¿Está usté malo del estómago, por casualidá?

LEONARDO.—No, señor.

BARRABÁS.—Son dos carárteres mu distintos usté y don Sarvadó.

LEONARDO.—Bien está, bien está.

BARRABÁS.—Usté disimule. (*Vuélvese al jardín reliando el cigarrillo que va a fumarse. A poco exclama, echando la mirada hacia la izquierda.*) ¿Quién es aqueya paloma que viene aquí? ¡Cosa más rara en esta Casa!...

(*Llega Malvaloca. Se detiene un punto en medio del jardín mirando a todos lados, como quien duda adónde dirigirse, y al ver a Leonardo en el corredor vuela hacia él. Malvaloca es bella: su cara, risueña y comunicativa; su cuerpo, gentil y ligero; su traza, popular. Sus cabellos negros, rizados y cortos, parece que los sacude al aire, según se agitan a impulsos de la nerviosa actividad de la cabeza, llena de fantasías y disparates, que se mueve como la de un pájaro. Viste falda lisa de un solo color, blusa blanca, zapato de charol con hebilla, y mantoncillo de seda negro puesto a modo de chal. Trae ricos pendientes, sortijas y pulseras, que contrastan con la sencillez del vestido. Leonardo, al verla aparecer, se levanta un poco sorprendido. Barrabás se acerca a la hermana Carmen como para comentar la visita. Luego se aleja.*)

MALVALOCA.—Buenos días.

LEONARDO.—Buenos días.

MALVALOCA.—¿Éste es el Asilo de las Hermanitas del Amor de Dios?

LEONARDO.—Este mismo.

MALVALOCA.—Grasias. Yo vi er postiguiyo abierto, y me entré; pero en mitá er jardín temí haberme metío en otra parte.

LEONARDO.—Pues éste es el Asilo.

---

42 sirnifica — significa.
43 Pos — Pues.
44 farta arguna — falta alguna.
45 mu — muy.

MALVALOCA.—Sí; ya veo ayí una monja. Y... ¿usté podrá desirme...?

LEONARDO.—¿Qué?

MALVALOCA.—¿Es aquí donde están curando a un herido...?

LEONARDO.—Aquí es.

MALVALOCA.—¿Usté ya sabe por quién pregunto?

LEONARDO.—Por Salvador García, ¿no?

MALVALOCA.—Cabalito; por Sarvadó Garsía. ¿Cómo está?

LEONARDO.—Ya está casi bueno.

MALVALOCA.—¿Sí? Pero ¿ha estao grave?

LEONARDO.—Grave no diré yo. Ha sufrido bastante. Las quemaduras fueron horribles, y las curas muy dolorosas.

MALVALOCA.—En Seviya corrió que se había achicharrado en una fragua.

LEONARDO.—¡Ave María Purísima!

MALVALOCA.—Cosas de la gente, ¿verdá? Me lo dijo... ¿Quién me lo dijo a mí? ¡Ah! Matirde la Chata, que nunca lo ha mirao con buenos ojos.

LEONARDO.—¿Usted viene ahora de Sevilla?

MALVALOCA.—Ahora mismo. No he hecho más que arreglarme un poco y buscá er convento. Y he venío por enterarme de la verdá; por salí de dudas;[46] por verlo a é.[47]

LEONARDO.—Es usted buena amiga suya, según parece.

MALVALOCA.—¡Uh! (Este ¡uh! de Malvaloca es como un trino. Lo emplea siempre con inflexión ponderativa y gracioso ademán cuando no acierta a encerrar, en palabras todo lo que quiere decir. Detrás de cada ¡uh! su imaginación pone un mundo.)

LEONARDO.—Mucho, ¿eh?

MALVALOCA.—Ya me quedé en amiga; pero he sío un mijiya más. Er tiempo to lo acaba.

LEONARDO.—Menos las amistades, por lo visto.

MALVALOCA.—Donde candelita hubo...[48] ¿Usté también es amigo de Sarvadó?

LEONARDO.—Amigo y algo más.

MALVALOCA.—¿Cómo es eso?

LEONARDO.—Porque somos compañeros en el negocio de la fundición.

MALVALOCA.—¿De qué fundisión?

LEONARDO.—De la fundición de metales en que ha pasado la desgracia. ¿Es que no tiene usted noticia de la fundición?

MALVALOCA.—¡Si yo hase más e dos años que no lo veo! Pero ahora estoy pensando... ¿Quién me dijo a mí que Sarvadoriyo se había metío a hasé carderas?[49]

LEONARDO.—(Sonriendo.) Probablemente esos informes saldrían de la misma fuente que los otros.

MALVALOCA.—No, la Chata no fue. ¿Qué más da quien fuera? ¿De manera que usté y Sarvadó...?

LEONARDO.—Sí; somos socios.

MALVALOCA.—¿Desde cuándo?

LEONARDO.—Desde hace poco tiempo. Nuestra amistad, que es muy reciente, es ya muy estrecha.

MALVALOCA.—Es que Sarvadó es mu simpático.

LEONARDO.—Muy simpático es.

MALVALOCA.—Se yeva a la gente de caye, ¿verdá?

LEONARDO.—A mí me ha llevado, a lo menos.

MALVALOCA.—Y a to er que lo trata. En este mundo lo que manda es la simpatía.

LEONARDO.—¿Usted cree?

MALVALOCA.—Estoy segura. Er cariño mayó no es otra cosa que una simpatía. Una simpatía tan grande, tan grande, que no sabe usté viví sin aqueya persona.

---

[46] salí [salir] de dudas — para asegurarme.

[47] é — él.

[48] Donde candelita hubo... — principio de un refrán.

[49] carderas — calderas.

LEONARDO.—Quizás.

MALVALOCA.—Déle usté er nombre que usté quiera: amó, amistá, cariño... lo que a usté se le antoje. Escarba usté... y simpatía. ¿Usté no ve que a los piyos se les quiere más que a los tontos? Y eso ¿por qué es? Porque los piyos son siempre más simpáticos. No le dé usté vuertas.

LEONARDO.—Puede que tenga usted razón.

MALVALOCA.—Y ¿cómo fué el reunirse usté con ese tunante?

LEONARDO.—Usted misma acaba de decirlo: por simpatía. Viajábamos juntos, encontramos estos talleres de fundición abandonados en este pueblo, y nos aventuramos a probar fortuna. Los dos tenemos aficiones análogas... La fundición se llamaba antes de los Sucesores de no sé quién; pero Salvador la ha bautizado con el pomposo título de *La Niña de Bronce*.

MALVALOCA.—¡Ah! *¡La Niña de Bronse!* Ya sé yo por la que va eso.

LEONARDO.—¿Por usted?

MALVALOCA.—No, señó; por otra. ¡Granuja! Pero ¿dónde está?, que yo sí que voy a bronsearlo.

LEONARDO.—Ahora vendrá aquí.

MALVALOCA.—¿Aquí va a vení?

LEONARDO.—Sí; ha ido una de las hermanas a avisarle que he llegado yo.

MALVALOCA.—Tengo ganas de darle un abraso. ¡Pobresiyo! Porque es mu charrán, ¿sabe usté?, pero es mu cabayero. Conmigo siempre se ha portao mu bien. Ni una sola vez he yamao a su puerta que ér no haya respondío. Segura estoy yo de que no me muero en un hospitá mientras viva ese hombre. ¿Éste es San Antonio? Tiene toa la cara de un músico. ¿Qué vende?, ¿garbansos? Diga usté: ¿usté estaba en la fundisión cuando ocurrió er percanse?

LEONARDO.—Sí, por cierto.

MALVALOCA.—Y ¿cómo fue?, ¿cómo fué? ¿Quié usté contármelo?

LEONARDO.—¡Ya lo creo! Íbamos a fundir una figura para una fuente nueva de Los Alcázares, este pueblo inmediato.

MALVALOCA.—Lo conosco. ¡No yueve en Los Arcásares! ¡Josú!

LEONARDO.—El molde de la figura que se ha de fundir está en el suelo, bajo tierra: y por un agujero que se le deja en la superficie, se vierte en él luego el bronce líquido que va en los crisoles.

MALVALOCA.—¿En los qué?

LEONARDO.—En los crisoles. Los crisoles son unos grandes vasos que sin saltar ni romperse resisten las temperaturas más elevadas. Dentro de ellos, en los hornos, se deshace el bronce más duro hasta convertirse en fuego líquido.

MALVALOCA.—¡Pa meté un deo! [50]

LEONARDO.—Y entonces, como lo decía, pasa de los hornos a la tierra en que está sepultado el molde de lo que se haya de fundir. En este paso ocurrió la desgracia de Salvador.

MALVALOCA.—¿Sí?

LEONARDO.—Sí. Se conduce el crisol desde el horno sujeto por lo que nosotros llamamos armas de mano. Para sostenerlo y fundir, si el crisol es grande, se necesitan a veces cuatro o seis hombres. Uno de ellos era Salvador. Pues bien: al ir a volcar el líquido en el molde por el bebedero, le faltó el pie a uno de los otros,[51] y con la sacudida violenta saltó fuego al suelo y le salpicó a Salvador en el pecho, en el brazo y en una pierna.

MALVALOCA.—¡Josú!

LEONARDO.—Si vencido por el dolor suelta el arma y se derrama y se esparce todo el fuego, tal vez se

---

[50] ¡Pa meté un deo! — ¡Para meter un dedo! Malvaloca acentúa la alta temperatura que han de tener los crisoles.

[51] le faltó... — tropezó uno de ellos.

hubiera abrasado [52] algún hombre. Salvador hizo un esfuerzo supremo y gritó: ¡A fundir! Y los demás obedecieron y entró el fuego en la tierra. Cuando ya no quedaba ni una sola gota en el crisol, soltaron sus manos la barra y cayó en mis brazos sin sentido.

MALVALOCA.—¡Pobresito!

LEONARDO.—Dos hermanas de este Asilo, que llegaron entonces al taller pidiendo una limosna, sobrecogidas e impresionadas por la escena, se obstinaron en que había de traérsele aquí, por estar a un paso de la fundición; y aquí lo trajimos, y aquí se le ha asistido, y aquí sigue.

MALVALOCA.—Pos sí que habrá pasao las negras.[53] Porque no es mu duro de carnes.[54] Un peyisco es, y le hase daño. Pero, ¿en qué piensa ya que no viene?

LEONARDO.—No sé... Sí que tarda. Acaso haya llegado el médico.

MALVALOCA.—Oiga usté, ¿es buen médico? Miste [55] que en estos pueblos hay a lo mejó ca veterinario...

LEONARDO.—Bueno debe de ser. A Salvador lo ha sacado adelante. Es el forense. Iré a ver qué pasa y a decirle que está usted aquí.

MALVALOCA.—Si me hase usté er favó...

LEONARDO.—Con muchísimo gusto. (Va a marcharse y vuelve.) ¿Y quién le digo que lo espera? Porque no sé cómo...

MALVALOCA.—¡Ah!, sí. Dígale usté ...Dígale usté que está aquí Marvaloca.

LEONARDO.—¿Malvaloca? [56]

MALVALOCA.—¿Le suena?

LEONARDO.—No; me sorprende.

MALVALOCA.—Así me yaman desde los trese años. Mi nombre es Rosa pa serví a usté.

LEONARDO.—Muchas gracias.

MALVALOCA.—Pero a Sarvadó dígale usté que Marvaloca. ¿A que no sabe usté por qué me yaman Marvaloca?

LEONARDO.—¿Por qué?

MALVALOCA.—Yo nasí en Málaga, en una casita que tenía en la puerta un arriate, y en el arriate, una marvaloca. La gente conosía mi casa por la casa de la marvaloca. Pos bueno: se secó la marvaloca, pero en lugá de la marvaloca quedé yo, que ya prinsipiaba a espigá. Y como mi casa era pa to er mundo la casa de la marvaloca, y ayí no había quedao marvaloca ninguna, pos la marvaloca fuí yo. Totá: que en vé [57] de sé una fló [58] y de está a la puerta e la caye, fué una mosita que estaba dentro. Ya ve usté qué cosa más sensiya. Pero hay que esplicarla.

LEONARDO.—(En un especial estado de ánimo, que en parte confirma las teorías de la simpatía expuesta por la simpática Malvaloca.) Voy a avisarle a Salvador. (Se va por el jardín hacia la derecha.)

MALVALOCA.—(Cuando se queda sola.) También es simpático este hombre. (Mirando hacia la puerta.) ¿Y esta viejesita que viene aquí? Se conoce que estará recogía... Pero ¡qué chiquitita es! ¡Si es un embuste! Paese una majita de armiré.[59]

(Sale Mariquita, en dirección al lado opuesto del corredor. Malvaloca la contempla encantada. Es una viejecita que cabe dentro del bote de los garbanzos de San Antonio.)

---

[52] abrasado — de abrasar y no abrazar. Leonardo distingue entre "s" y "z", al contrario de la mayoría de los otros.
[53] habrá... negras — habrá sufrido mucho.
[54] duro de carnes — fuerte o capaz de soportar mucho dolor.
[55] Miste — mire Ud. [e igual de aquí en adelante].
[56] malvaloca — planta de la familia de las malváceas, más alta y hermosa que la malva común.
[57] vé — vez.
[58] fló — flor.
[59] paese... armiré — parece una majita de almirez [mortero de metal para machacar].

MARIQUITA.—(*Al pasar ante Malvaloca.*) Dios guarde a usté, hermana.

MALVALOCA.—Vaya usté con Dios, hermanita.

MARIQUITA.—Que usté siga güena.

MALVALOCA.—¿Está usté recogía en el Asilo?

MARIQUITA.—(*Deteniéndose.*) Sí, señora.

MALVALOCA.—¿Hase mucho?

MARIQUITA.—Cuatro años. Desde que me fartó mi hijo, que me lo mataron en er Moro.

MALVALOCA.—¿Le mataron a usté un hijo en la guerra?

MARIQUITA.—Er que tenía.

MALVALOCA.—¡Vaya por Dios! (*Mariquita hace un gesto de resignación y dolor.*) ¿Son ustedes muchos los viejesitos asilaos?

MARIQUITA.—Ar presente, seis: dos mujeres y cuatro hombres.

MALVALOCA.—Esto era un convento, ¿verdá?

MARIQUITA.—Sí, señora; er Convento der Carmen. Y cuando murió la úrtima[60] de las madres, se vinieron aquí las Hermanitas del Amor de Dios.

MALVALOCA.—Ya. Diga usté, hermanita: ¿y se armiten[61] limosnas?

MARIQUITA.—Hágase usté er cargo: de la caridá viven eyas... y de la caridá de eyas, nosotros...

MALVALOCA.—Tome usté. (*Saca de su bolso una moneda de cinco pesetas y se la da.*)

MARIQUITA.—(*Atónita.*) ¿Qué es esto?

MALVALOCA.—Un duro.

MARIQUITA.—No tengo pa darle la güerta.[62]

MALVALOCA.—Si es pa usté, hermanita.

MARIQUITA.—¿Pa mí?

MALVALOCA.—(*En broma.*) ¡Pa que se compre usté un sombrero!

MARIQUITA.—(*Sonriendo entre lágrimas.*) ¿Un sombrero... yo?

MALVALOCA.—¡O lo que le haga farta!

MARIQUITA.—Un sagalejito.

MALVALOCA.—Ayá usté, hermana.

MARIQUITA.—¿Es usté rica?

MALVALOCA.—¡Uh!

MARIQUITA.—Por la caye no suelen dá limosnas tan grandes. De aquí tos los días salen dos hermanas a pedí, y ¡si viera usté qué poquito recogen! Y escuche usté una cosa: er sábado pasao le pegaron a la hermana Piedá.

MALVALOCA.—¿Quién?

MARIQUITA.—Un borrachote, ¿quién había de sé? Entró en una casa que tenía la cansela abierta, creyendo que era una casa particulá, y era una tabernucha. Pero eya, que es mu tranquila y mu resuerta, no se cortó[63] ni ná, y pidió su limosna pa los pobres. Y aquer tío, borracho como estaba, empezó a sortá palabras y le dió un gofetón.[64]

MALVALOCA.—Y ¿qué hiso la hermana?

MARIQUITA.—Pos la hermana entonses fué y le dijo "Güeno, esto es pa mí. Ahora sigo pidiendo pa mis pobres."

MALVALOCA.—(*Admirada.*) ¡Ah!

MARIQUITA.—Conque fué el amo de la taberna, al oírla, y echó a la caye al borrachote, y a eya le dió una limosna mu güena. Y ar día siguiente vino el hombre ya fresco aquí a pedirle perdón. Y hubo que oí a la hermana Piedá; porque sabe mucho.

MALVALOCA.—¿Es aqueya que cose?

MARIQUITA.—No, señora. La hermana Piedá es mu guapita. Es de Madrí. Se casó mu joven, se le murió er marío del pecho, y entonses entró en esta Casa, porque dijo que ya no tenía que queré a nadie en er mundo. Si sale, yo le diré cuál es.

---

[60] úrtima — última.
[61] armiten — admiten.
[62] güerta — la vuelta, el vuelto, el cambio.
[63] no se cortó — no se sorprendió o atemorizó.
[64] gofetón — bofetón.

(En el corredor, por la izquierda aparece en esto Salvador, el compañero de Leonardo. Es hombre de su edad, poco más o menos, y de fisonomía inteligente y despierta. Trae el brazo izquierdo descansando en un pañuelo de seda anudado al cuello. Al ver a Malvaloca allí se sorprende vivamente y se alegra.)

SALVADOR.—Pero, ¿es verdá lo que ven mis ojos?

MALVALOCA.—¡Chiquiyo!

SALVADOR.—¡Marvaloca! ¿Tú por aquí? ¿Qué es esto?

MALVALOCA.—¡Qué vengo a verte!

SALVADOR.—Dios te lo pague, mujé, Dios te lo pague.

MALVALOCA.—¿Cómo van esas quemaúras?

SALVADOR.—Ya pasaron.

MALVALOCA.—Más vale así. Te he traío la buena.

SALVADOR.—Tú a mí, siempre. Siéntate un ratito.

MALVALOCA.—¡Pos no que no!

MARIQUITA.—¿Es tu novia?

SALVADOR.—Lo fué. Me dejó por otro.

MALVALOCA.—Diga usté que es un embustero.

SALVADOR.—¿Le gusta a usté?

MARIQUITA.—Es guapa. Y mira. (Le enseña la moneda.)

SALVADOR.—¡Espantárame a mí!

MARIQUITA.—(Riéndose.) ¡Dise que pa un sombrero! Que Dios la bendiga.

MALVALOCA.—Vaya usté con Dios.

(Sigue su camino Mariquita, "reinando" en el zagalejo que se va a comprar.)

SALVADOR.—(Con satisfacción, a Malvaloca.) ¿Qué hay?

MALVALOCA.—Que me alegro de verte, hombre.

SALVADOR.—Y yo a ti.

MALVALOCA.—¡Mía [65] que vení a tus años a pará en un asilo e viejos!

SALVADOR.—Las vuertas [66] que da er mundo. En cambio, por ti no pasan días; sigues tan guapa.

MALVALOCA.—Tus ojos. Y er cuartito de hora después de lavarme. Ya me han contao cómo te portaste er día de la desgrasia... Vamos, que estuviste hecho un valiente.

SALVADOR.—¿Quién te lo ha contao?

MALVALOCA.—Tu amigo.

SALVADOR.—¿Qué amigo?

MALVALOCA.—Er sosio.

SALVADOR.—¿Está aquí?

MALVALOCA.—¡Toma! Y se ha ido a buscarte ayá dentro. Y antes una monja. ¿Dónde estabas metío?

SALVADOR.—En la torre estaba.

MALVALOCA.—¿Te da por las sigüeñas ahora?

SALVADOR.—No.

MALVALOCA.—¡Pos arguna conosco yo que paese una sigüeña! ¡Mar tiro le peguen! [67] ¿Cómo se te va estropeando er gusto con la edá!

SALVADOR.—(Riéndose.) Mientras no dejes de gustarme tú...

MALVALOCA.—Aquí ya no hay candela; a la otra escuela.

SALVADOR.—¿Has hablao mucho con Leonardo?

MALVALOCA.—¿Con quién?

SALVADOR.—Con mi compañero; con Leonardo.

MALVALOCA.—¡Ah!, ¿se yama Leonardo? Pos Leonardo la mira a una que paese que va a retratarla. Es mu serio, ¿no?

SALVADOR.—Muy serio. Y una gran persona, además.

MALVALOCA.—Entonces, ¿cómo es amigo tuyo?

SALVADOR.—Porque los estremos se tocan.

MALVALOCA.—¿Los estremos?

SALVADOR.—Sí. Leonardo tiene lo que yo más envidio: voluntá. Es rarito, rarito... Pero va adonde quiere. Hay que sabé yevarle er genio,

---

[65] mía — mira.

[66] vuertas — vueltas.

[67] ¡Mar tiro le peguen! — ¡Mal tiro le peguen! — exclamación de disgusto.

eso sí. A lo mejó se arranca...
En fin, éste es el hombre: podía en su tierra, con su padre, que también tiene una fundisión, viví tranquilamente y a gusto; pero er padre enviudó, quiso casarse por segunda vez, y Leonardo le dijo, cogiendo a una hermanita que tiene: Ni mi hermana ni yo queremos otra madre que aquéya. Y anochesió en la casa y no amanesió. Yevó a la hermana con unos tíos que suspiraban por tené hijos, y ér se echó a volá por er mundo, buscando aventuras.

MALVALOCA.—Pos mira: eso prueba que es un hombre de corasón.

SALVADOR.—Y lo es. Aunque se las echa de inflexible y de hombre de asero.

MALVALOCA.—¿Vive ya la hermana con él?

SALVADOR.—No; sigue viviendo con los tíos. Pero ahora va a vení a pasá unos días con Leonardo.

MALVALOCA.—¿Ér no es andaluz, por supuesto?

SALVADOR.—No; es de Asturias.

MALVALOCA.—Y ¿pa qué se fué a nasé tan lejos?

SALVADOR.—¡Qué sé yo! ¡Chiquiya, lo que te agradesco esta visita!

MALVALOCA.—¿Quiés cayarte? ¿Tú no hubieras hecho lo mismo? Ya sabes cómo soy. Me dijo una amiga: "¿Te has enterao de que Sarvaó está en parriyas, como San Lorenzo?" Y lié er petate. Tú me conoses: tengo er corasón en la cabesa.

SALVADOR.—¡Er corasón en la cabesa!...

MALVALOCA.—¿No es verdá?

SALVADOR.—Sí es verdá, sí; porque la cabesa no la tienes en ninguna parte.

MALVALOCA.—Así no padesco jaquecas.

SALVADOR.—Y en er sitio der corasón, ¿qué tienes ahora?

MALVALOCA.—Er solá, con una vaya y un perro pa que no entre nadie.

SALVADOR.—Pos a mí me han dicho que un alemán...

MALVALOCA.—¡Vamos, quita! ¡Ni en verano bebo yo serveza! [68]

SALVADOR.—¿Sigues en Seviya?

MALVALOCA.—Por lo pronto, sí.

SALVADOR.—¿Y tu madre?

MALVALOCA.—En Sestona.

SALVADOR.—(Riéndose.) ¿En Sestona?

MALVALOCA.—No te rías; en Sestona, o en Fitero, o en Vichy. Ayá eya. Es la misma de siempre. Que tengo dinero: "Hija de mi arma, sentrañas, corasón, alegría de su vieja..." To er surtío. Que me ve con la noche y er día y que er sielo se nubla: me agarra dos mantones, los empeña y toma er tren pa un barneario. ¡Yo no he visto una mujé que beba más agua de toas clases! (Salvador suelta la carcajada.) Así está eya: hinchá.

SALVADOR.—¿Y tu padre?

MALVALOCA.—Mi padre es otro estilo; éste no es agua lo que bebe. Es un toné. En fin, no quieo acordarme de mi gente. ¡Josú! Si como me sacaron bonita me sacan fea, te la mando a un crisó de esos de tu fábrica.

SALVADOR.—Siempre estás a tiempo.

MALVALOCA.—Déjalos; pobresiyos. ¿Y tu viejo? ¿En er pueblo?

SALVADOR.—Sí; en el pueblo sigue.

MALVALOCA.—¿Con la fotografía?

SALVADOR.—Y con una tiendesita e morduras que ha puesto hase un año. Se defiende el hombre.[69] Pienso yegarme a verlo cuando me den de arta, pa que se convensa de que esto de las quemaúras no ha sío na.

MALVALOCA.—Pero ha podío sé, Sarvadó.

SALVADOR.—Lanses del ofisio.

MALVALOCA.—Es verdá. ¿Cómo te ha dao er venate de meterte a húngaro?

---

[68] ¡Ni... serveza! — ¡No me importa eso!

[69] Se... el hombre — logra subsistir; puede ganarse la vida contra las contrariedades diarias.

SALVADOR.—¿A húngaro?

MALVALOCA.—A fundidó; es iguá.

SALVADOR.—Siempre pité un poco por ese lao: acuérdate. Conosí a este amigo, nos caímos en grasia el uno al otro y no hiso farta más. Ér tiene muchas ilusiones; yo no tengo tantas, pero me gusta que ér las tenga. Conque ahí está mi fundisión pa lo que tú quieras mandarme. ¿Se te ofrese argo?

MALVALOCA.—Hombre, sí; vas a haserme dos grifos.

SALVADOR.—¿Dos grifos?

MALVALOCA.—Sí; uno pa mi padre y otro pa mi madre.

(Se ríen los dos.)

SALVADOR.—En cuantito que vuerva ar tayé será lo primero que haga.

MALVALOCA.—¿Te quedan aquí muchos días?

SALVADOR.—Ya no; ya estaré pocos.

MALVALOCA.—Pos mira, por si vengo otra vez a verte, no digas quién soy.

SALVADOR.—¿Por qué no, mujé? Una amiga mía.

MALVALOCA.—Como quieras.

SALVADOR.—¿Qué quieres que diga, si no?

MALVALOCA.—Di mejó que soy una inglesa. Ya tienes ahí ar sosio.

(En efecto, llegan Leonardo y la hermana Piedad, por donde se fueron.)

LEONARDO.—¡Sí está aquí, hermana!

HERMANA PIEDAD.—¿Está aquí?

SALVADOR.—Sí; aquí estoy.

MALVALOCA.—Buenos días.

HERMANA PIEDAD.—Buenos días. Toda la casa hemos andado detrás de usted.

SALVADOR.—Me subí a la torre.

LEONARDO.—¡Ya decía yo! ¡En la torre era muy difícil que lo encontráramos!

MALVALOCA.—Hermana; con permiso.

HERMANA PIEDAD.—Mande usted.

MALVALOCA.—¿Quiere usté desirme en dónde está la iglesia?

HERMANA PIEDAD.—Yo iré con usted.

MALVALOCA.—No; no se moleste.

HERMANA PIEDAD.—No es molestia ninguna.

MALVALOCA.—¡Es usté la hermana Piedá?

HERMANA PIEDAD.—Servidora. ¿Vamos?

MALVALOCA.—Vamos. Ahora vuervo.

SALVADOR.—La que tiene que vorvé también es usté, hermana Piedá.

HERMANA PIEDAD.—¿Yo?

SALVADOR.—Sí; pa hablá de aqueyo, antes que se marche Leonardo.

HERMANA PIEDAD.—¡Ah!, sí. En seguida vengo. (A Malvaloca.) Por aquí.

(Se alejan juntas por el corredor la santita y la pecadora.)

LEONARDO.—¿Quién es esta mujer?

SALVADOR.—La hermana Piedá, ¿no has oído?

LEONARDO.—Déjate de burlas; la otra.

SALVADOR.—¡Ah! ¡La otra es esencia de canela!

LEONARDO.—Ya, ya.

SALVADOR.—Marvaloca le yaman.

LEONARDO.—Ya lo sé.

SALVADOR.—Entonses, ¿qué es lo que me preguntas?

LEONARDO.—Algo más que el nombre. Lo que sepas de ella más que yo.

SALVADOR.—Su historia es una novela muy larga. Pues imagínate tú. No se parese a ninguna y se parese a muchas. Una cara bonita y una cabesa loca en una casa en donde hay hambre. Éste es er principio de la novela. De argunos capítulos sé argo más.

LEONARDO.—¿Ha sido cosa tuya?

SALVADOR.—Sí; pero ya hase tiempo.

LEONARDO.—Pues ella te conserva una gratitud...

SALVADOR.—¡Como que me porté muy bien con eya!

LEONARDO.—¿Sí?

SALVADOR.—¡Sí! La yevé a armosá a una venta en Córdoba, le dije que me esperara un segundo, que iba por tabaco, y vorví a los dos años a vé si estaba ayí toavía.

LEONARDO.—¿Eso hiciste?

SALVADOR.—Por vé si era de ley.

LEONARDO.—¡Bah! Tú no hiciste eso.

SALVADOR.—Sí lo hise, sí. No tenía otra salida. (Calla un instante, mientras pasa la hermana Dolores por el corredor, de derecha a izquierda.) Marvaloca es mujé que se mete mucho en er corasón; nos íbamos tomando cariño; me había yorao ya dos o tres veces... Y eso de que me yore una mujé no es pa mi genio. Hasen las lágrimas una cadenita que sujeta más que toas las que podamos forjá nosotros en la fundisión.

LEONARDO.—No entiendo que la dejaras si la querías. Y todavía entiendo menos que esa mujer te mire a la cara.

SALVADOR.—Te diré; corrió er tiempo, a los dos nos pasaron cosas... y cuando se le murió la chiquiya, a su lao estuve yo primero que nadie.

LEONARDO.—¡Ah!, ¿se le murió una chiquilla?

SALVADOR.—Bonita como un sueño. Cuatro años tenía. Esa ha sío la mayó desgrasia de Marvaloca. La chiquiya era como un refugio pa toas sus penas.

LEONARDO.—¡Qué lástima!

SALVADOR.—Porque tiene muchas. Y es buena como pocas mujeres he visto.

LEONARDO.—Así me ha parecido a mí. Tiene mirar de buena. Detrás de aquellos ojos, la primera luz que se advierte es de bondad.

SALVADOR.—¿Sabes que...?

LEONARDO.—¿Qué?

SALVADOR.—No; na... Malos pensamientos que tiene uno.

LEONARDO.—Pues ¿de qué te ríes?

SALVADOR.—De ti probablemente.

LEONARDO.—¿De mí? ¿Por qué?

SALVADOR.—¿Conque la primera lus que se arvierte es de bondá? ¡Te veo y no te veo, fundidó!

LEONARDO.—No seas majadero. (Cambiando de conversación bruscamente.) ¿Qué nos quiere la hermana Piedad?

SALVADOR.—Ahora no los dirá eya misma. ¡Cayó trabajo [70] en La Niña de Bronse, amigo!

LEONARDO.—Me alegro, compañero, me alegro.

(Llega en esto oportunamente la hermana Piedad.)

HERMANA PIEDAD.—Aquí me tienen.

SALVADOR.—¡Ea!, pos vamos a hablá de la Golondrina.

LEONARDO.—¿De la Golondrina?

HERMANA PIEDAD.—La Golondrina, como la llama el pueblo, aunque su nombre es Santa Teresa, es la campana de este convento, que está rota.

LEONARDO.—Cierto; rota está. No puede ser de otra manera. Desde la fundición la oigo todas las mañanas y todas las tardes, y me crispa los nervios. ¡Suena a diablos!

HERMANA PIEDAD.—¿A diablos?

LEONARDO.—Perdone usted, hermana. Quiero decir que no puede sonar peor.

HERMANA PIEDAD.—Y ¿cómo quiere usted que suene, si está rota hace cuatro años?

LEONARDO.—¡Pues hay que componerla! ¡Todo tuviera tan fácil arreglo en el mundo! [71]

SALVADOR.—¿Ve usté, hermana, cómo Leonardo era nuestro hombre?

LEONARDO.—¡Ah!, sí. Una campana rota en una Casa como ésta, a dos pasos de una fundición, es una vergüenza para los fundidores.

SALVADOR.—Sin contá con que de arguna manera hay que pagarles a

---

[70] Cayó trabajo — hay un nuevo trabajo.

[71] ¡Todo... mundo! — Agréguese "Ojalá que" al comienzo.

las hermanitas er trato que me han dao.

HERMANA PIEDAD.—No diga bobadas, hermano, que no hemos hecho sino cumplir con Dios. Y si ustedes, por gracia suya, consiguen que la *Santa Teresa* de esta torre, la *Golondrina,* cante como cantaba, elevando su voz a los cielos, entonces, desde la Superiora a la hermanita más humilde, que es una servidora de ustedes, no tendremos palabras ni acciones con qué pagarles.

LEONARDO.—Pues cuente usted con que ello será. ¿Tú has visto la campana?

SALVADOR.—Sí. Está partida de arriba abajo.

LEONARDO.—No es extraño, si sonaba tan bien.

HERMANA PIEDAD.—¿Y eso?

LEONARDO.—Las campanas, cuanto más sonoras y bien timbradas, más frágiles. La que más nos encanta oír es la que con mayor facilidad puede romperse.

SALVADOR.—A las mujeres se paresen en eso.

HERMANA PIEDAD.—Calle usted, hombre, calle usted, que en todo asunto ha de acordarse de las faldas.[72]

SALVADOR.—Es que las campanas las tienen. Por eso me he acordao.

HERMANA PIEDAD.—Bueno, déjese usted de cuchufletas.

LEONARDO.—En resolución, hermana Piedad, porque éste tiene el vicio de hablar en broma cuando se habla en serio: fundiremos en *La Niña de Bronce* la *Golondrina,* y quedará tal cual estaba.

HERMANA PIEDAD.—Dios se lo pague a ustedes. Y eso precisamente quería yo saber: si quedará tal cual [73] estaba; si después de arreglada será la misma.

LEONARDO.—La misma; de la misma hechura que hoy tiene, fundida con el mismo bronce.

HERMANA PIEDAD.—Bien, bien; si ha de ser así, bien. Es campana ésa llena de tradiciones y de recuerdos muy queridos.

LEONARDO.—Pues usted ha de ver cómo seguirá siendo la misma. La *Golondrina* levantará el vuelo, dejará la torre, entrará por la puerta de nuestros talleres, vivirá unos días con nosotros, el fuego la consumirá para darle después nueva vida, y volverá a su nido cantando mejor que cantaba.

SALVADOR.—O comparando de otra manera: la *Golondrina* es una morena que está ronca, que va en consurta a un par de dortores,[74] y que cuando, después de la visita, entra en su casa, yega con una voz que se paran los pájaros pa oírla.

HERMANA PIEDAD.—¿No digo yo? Siempre había usted de ir a parar a los mismos trigos.[75] (*A Martín, que vuelve por donde se fue.*) Martín, ¿usted oye esto?

MARTÍN.—¿Qué, hermana?

HERMANA PIEDAD.—¡Que va a hacerse el milagro de que hablaba yo antes!

MARTÍN.—¿Qué milagro?

HERMANA PIEDAD.—El milagro de la *Golondrina,* que por gracia de Dios, que pone hombres buenos e inteligentes en la tierra, va a sonar como en otros tiempos.

MARTÍN.—(*Temblando de júbilo.*) ¿Es posible, hermana?

HERMANA PIEDAD.—Es posible, sí. Don Leonardo y su compañero van a llevársela a su fundición, y nos la van a devolver como si nunca se hubiera roto. ¿Verdad?

LEONARDO.—Verdad.

MARTÍN.—¿En dónde están esos cabayeros, que quiero yo besarles las manos?

HERMANA PIEDAD.—Lo que ha de hacer usted es darle gracias al Señor.

---

[72] de las faldas — de las mujeres.
[73] tal cual — en la condición en que.

[74] consurta... dortores — consulta... doctores.
[75] a los mismos trigos — al mismo punto o lugar.

MARTÍN.—¡Y besarle las manos a eyos!

LEONARDO. — ¿Es el campanero, quizás?

MARTÍN.—Er campanero, soy, señó; pa servirle. ¿No me ve usté temblando?

SALVADOR.—Martín quiere a la *Golondrina* como a cosa suya.

MARTÍN.—Como a cosa de mis entrañas, señó.

HERMANA PIEDAD.—El primer vuelo que dio la *Golondrina* en la torre lo dio con él.

MARTÍN.—Conmigo. Era yo una criatura. Y desde entonses no nos separamos. Eya ha sío en este mundo mi niña, y mi novia, y mi compañera, y mi madre. Tos mis cariños juntos, porque con eya he desahogao siempre mi pecho.

LEONARDO.—Pues ahora celebro yo más todavía lo que vamos a hacer.

MARTÍN.—¡Lo que eso vale pa mí, señores, no pué representárselo nadie! ¿Ustés no oyeron nunca a la *Golondrina* antes e la desgrasia?

LEONARDO.—Yo, no.

SALVADOR.—Ni yo.

HERMANA PIEDAD.—Yo, sí.

MARTÍN.—Pos que diga la hermana: paresía una voz de los sielos. Dispertaba a los pueblos con sus sones; alegraba los campos ar sé de día; yamaba a resá a la gente cristiana; yoraba por los muertos... Cuando murió mi compañera, yo doblé por eya con la *Golondrina* y no tuve mejó consuelo que sus tañíos... ¡Con qué doló sonaba!

HERMANA PIEDAD.—No se excite demasiado, Martín, que luego le hace mal.

SALVADOR.—Déjelo usted que hable.

MARTÍN.—Con la notisia que me han dao no pueo yo cayarme en dos días. ¿Ustés no ven que me estoy cayendo de viejo? ¡Pos hasta que la *Golondrina* se partió no me di yo cuenta de mis años! ¡Por eya

er tiempo no pasaba, y yo vivía como si eya fuera mi corazón! Hermanita.

HERMANA PIEDAD.—¿Qué quiere, hermanito?

MARTÍN.—¿Me deja usté que vaya a contarle a Barrabás estas novedaes?

HERMANA PIEDAD.—¿Nada más que a contárselas?

MARTÍN.—Na más, na más. Ér tampoco querrá disputas ahora. Ya lo verá usté.

HERMANA PIEDAD.—Pues vaya, entonces; pero cuidado con lo que se habla.

MARTÍN.—Descuide usté, hermanita. Señores, si mis bendiciones yegan ar sielo, a ustés ya no van a fartarles nunca en la tierra. La vía que me queda doy yo, después que mis manos hayan vorteao una vez, como antes de romperse, a la *Golondrina*.

HERMANA PIEDAD.—Ande, hermano, ande.

SALVADOR.—Adiós, Martín.

LEONARDO.—Adiós.

MARTÍN.—(*Yéndose hacia la derecha de la huerta en busca de su implacable enemigo.*) ¡Barrabás! ¡Señó Barrabás! ¡Escuche usté lo güeno, compadre!

SALVADOR.—¡Pobre viejo! (*A Leonardo, que se enjuga una lágrima.*) ¿Qué es eso? ¿Lloras tú también?

LEONARDO.—¡Psché!

SALVADOR.—¡Pero hombre!

LEONARDO.—Niñerías.

HERMANA PIEDAD.—Se lo contará a Barrabás y a todo el Asilo. Va loco el bueno de Martín.

LEONARDO.—Y ¿por qué quiere contárselo a Barrabás?

HERMANA PIEDAD.—Porque Barrabás está bautizado en la otra iglesia, y es del otro bando. En Las Canteras nada apasiona tanto como la lucha campanil. Los unos con la *Golondrina* y los otros con la *Sonora,* el día que no hay cabezas rotas es milagro de Dios.

LEONARDO.—Tiene gracia.

(Sale por la puerta de la Cruz la hermana Consuelo. En la mano trae una botellita de vino.)

HERMANA CONSUELO.—Don Sarvadó, ahí está ya er médico.

SALVADOR.—¿Arriba?

HERMANA CONSUELO.—Sí; en su arcoba está. Y me ha dicho que viene de prisa.

SALVADOR.—Voy a verlo al instante.

(La hermana Consuelo quita el bote de garbanzos de la repisa de San Antonio, pone la botellita de vino y se va por donde salió.)

LEONARDO.—Pues anda con Dios, que yo me marcho.

(Vuelve Malvaloca a tiempo que Salvador va a irse dentro, sin acordarse de ella.)

MALVALOCA.—¿Te vas?

SALVADOR.—¡Ah! Marvaloca. Sí; voy arriba, que ha yegao er médico. ¿Me aguardas?

MALVALOCA.—No; vorveré a la tarde.

SALVADOR.—Mejor es. Pos hasta luego, entonses.

MALVALOCA.—Hasta luego.

SALVADOR.—Que te espero ¿eh?, que me he alegrao mucho de esta visita.

MALVALOCA.—Y yo de verte ya fuera de peligro. Adiós.

SALVADOR.—Adiós. *(Éntrase por la puerta de la Cruz.)*

(Por la izquierda, como Malvaloca, aparece la hermana Dolores, un poco turbada, y habla aparte con la hermana Piedad, mostrándole una joya. Entretanto Leonardo y Malvaloca se despiden.)

MALVALOCA.—Bueno, he tenido mucho gusto en conoserlo a usté.

LEONARDO.—¿Más que yo en conocerla a usted?

MALVALOCA.—Vaya, que sea lo mismo.

LEONARDO.—No puede serlo. Fíjese usted en la diferencia que va de usted a mí.

MALVALOCA.—¡Carambo! Se le va a usté pegando el aire de los andaluses.

LEONARDO.—Es difícil.

MALVALOCA.—Difisi no hay cosa ninguna. Ya nos veremos. Porque usté supongo que vorverá por aquí a visitá a su amigo.

LEONARDO.—¡Cómo no!

MALVALOCA.—Pos ya nos veremos.

LEONARDO.—Nos veremos, sí.

HERMANA PIEDAD.—*(Acercándose a Malvaloca.)* Hermana.

MALVALOCA.—Mande usté.

HERMANA PIEDAD.—¿Es usted por ventura... —sí; usted es— es usted la que ha puesto esta joya en el altarcito de la Virgen?

MALVALOCA.—Sí; yo. Pa los pobres.

(La hermana Dolores va a contarle el hecho a la hermana Carmen. Leonardo sigue el incidente con gran interés y emoción.)

HERMANA PIEDAD.—¿Para los pobres?

MALVALOCA.—Sí.

HERMANA PIEDAD.—*(Anonadada.)* Pero hermana, una limosna en esta forma... y de este precio...

MALVALOCA.—¿Es quisás que porque viene de mis manos...?

HERMANA PIEDAD.—¡No!... Yo, hermana, no la conozco a usted... De usted no sé más sino que ha llegado aquí con el interés de ver a un enfermo; que ha entrado a rezarle a la Virgen, y que ha dejado en su altar esta joya para los pobres. ¿Por qué había yo de rechazar lo que de sus manos viniera? Y que la limosna, hermana mía, venga de donde venga, lleva consigo un resplandor que oculta la mano que la da.

MALVALOCA.—*(En súbito arranque al oírla, y con esa íntima natu-*

*ralidad y graciosa sencillez con que
lo hace ella todo.)* Pos si no se ve la
mano que la da, tome usté también
ésto. *(Se quita una cadena de oro
que trae al cuello, y se la entrega.)*

HERMANA PIEDAD.—¡Hermana!

MALVALOCA.—Pa los pobres.

HERMANA PIEDAD.—Pero...

MALVALOCA.—¡Si ya sólo así puedo sé buena! Pa los pobres. *(Mira
la cara de los dos y sonríe.)* Vaya,
hasta luego. *(Sale presurosa al jardín.)*

HERMANA PIEDAD.—¿Qué mujer
es ésta?

LEONARDO.—Yo también la he conocido hace un rato, hermana. Hasta
la tarde.

HERMANA PIEDAD.—Vaya usted
con Dios.

LEONARDO.—Adiós, hermana.

*(Malvaloca que, como al llegar, se
ha detenido en medio del jardín
orientándose como una paloma, se
va al cabo resueltamente por la
izquierda del fondo. Leonardo la sigue, disimulando que la sigue; acaso
prendida ya su alma fuerte en los
finos flecos del mantón de la pecadora. La hermana Piedad, conmovida, contemplando las joyas, con lágrimas en los ojos, recuerda las palabras de Malvaloca.)*

HERMANA PIEDAD.—¡Ya sólo así
puede ser buena!

*(En el fondo, la hermana Dolores
comenta lo sucedido con la hermana Carmen, quien, merced a lo extraordinario del caso, suspende un
buen rato su labor constante y tranquila.)*

FIN DEL ACTO PRIMERO

ACTO SEGUNDO

Amplio, desigual y luminoso patinillo entre la casa habitación de LEONARDO *y los talleres de* La Niña de Bronce. *A la izquierda del actor está la entrada de la casa; a la derecha, la de la fundición. Al fondo hay una tapia, y en ella un postiguillo que da a un corral, por el que se sale a la calle. Ante la puerta de la casa, un cobertizo de verdinegras tejas y blanquecinas pilastras, que descansan en sendos poyetes de ladrillo, también blanqueados. Al amparo de él, una mesa de trabajo de* LEONARDO. *Varios arriates con geranios y rosas adornan el recinto. En un rincón, a la derecha, amontonados y revueltos, hay algunos materiales viejos de la fundición. Es por la mañana en el mes de mayo.*

(Salvador sale de los talleres con un rollo de papeles en la mano. Viste de blusa larga y gorra. Se acerca a la mesa de Leonardo, deja sobre ella el rollo de papeles y examina con interés algunos. Por el postiguillo del corral llega Teresona, guardesa un tiempo de la finca y hoy criada de Leonardo. Viene de la plaza de abastos, y trae un gran canasto al brazo con las provisiones para el día. Al ir a entrar en la casa se detiene saludando a Salvador.)

TERESONA.—Güenos días tenga usté, cabayero. Sea usté bien venío.

SALVADOR.—¡Hola, Teresona!

TERESONA.—Ya sé que yegó anoche de su viaje y que vino usté a vé ar señorito. Pero yo estaba en siete sueños.[76]

SALVADOR.—Sí; ya pregunté por ti cuando vine.

TERESONA.—También la hermanita de don Leonardo yegó ayer de mañana.

SALVADOR.—Ya la vi anoche, ya.

TERESONA.—¡Qué bonita es! ¡Qué carita más durse tiene! ¿Y usté, cómo ha dejao a su papá?

SALVADOR.—Tan fuerte y tan bueno.[77]

TERESONA.—Dios se lo conserve a usté muchos años. De las novedaes de acá, en los veinte días que usté ha estao fuera, ya tendrá usté también notisias.

SALVADOR.—De esas novedaes mi iré enterando poquito a poco.

TERESONA.—Don Sarvadó, en siertos particulares, haga ca uno de su cuerpo tiras. Er que se mete por medio es er que pierde. Yo, como y cayo. Si las comadres der pueblo quién murmurá, ayá eyas. *(Mostrándole unos pendientes de corales que lleva puestos.)* Miste. Me los ha regalao su mersé. Yo, punto en boca. ¿Usté me manda argo?

SALVADOR.—Anda con Dios.

TERESONA.—Hasta luego. *(Éntrase en la casa.)*

SALVADOR.—¡Bah! Sabía yo que había de susederle.

(Continúa examinando papeles y libros. De su ocupación lo distrae la inesperada presencia del tío Jeromo, que llega también por el postiguillo. Es tío de Malvaloca, aunque por el parecido no se le co-

---

[76] en siete sueños — durmiendo.

[77] Tan fuerte y tan bueno — se sobreentiende "como siempre".

noce, y hombre de unos cincuenta años. Viene de gorra, como va a todas partes, y trae un canastillo con el almuerzo. Se encamina hacia los talleres.)

Tío Jeromo.—*(Alegremente sorprendido al ver a Salvador.)* ¡Sarvaoriyo! ¿Eres tú? ¿Ya estamos de güerta?

Salvador.—*(Atónito.)* ¿Eh?

Tío Jeromo.—¡No te había conosío ar pronto con ese balandrán! ¿Cómo se ha hecho er viaje?

Salvador.—¡Pero, yo no sé lo que veo! ¿Usté aquí? ¿A qué viene usté aquí?

Tío Jeromo.—¡Ah!, ¿no te ha dicho na er sosio? ¡Si soy operario de los tayeres hase ya una semana!

Salvador.—¿Usté?

Tío Jeromo.—¡Yo! Me enteré de lo de mi sobrina con tu compañero, y me agarré a sus naguas.[78] Ya tú sabes que Marvaloca ha sío siempre la providensia e la familia.

Salvador.—¡Bien!..., ¡bien!

Tío Jeromo.—¿Te parese bien, Sarvaoriyo?

Salvador.—¡Me parese muy bien!

Tío Jeromo.—¡A vé si ahora que has yegao tú lo conozco yo en argo!...

Salvador.—¡Es posible!

Tío Jeromo.—*(Dándole un cogotazo con familiaridad.)* ¡Qué punto eres! [79]

Salvador.—Pero, vamos a vé, amigo, ¿qué confianzas son éstas? ¿En qué bodegón hemos comido juntos?

Tío Jeromo.—*(Desconcertado y entre burlas y veras.)* Don Sarvadó..., usté me dispense.

Salvador.—Así. Y la gorra en la mano. Así.

Tío Jeromo.—Yo creía que la vía de otros tiempos...

Salvador.—Aqueyo pasó. Ar trabajo ahora. ¿En qué trabaja usté?

Tío Jeromo.—¡Según lo que sale! ¡De to chanelo [80] un poco!

Salvador.—¡Me lo figuro! Y ¿tiene usté bula pa vení más tarde que los demás?

Tío Jeromo.—¡Tengo la sobrina arcardesa, qué demonio! Sobre que he pasao una noche, Sarvaoriyo, que Dios te libre de na semejante. ¡Que Dios lo libre a usté! Me he equivocao por la costumbre. El hígado, que no quié sé güeno.

Salvador.—Pos ahí dentro se cura.

Tío Jeromo.—Pos vamos ayá. Me alegro de verlo a usté tan guapo, don Sarvaó.

Salvador.—Grasias.

Tío Jeromo.—Y usté dispense si he fartao.

Salvador.—No hay de qué.

Tío Jeromo.—Miste que si a arguna persona quieo yo darle gusto en la casa, es a don Sarvaó.

Salvador.—Adentro, hombre.

Tío Jeromo.—*(Conmoviéndose.)* ¡Don Sarvaó de mi arma, no se ponga usté así conmigo!

Salvador.—Adentro, hombre; que le teme usté ar trabajo más que a un miura. To esto es entretenerse pa no hasé na.

Tío Jeromo.—*(Cambiando de nota, y riéndose.)* ¡Me esbarata [81] usté con sus salías! Hasta luego. *(Se entra riendo en los talleres. Lleva en el corazón la duda de la inamovilidad de su puesto.)*

Salvador.—Pos, señó, no creía yo que iban a í [82] las cosas tan aprisa. Ya está aquí la langosta. Y esto sí que hay que cortarlo de raíz. Vamos a vé, hombre, vamos a vé *(Acercándose a la puerta de los talleres y llamando.)* ¡Lobito! ¡Lobito!

(Sale Lobito a poco. Es un operario mozalbete, vivo y dicharachero. Viene en mangas de camisa, de gorra, pantalón muy viejo y alpar-

---

[78]   naguas — enaguas.
[79]   ¡Qué punto eres! — Qué listo eres!
[80]   chanelo — sé.
[81]   esbarata — desbarata.
[82]   í — ir.

gatas, y con un mandil de cañamazo tosco y sucio, atado con una guita a la cintura. En la mano trae una lima grande.)

LOBITO.—Padrino, ¿qué me manda usté?

SALVADOR.—Ven acá. Suerta la lima y vamos a fumarnos un pitiyo.

LOBITO.—Muchas grasias. Toavía no se me había calentao en la mano. Usté yegó anoche, ¿verdá?

SALVADOR.—Anoche.

LOBITO.—¡Y hoy se funde la *Golondrina!*

SALVADOR.—Hoy se funde. Ya he visto er materiá en los crisoles... Y don Leonardo me ha dicho que er morde es primoroso.

LOBITO.—Sí, señó. Se ha hecho con mucho esmero. ¡Hasta coscorrones ha habío en er tayé a cuenta de la *Golondrina!* Como aquí habemos de los dos bandos...

SALVADOR.—¿Tú eres...?

LOBITO.—Yo soy de eya: yo soy *volandero,* como nos yaman. Pero Manué Martínez, y Bartolo, y er Jorobao, y tres o cuatro más son *señorones,* de los de la Iglesia Mayó.

SALVADOR.—¿Y ese operario nuevo que ahora entraba, sabes tú ónde está bautisao?

LOBITO.—¿Ése? ¡En la cárse [83] de Utrera, hasiéndole mucho favó!

SALVADOR.—¿A la cárse?

LOBITO.—No, señó; a é; ya que me tira usté de la lengua.

SALVADOR.—¿Y... trabaja, trabaja?

LOBITO.—¿Qué va a trabajá, si no sirve pa yevá una esportiya e tierra de un lao pa otro? *Don Jeromo* le yaman los aprendises.

SALVADOR.—*(Riéndose.)* ¿Entonces habrá entrao aquí por recomendaciones?

LOBITO.—¿Se está usté divirtiendo conmigo? ¡Pos si yo pensaba que era usté er que lo había recomendao, según las ausensias que le hase!

SALVADOR.—¿Habla bien de mí ese sinvergüenza?

LOBITO.—¡No para su boca! No lo toma a usté en lengua una vé, que no sea pa alabarlo. [84]

SALVADOR.—¡Vaya por Dios! ¡Qué mal le vi a pagá a *don Jeromo!*

LOBITO.—No se meta usté con eso, padrino.

SALVADOR.—¿Por qué?

LOBITO.—¿Por qué va a sé?... Porque es tío de eya... y ha venío aquí por eya... y no es mesté hablá más.

SALVADOR.—¿Por eya? Y ¿quién es eya?

LOBITO.—¡Ay qué grasia! Está la mañana de carnavales.

SALVADOR.—¿Es quisá Marvaloca?

LOBITO.—¡Naturalmente! No se haga usté er tonto, padrino.

SALVADOR.—Me lo había figurao; pero no sabía una palabra. Cuenta cuenta. ¿Se ha quedao en Las Canteras esa mujé?

LOBITO.—¡En Las Canteras... y en los sesos de don Leonardo! De ayí sí que no sale. Eya vive en una de las casitas nuevas de la Resolana. Pos güeno: cuando don Leonardo no está ayí, eya está aquí. No se puén [85] separá.

SALVADOR.—¿Viene aquí Marvaloca?

LOBITO.—Cuasi [86] tos los días ha venío. Y a los primeros entraba en los tayeres. ¡Lo que nos reíamos con sus cosas! Porque eso sí; tiene grasia pa una sementera. Pero se conose que le han dicho que nos distrae der trabajo, y ahora entra mucho menos. Cosa de sentí; porque, fuera parte [87] la simpatía, es dadivosa como pocas personas he visto.

SALVADOR.—Tiene un agujero en la mano; la conozco.

LOBITO.—¿Un agujero? ¡Una canasta de colá!

---

[83] cárse — cárcel.

[84] No... vé — No habla de usted sino para alabarlo.
[85] puén — pueden.
[86] Cuasi — casi.
[87] fuera parte — además de, fuera de.

SALVADOR.—¿De manera que don Leonardo...?

LOBITO.—Está sorbío. Cuando viene de ayí es inúti preguntarle cosa ninguna: no se entera. No hase más que hablá solo pa su interió y reírse. ¡Cómo si siguiera a la vera suya! ¡Y cuando por casolidá [88] la está esperando aquí y se tarda eya, hay que juirle! [89] Miste que don Leonardo es fino y bien educao; po se pone más áspero y más duro que er sepiyo de alambre.

SALVADOR.—Mal anda ese hombre, Lobito. Mal anda.

LOBITO.—(Intencionadamente.) Eya lo vale, ¿no, padrino?

SALVADOR.—Lo vale, lo vale; pero hay que sabé manejarla. Y este amigo toma las cosas de la vía demasiao a pechos. [90]

LOBITO.—Pichichi el ofisiá me ha dicho a mí que esa mujé es un libro que usté se sabe de memoria.

SALVADOR.—Pos dile a Pichichi de mi parte que se caye er pico.

LOBITO.—Ahí tenemos a don Leonardo.

SALVADOR.—Y a éste voy yo a necesitá ponerle botones de fuego.

(Llega Leonardo por el postiguillo que da al corral. Viene de la calle.)

LEONARDO.—¡Hola, viajero; buenos días!

SALVADOR.—Ven con Dios.

LEONARDO.—¿Descansaste?

SALVADOR.—De sobra.

LOBITO.—Padrino, ¿me manda usté argo más?

SALVADOR.—No. Sigue tu faena.

LOBITO.—Vamos ar torno. (Se entra en los talleres.)

SALVADOR.—¿Y tu hermana?

LEONARDO.—(Señalando la casa.) Mírala; aquí llega. Yo salí sin verla esta mañana tempranito. Madrugo mucho en este tiempo.

SALVADOR.—¿Sí, eh?

LEONARDO.—Sí. Me gusta ver levantarse el sol por detrás del castillo. ¿No lo has visto nunca?

SALVADOR.—(Maliciosamente.) ¿Er só por detrás der castillo? ¡Sí, hombre! Antes que tú.

LEONARDO.—¿Cómo?

(Sale de los talleres un operario.)

OPERARIO.—Don Sarvadó, er modelista quiere haserle a usté una pregunta.

SALVADOR.—Voy ayá en seguida.

LEONARDO.—¿Qué es ello?

SALVADOR.—Na de particulá; que le he dicho que le dé un poco de más movimiento ar modelo de la verja ésa.

LEONARDO.—Ya.

(El operario entra en el corral, y a poco vuelve a pasar para los talleres con una arma de mano.)

(Sale de la casa Juanela, y Salvador se detiene un punto a saludarla. Juanela acredita la observación que acerca de ella ha hecho Teresona.)

SALVADOR.—Buenos días, poyita.

JUANELA.—Buenos días. Felices, Leonardo. Te he visto venir desde el balcón.

LEONARDO.—¡Ah!, ¿sí?

JUANELA.—¡Cómo madrugas! ¡Qué temprano sales!

SALVADOR.—(Con socarronería.) En los pueblos... ¿verdá, Leonardo? empiesa la noche tan pronto...

LEONARDO.—(Turbado.) Claro... sí.

SALVADOR.—Hasta luego.

JUANELA.—Hasta luego.

SALVADOR.—Si éste le habla a usté mar [91] de mí, no le haga usté caso.

(Se entra en los talleres.)

JUANELA.—Váyase usted tranquilo. Me parece tu compañero un burlón muy grande. (Leonardo está ensimismado. Juanela lo observa unos

[88] casolidá — casualidad.
[89] juirle — huirle.
[90] a pechos — seriamente, en serio.
[91] mar — mal.

instantes en silencio.) ¿En qué piensas?

LEONARDO.—¿Eh?

JUANELA.—¿En qué piensas? ¿Estás aquí o en otra parte?

LEONARDO.—No, que estoy aquí. Sólo que me había distraído. ¿Qué quieres?

JUANELA.—Nada, hombre; que te des cuenta de que estás aquí y de que yo también lo estoy.

LEONARDO.—Ya, ya me doy cuenta.

JUANELA.—Ahora voy a salir con Teresona a dar una vuelta por el pueblo, ¿no?

LEONARDO.—Sí. Con Teresona; sí; Teresona es muy buena mujer. Era la guardesa de esta casa antes de tomarla nosotros, y la he conservado a mi servicio.

JUANELA.—Parece que te quiere mucho.

LEONARDO.—Sí.

JUANELA.—¿Qué te pasa, Leonardo? A ti te pasa algo. Desde anoche lo noto.

LEONARDO.—No, tonta; ¿qué me ha de **pasar**? Lo que hay es que hace tiempo que no vives conmigo y ya te has olvidado de mi genio. Anda, vete a pasear con Teresona. Te gustará el pueblo; te gustará.

JUANELA.—La parte que vi ayer, bien que me ha gustado. ¡Qué luz tiene! y ¡qué blancura todas las casas! Cuando les da el sol lastiman los ojos. ¿Te acuerdas tú cómo soñábamos allá en nuestra aldea con esta tierra de Andalucía? A mí me parecía tierra que nunca había de ver; tierra de fábula.

LEONARDO.—*(Distraído.)* Pues ya estás en ella.

JUANELA.—Yo, sí; pero tú estás ahora lo menos en Asturias; insisto.

LEONARDO.—No, pequeña; no.

JUANELA.—¡Vaya! ¡Ni que fuera yo simple! ¿A que va a ser verdad lo que me han contado?

LEONARDO.—*(Rápidamente.)* ¿Qué te han contado?

JUANELA.—Es verdad.

LEONARDO.—¿Qué es ello?

JUANELA.—Que tienes novia.

LEONARDO.—¿Que tengo novia? ¿Quién te ha contado eso?

JUANELA.—Una vecina que ayer tarde me vió esperándote al balcón. Y trabó conversación conmigo. Porque la gente de aquí se toma mucha confianza. Lo que se les ocurre, lo que sueltan.[92] Piensan en voz alta, ¿verdad?

LEONARDO.—Algo hay de eso que dices. Exceso de imaginación es todo. De ahí que se equivoquen muchas veces en lo que hablan.

JUANELA.—Y esta vez, ¿se han equivocado?

LEONARDO.—*(Después de mirarla.)* ¿Lo sentirías tú?

JUANELA.—Todo lo contrario. Deseo que te cases, para que dejes de rodar por el mundo... y para venirme a vivir contigo.

LEONARDO.—¿No vives contenta con los tíos?

JUANELA.—Sí... Me miman mucho. Pero es diferente. No es mi casa aquélla, como sería la tuya... como era la de nuestro padre.

LEONARDO.—*(Suspirando.)* Es cierto. Anoche me dijiste que estuviste a verlo antes de venir.

JUANELA.—Estuve, sí. Me entristeció la visita, en lugar de alegrarme. No es dichoso.

LEONARDO.—No podía serlo.

JUANELA.—Y ¡qué pena da que sea una mujer la que desbarate la casa!

(Callan los dos. De la suya sale [93] Teresona, con un mantón que no es el de antes.)

TERESONA.—¿Nos vamos, niña?

JUANELA.—¡Ah, Teresona! Sí, nos vamos.

TERESONA.—¡Ea! pos anda; que yo no pueo dejá mucho tiempo la cosina sola.

---

[92] Lo... ocurre, ...sueltan — no se guardan nada; todo lo dicen.
[93] De la suya — De su casa.

JUANELA.—Vamos.

TERESONA.—Ahora vi a yevarla a la Iglesia Mayó. Y luego ar Molino, pa que vea los campos desde la asoteíya.[94]

LEONARDO.—Bien, bien.

JUANELA.—Hasta después, hermano.

LEONARDO.—Id con Dios.

TERESONA.—(A Leonardo, con misteriosa picardía, así que Juanela ha entrado en la casa, y refiriéndose al mantón que trae puesto.) De su mersé. ¿Usté lo conosía?

LEONARDO.—Calle usted ahora.

TERESONA.—No tenga usté cuidao. Yo no me pierdo por la boca. Quédese usté con Dios (Vase tras de Juanela.)

LEONARDO. — (Recriminándose enérgicamente.) ¡Bah! Cobarde aquí, cobarde allí... ¿Qué es esto? ¿Qué me pasa? No me conozco.

(Salvador ha salido de los talleres a tiempo de oírlo y de verlo.)

SALVADOR.—Pa hablá solo me parese muy pronto, compañero.

LEONARDO.—¿Qué?

SALVADOR.—De eso a tirá piedras por las cayes no hay más que un paso.

LEONARDO.—¡Qué buen humor el tuyo siempre!

SALVADOR.—¿Y er tuyo, no? ¿No lo tienes hoy?

LEONARDO.—Casi nunca, ya sabes. Y hoy, desde luego, no.

SALVADOR.—Pos ¿qué te ocurre?

LEONARDO.—Cosas.

SALVADOR.—Cosas de eya, ¿verdá?

LEONARDO.—¿Eh?

SALVADOR.—Er cariño tiene esos disparates: a lo mejó empiesa a yové con er só fuera. Pero pasa pronto er chubasco.

LEONARDO.—¿Qué es lo que te figuras?

SALVADOR.—No son figurasiones. Es que sé que a la fieresita que presumes que hay dentro de ti, la está domesticando la música de una farda bajera.

LEONARDO.—¡De qué modo dices las cosas! Y ¿por dónde sabes tú eso?

SALVADOR.—Por ti mismo.

LEONARDO.—¿Por mí?

SALVADOR.—¡Por ti!

LEONARDO.—¿Desde cuándo?

SALVADOR.—Desde er día en que Marvaloca yegó a Las Canteras. En la primera conversasión caíste como un recluta. Niégalo.

LEONARDO.—Si a enamorarse llamas tú caer...

SALVADOR.—¿Lo estás viendo? Yo no tuve más que oírte primero y que mirarte después delante de eya. Los días siguientes ya no fuiste al Asilo por verme a mí, sino por encontrá a Marvaloca. Y como te conozco y la conozco, pa mis adentros pronostiqué que ibas a durá menos que el estaño en er fuego.

LEONARDO.—Y así ha sido. Debo confesártelo a ti, que eres un amigo leal y del alma. Yo no he estado nunca delante de una mujer que más me cautive y me interese.

SALVADOR.—Sí, sí, yeva consigo la fló de la simpatía.

LEONARDO.—No es bastante decir simpatía para explicar la atracción que ella ejerce. Es que no tiene palabra ni movimiento que no enamore. A mí me emboba. No sé si por contraste de mi condición y la suya, pero me emboba.

SALVADOR.—Tiene, tiene grasia.

LEONARDO.—Es algo más que gracia. Es luz en la boca, luz en la frente, luz en las manos, luz en los cabellos...

SALVADOR.—Eso pué que sea briyantina.

LEONARDO.—¿Te burlas?

SALVADOR.—¿No lo ves?

LEONARDO.—¿Es ridículo acaso lo que estoy diciendo?

SALVADOR.—¡Qué disparate! Mi burla es un poco de envidia de verte tan enamorao. Yo me quiero enamorá de esa manera, y no me sale nunca. O casi nunca.

LEONARDO.—Nunca. Pero no te importe; quizás así vivas más tranquilo. Más dichoso no diré yo. Malvaloca se ha entrado por mi alma, despertando en ella sentimientos dormidos o nuevos. ¿Creerás que hasta el sufrir a su lado me alegra íntimamente? Pues sufro y lloro, lo mismo que río y me divierto. Vivo, vivo; y vivir por una mujer, ya es algo.

SALVADOR.—(Un poco grave.) Pero, hombre...

LEONARDO.—Yo te juro por nuestra amistad que no me fascina de Malvaloca solamente el hechizo de su persona; la pasión de sus ojos; la gracia de su aire y de sus palabras...

SALVADOR.—¿Qué má?

LEONARDO.—Tanto como todo ello junto, más que ello, si cabe, me seduce, y me conmueve, y me hace temblar la ingénita bondad de su corazón; aquella generosidad loca; aquella honda tristeza de su desgracia, de la que más que sus palabras me hablan a mí sus lágrimas; lágrimas inesperadas que asoman siempre en momentos de dicha. ¿comprendes esto?

SALVADOR.—Sí, lo comprendo, sí. Y también comprendo que estás pa que te aten.

LEONARDO.—¿Qué dices?

SALVADOR.—Pero ya pasará, ya pasará ese fuego.

LEONARDO.—(Como preguntándose a sí mismo.) ¿Pasará?

SALVADOR.—¡Claro, hombre! ¡Ahora estás enmelao! Ya sé, ya sé también lo de la casita en la Resolana; las veces que tú vas ayí; lo que a ti te encanta vé levantarse er só por detrás der castiyo...

LEONARDO.—(Riendo.) ¡Qué bellaco eres!

SALVADOR.—Las visitas de eya a la fundisión...

LEONARDO.—No...

SALVADOR.—Sí.

LEONARDO.—Algunas veces ha venido: lo declaro.

SALVADOR.—No, hombre, no; vienes tos los días, ¡qué pamema de argunas veses!

LEONARDO.—Contigo hay que reír. Luego vendrá un ratillo.

SALVADOR.—¿Qué? ¿Que va a vení luego?

LEONARDO.—Sí; si no ha venido hoy.

SALVADOR.—¿Qué va a vení luego, Leonardo?

LEONARDO.—Pues ya ¿qué te sorprende?

SALVADOR.—¡Veo que estás más loco de lo que yo creía!

LEONARDO.—¿Eh?

SALVADOR.—¿Y tu hermana?

LEONARDO.—(Turbado.) Mi hermana... Es verdad, sí. A ti te parece mal que estando aquí mi hermana...

SALVADOR.—¡Claro!

LEONARDO.—Pues no me supongas tan loco. Yo he pensado eso mismo antes que tú. Ayer fuí a decirle que no viniera, y no tuve necesidad de ello, porque ella se me anticipó, advirtiéndome que no saldría.

SALVADOR.—¿Y hoy?

LEONARDO.—Hoy he ido a lo mismo...[95]

SALVADOR.—¿Y no se lo has dicho tampoco?

LEONARDO.—No.

SALVADOR.—¿Por qué?

LEONARDO.—Porque... ¡Vaya! ¡Porque es cosa que pugna con mis sentimientos, y no se lo digo!

SALVADOR.—Hases mal, Leonardo.

LEONARDO.—Pues haré mal, pero cumplo con mi conciencia. Yo no le digo a una mujer que es buena, que quiere ser honrada, que deje de venir a mi casa. Eso es tanto como empezar a impedir que lo sea.

SALVADOR.—Pero, vamos a vé: no te arborotes: ¿Marvaloca se ha enterao de que está aquí tu hermana?

_____
[95] he... mismo — por la misma razón.

LEONARDO.—Creo que no.

SALVADOR.—Pos sin que tú le prohibas que venga, en cuanto se entere de que está, no vuerve.

LEONARDO.—¿Que no vuelve?

SALVADOR.—Sabe bien er terreno que pisa... y tiene más sentido común que tú.

LEONARDO.—Lo que sabrá será resignarse.

SALVADOR.—Vístelo como quieras.[96] ¡Ni que fueras tú el responsable de la vida de Marvaloca!

LEONARDO.—¿Qué egoísmo es ése, Salvador?

SALVADOR.—¡El egoísmo de viví en la tierra y no en la luna!

LEONARDO.—El egoísmo de... Mejor es que no hablemos más de este particular. Hablaríamos hasta cansarnos, y tal vez no llegarías a comprenderme. Hay cosas que no entran en la inteligencia si antes no pasan por el sentimiento.

SALVADOR.—Como te dé la gana. ¿A qué vamos a discutí? De memoria sé yo que cuando está un hombre con esa calentura, no escucha más que lo que ér se dise. Punto y aparte.

(Sale de los talleres el tío Jeromo y se marcha por el postiguillo al corral. Viene ya en traje de faena, por el estilo del de Lobito, y trae un mazo sujeto a la cintura, una sierra en la mano izquierda y en la diestra un formón. Al pasar saluda a Leonardo.)

TÍO JEROMO.—Don Leonardo, mu güenos días.

LEONARDO.—Buenos días, Jeromo.

TÍO JEROMO.—Se le felisita a usté por la yegá de don Sarvaó.

LEONARDO.—Muchas gracias.

TÍO JEROMO.—¡Ya estamos trajinando! *(Vase.)*

SALVADOR.—De este operario tan bien educao sí que tenemos que tratá. ¿Cómo no me habías escrito una palabra de semejante arquisisión?[97]

LEONARDO.—Discúlpame. Ha sido una inadvertencia o un descuido. No tiene importancia ninguna. No creí que fuera necesario.

SALVADOR.—Y no lo era. Lo necesario, lo imprescindible es plantarlo en la caye.

LEONARDO.—¿Al tío de Marvaloca?

SALVADOR.—Justo: a *don Jeromo.*

LEONARDO.—Hasta ahora ha cumplido con su deber.

SALVADOR.—¿Ése? Ése no ha dao un gorpe en su vía. Además, es un charrán de siete suelas y de mala sangre. Y un peligro en la casa. Ya he visto una barajiya por los talleres; y la boteyiya[98] e vino no tardará en vení.

LEONARDO.—¿Y a ti te consta que él haya traído la baraja?

SALVADOR.—Estoy seguro. Y les sacará los cuartos a cuatro infelises. Más te digo: las herramientas y las dos badilas que se han echao de menos, ér se las ha yevao.

LEONARDO.—¡Ah!, no; pues eso, no. Hay que imponerle un correctivo eficaz.

SALVADOR.—Lo que hay es que pegarle un puntapié y echarlo a la caye. Porque si te blandeas y lo consientes, vas a tené, sobre er daño que ér solo te haga, la reata de toa la familia y sus conosimientos. El hermanito de Marvaloca, la madre, er padre, er compadre, la comadre, er tito, la tita... Conozco la casa.

LEONARDO.—Todo eso huelga.

SALVADOR.—Yo creo que no.

LEONARDO.—Pues yo creo que sí. Aquí no hay más que un operario que puede ser perturbador, y a quien despediremos hoy mismo. ¿O es que me crees tan débil que por complacencias ajenas a nuestros intereses he de pasar por algo que pueda ser

---

[96] Vístelo como quieras — Velo como quieras.

[97] arquisisión — adquisición.
[98] boteyiya — botellita.

un daño para ellos y una desmoralización en la casa? Pues te equivocas. Hoy mismo quedará despedido ese hombre.

SALVADOR.—No es pa tanto.

LEONARDO.—Sí lo es, Salvador. *(Viendo aparecer al tío Jeromo, que vuelve del corral con todas las herramientas en la misma forma que antes.)* Y aun hoy mismo es tarde: ahora mismo.

SALVADOR.—¡Lo has tomao con prisa!

LEONARDO.—Para hacer lo que debo hacer siempre tengo prisa. Escuche usted, Jeromo. De usted hablábamos, precisamente.

TÍO JEROMO.—¿De mí?

LEONARDO.—De usted.

TÍO JEROMO.—¿Bien o má?

SALVADOR.—Don Leonardo, bien. Y yo le yevaba la contraria.

TÍO JEROMO.—¡Je! *(Leonardo va a su mesa y hojea el libro de jornales. El tío Jeromo se huele la partida y echa mano de la adulación, para quebrantar al enemigo.)* Güeno, yo estoy como los chiquiyos der tayé bautisaos en esta parroquia: soñando con la fundisión de la *Golondrina.* ¡Qué rajo,[99] don Sarvaó, qué rajo! ¡Pa escribirlo en la Historia de España! ¡Vayan con Dios los rajos!

LEONARDO.—Bien está.

TÍO JEROMO.—¿Cómo dise?

SALVADOR.—Otro *rajo* [100] que vamos a tené ahora mismo.

LEONARDO.—Desde este momento queda usted despedido de la fundición.

(El gesto de estupor del tío Jeromo al oír a Leonardo, es indescriptible. Mira luego alternativamente al uno y al otro, siempre mudo, y al cabo rompe a hablar diciendo:)

TÍO JEROMO.—¿Querrán ustés creé que no me salen las palabras?

LEONARDO.—Ni falta que hace. He dicho yo las que había que decir.

TÍO JEROMO.—¡Un rayo cayéndome a los pies no me deja más muerto! ¡A mí me han calurniao! [101] *(Altanero.)* ¿Qué mentira se ha inventado contra mí?

LEONARDO.—Está de más toda explicación.

TÍO JEROMO.—Don Leonardo, a un griyo es, y se le escucha. ¡Y vale dos cuartos!

SALVADOR.—¡Es que usté no vale los dos cuartos!

LEONARDO.—Puede usted retirarse.

TÍO JEROMO.—¡Eso es! ¡Como un perro! ¡A la caye un obrero honrao! ¡Luego disen que hay güergas! [102]

SALVADOR.—Usté se declaró en huerga er día que nasió.

TÍO JEROMO.—*(Patético.)* ¡Sarvaó!... ¡Sarvaoriyo!... ¡Yo no esperaba esto de ti!

LEONARDO.—¿Qué es eso?

TÍO JEROMO.—¡Mía que eya va a sentirlo mucho!

LEONARDO.—*(Molesto.)* ¿Eh?

TÍO JEROMO.—¡Don Leonardo, siquiera por eya, que es toa corasón, y que me quiere a mí más que a su padre!

LEONARDO.—¡Silencio! Es inútil que se obstine usted.

SALVADOR.—¿Se le debe argo?

LEONARDO.—Al revés. Hace dos días le anticipé cinco jornales. Pero estamos en paz.

TÍO JEROMO.—¡No; si toavía vi a tené que darle a usté las grasias! *(Mordiéndose un puño.)* ¡Mardita sea! *(A Salvador, con arranque de cólera.)* ¡En tus tiempos no había pasao una cosa así!

SALVADOR.—¡Ya se está usté cayando!

TÍO JEROMO.—¡Tú la querías más que éste!

LEONARDO.—*(Agarrando violentamente un martillo que hay sobre la mesa.)* ¡O desaparece usted de mi

[99] ¡Qué rajo,... — ¡Qué mentira!
[100] rajo — de rajar; despedir, separación.
[101] calurniao — calumniado.
[102] güergas — huelgas.

vista ahora mismo, o le abro la cabeza en dos partes!

TÍO JEROMO.—Güeno, hombre, güeno... Arrieros somos y er camino andamos... *(Principia a dejar con mal modo las herramientas en un rincón.)*

LEONARDO.—*(A Salvador.)* ¿Era esto lo que había que hacer?

SALVADOR.—Ya has visto que sí; que esto era.

LEONARDO.—Pues ya está hecho. *(Se entra en la casa.)*

TÍO JEROMO.—¿Luego, por lo que oigo, Sarvaó, has sío tú er que ha presipitao a este hombre a dejarme sin pan?

SALVADOR.—¡Largo..., largo!...

TÍO JEROMO.—¡Pos el hambre es mu mala consejera!

SALVADOR.—¡Largo le digo!

TÍO JEROMO.—¡Te acordarás de mí! ¡Y ese *panoli!* [103] ¡Y Marvaloca! ¡Va a tardá mucho en sabé to esto la niña que ha venío de fuera! ¡Mucho va a tardá!

SALVADOR.—¡A la caye!

TÍO JEROMO.—¡Que toavía tengo un maso en la mano!

SALVADOR.—¡Pero además der maso hay que tené coraje pa manejarlo! ¡Qué bravatas!

(El tío Jeromo tira el mazo al suelo con rabia, se muerde nuevamente el puño, y se entra airado en los talleres.)

TÍO JEROMO.—¡Mardita sea!

SALVADOR.—Ya salimos de é. Era una escena inevitable. *(Llamando.)* ¡Lobito! ¡Lobito! Tarde o temprano era inevitable. Y ese infeliz se ha tomao un torosón. *(A Lobito, que sale a la puerta de los talleres.)* Oye, Lobito: no quitarle ojo ar tío Jeromo hasta que se vaya.

LOBITO.—Ya estamos en eyo, padrino.

SALVADOR.—Es capaz de cuarquier disparate.

LOBITO.—¡Menúa risa hemos tenío ahí dentro! ¡Habemos escuchao toa la bronca!

SALVADOR.—Anda, anda.

LOBITO.—No pase usté cuidao. *(Se retira.)*

SALVADOR.—*(Yendo hacia la casa.)* Carmaremos ar compañero un poco.

(Oportunamente aparece por el postiguillo del corral Malvaloca. Viene de mantón, sencillamente vestida, y sin más alhajas que unos pendientes muy modestos.)

MALVALOCA.—¿Quién vive?

SALVADOR.—¿Eh? ¡Marvaloca!

MALVALOCA.—Adiós, hombre. ¿Pareciste ya? ¿Cuándo has venío?

SALVADOR.—Anoche.

MALVALOCA.—De tu pueblo te fuiste a Málaga a vé a las amigas, ¿no?

SALVADOR.—Cabalito.

MALVALOCA.—¿Me habrás traío pasas?

SALVADOR.—¿Pa refrescarte la memoria?

MALVALOCA.—¡Pa ponerlas en aguardiente!

SALVADOR.—Yo no sabía que estabas aquí.

MALVALOCA.—¡Carambo!

SALVADOR.—Yo te hasía [104] en Seviya.

MALVALOCA.—Y yo a ti en Roma, besándole ar Papa la babucha.

SALVADOR.—Pos yo me fuí de Las Canteras, y he vuerto.

MALVALOCA.—Pos yo ni he vuerto, ni me fuí. ¡Ni me voy!

SALVADOR.—¿Tanto te gusta er pueblo?

MALVALOCA.—¡Como que he fincao!

SALVADOR.—¿Con vistas ar campo o ar río?

MALVALOCA.—Con vistas ar reló del Ayuntamiento. ¡Échate ya pa un lao, fogonero, que tiznas!

---

[103] panoli — necio, majadero.

[104] te hasía — te creía.

SALVADOR.—¡Camará, lo que cambian los tiempos!

MALVALOCA.—Pa mejorá siempre. ¿Y ese hombre? ¿Se ha escondío?

SALVADOR.—Arriba lo tienes, Hasiendo números por ti.

MALVALOCA.—Y va en serio. Y yo por é.

SALVADOR.—Quita números.

MALVALOCA.—No quito na. Más verdá es que er só que alumbra.

SALVADOR.—¿Así andamos?

MALVALOCA.—¡Uh! Tú no sabes de eso. Somos dos amantes pa una lámina.

SALVADOR.—Como los de Terué.

MALVALOCA.—¡En Terué hase frío!

SALVADOR.—Pero ¿a tanto yega la fiebre?

MALVALOCA.—Cuarenta y ocho y désimas.[105] ¿Dónde dises que está?

SALVADOR.—Estará con su hermana.

MALVALOCA.—(Sorprendida.) ¿Ha venío la hermanita por fin?

SALVADOR.—Ayé vino.

MALVALOCA.—Entonses yo me voy. ¿No te parese a ti que debo irme?

SALVADOR.—A mí, sí.

MALVALOCA.—Y a mí también. Las cosas son las cosas. ¿Cómo no me lo ha dicho Leonardo?

SALVADOR.—¡Porque Leonardo lo ha tomao en redentó!

MALVALOCA.—No lo digas en chufla. ¡Es más romántico! ¡Más romántico es! ¡Uh! To lo adorna; to lo ve con estreyas.

SALVADOR.—Y a ti te sienta bien er romanticismo: estás más guapa; tienes buenos colores.

MALVALOCA.—La tranquilidá, hijo, que hase milagros.

SALVADOR.—Esos pendientes no son de mis tiempos.

MALVALOCA.—Ni de los de nadie: son cosas de él. Me ha hecho estrená hasta las horquiyas. ¡Mía [106] que

las horquiyas! Pos hasta eso. Y de toas mis alhajas he tenío que despedirme pa un rato.

SALVADOR.—¿Y mi reló?

MALVALOCA.—Le ha dao un calambre ar minutero. A buena parte vas. No es que él me haya hablao una palabra ni que tenga selos de ti, ¿lo oyes?, pero te nombro y se pone verde. Más daño le hases tú que ninguno.

SALVADOR.—(Con gesto y acento de pesadumbre.) ¡Vaya por Dios!

MALVALOCA.—Me quiere con seguera.

SALVADOR.—Eso veo.

MALVALOCA.—Como ningún hombre en er mundo.

SALVADOR.—¿Metiéndome a mí?

MALVALOCA.—¿Quiés cayarte? ¿Vas a comparár er cañamaso con la sea? Me quiere más que nadie... y de otro modo.

SALVADOR.—¿De otro modo que yo también?

MALVALOCA.—De otro modo; sí.

SALVADOR.—Y ¿en qué consiste la diferensia?

MALVALOCA.—¡Hasta en la manera de cogerme las manos! ¡Hasta en la manera de respirá a la vera mía! No me trata como a una mujé, sino ¡con una cosa!... A vé si yo me sé esplica: si er primer hombre que a mí me pretendió de mosita hubieras sío tú —es un poné [107]—, con to y con sé tú un hombre bueno, a estas horas sería yo lo mismo que soy: una desgrasiá. Si er primer hombre que da conmigo es ese hombre... ¡otra sería mi suerte! Ahora no tendría yo que irme porque hubiera yegao su hermanita. ¿Me esplico?

SALVADOR.—Sí.

MALVALOCA.—¿Y pondero?

SALVADOR.—No.

MALVALOCA.—No te piques tú, Sarvadoriyo. A ti yo tengo mucho que agradeserte; pero eso no tiene na que vé con este cariño, que nun-

---

[105] Cuarenta y ocho y désimas — 48 C y más.

[106] Mia... — Mira.

[107] poné... — suposición.

ca había probao Marvaloca. Tú eres bueno... porque no eres malo. Y él es bueno... por eso, porque es bueno. Pa que tú lo entiendas: tú eres bueno por la mañana y él es bueno to er día. Una cosa así.

SALVADOR.—Es bueno, es bueno.

MALVALOCA.—¡Más bueno que un cura der teatro! Como que a mí, cuando sueño con é, siempre se me representa con er pelito blanco y er baculito, y casando a to er mundo.

SALVADOR.—¡Ja, ja, ja!

MALVALOCA.—Y me voy sin verlo, que no quiero que me piye aquí la hermanita.

SALVADOR.—¿Le digo que has estao?

MALVALOCA.—Sí; díselo. No; no se lo digas.

SALVADOR.—Como quieras.

MALVALOCA.—Díselo, sí. ¿Pa qué hemos de andá con misterios? Adiós.

SALVADOR.—Espérate un instante, que ahora nos vamos a reí.

MALVALOCA.—¿De qué?

SALVADOR.—Der tío Jeromo. Lo hemos tenío que plantá en la caye.

MALVALOCA.—Era naturá. Y me alegro, no te figures tú. Me han contao ya dos o tres hasañas suyas en los tayeres, y renegaba de la hora en que le pedí a Leonardo que lo metiera aquí. ¡Ay, qué gente esta mía!

(El tío Jeromo sale del templo del trabajo en dirección a la inhospitalaria calle, torvo y mohíno. Va tal cual lo vimos aparecer al principio de la jornada.)

TÍO JEROMO.—¡A la caye, a morirme si es menesté en er poyete de una puerta, pero con la frente en las nubes!

SALVADOR.—¡Vaya usté con Dios!

MALVALOCA.—¡Vaya usté en hora buena!

(El tío Jeromo los mira desdeñosamente, y se va por el postiguillo. Malvaloca y Salvador sueltan la carcajada.)

SALVADOR.—¡Qué mamarracho es!

MALVALOCA.—¡Me ha hecho grasia la manera como ha salío! *(Sigue la risa, que sorprende a Leonardo, que vuelve. ¿Habrá que decir que le contraría?)* ¡Hola!

LEONARDO.—¡Hola!

MALVALOCA.—Nos reímos de que ha pasao pa la calle er tío Jeromo, con toa la cara de un traidó.

LEONARDO.—*(Disculpándose.)* No ha habido más remedio que despedirlo.

MALVALOCA.—Y yo soy la primerita que se alegra. Pero, cuidao con é, que tiene malas purgas. Es mu vengativo, y capaz de inventá cualquier cosa.

LEONARDO.—No sé qué ha de inventar.

MALVALOCA.—¡Ni vayas tú ahora tampoco a ponerte a sacarle los sesos a lo que yo he dicho! No he querío más que prevenirte. ¿Verdá que es mu vengativo, Sarvadó?

SALVADOR.—Sí; pero ¿qué caso ha de haserle nadie? Vamos a vé si fundimos pronto. *(Se entra en los talleres.)*

MALVALOCA.—¿Tú qué tienes, Leonardo?

LEONARDO.—Nada, mujer.

MALVALOCA.—No me digas que na, porque te yegan las ojeras ar pescueso. Y que ya te tengo estudiao, como los astrónomos las nubes. Se revuercan los perros, señá de agua. Vengo yo, no me resibes tú con la cara alegre, temporá tenemos.

LEONARDO.—No.

MALVALOCA.—¡Sí! ¿Te ha molestao quisás que me estuviera riendo con Sarvadó? ¡Era der tío Jeromo!

LEONARDO.—No seas niña. ¿Cómo ha de molestarme una cosa así? Verás lo que hay. Tengo que anunciarte una novedad...

MALVALOCA.—Mía tú cómo se revorcaban los perros. No mienten las señales. ¿Te ríes?

LEONARDO.—Sí. Óyeme.

MALVALOCA.—Acaba ya, que me estás poniendo en cuidao.

LEONARDO.—Mi hermanità ha venido.

MALVALOCA.—Ya lo sé. Me lo ha dicho ése.

LEONARDO.—¡Ah!, ¿te lo ha dicho ése?

MALVALOCA.—Sí. ¿No es más que eso to? Pos no te violentes ni te apures, que mientras esté aquí tu hermanita yo no pongo los pies en tu casa.

LEONARDO.—¿Por qué?

MALVALOCA.—Porque se me va a torsé un tobiyo ar pasá la puerta. Sin broma: porque no está bien que yo venga, Leonardo.

LEONARDO.—¿También te lo ha dicho...?

MALVALOCA.—No; se lo he dicho yo a é. Sarvadó lo que me ha dicho es que a ti no te paresía mar que yo viniera.

LEONARDO.—¿Ah, sí?... Es cierto..., ¿sabes?..., pero luego lo he pensado mejor. No debe ser intransigente. Te agradezco mucho tu resolución, Malvaloca. No vengas; yo iré allá.

MALVALOCA.—¡Ea!, pos se acabó er martirio. Alegra esa cara, que no me gusta verte triste.

LEONARDO.—Y ¿cómo he de estar, si te quiero lo que te quiero, y tengo que esconderte como una vergüenza?

MALVALOCA.—¡Vaya!

Ya está yoviendo,
los pájaros corriendo,
la caye en bote en bote
y Periquiyo sin capote.

Periquiyo soy yo. ¿Cuándo te vas a convensé de que remové la tierra es marsano?

LEONARDO.—(Con dolor.) ¡Según qué tierra!

MALVALOCA.—(Con amargura.) ¡Pos por eso lo digo! ¡Si ya sabes tú que tierra soy... y en qué tierra has sembrao!

LEONARDO.—Perdóname. ¡Quisiera ahogar en mi alma este sentimiento siempre que estoy contigo; pero no puedo, porque a tu lado pierdo la voluntad!

(Se miran.)

MALVALOCA. — *(Resueltamente.)* Hasta luego. Me marcho.

LEONARDO.—¿Te vas?

MALVALOCA.—Sí; no sarga la niña.

LEONARDO.—No temas; no está aquí. La ha llevado Teresona a ver algunos sitios del pueblo.

MALVALOCA.—Entonses...

LEONARDO.—¿Qué?

MALVALOCA.—¿Vais a fundí la *Golondrina?*

LEONARDO.—Sí; dentro de poco.

MALVALOCA.—¿Dará tiempo a que yo lo vea?

LEONARDO.—¿A... que tú lo veas? Te diré...

MALVALOCA.—No; no me digas na. Aunque dé tiempo no lo veo. Te choca que entre en los tayeres.

LEONARDO.—Aparte de eso; es que la campana se funde como todo; como tantas cosas que tú has visto. fundir. Ya está el molde en la tierra...

MALVALOCA.—Y que es igualito a la campana rota. Ése sí que lo he visto yo.

LEONARDO.—Más te hubiera interesado ver cómo deshicimos la campana rota.

MALVALOCA.—Es verdá. ¿Por qué no me avisaste?

LEONARDO.—No caí.[108]

MALVALOCA.—Pos dime cómo fué.

LEONARDO.—Sencillamente, caldeándola sobre una hoguera, y a golpe de martillo.

MALVALOCA.—¿Y se hiso peasos?

LEONARDO.—Justo.

MALVALOCA.—Como si fuera de cristá.

LEONARDO.—Lo mismo.

MALVALOCA.—Y los peasos ya están derritiéndose en los crisoles.

LEONARDO.—Eso es.

MALVALOCA.—Y ahora de los crisoles van a la tierra por er bebeero.

---

[108] No caí — No me di cuenta.

LEONARDO.—Cabal. Ya sabes de esto más que yo.

MALVALOCA.—De manera que la campana es la misma.

LEONARDO.—La misma... y otra.

MALVALOCA.—Me acuerdo de que er primer día que nos hablamos me esplicaste tú mu bien esta faena. Se me quedó impreso to lo que me dijiste.

LEONARDO.—¡Buena memoria!

MALVALOCA.—Más buena es la tuya, arrastrao.

LEONARDO.—¿La mía? ¿Por qué?

MALVALOCA.—Por na.

LEONARDO.—No; por algo lo has dicho.

MALVALOCA.—¡Ea! ¡Otra cavilasión! Me he enamorao der tío Cavila; un chochero que había en mi tierra, que se vorvió loco cavilando.

LEONARDO.—Bueno; dime por qué me has dicho eso de la memoria.

MALVALOCA.—¿Por qué va sé, silisio? ¡Porque no te cuento una cosa mía que no se te quee en la cabesa como fundía en bronse!

LEONARDO.—¡Ay! ¡Es verdad!

MALVALOCA.—Pero, ven acá, mala persona, ¿te pesa haberme conosío?

LEONARDO.—¡Nunca!

MALVALOCA.—¿Me quieres tú?

LEONARDO.—¿Y tú me lo preguntas?

MALVALOCA.—Entonses, ¿qué importa lo que fué?

LEONARDO.—Importa, importa... Tanto me importa a mí, que solamente cuando lo olvido soy dichoso.

MALVALOCA.—Pos mira: se me ocurre una solusión.

LEONARDO.—¡Si la hubiera!...

MALVALOCA.—¡Fúndeme como a la *Golondrina!*

LEONARDO.—*(Perplejo.)* ¿Cómo a la *Golondrina?*

MALVALOCA.—Ya hay una copla que habla de eso.

Meresía esta serrana
que la fundieran de nuevo
como funden las campanas.

¿Nunca la has oído?

LEONARDO.—Nunca, hasta ahora.

MALVALOCA.—Se conose que la ideó argún caviloso de tu linaje; de estos que quién componé la justicia der mundo. A la cuenta se enamoró de una mujé que quisá tuviera derecho a otra suerte más buena, y sacó esa copla.

LEONARDO.—¿Cómo es?

MALVALOCA.—*(Repitiéndola con todo sentimiento.)*

Meresía esta serrana
que la fundieran de nuevo
como funden las campanas.

LEONARDO.—*(Atrayéndola hacia sí con pasión...)* Ven acá.

MALVALOCA.—¿Qué quieres?

LEONARDO.—Mírame.

MALVALOCA.—Ahora con las lágrimas no te veo.

LEONARDO.—Ni yo a ti.

MALVALOCA.—Suerta. *(Se separa de él.)* Me voy. Hasta luego.

LEONARDO.—¡Adiós!

(Al abrir Malvaloca el postiguillo del foro para marcharse aparecen la hermana Piedad y Mariquita. Mariquita viene de gala. La presencia de ambas sorprende por igual a los dos amantes, y alegra a Malvaloca.)

HERMANA PIEDAD.—Buenos días.

MALVALOCA.—¡Mira qué visita, Leonardo!

MARIQUITA.—Güenos días.

LEONARDO.—Adelante, hermana.

MARIQUITA.—¿Tú por aquí, mujé?

MALVALOCA.—Sí; pero ya me voy.

MARIQUITA.—¿Te vas? No te vayas. Verás a lo que vengo. No te vayas.

LEONARDO.—*(Respondiendo a una mirada de Malvaloca.)* Quédate.

HERMANA PIEDAD.—Mariquita trae una pretensión que no la ha dejado dormir en toda la noche.

MARIQUITA.—En toa la noche; porque lo pensé al acostarme y temí que se me fuera de la cabesa. *(Con cansancio.)* ¡Ay!...

MALVALOCA.—Siéntese usté aquí, Mariquita.

MARIQUITA.—Muchas grasias, hija de mi arma.

LEONARDO.—Y usted, hermana, siéntese también.

HERMANA PIEDAD.—Gracias; no es preciso. La visita será muy corta. ¿Es hoy cuando se va a fundir nuestra *Golondrina*?

LEONARDO.—Hoy. Dentro de un rato. Podrán verla fundir, si quieren.

HERMANA PIEDAD.—No haremos sino irnos a nuestra Casa a rezar porque el Señor proteja la buena obra. Y ya veo que el deseo de nuestra Superiora es fácil que se logre.

LEONARDO.—¿Cuál es ese deseo?

HERMANA PIEDAD.—Que la campana vuelva a sonar por primera vez el día de la procesión de Nuestro Señor de las Espinas, que sale del Carmen, y que es muy venerado en el pueblo. Es día de fiesta en Las Canteras; se adornan ventanas, balcones y portales; la carrera por donde va el Señor se alfombra enteramente de romero y mastranzo; las muchachas estrenan sus vestidos, reservados para ese día... Ya verá, ya verá.

LEONARDO.—Y ¿cuándo es?

HERMANA PIEDAD.—El catorce del mes que viene.

LEONARDO.—¡Pues sobra tiempo!

HERMANA PIEDAD.—Tanto mejor. Mucho se alegrará la Superiora.

MALVALOCA.—Diga usté, hermana: ¿y podré yo í detrás de la prosesión ese día con los pies descarsos?

HERMANA PIEDAD.—¿Por qué no?

LEONARDO.—¿Con los pies descalzos?

MALVALOCA.—Sí, hombre. Es una promesa.

LEONARDO.—¿Cuándo la has hecho?

MALVALOCA.—Ahora.

HERMANA PIEDAD.—*(Sonriendo bondadosamente.)* De aquí allá puede meditarla.

MALVALOCA.—¿Pa qué? ¿Tú te estrañas? No es la primera vez que

voy detrás de una prosesión de esa manera. Cuando estuvo mala mi niña... Pero, bueno, esto a nadie le importa. ¿Qué trae Mariquita por aquí?

HERMANA PIEDAD.—Ella lo dirá.

MARIQUITA.—*(Se levanta.)* Pos yo traigo esto. *(Del seno saca un envoltorio pequeñito, y lo muestra.)*

LEONARDO.—¿Y eso qué es?

MARIQUITA.—Las cruses y las medayas del hijo que me mataron en la guerra.

LEONARDO.—Y ¿para qué las trae?

MARIQUITA.—Como é, desde que se lo yevaron, no tenía más pío que gorvé a escuchá er toque de la *Golondrina* ar lao de su madre, yo quiero que estas medayas y estas cruses que ér se ganó, se junten con er metá de la campana. ¿Puede sé?

LEONARDO.—¡Ya lo creo! Basta echarlas en un crisol.

MALVALOCA.—Y que va a sé ahora mismo, y por mi mano.

MARIQUITA.—¿Por tu mano?

MALVALOCA.—Sí. Béselas usté la última vez.

MARIQUITA.—*(Después de besarlas.)* Toma, hija mía, toma.

MALVALOCA.—Traiga usté. Y venga usté conmigo pa verlo. ¿Has visto tú, Leonardo? ¿No hay que sé madre pa tené esta idea?

LEONARDO.—Sí. Anda.

MALVALOCA.—Voy. Venga usté, Mariquita, venga usté.

MARIQUITA.—Vamos, hija, vamos.

(Sugestionada Malvaloca, mirando las medallas y cruces, como quien lleva en la mano un tesoro, éntrase en los talleres con Mariquita.)

HERMANA PIEDAD.—Ciertamente es buena esta mujer. Es buena, es buena...

LEONARDO.—¿Verdad? ¡Cuando una desgracia irremediable cae sobre una criatura así, se rebela uno contra todo!

HERMANA PIEDAD.—¿Contra todo, hermano?

LEONARDO.—Hermana, hay que ser santo para resignarse. Siendo hombre, no hay resignación para esto.

HERMANA PIEDAD.—Flores tiene el arrepentimiento; flores la piedad y el perdón.

LEONARDO.—¡El amor es pasión egoísta!

HERMANA PIEDAD.—Cuando es grande amor, es pasión generosa también.

(Vuelven Malvaloca y Mariquita.)

MALVALOCA.—Ya está. Cayeron en er fuego, y se las sorbió. Paresía que las estaba esperando.

MARIQUITA.—¡Pobresito mío!

HERMANA PIEDAD.—Se cumplió su voluntad, Mariquita.

MARIQUITA.—¿Vive tu madre, Marvaloca?

MALVALOCA.—¿Mi madre? Vamos a no hablá de eso.

MARIQUITA.—¿Por qué? ¿No te quiere?

MALVALOCA.—Vamos a no hablá de eso. Sí vive mi madre, Mariquita; sí vive y viva mucho; pero no es como usté, por desgrasia. A mí me gusta verla con los gemelos der revés: to lo lejos que pueo.

MARIQUITA.—¡Ay, qué grasiosa!

MALVALOCA.—¡Miste que tené yo que hablá así de mi madre! ¡Yo que siempre he sentío lástima de Adán, porque no lo cogieron en brasos!... En fin, será mi sino.

HERMANA PIEDAD.—¿Vámonos, Mariquita?

MARIQUITA.—Vámonos. Dios les pague er gusto que me han dao.

MALVALOCA.—¡Cuando suene la Golondrina va a pareserle a usté que la yama su hijo! Usté lo verá.

HERMANA PIEDAD.—Don Leonardo, quédese con Dios.

LEONARDO.—Adiós, hermana. Adiós, Mariquita.

MARIQUITA.—Güenos días.

HERMANA PIEDAD.—Buenos días.

MALVALOCA.—Vayan ustés con Dios.

(Les abre el postiguillo y las deja pasar. Una y otra se marchan sonriéndole.)

LEONARDO.—(Con explosión de amor desbordado en vehementes palabras.) ¡Ven acá, tú, Malvaloca; ven acá tú; que cada momento que pasa te quiero más! ¡Ven acá; no te vayas ahora de aquí, ni te vayas nunca de mi lado!

MALVALOCA.—Quita, loco.

LEONARDO.—¡Te quiero por buena; te quiero por hermosa; te quiero por desventurada! ¡Mírame a los ojos y que yo te mire y me recree, única mujer a quien he querido!

MALVALOCA.—¿Yo?

LEONARDO.—¡Tú! ¡Nunca te he dicho esto; pero es hora ya de que lo sepas!

MALVALOCA.—¡Leonardo!

LEONARDO.—¡A ti, a ti sola he querido y querré! ¡Ya no sé vivir si no es porque sé que tú vives! ¿Me quieres tú también de este modo?

MALVALOCA.—¡Te quiero más toavía! ¿Quién me ha hablao nunca como tú?

(Por la puerta de la casa aparece en esto Juanela, inquieta y turbada. Los amantes, que tanto la adivinan como la ven, se separan instintivamente.)

LEONARDO.—¿Eh?

MALVALOCA.—¿Qué?

JUANELA.—¡Ah! ¡Es ella!

LEONARDO.—¡Juanela! ¡Hermana! ¡Ven aquí!

JUANELA.—No; déjame... No sabía...

LEONARDO.—¡Sí sabías! ¡Tú has dicho que es ella! ¿Qué has querido decir con eso?

(Malvaloca está sobrecogida y temerosa. Leonardo, excitándose a cada palabra, trata de detener a su hermana y de hacerla respetar y comprender su vivo sentimiento.)

JUANELA.—Nada; no... Déjame, déjame...

LEONARDO.—¡No; no quiero que te vayas así!... ¿Por qué tiemblas ante esta mujer? ¿Qué te han dicho? ¿Quién te ha engañado?

MALVALOCA.—¡Er tío Jeromo!

JUANELA.—Nada, nada me han dicho.

LEONARDO.—¡Sí! ¡Y en lo que te han dicho mintieron! ¡Quién es esta mujer, sólo yo he de decírtelo, y a mí sólo tienes que creerme! Los demás ¡qué saben! ¡No te dirán sino que es mala, que es mala y que es mala!... ¡Ah! ¡Si fuese maldad la desventura, no habría nacido una mujer más mala que ésta!

JUANELA.—Cálmate, Leonardo.

LEONARDO.—¡Pero yo conozco su vida y su alma, y sus dolores!... ¡Ella no tuvo, como tú, quien velara por su pudor, sino quien, por desconocerlo, lo profanara y lo vendiera!... ¡Por aquella casa de donde salimos juntos los dos, yo te juro!... Perdóname... Me exalto hasta no ser dueño de mis palabras... Temo herirte también... Déjame, déjame. Ya te hablaré tranquilo. Ahora, déjame.

JUANELA.—Sí, sí; te dejo, hermano. Ahora es mejor... Te dejo... (Angustiada y llorosa.) ¡Jesús, Dios mío! (Vuélvese a la casa sin poder dejar de mirarlo.)

LEONARDO. — (Acercándose otra vez a Malvaloca.) ¡Te perdonarán todos! ¡Te respetarán todos! ¡Es ya loco empeño de mi vida! ¡Todos olvidarán lo que fuiste!

(La voz de Salvador, llamándolo, desde el interior de los talleres, lo hiere y lo estremece súbitamente.)

SALVADOR.—¡Leonardo!

LEONARDO.—¡Ay! ¡Todos... menos yo!

SALVADOR.—(Asomándose.) Leonardo.

LEONARDO.—(Con brusca sacudida; como si despertara de un sueño.) ¡Qué!

SALVADOR.—Ya estamos listos. ¿Vamos a fundí la Golondrina?

LEONARDO.—Vamos, sí. (A Malvaloca.) ¿Vienes tú?

MALVALOCA.—No. Hasta luego.

LEONARDO.—Hasta luego. (Entrándose con Salvador en los talleres.) Vamos a fundir la Golondrina.

MALVALOCA.—(Con íntimo dolor, que se deshace en copioso llanto.) ¡Quién fuera de bronse como eya!

FIN DEL ACTO SEGUNDO

ACTO TERCERO

Sala baja, de blancas paredes y techo de bovedillas azules, en casa de LEO-NARDO. *Al foro, una gran puerta, por la que se ve el patio, destartalado y viejo. A la derecha del actor, otra puerta, que conduce a las habitaciones interiores. A la izquierda, una ancha ventana enrejada, que da a la calle, y cuyo alféizar viene a estar a un metro del suelo. Al pie de él hay un amplio escalón. El marco de la ventana aparece adornado, por la festividad del día, con cortinas de encajes blancos y lazos de colores. Enredadas en el herraje, hasta lo alto, ramas de lentisco y romero. Sobre el alféizar, y también en aros sujetos a los hierros horizontales, macetas con flores. Suelo de losetas. Pocos muebles. Una mesa de pino, cerca de la ventana, espera las flores que han de arrojarse luego al paso de la procesión. Es por la mañana, en el mes de junio.*

*(*Juanela, Teresona *y* Alfonsa, *vestidas como de día de fiesta, terminan el adorno de la ventana. Con ellas están doña* Enriqueta *y* Dionisia, *que para ataviarse han sacado también el fondo del baúl.* Alfonsa *es una sobrinilla de* Teresona, *de traza lugareña, que ha venido de su pueblo natal a la fiesta de Las Canteras en aquel día, y en quien el sentimiento de la admiración es cosa ensencial. Doña* Enriqueta *y* Dionisia, *en cambio, no parecen admirarse de nada. Son esposa e hija del dueño de un famoso refino del pueblo, y hablan con cierta afectación de finura, a la que no cuadra muy bien su casi total desconocimiento de la ele.)* [109]

ALFONSA.—(*En lo alto de una silla.*) ¿Ha quedao con gracia este moño,[110] tía Terezona?

TERESONA.—Ha quedao, ha quedao con grasia. Bájate ya, y vamos a dejá el adorno de la ventana, que ya no nesesita más na.

JUANELA.—Sí que está bonita deveras.

ALFONSA.—(*Alejándose un poco de la ventana para verla mejor.*) ¡Ay, que precioza! [111] ¡Ay, qué precioza está! ¿No es verdá que está muy precioza?

*(*Dionisia *y doña* Enriqueta *se ríen del candoroso entusiasmo de* Alfonsa.*)*

DIONISIA.—¡Qué chiquiya ésta! Se armira [112] de todo.

DOÑA ENRIQUETA.—A nosotras no nos gustan estas fiestas der pueblo. ¡Son más *cúrsiles!*

TERESONA.—¿Qué son *cúrsiles?* Pos yo las encuentro mu naturales.

JUANELA.—¿De verdad no les gustan?

DIONISIA.—A mí, no.

DOÑA ENRIQUETA.—Ni a mí.

DIONISIA.—Ni a papá.

JUANELA.—Quizá la costumbre de verlas todos los años... Yo, como

---

[109] ele —la letra "l".
[110] ¿Ha... moño? — ¿Se ve bien este moño?

[111] precioza —indica el uso del ceceo para las letras "c', "z" y "s", comunes a ciertas regiones de Andalucía, como Córdoba. Igual de aquí en adelante.
[112] armira — admira.

223

forastera, les confieso a ustedes que no he visto nunca nada más pintoresco ni más lleno de simpatía que el adorno de todas las calles por donde va a pasar la procesión.

Doña Enriqueta.—Usté ¿qué ha de desirnos a nosotras?

Juanela.—Lo que siento; la pura verdad.

Alfonsa.—No lo nieguen ustés, zeñoritas; zi hay argunos zaguanes que son artares; ¡con tanto encaje blanco y tanta maceta de arbahaca!... Poz ¿y las cayes, que parecen arfombrás [113] de ramas verdes? ¡Miste, miste qué oló entra por la ventana! ¡Ay!, ¡ay! ¡Ze esmaya una! [114]

Doña Enriqueta.—Olores der campo.

Dionisia.—Mejorana y tomiyo. ¡Si vamos a armirarnos de eso!

Teresona.—Es que mi sobrina también es forastera.

Alfonsa.—¡Y me alegro de habé venío der pueblo a vé este día! ¡Ay!, ¡ay! ¡Cómo están ezas cayes! ¡Cómo están ezas cayes!

Doña Enriqueta.—Cáyate de las cayes, por Dios, que se ve cada irrisión de barcón adornado...

Dionisia.—¡Cada mamarracho se ve!

Teresona.—¿En las cayes?

Doña Enriqueta.—En las cayes, sí. (Saludando por la ventana a unas amiguitas que pasan.) Adiós, Matirde.

Dionisia.—Adiós, Ervira.

Juanela.—Vayan con Dios. ¿No quieren entrar un ratito? ¡Hasta luego entonces!

Alfonsa.—¡Ay qué bien vestías que van! ¡Ay qué de moños [115] yevan! ¡Ay qué elegantes!

Doña Enriqueta.—¡Er cormo, hija, er cormo!

Dionisia.—¡Er cormo, mamá!

(Se presenta en la puerta del foro Lobito, que viene de la calle y a quien es difícil reconocer. No es el operario tiznado y roto de la fundición; es un galán del pueblo de lo más lucido. A la oreja trae un clavel, y otro en el sombrero, probablemente para ofrecérselo a alguien.)

Lobito.—(Antes de que nadie lo vea.) (¡La pringamos! ¡Las tontas der refino aquí!) ¡Güenas tardes!

Juanela.—Buenas tardes.

Teresona.—Ven con Dios, Lobito.

Alfonsa.—¡Hola, Inacio! [116]

Doña Enriqueta.—Buenas tardes.

Dionisia.—Buenas tardes.

Alfonsa.—¡Mía qué elegante tú también!

Lobito.—Mujé, la fiesta lo pie. [117] Er día e la prosesión y er día en que va a soná otra vez la Golondrina, ¿no se va uno a poné lo mejó que tenga?

Alfonsa.—¡Y trae cadena, tía! ¿Lo ha reparao usté?

Lobito.—Sí que traigo cadena.

Juanela.—Y muy vistosa.

Lobito.—Reló es lo que no traigo.

Alfonsa.—¿Na traes reló?

Teresona.—¡Er demonio eres!

Lobito.—No, que no lo traigo. He enganchao la forforera [118] ar cabo e la caena pa que haga peso. Pero er golpe lo doy. Más e cuatro mositas se me han quedao mirando. Y si me preguntan por chufla la hora que es, sargo con otra chufla.

(Risas.)

Alfonsa.—¡Ay qué ánge tiene!

Teresona.—Oye, Lobito, ¿es verdá que ha habío [119] gorpes en la Alamea?

Lobito.—¡Y los que tiene que habé toavía de aquí a que suene la

---

[113] arfombrás — alfombradas.
[114] ¡Ze esmaya una! — ¡Se desmaya una!
[115] qué de moños — cuántos moños.

[116] Inacio — Ignacio.
[117] pie — pide.
[118] forforera — fosforera.
[119] habío — habido.

campana! Los de la *Sonora* se habían figurao que ya estaba la suya sola pa siempre, y er que más y er que menos tiene un berrinche que va a reventá de coraje.

DOÑA ENRIQUETA.—¡Qué bárbaros!

DIONISIA.—Eso es sarvajismo.

DOÑA ENRIQUETA.—¿Usté ve cómo son muy sarvajes en este pueblo?

JUANELA.—Y ¿cuándo va a sonar por fin la campana, Lobito?

LOBITO.—Cuando güerva er Señó de la prosesión por er pueblo, y entre en su Casa. Así lo ha dispuesto la Superiora. Y ar que hay que oí es a Martín er siego.

JUANELA.—¿A quién?

LOBITO.—A Martín er siego; er campanero que ha sío siempre de la *Golondrina.* ¡Pobresiyo! Se sartan las lágrimas. Paese que le ha resusitao una hija. Tres noches hase que no duerme. Ér dise que no le importa morirse con er primer tañío; pero yo creo que de veras se va a morí. Los pelos se ponen de punta escuchando al hombre.

ALFONSA.—¡Ay!, ¡ay! ¡Qué coza!, ¡qué coza! Y ¿a qué hora paza por aquí la procesión, Inacio?

LOBITO.—Por el Arrecife iba hase un ratiyo. De manera que de aquí a media hora vendrá por esta caye.

TERESONA.—Va a sé meesté[120] í preparando ya las flores.

ALFONSA.—¿Vamos a cortarlas?

LOBITO.—Vamos. Yo te ayúo.

TERESONA.—Ahora iré yo pa ayá.

ALFONSA.—Anda. *(Se va por la puerta del foro, hacia la derecha.)*

TERESONA.—*(A Lobito, que va a seguirla.)* Cuidao con las flores Lobito.

LOBITO.—A mí encárgueme usté cuidao con las frutas. Las flores se güelen na más; y las frutas se comen. Ya usté me entiende. *(Se va detrás de Alfonsa.)*

TERESONA.—¡Qué granuja es! Pero ¿qué va a hasé una, si paese que

le gusta la muchacha? Es tan naturá que a los muchachos les gusten las muchachas... y que las personas mayores nos quitemos de su alrededó... Es tan naturá...

DIONISIA.—Claro: cada oveja con su pareja.[121]

DOÑA ENRIQUETA.—¿Damos nosotras un paseíto?

DIONISIA.—Bien pensado; daremos una vuerta.

DOÑA ENRIQUETA.—¿Usté viene?

JUANELA.—¿Por qué no?

DIONISIA.—Nos toparemos con mucho *pueblerío,* pero ¿qué remedio?

JUANELA.—Y ¿qué importa? No van a comernos tampoco.

DOÑA ENRIQUETA.—Ahí va la del arcarde. Vámonos con eya.

DIONISIA.—¡Doña Casirda!

DOÑA ENRIQUETA.—¡Doña Casirda! ¡Espérenos usté!

DIONISIA.—Vamos.

JUANELA.—Vamos allá.

(En esto aparece Salvador por la puerta del foro también de tiros largos.)

SALVADOR.—Vaya con Dios lo más fino der pueblo... y de fuera der pueblo.

DOÑA ENRIQUETA.—Favó que usté nos hase.

DIONISIA.—Buenas tardes.

JUANELA.—Buenas tardes. Usted siempre el mismo.

SALVADOR.—¿Se marchan ustedes?

DOÑA ENRIQUETA.—A dar un par de vuertas mientras viene la prosesión.

SALVADOR.—No tardará mucho.

DIONISIA.—Cosa de media hora. Ya hemos hecho er cárculo.

SALVADOR.—¡Pos hoy en la caye se saca novio!

DOÑA ENRIQUETA.—¿Vamos?

DIONISIA.—Vamos.

SALVADOR.—¡Cuidao si han venío forasteros! Y er tiempo está de nues-

---

[120] meesté — menester, necesario.

[121] cada... pareja — cada cual con lo suyo.

tra parte. Con la yuvia de ayé ha refrescao, y da gusto andá por ahí. Conque por mí no detenerse.

DIONISIA.—Vamos, mamá, que nos espera doña Casirda.

DOÑA ENRIQUETA.—Vamos, sí.

JUANELA.—Vayan ustedes, que allá voy.

(Se marchan doña Enriqueta y Dionisia por la puerta del foro, hacia la izquierda. Juanela se detiene un momento, con Salvador.)

TERESONA.—Pocas personas me hacen a mí daño en er mundo; porque yo, en güena hora lo diga, pa to encuentro discurpa; pero a esta mamá y a esta niña, que se han tragao er moliniyo der chocolatero, no las pueo resistí.

SALVADOR.—A mí me hase grasia la manera de hablá que tienen. Paese que han aprendío con er maestro der cuento: ¡Niño: sordao, barcón, ardaba y mardita sea tu arma, se escriben con ele!

TERESONA.—¿No sabe usté cómo le yaman ar marío?

JUANELA.—Deje usted eso, Teresona. Oiga usted, Salvador.

SALVADOR.—¿Qué me manda usté, carita de lástima?

JUANELA.—¿Se ha enterado usted de lo de hoy?

SALVADOR.—No. ¿Otro desatino de Leonardo?

JUANELA.—Otro capricho. ¿Lo de ayer sí lo sabe?

SALVADOR.—Sí; que le dió dos bofetás a uno porque dijo yo no sé qué de Marvaloca. Me lo contaron por la noche. ¿Y lo de hoy, qué es?

JUANELA.—Que se ha empeñado,[122] quizá como consecuencia de lo de ayer, en que venga aquí esa mujer a presenciar el paso de la procesión con nosotros.

SALVADOR.—¡Pero si yo creía que eya iba a í detrás der Señó con los pies descarsos!

_____
[122] se ha empeñado — ha decidido con insistencia.

JUANELA.—Eso quería ella; pero él se lo quitó de la cabeza.

SALVADOR.—Y en cambio se empeña en que venga aquí. Está loco.

JUANELA.—Imagine usted... ¿Quién convence a la gente?... Estas amigas yo no sé lo que harán todavía; pero otras que se han enterado, se han excusado de venir. Hable usted con él, no para persuadirlo de que ella no venga, que puesto que él lo quiere y ésta es su casa...

SALVADOR.—Caye usted por Dios.

JUANELA.—Sino para aconsejarle prudencia, discreción..., un poco de respeto a los demás... Él tiene que vivir con las gentes...

SALVADOR.—Será inútil cuanto le diga; pero le hablaré una vez más, ya que usté lo desea. La úrtima, por supuesto.

JUANELA.—Aunque sea la última; no deje usted de hablarle, Salvador. Yo no puedo discutir con él, porque desde niña he sido dócil a cuanto él ha querido. He tenido siempre absoluta fe en su bondad. «Lo hace mi hermano, está bien hecho seguramente.» Así he pensado y he sentido toda mi vida. Pero ahora... ahora le confieso a usted, Salvador, que tengo un torbellino en la cabeza.

SALVADOR.—Está loco.

JUANELA.—No, no está loco. No habla como un loco... Yo, a solas conmigo, muy a solas, comprendo a mi hermano, no crea usted. La razón podrá no tener sentimiento; pero el sentimiento siempre tiene razón.

SALVADOR.—Bien, bien; deje usté los pucheros. Yo hablaré con él... Ande usté, que las amiguitas la aguardan.

DOÑA ENRIQUETA.—*(Desde la calle.)* ¿No viene usté, Juanela?

JUANELA.—Sí; en seguida voy. Perdonen ustedes. *(A Salvador.)* Le voy a decir a Leonardo que está usted aquí. (*Se marcha por la puerta del foro, hacia la derecha, y luego*

*se la ve cruzar hacia la izquierda
por el patio.)*

SALVADOR.—¡Inosente chiquiya!
¡Vaya un viajesito de recreo que le
ha dao el hermanito! Y a ér sí que
le ha tocao la china negra.

TERESONA.—Por causa e la gente,
que lo envenena to. Él es güeno, eya
es güena; la otra es como er pan.
¿Es posible que pase na malo entre
tres personas tan güenas? ¡Qué disparate! Es lo que yo digo: ¿hay Dios
no hay Dios? Pos si hay Dios, y
nadie hase más que lo que Dios
quiere... ¡Dios tiene ya edá pa sabé
lo que hase!

SALVADOR.—Eso es vé las cosas
como Dios manda.

TERESONA.—Ni más ni menos.
Aquí yega.

SALVADOR.—¿Dios?

TERESONA.—¡Don Leonardo!
¡Siempre ha de andá usté de chirigotas! [123] Me voy yo a echarle un
vistaso a la otra pareja.

*(Viene Leonardo de allá dentro
por la puerta del foro. Teresona lo
deja pasar, y se aleja hacia la derecha, mirando a los dos compañeros.)*

LEONARDO.—Me ha dicho Juanela que me llamas. ¿Qué quieres?

SALVADOR.—Verte, lo primero.
Después, charlá contigo un rato. ¡Si
hase lo menos ocho días que casi no
crusamos la palabra! A mí se me ha
figurao que me huyes.

LEONARDO.—¿Huirte?

SALVADOR.—No pases cuidao, que
no te vi a pedí cuentas der negosio.
Tengo en ti entera confiansa.

LEONARDO.—¿Y para darme estas
bromas de chico me has llamado?

SALVADOR.—Contrastes de la vida, hombre. Tú lo tomas demasiado
en serio, y yo tar vez demasiado en
broma.

LEONARDO.—Tal vez.

SALVADOR.—Sólo que las veras de
los bromistas, cuando se ponen se-
rios, por lo mismo impresionan más.
Y ahora va de veras.

LEONARDO.—Milagro.

SALVADOR.—De veras va. *(Cariño-
samente.)* ¿Cómo marcha ese corasón, compañero?

LEONARDO.—Destrozándose, pero
dichoso.

SALVADOR.—Muy bien. Y la cabesa, loca, pero feliz.

LEONARDO.—Tú lo has dicho.

SALVADOR.—Y to eso por una
mujé.

LEONARDO.—¿Por quién mejor?

SALVADOR.—Pos tocante a esa mujé vamos a echá un párrafo. [124]

LEONARDO.—Prefiero que lo dejes.

SALVADOR.—Es que también hase
muchos días que no hablamos de
eya.

LEONARDO.—Ni hay para qué.

SALVADOR.—Ahora sí.

LEONARDO.—De esa mujer nadie
sabe hablarme. Y menos tú.

SALVADOR.—No va el aire por
donde siempre. Se trata de otra cosa.
Esa mujé, Leonardo, le preocupa a
tu hermana.

LEONARDO.—No. Le preocupo yo.
Y no por ella ni por mí, sino por
la gente. Bien lo sé; bien lo veo.
Pero mi hermana se va con mis tíos,
y día llegará en que también, a propósito de la gente, piense lo que yo.

SALVADOR.—¡Ah!, ¿se va tu hermana?

LEONARDO.—Sí; se va. Y pronto.
Pasado este día, muy pronto. Yo no
quiero que nadie, ni siquiera ella,
a quien yo le enseñado a ser libre
y fuerte, comparta conmigo este sacrificio.

SALVADOR.—¿Es por las señas irremediable que la aventura dure mucho?

LEONARDO.—Esto no ha sido nunca una aventura. Y durará toda mi
vida.

SALVADOR.—¿Toda tu vida?

_____
[123] Siempre... chirigotas — ¡siempre bromeando!

[124] echá un párrafo — conversar.

LEONARDO.—Sí. Como nunca has querido si no mirabas libre el camino por donde habías de huir, no puedes comprenderme. Malvaloca es mi vida entera. ¡Con qué placer más doloroso junto a mi suerte la de esa mujer!

SALVADOR.—No te comprendo, no. Ayá tú con tus cavilasiones y tus teorías. Pero, en cambio, si no me esplico esa manera de sacrificarse por una pajarita que se encuentra en la caye, sé darme cuenta de otras cosas.

LEONARDO.—(Molesto.) ¿De cuáles? ¡Y elige las palabras, por Dios!

SALVADOR.—Óyeme, y contéstame con la verdá, tú que tan frecuentemente me la predicas. Hase tiempo que le estoy dando vuertas en la imaginación a esta idea, y cuando yo menos lo esperaba se me ha yegao su punto. ¿Te sorprendería mucho que yo desaparesiese der pueblo?

LEONARDO.—¿De Las Canteras, tú? ¿Adónde has de irte?

SALVADOR.—No es eso lo que te pregunto. ¿Te sorprendería?

LEONARDO.—Quizá no.

SALVADOR.—Y ¿te alegrarías? La verdá Leonardo.

LEONARDO.—La verdad: sí.

SALVADOR.—Lo sé. Como sé también que no dejarás de sentirlo, porque nuestra amistá no es de juego. Pero debo irme de tu lao, y me iré. Sin que yo pueda remediarlo, te lastimo, te hiero, te traigo a la memoria lo que tú quisieras borrá der mundo. Y consigas orvidarlo o no, no viéndome a mí te librarás de muchas saetas. Yo no entenderé de cariños grandes de hombres pa mujeres; pero der cariño de un amigo pa otro, sí que entiendo. Va con mi condisión, por lo•visto. Me he pasao la vida engañando a mujeres, y no he podío engañá a ningún hombre. ¡Y quiero más a las mujeres, que es lo grande! ¿Entiendes esto tú?

LEONARDO.—Entiendo ahora tu generosidad. Perdóname si alguna vez te llamé egoísta.

SALVADOR.—Bueno, pos se acabó lo que se daba. Dame un abrazo.

LEONARDO.—Sí.

SALVADOR.—Y tan amigos... desde lejos. ¿No?

LEONARDO.—Lo que quieras... No puedo hablar.

SALVADOR.—Pos hablaré yo mientras te pasa, pa animarte. No seas tonto, Leonardo, no seas tonto. Despiértate de esa pesadiya; sacúdete el arma. Mira que hay más mujeres que estreyas, y que da lástima que un hombre como tú...

LEONARDO.—Cállate.

SALVADOR.—¿Por qué me he de cayá? ¿Te figuras que hay ningún nasío que yeve las cosas al estremo que tú las yevas?

LEONARDO.—¿Y te figuras tú que vivo yo con el alma de nadie? ¡Mi dolor sólo está en mi pecho! ¡Mi dolor es mío; como es mía la íntima satisfacción de padecerlo! ¡Quién pudiera olvidar! ¡Dichosos los hombres cuyos besos a una mujer no se hieren de encontrarse las huellas de otros besos!... Yo no tengo celos ni de ti ni de nadie; tengo celos de toda una vida. ¡Y esa vida es la que quiero para mí! Compadéceme. Alguien viene. Que no me vean llorar.

(Abraza a su amigo y se entra por la puerta de la derecha.)

SALVADOR.—¡Pobre compañero!

(Llega de la calle Malvaloca, vivamente, como si rastreara la huella de Leonardo. Viste un traje sencillo y trae sobre los hombros amplio velo negro de encaje.)

MALVALOCA.—¿Y Leonardo? ¿No estaba aquí Leonardo?

SALVADOR.—¡Hola!

MALVALOCA.—¡Hola, hombre! ¿No estaba aquí?

SALVADOR.—Aquí estaba. Pero sintió pasos, y se marchó creyendo que era arguien.

MALVALOCA.—Pos no era más que yo.

SALVADOR.—Pos no te ha conosío.

MALVALOCA.—Será por la buya de la caye. ¿Dónde está?

SALVADOR.—Ayá dentro se fué por ahí.

MALVALOCA.—¿Por aquí?

SALVADOR.—Por ahí. Escúchame.

MALVALOCA.—¿Qué quieres?

SALVADOR.—Desirte una cosa.

MALVALOCA.—Pónmela por escrito.

SALVADOR.—¿Por escrito?

MALVALOCA.—Sí. Ya sé escribí y leé. Ér me ha enseñao.

SALVADOR.—¿También a escribí?

MALVALOCA.—Toavía no sé der to. Pero ya pongo algunas letras. Sé poné su nombre y er mío. Hasta luego.

SALVADOR.—Espérate.

MALVALOCA.—¡Que no!

SALVADOR.—¿Por qué no?

MALVALOCA.—Porque quiero perderte de vista.

SALVADOR.—¿Tú también?

MALVALOCA.—Yo también.

SALVADOR.—No me estraña. To se pega en er mundo. Y te vas a salí con eya muy pronto. Pienso que separemos er negosio, ¿oyes?

MALVALOCA.—Bien pensao.

SALVADOR.—Pa irme yo de Las Canteras, naturarmente.

MALVALOCA.—Eso está más bien pensao que lo otro.

SALVADOR.—¿Te gusta la idea?

MALVALOCA.—¡Uh! Has tenido un yeno.[125] Por mí y por é me gusta. A enemigo que huye...

SALVADOR.—¿Soy yo tu enemigo, Marvaloca?

MALVALOCA.—Ar presente, sí. Er tiempo da y quita. Vete ya.

SALVADOR.—Ya me voy. ¿No te remuerde la consiensia de lo que has hecho con ese hombre?

MALVALOCA.—Y ¿qué he hecho yo? ¡Quererlo!

SALVADOR.—Vorverlo loco.

MALVALOCA.—Loca estoy yo también. Y de la misma rama de locura. Hemos corrío la misma suerte.

SALVADOR.—¿Es posible?

MALVALOCA.—No siempre han de juntarse uno que quiere y otro que se deja queré. Aquí hay dos que se quieren.

SALVADOR.—Pos yo te aconsejo, Marvaloca...

MALVALOCA.—Mira, pelegrino, vete ar desierto a predicá. Te va a tené la misma cuenta...[126]

SALVADOR.—Está bien.

Castiyos he visto yo
abatíos por la tierra...

Como ese hombre te esconde de mí, quéate con Dios, por si ya no nos vemos.

MALVALOCA.—Adiós.

SALVADOR.—La mano, mujé. ¿Ni la mano siquiera, por lo pasao?

MALVALOCA.—Por lo pasao, na.

SALVADOR.—Pos la mano de despedía, como dos amigos.

MALVALOCA.—Eso sí.

SALVADOR.—Grasias. Adiós.

MALVALOCA.—Adiós.

SALVADOR.—Yo siempre soy er mismo.

MALVALOCA.—Pos yo ya soy otra.

SALVADOR.—Adiós. (Se va a la calle, turbado el espíritu por encontrados sentimientos.)

MALVALOCA.—Hase bien en quitarse de enmedio. ¿Y Leonardo? Yo no me atrevo a entrá.

(Vuelven del Jardín Alfonsa y Lobito, por donde se marcharon. Alfonsa trae un canasto con flores, que vuelca en la mesa, y prendidos al pecho los dos claveles de Lobito.)

ALFONSA.—En la meza me ha dicho tía Terezona que las vuerque. Azí.

LOBITO.—Y ¿no estaría mejó formá unos ramos?

_____
[125] yeno — una buena idea, ocurrencia.

[126] vete... cuenta — no me prediques a mí, que no te voy a escuchar ni a hacer caso.

ALFONSA.—No, zeñó; porque zuertas hay más. Y ze tiran más bien.

MALVALOCA.—¡Lobito! ¿Eres tú?

LOBITO.—(*Volviéndose.*) ¿Eh? ¡Güenas tardes! ¿Usté por esta casa?

ALFONSA.—Güenas tardes. (*Admirada de Malvaloca.*) ¡Ah!...

MALVALOCA.—No eres conosío. El arcarde me paresiste.

(*Alfonsa suelta una carcajada que se oye en su pueblo. Lobito ríe también.*)

LOBITO.—Miste qué grasia le ha hecho a ésta.

MALVALOCA.—¿Te has puesto así pa sacá novia?

LOBITO.—Tras de eso andamos.

(*Llega presurosa Juanela, con cierta emoción.*)

JUANELA.—Buenas tardes.

MALVALOCA.—(*Algo desconcertada.*) Buenas tardes.

JUANELA.—Le vi entrar a usted, y me separé de unas amigas... ¿Y Leonardo?

MALVALOCA.—No sé.

(*Juanela se asoma a ambas puertas.*)

LOBITO.—Tú, vámonos nosotros por más flores.

ALFONSA.—Vámonos, zí; que toas zon pocas pa ser er Zeñó.

LOBITO.—Y que aquí no hasemos farta ninguna.

(*Se retiran Lobito y Alfonsa. Los ojos de Juanela delatan una gran curiosidad ante Malvaloca.*)

MALVALOCA.—¿Usté sabía que yo iba a vení?

JUANELA.—Por mi hermano.

MALVALOCA.—Yo no quería; ésta es la verdá.

JUANELA.—También lo sé. Pero cuando él se obstina en alguna cosa... ¿No se sienta?

MALVALOCA.—Así que ér sarga. Usté me dispensará que se lo diga; pero a su lao me paese que estoy en mi sitio en toas partes, y cuando me farta é no me hayo en ninguna. Y menos aquí.

JUANELA.—¿Por qué?

MALVALOCA.—Ya lo comprende usté sin que yo se lo esplique. ¿Quiere usté yamarlo?

JUANELA.—Ahora vendrá.

MALVALOCA.—Yo no sé como usté, que es su hermana, mirará este cariño nuestro.

JUANELA.—A mí me duele verlo abatido... y verlo llorar.

MALVALOCA.—No hay cariño sin lágrimas.

JUANELA.—¿Usted cree?

MALVALOCA.—Y Leonardo ha tenío la desgrasia de tropesarme en er camino un poco tarde. Cuando yo vi de la manera que me quería, pensé dejarlo, por librarlo de esta cadena; pero ya no me fué posible: me ataban los mismos eslabones.

JUANELA.—¿Tan fuertes son?

MALVALOCA.—No hay yunque en que se rompan ni fuego que los deshaga tampoco. A gorpe de corasón se han formao; y yo no he sabío que tenía corasón hasta que sentí a mi lao er de ese hombre. Sonó er suyo, y er mío le respondió como un pájaro. Primero doy la vía que dejá de oírlo y de contestarle. Yo, que en este mundo lo he dao to, esto no lo doy.

JUANELA.—Ya veo que ha sido una desgracia.

MALVALOCA.—Pa Leonardo, según usté lo mire. Pa mí ha sío como vorvé a nasé. Y ése es mi martirio: que quisiera vorvé a nasé de verdá pa encontrármelo como ér se merese.

JUANELA.—¡Pero eso es imposible!

MALVALOCA.—Pos por ese imposible son las lágrimas de los dos.

JUANELA.—Pues es bien doloroso.

MALVALOCA.—Más dolorosa ha sío mi vía, y toavía estoy de pie.

JUANELA.—¿Más dolorosa aún?

MALVALOCA.—Pero ¿no oye usté, niña, que ahora es cuando empieso a viví? ¡Mi vía de antes!... ¡Qué sabe usté de penas!... Si en la frente la yevara escrita... Bueno, no me gusta alabarme. Er resurtao es que Leonardo y yo nos habemos metío en un túne que no tiene salía... ni más luz que la que nosotros mismos le pongamos ar tren. ¡Y no se apure usté demasiao, que de cuando en cuando habrá luminarias! A mí Dios me alumbra los pasos. En los apuros más grandes en que me he visto, siempre he tenío un arranque pa serrá los ojos y seguí. Esto es en mí nativo, como er negro de los cabeyos. ¿Quién viene?

(Doña Enriqueta y Dionisia llegan de improviso. Vienen un tanto sofocadas. Poco después que ellas, vuelven Alfonsa y Lobito con más flores, que esparcen en la mesa, como antes. Les llama la atención el diálogo de la hija y la madre con Juanela, pero se limitan a comentarlo entre sí con gestos significativos.)

DOÑA ENRIQUETA.—¡Ay Señó, qué arboroto y qué buya!

DIONISIA.—¡Y qué gente más atrevida!

DOÑA ENRIQUETA.—Hiso usté muy bien en vorverse... (Viendo a Malvaloca, y con aire de sorpresa y disgusto.) ¿Eh?

DIONISIA.—¿Cómo?

MALVALOCA.—Buenas tardes.

DOÑA ENRIQUETA.—¿Qué es esto?

(Hay un angustioso silencio. Hija y madre se miran asombradas.)

JUANELA.—(Turbadísima.) ¿De manera que por ahí no se puede andar, es verdad? Ya me lo figuraba...

DOÑA ENRIQUETA.—Ni se puede andar por ahí, ni se puede estar tranquila en ninguna parte. Nos vamos.

JUANELA.—¿Que se van ustedes?

DIONISIA.—Sí. A mí me ha dado un mareíyo...

DOÑA ENRIQUETA.—Sí; le ha dado un mareíyo...

JUANELA.—Le haremos una taza de té...

DOÑA ENRIQUETA.—Grasias. Vámonos, hija.

DIONISIA.—Vámonos, mamá.

JUANELA.—Pero ¿no van a ver la procesión?

DOÑA ENRIQUETA.—Sí; pero la veremos entrar en la iglesia. Vámonos.

DIONISIA.—Vámonos.

DOÑA ENRIQUETA.—Buenas tardes, Juanela.

JUANELA.—Buenas tardes. No saben lo que me contraría...

DOÑA ENRIQUETA.—Huerga la esplicación.[127] Buenas tardes. (A Dionisia, yéndose.) ¿Has visto, hija; has visto?

DIONISIA.—¿Has visto, mamá?

DOÑA ENRIQUETA.—¡Jesús! ¡Jesús! ¡Qué atrevimiento!

(Se van alteradísimas por la puerta del foro, hacia la izquierda. Alfonsa y Lobito se han ido un poco antes por la misma puerta, hacia la derecha.)

MALVALOCA. — (Humildemente, a Juanela.) ¿Se van... porque me han visto aquí? (Juanela, sin querer, hace un gesto de asentimiento triste.) Por usté más que por mí me duele. ¿Ve usté? Si no hubiera venío...

(Sale Leonardo por la puerta de la derecha.)

LEONARDO.—¿Qué?

MALVALOCA.—Dios te guarde, hombre.

LEONARDO.—¿Qué ha sido? ¿Qué hablabais?

JUANELA.—No... nada...

LEONARDO.—Sí. Dime lo que ha sido.

_____
[127] huerga la esplicación — es inútil la explicación.

JUANELA.—Doña Enriqueta y su hija Dionisia... que llegaron...

LEONARDO.—Y se fueron al ver a Malvaloca, ¿no?

MALVALOCA.—Sí.

JUANELA.—Sí.

LEONARDO.—Váyanse enhorabuena. Y otras amigas no han querido venir porque ya sabían... En buena hora también. Allá todos con su conciencia..., pero ¡que no paseen a Jesús por las calles del pueblo!

JUANELA.—Voy por más flores para cuando pase por aquí. (Se va por la puerta del foro, hacia la derecha.)

LEONARDO.—Ya lo ves: te huyen.

MALVALOCA.—Tu hermana, no.

LEONARDO.—Mi hermana, no. Las otras.

MALVALOCA.—Las otras que huyan. Mientras no huyas tú...

LEONARDO.—¿A ti te basta?

MALVALOCA.—¿Pa qué quiero yo más en er mundo? ¿Quién me ha dao la sombra que tú? Eso que se dise tanto: Yo soy tuya, aquí es argo más que palabras. ¡Leonardo, yo soy tuya!

LEONARDO.—¡Tú eres mía!

MALVALOCA.—¡Tuya! Porque vivo sólo pa ti y porque tus pasos son los míos. Levanta los ojos der suelo, caviloso, y mírame a la cara. ¡Mía que vi a enselarme de las losetas! Vamos, menos má que ya te sonríes. ¡Si no tengo más que tus brasos; si me he amparao de eyos como quien se ampara de las ramas de un árbo porque ayí se haya a gusto! (Con graciosa transición.) ¡Pero no quiero que seas un sause! Prefiero un naranjo, que da fló y da fruto... y que ni en el invierno pierde las hojas. ¿Te has enterao?

LEONARDO. — (Apasionadamente.) ¡Bendita seas tú, que si yo soy el árbol que te ampara, son tus palabras el aire que lo orea!

MALVALOCA.—¡Qué romántico eres! ¡Lo que te quiero yo, terremoto!

LEONARDO.—Y ¡qué dicha es quererse así! El mundo ya no existe: no existimos más que tú y yo.

MALVALOCA.—¡Mía que esto nuestro ha sío una candelá! ¡Uh! Yevaba yo mi carguita de leña al hombro; empesaste tú a dá suspiros... y a la media hora ardía to er bosque. Y no hay como este fuego, ¿verdá?

LEONARDO.—No hay como este fuego. No hay como tú.

MALVALOCA.—¡Qué bonito es enamorarse! Está una con la persona que quiere, más cuando se va que cuando la tiene a su lao. Te despiertas en la noche y no ves otra cosa; te duermes, y sueñas con eya; te levantas, y toa tu idea es verla aparesé por arguna parte. Que viene, que no viene; que me dijo ayé, que no me dijo; que se rió, que no se rió; que yora; que se ensela; que la grasia con que pone er sombrero en la siya; que se va, que no te vayas, que se tiene que í; que vuervas a la tarde, que mira que vuervas, que por Dios que vuervas; que se fué; que hasta luego...; ¡qué vorvió de pronto pa sorprenderme!... ¡Ay, Dios mío! ¡No hay cosa como ésta!

LEONARDO.—¿Te has enamorado tú muchas veces, Malvaloca?

MALVALOCA.—¿Quién, yo? Una na más. ¡Pero ha tenío eco!

LEONARDO.—¿Una nada más? ¿De quien?

MALVALOCA.—¡De don Pelayo! (Leonardo se ríe.) ¿No fué don Pelayo er que conquistó las Asturias, o me has engañao tú?

LEONARDO.—Yo no te engaño nunca.

MALVALOCA.—¡Pos de don Pelayo me he enamorao! ¡De ti, fundidó; de ti me he enamorao en este mundo! ¡De ti, que eres más serio que don Pelayo! Te arvierto que don Pelayo, en Seviya, tiene una caye y to. En er número tres ha vivío mi persona. ¡Quién sabe si ayí empesó nuestra simpatía!

LEONARDO.—(Embelesado.) ¡Quién sabe!

MALVALOCA.—¿Te acuerdas der día que nos conosimos en er convento?

LEONARDO.—¿No me he de acordar?

MALVALOCA.—Na más que nos miramos, y se vió ese relampaguiyo que briya siempre entre dos que se van a queré.

LEONARDO.—Y luego, cuando tú te fuiste...

MALVALOCA.—Sí; dió la considensia de que tú te viniste detrás de mí... ¡Me alegré yo poco de aqueyo!

LEONARDO.—¿De veras te alegraste?

MALVALOCA.—¡Uh! Y despúes me paré en una esquina, como que no sabía pa dónde tirá...

LEONARDO.—Y yo me acerqué con pretexto de enseñarte el camino.

MALVALOCA.—Y er camino que tú y yo buscábamos estaba entre los dos. ¡Y dimos con él! [128] ¿No, Leonardo?

LEONARDO.—¡Para no abandonarlo nunca! ¿Verdad?

MALVALOCA.—¡Verdá, ojos de mi cara! Pero ¡cómo dispone Dios las cosas! ¡Yevarme ayí a preguntá por el otro, pa que me encontrara con er que había de sé mío!

LEONARDO.—(Con súbita tristeza.) ¡A preguntar por el otro!

MALVALOCA.—Sí; por el otro. ¡Pa encontrarte a ti! ¡No te vuervas siprés, que estabas mu bien de naranjo! ¡Si el otro se va ya pa siempre!

LEONARDO.—Tú ¿cómo lo sabes?

MALVALOCA.—Porque soy adivinadora.

LEONARDO.—¿Te lo ha dicho él? ¿Os habéis despedido?

MALVALOCA.—Sí.

LEONARDO.—¿Cuándo?

MALVALOCA.—Aquí, hase un momento; cuando tú le dejaste. Se va. Dios lo proteja y buen aire yeve.

LEONARDO.—Se va, se va... Sí; se va... Pero ¿se irán de mi cabeza

los pensamientos que él a todas horas despertaba?

MALVALOCA.—¡Leonardo!

LEONARDO.—¡Malvaloca, alma mía, si es que esto es más fuerte que mi voluntad!

MALVALOCA.—¡Pa qué me habré yo acordao ahora...!

LEONARDO.—¡Si es que este cariño de mi vida ha nacido con este tormento, que salta en el corazón como un dolor dormido, cuando más olvidado estoy de él!

MALVALOCA.—¡Malhaya! Deja eso, Leonardo. ¡Quién tuviera podé pa arrancarte hasta las raíses de esas malas ideas!

LEONARDO.—Volverían a nacer. ¡Si mientras más te escucho, y te miro y te quiero, más dolor siento de la vergüenza de tu vida!

MALVALOCA.—Leonardo, esto no; esto no. Si mi cariño va a sé tu martirio pa siempre, yo me voy de tu lao.

LEONARDO.—¡Eso, nunca! ¡Eso sí que no!

MALVALOCA.—¡Pos entonses, mátame!

LEONARDO.—¡Menos que nada, eso! Te quiero viva, al lado mío; consolándome, haciéndome reír, haciéndome llorar, sufriendo y gozando conmigo; mirando yo tus ojos, besando tu boca, enterrando entre tus cabellos mis manos. Así te quiero, así.

MALVALOCA.—Leonardo, que vas a la locura.

LEONARDO.—¡No! ¡De la locura me libra un miedo...!

MALVALOCA.—¿Cuá?

LEONARDO.—(Mirándola muy fijamente con una ráfaga de demencia.) Que loco, tal vez podría no conocerte donde te viera.

MALVALOCA.—Ven aquí, loco, más que loco, ven aquí. Cármate; tranquilisa esa cabesa que te consume. Si yo te quiero a ti na más; si me has vuerto otra; si a mí me pesa más que a ti yevá señales en mi cuerpo.... ¿Qué se me importaba a mí de eyas antes de conoserte?

---

[128] dimos con é — lo encontramos.

Poco menos e na. Como quien se sacude la nieve me sacudía yo mis pesares. Pero te conosí, me hablaste como nadie, me enseñaste a queré, me sacó tu cariño lágrimas a los ojos... y en aqueyos cristalitos vi claro lo que era yo, lo que eras tú, lo que era mi vía de antes... Y soñé tené un consuelo a tu lao... y tus pensamientos me lo quitan. ¡O sepúrtalos bajo tierra, Leonardo, o méteme bajo tierra a mí, y acabe pa siempre Marvaloca!

LEONARDO.—¡Bajo tierra!... Como la campana fundida... La idea, la idea... la copla otra vez. Bajo tierra... ¡Ay, si eso no fuera un imposible!

MALVALOCA.—Caya. No nos atormentemos más.

LEONARDO.—(*Recreándose con exaltación dolorosa en su idea.*) ¡Labrar yo tu hermoso cuerpo en cera roja, con sangre de mi sangre; esconderlo en la tierra; echar al fuego en el crisol tus pedazos; purificarlos en la llama viva... y volcar en la tierra ese fuego, y sacarte de ella otra vez, pura, limpia, otra, otra... pero la misma... nueva, sin mancha, sin pasado, pero igual... con estos ojos, con esta boca, con esta alma grande y buena, en la que se abrasa mi vida!

MALVALOCA.—Caya, caya... ¡Qué locura! ¡Qué sueño! Caya, caya... No yores...

LEONARDO.—Sí, lloro, sí... ¿Por qué no llorar? Sólo lo irremediable merece el llanto de los hombres!

MALVALOCA.—Caya, que siento gente...

LEONARDO.—No me importa.

MALVALOCA.—¿Será que yega la prosesión?

LEONARDO.—¿La procesión?

MALVALOCA.—¿Nos habrán visto desde la caye?

LEONARDO.—No sé... no me importa. (*Juanela, que se acerca, llama dentro a Leonardo.*)

JUANELA.—¡Leonardo!

MALVALOCA.—¡Tu hermana!

LEONARDO.—¿Mi hermana?

MALVALOCA.—Sí. Sécate los ojos.

LEONARDO.—Tú también.

(*Por donde se fué, vuelve Juanela seguida de Teresona, Alfonsa y Lobito.*)

JUANELA.—Ya está la procesión en la esquina.

LEONARDO.—Ya, ¿verdad?

TERESONA.—Buenas tardes.

MALVALOCA.—Buenas tardes.

TERESONA.—Ya viene ahí er Señó.

ALFONSA.—¡Ya está ahí! ¡Ya está ahí! ¡Inacio, esplícame tú toas las cozas!

(*Los cuatro se acercan a la ventana apenas salen. Malvaloca y Leonardo se quedan aparte. Principian a oírse lejos, y poco a poco van percibiéndose más claramente, los acordes de la banda del pueblo que viene detrás del Redentor. Alfonsa, con su admiración espontánea, comenta con Lobito el paso de la procesión.*)

TERESONA.—(*A Malvaloca.*) ¿No se aserca usté?

MALVALOCA.—Estoy bien aquí; muchas grasias.

LOBITO.—La Cruz; mía la Cruz.

ALFONSA.—¡Ay, qué lujoza! ¿Es toa de plata?

LOBITO.—¡Toa de plata! ¡Y masisa!

ALFONSA.—¡Azí va er que la yeva de zuando! ¡Ay, los niños!... ¡Mía qué graciozos van con zus velitas cogías con los pañuelos!

LOBITO.—Toa la escuela y toa la academia. Y er que no estrena corbata, estrena sapatos.

ALFONSA.—¡Ay éze, vestío de angelito! ¡Místelo, tía! [129] ¡Místelo, zeñorita, místelo! ¡Ay, qué preciozo va!

TERESONA.—Ya lo vemos, mujé, ya lo vemos. Mira y caya.

ALFONSA.—¡Ay, pero zi parecen de cristá laz alitas! ¡Ay! ¿quién zerá

---

[129] ¡Místelo, tía! — ¡Mírelo Ud., tía!

zu madre? ¿Y ezos zeñores, quiénes zon?

LOBITO.—To lo más prinsipá der pueblo. Mía el arcarde.

ALFONSA.—¿Cuál es el arcarde?

LOBITO.—Aqué de la vara de plata.

ALFONSA.—¿Aqué de las patiyas?

LOBITO.—Aqué.

JUANELA.—El Señor.

TERESONA.—Er Señó.

JUANELA.—Las flores.

TERESONA.—Las flores.

ALFONSA.—Las flores.

LOBITO.—Vi a desirle a González que lo pare aquí. Y luego me vi a esperarlo a la puerta e la iglesia. ¡A pedirle lo que tú sabes!

ALFONSA.—¡Que ze lo pías bien!

(Se va Lobito por la puerta del foro, hacia la izquierda. Juanela, Teresona y Alfonsa han ido a la mesa por las flores. Juanela mira bondadosamente a Malvaloca, que permanece algo cohibida, y en un impulso de honda piedad, cogiendo un manojo de flores, se acerca a ella y se las entrega con dulzura para que las arroje al paso del Señor.)

JUANELA.—Tome usted también.

MALVALOCA.—Muchas grasias.

(Se agrupan todas a la ventana entonces. Leonardo sigue aparte, mirándolas. De la calle llegan tenues nubecillas de oloroso incienso. El paso del Señor se ha detenido frente a la reja. El resplandor de sus luces penetra por ella. La banda ha dejado de sonar en tal instante. Las cuatro mujeres echan a Jesús todas las flores prevenidas. Luego oran en silencio. Malvaloca se retira de la ventana, y arrodillada al pie de la mesa de las flores llora y reza.)

TERESONA.—Una mujé va a cantá una saeta.

JUANELA.—¿Quién es?

TERESONA.—No la conosco.

JUANELA.—Y lleva una niña en los brazos.

ALFONSA.—¡Ah! Es verdá. Parece una rozita.

TERESONA.—Caya.

(La mujer canta dentro, con religiosa unción y voz aguda, la melancólica saeta:)

Señó que ar mundo viniste
pa remediá sus males,
ampara desde tu Cruz
la rosa de mis rosales.

(Las cuatro mujeres, arrodilladas, se enjugan los ojos. La procesión vuelve a ponerse en marcha. La banda suena otra vez, y se aleja. Juanela, Teresona y Alfonsa se levantan. Malvaloca sigue de rodillas.)

ALFONSA.—¡Cómo va er pazo! Ez un ascua de oro.

JUANELA.—¡Cuánta luz! Cuántas flores!

TERESONA.—¡Es mucho día éste en Las Canteras! Vamos a subí a la azotea a verlo entrá en su Casa.

JUANELA.—Sí que será digno de verse. Vamos.

ALFONSA.—Vamos, vamos.

(Se van las tres por la puerta del foro, hacia la derecha. Cuando Malvaloca ve que está sola con su compañero, se levanta, corre hacia él, y sollozando le esconde la cara en el pecho.)

LEONARDO.—*(Acariciándola conmovido.)* ¡Malvaloca!

MALVALOCA.—¡Yo, contigo! ¡Ampárame tú a mí desde tu cruz! ¡No me abandones nunca! ¡Cuando no me quieras, me matas! ¡Pero, mientras, contigo, contigo!

LEONARDO.—¡Conmigo, sí! ¡Eternamente desgraciados, pero eternamente dichosos! ¡Abrazados a este dolor, punzándonos las mismas espinas, pero siempre juntos!

MALVALOCA.—¡Juntos, sí! ¡Contigo!

LEONARDO.—¡Conmigo!

(Hiende los aires, allá en lo alto, para recibir en su Casa la imagen del que supo perdonar a la pecadora, la primera vibración de la Golondrina, volteada en su torre por las trémulas manos de Martín el Ciego. Los dos amantes, estremecidos, se estrechan más.)

MALVALOCA.—¡La *Golondrina!*

LEONARDO.—¡La *Golondrina!* ¡Óyela, óyela triunfadora! ¡Obra ha sido de mis afanes!

MALVALOCA.—¡Tú la fundiste, tú! ¡Óyela, óyela!

LEONARDO.—¡Canta el amor de todos! ¡Su voz tiene para mi corazón un oculto sentido! ¡Yo también fundiré tu vida al calor de mis besos, con el fuego de este loco amor, tan grande como tu desventura!

MALVALOCA.—¡Contigo, contigo!...

(La Golondrina, que comenzó a sonar con campanadas lentas y graves, repica ya en los aires alegre, con vibraciones de victoria, anunciándoles a los campos y al pueblo que nace a nueva vida.)

FIN DEL DRAMA

RAMÓN DEL VALLE INCLÁN

Ramón del Valle Inclán nació en Villanueva de Arosa (Pontevedra) en 1866 y murió en Santiago de Compostela en 1936. Su niñez la pasó rodeado de personalidades ceñidas a convencionalismos típicos de pueblo pequeño. Durante estos primeros años de su vida, se encontró haciendo frecuentes viajes locales a diversos pueblos y aldeas de su región natal. Se familiarizó, de esta manera, con leyendas locales, supersticiones y cuentos; tópicos muy presentes en la conversación de los gallegos de la región.

A los 19 años, su familia lo envió a la Universidad de Santiago de Compostela con el propósito de que estudiara derecho pero no pasó más allá del tercer año. Ya en este ambiente académico comenzó a publicar sus primeros cuentos, apareciendo éstos en diversas revistas locales.

En 1890, abandonó sus estudios y decidió pasar a Madrid. Dos años más tarde salió de la capital y zarpó del puerto de Marín con rumbo a Veracruz. Permaneció en México casi un año volviendo a España en 1893.

Al llegar de vuelta a la Península, su apariencia demostraba ya un cambio radical. Lucía larga barba y luengo cabello. Vestía hopalanda y amplio chambergo; su cara medio escondida detrás de gafas de concha de carey. La extraña apariencia del artista lo hizo el objeto de las burlas de los transeúntes que lo veían caminar por las calles de Madrid. Personificaba al esperpento que más adelante formaría una característica tan valleinclanesca.

Fue un rasgo distintivo de su personalidad el haber vivido literariamente, fiel a la imagen que él mismo se forjara y que encarnó en varios de sus personajes más típicos, especialmente el Marqués de Bradomín. Surge una especie de desdoblamiento en el cual el personaje literario creado suplanta la personalidad del creador, convirtiéndose en una especie de *alter ego*.

En los comienzos de su carrera literaria, Valle Inclán está como diluido en un mundo poético donde surje el lirismo musical y misterioso, ambientado en las tradiciones gallegas. Se presienten las influencias de escritores como el francés Barbey D'Aurevilly, y el portugués Eça de Queiroz.

Valle Inclán se escapa de los problemas cotidianos y se inmiscuye en un mundo irreal y poético. Externamente se asemeja a su Galicia natal, pero su imaginación lo puebla de campesinos primitivos, imbuidos de antiguas supersticiones y creencias semipaganas, y de nobles despóticos y crueles. Como Bécquer, Valle Inclán jamás pudo distinguir entre la imaginación y lo verdaderamente observable.

Escribió novela, teatro y verso y es difícil trazar una línea divisoria de los géneros. Lo típico valleinclanesco es que narración y diálogo, poesía y realidad aparezcan superpuestos y casi toda su literatura tenga una cualidad teatral.

Mientras busca emociones violentas y extrañas, Valle Inclán se desliza hacia un goce decadente de la pura sensación. A raíz de su estancia en México, escribe sus cuatro *Sonatas* (1902-5), una por cada estación del año. En prosa modernista, narran los amores del Marqués de Bradomín, un cínico y sensual don Juan del siglo XVIII.

A las *Sonatas* de su primera fase, siguen las novelas de la guerra carlista *(Los cruzados de la causa, El resplandor de la hoguera, Gerifaltes de antaño)* y narraciones de ambiente hispanoamericano *(Tirano Banderas)*. Siguen las comedias bárbaras *(Águila de blasón, Romance de lobos, Cara de plata)*, obras de inspiración primitiva y estilización dramática de un mundo lleno de terror y violencia.

Pasa por varias modalidades, entre ellas el arcaísmo gótico de *Voces de gesta* y el refinamiento versallesco de *La marquesa Rosalinda*. Subsiguientemente deriva hacia un estilo y una visión que parecen diametralmente opuestos a los de sus obras anteriores.

A partir de 1919, el arte valleinclanesco crea el estilo satírico y grotesco de los Esperpentos con *La pipa de Kif*. Pertenecen, igualmente, a este estilo *Luces de bohemia* y *Los cuernos de don Friolera*. Es una realidad el estilo que ya no abandona durante el resto de su carrera literaria. En oposición a su arte anterior, donde estilizaba lo bello y lo poético, ahora estiliza lo bajo y lo sórdido. El impresionismo musical se vuelve expresionismo caricaturesco y gesticulante. El lenguaje aparece disonante y cortado, complejo y contorsionado. Se asemeja grandemente a un *Capricho* de Goya o a los *Sueños* de Quevedo.

Si el estilo da un viraje en redondo, la base estética permanece. Los temas del amor, la religión, el terror y la muerte, la superstición y el mito continúan combinándose, siempre con gran efecto.

Aunque a primera vista Valle Inclán parezca ajeno a las preocupaciones nacionales de literatos contemporáneos, no es así. Su españolismo se evidencia a través de toda su obra: la sensualidad y la religión, la violencia de sus personajes, la dedicación al tema medieval y gótico, la emoción regional y céltica de Galicia, la deformación de la realidad con que presenta a sus personajes.

El mismo Valle Inclán llegó a la conclusión, tempranamente en su carrera, de que las condiciones en España no favorecían su categoría de literatura. Estaba indignado ante la desatención exhibida por España hacia lo que él consideraba los auténticos artistas nacionales y se sumaba él a sus filas.

Declaró, en tono medio arrogante y también medio estoico, que su valor literario surgiría más adelante, y hoy en día, a casi cuarenta años de su muerte, la veracidad de su declaración se evidencia ampliamente.

Los historiadores literarios reconocen en Valle Inclán a un experimentador e innovador artístico. Los críticos actuales sacan a relucir la influencia literaria del gallego sobre figuras mayores como Lorca y Cela. Los hispanistas consideran a Valle Inclán como dramaturgo importante y como escritor de una complejidad lingüística que exige gran labor de parte del lector. Algunos críticos lo han comparado con James Joyce debido a la sensible manipulación del lenguaje y a la moderna e imaginativa elaboración de la tradición.

Valle Inclán ha adquirido una reputación de ser expositor de un brillante ingenio inventivo o artístico artificio. La crítica comúnmente pasa por alto el contenido de sus obras y trata la acción y el fondo histórico como si fueran meramente artificios estéticos. Se aplica este criterio aun a las implicaciones sociales y existencialistas de su obra esperpéntica posterior a 1920. Estas dificultades quizás ayuden a explicar por qué Valle Inclán no ha atraído a un público mundial mayor como lo han hecho otros dramaturgos del grotesco como Pirandello, y dramaturgos de protesta social y de las angustias humanas como Bertolt Brecht y Georg Büchner.

El embrujado (en el volumen *Retablo de la avaricia, la lujuria y la muerte)*, al contrario que las otras cuatro obras que lo acompañan, es una obra de personajes humanos y humanizados por el poder de la avaricia, la lujuria y la muerte. Es la tragedia de las grandes pasiones que llevan al ser humano a luchar contra las normas de la sociedad y contra sus propios intereses con un final trágico y fatal.

BIBLIOGRAFÍA SELECTA

CARDONA, Rodolfo y ZAHAREAS, Anthony N. *Visión del esperpento*. Madrid: Editorial Castalia, 1970.

GONZÁLEZ LÓPEZ, Emilio. *El arte dramático de Valle-Inclán*. Nueva York: Las Américas, 1967.

LIMA, ROBERT. *Ramón del Valle-Inclán*. New York: Columbia University Press, 1972.

RISCO, Antonio. *La estética de Valle-Inclán en los esperpentos y en El ruedo ibérico*. Madrid: Gredos, 1966.

SMITH, Verity. *Ramón del Valle-Inclán*. New York: Twayne Publishers, 1973.

VALLE-INCLÁN, Ramón del. *Obras escogidas*. Madrid: Aguilar, 1967.

ZAHAREAS, Anthony N. *Ramón del Valle-Inclán. An Appraisal of His Life and Works*. New York: Las Américas, 1968.

EL EMBRUJADO
TRAGEDIA EN TIERRAS DE SALMES

Don Ramón del Valle-Inclán

PERSONAJES

La Galana
Anxelo
Mauriña
Don Pedro Bolaño
El Ciego de Gondar con la Moza
Doña Isoldina
La Navorá
Juana de Juno
Las tres hijas de Rosa de Todos
y cinco mocinas hilanderas
Malvín
El Cabezalero y los foráneos
del foral de András
Una Vieja
La Abuela y la Ofrecida
Valerio el Pajarito con Guzmán de Meis
y los hijos de Alfonso Tovío
El Ciego de Flavia
Musquilda, zagala de las vacas
Un Rapacín
Diana de Sálvora

JORNADA PRIMERA

GEÓRGICAS [1]

Una casa grande, toda de piedra, con aroma de mosto en el zaguán, galgo en la solana y palomas en el alero. Por delante cruza un camino de aldea, y entre el camino y la casa hay un campo verde, cercado de laureles viejos, donde pace una vaca. La solana, este día con hilanderas que devanan en los sarillos o tienen la rueca, se alegra como un carro de vendimias. La vieja caduca es ANDREA LA NAVORA, *la del pelo cobrizo y los ojos zarcos,* JUANA DE JUNO. *Las otras tres, con los ojos como los mirlos, menudas, cetrinas y endrinas, con el nidal de* ROSA DE TODOS. *Las otras cinco, juntas en un banco, son rapazas tan nuevas, que aún no se sabe quién son. Estamos en tiempo otoñal, generoso y dorado, después de vendimias y espadelas. Llegan por el camino los pagadores de un foral, y en la cancela salmodian una abuela y su nieta, que lleva en su mano el voto de una cabeza de cera.*

LA NIETA.—¿Dan limosna para una misa? ¡Estoy mordida de un can de la rabia!

LA ABUELA.—Es la Ofrecida del Lugar de Condes.

JUANA DE JUNO.—¡Dónde le mordió el can!

LA ABUELA.—Era pastora en Lugar de Condes. ¡Era pastora!

JUANA DE JUNO.—¡Que dónde le mordió el can!

LA ABUELA.—¿Que dónde le mordió? ¡En la misma cara!... ¡En la misma cara!...

(Llegan a la cancela los pagadores del Foral de András. Pasan al arrimo del muro los costales de piel de carnero. Se adelanta el viejo que lleva la cabezalería.)

EL CABEZALERO.—¡Los llevadores del Foral de András, que venimos a pagar el dominio!

LA ABUELA.—¡Una limosna para la Ofrecida, que la mordió un can de la rabia!

(Entra en la casa la moza del pelo cobrizo, y sale con dos mazorcas de maíz, que pone en las manos arrugadas de la abuela.)

JUANA DE JUNO.—¡Tomad y andad con Dios!

LA ABUELA.—¡Mira qué espigas! Dos carozos desgranados. No se pierde tu amo, no se pierde.

JUANA DE JUNO.—Son muchos los pobres, de Dios.

LA ABUELA.—Son muchos y han de ser más.

EL CABEZALERO.—¿Diste aviso que venimos a pagar los del Foral de András?

JUANA DE JUNO.—Ya está cumplido. Pregunta el amo si traéis fruto o dineros.

EL CABEZALERO.—Fruto y dineros. Y preguntamos ahora nosotros a cómo nos pone [2] mi amo el ferrado de trigo, medida del Deán.

---

[1] Geórgicas — que tiene relación con la agricultura.

[2] a cómo nos pone — a cuánto.

243

JUANA DE JUNO.—Ya os di su respuesta en el mercado de Viana. ¡A ventitrés!

EL CABEZALERO.—Ninguno lo precia tan alto.

JUANA DE JUNO.—Él tiene su ley.

EL CABEZALERO.—Como él no hay otro... Tanta avaricia, y se ve solo en el mundo.

UN FORÁNEO.—A ventitrés no lo pagamos. Traeremos el fruto.

EL CABEZALERO.—Y luego el fruto no lo recibe, con aquello de que tiene cizaña [3] y está por escoger.

LA ABUELA.—Con la muerte del hijo se hizo más tirano. ¡Lástima de galán!

JUANA DE JUNO.—¿Usted no era vecina de la moza que mantenía?

LA ABUELA.—Por tres años estuve viviendo arrente de su puerta, en un agujero.

LA NAVORA.—¿Cabía en él acostada? Pues ya estaba bien.

LA ABUELA.—¡Amén, Jesús! No penséis que hago el pecado de pedirle más a Dios Nuestro Señor.

(La Abuela y La Nieta se alejan confundidas con los llevadores del foral. El Ciego de Gondar asoma por encima de los vallares el pico de su montera, y la moza que viene guiándole avisa con una gran voz.)

LA MOZA DEL CIEGO.—¡El Ciego de Gondar!

LA NAVORA.—¡Ya llega el Antruejo! ¡Verás tú que mala idea trae!

JUANA DE JUNO.—¡Nunca la tuvo buena!

LA NAVORA.—¡Las viruelas que le picaron los ojos habían de picarle la lengua!

JUANA DE JUNO.—¡No madrugas, Electus!

EL CIEGO.—No madrugo porque velo.

LA MOZA DEL CIEGO.—Somos casados de poco tiempo, y la cama nos llama.

LA NAVORA.—Libremente lo declaras.

EL CIEGO.—Primero lo declara el enemigo que vos [4] encisma la sangre, a viejos y mozas.

JUANA DE JUNO.—Recuérdome, Virula, cuando ibas con el Ciego de Flavia. Todavía has de volver con él.

LA MOZA DEL CIEGO.—Este cativo [5] no consiente que lo hagan de menos.

EL CIEGO.—Tengo bien ferrado el palo.

JUANA DE JUNO.—Pues el Ciego de Flavia lo juega de maravilla, que aprendió de mozo en la raya del Portugal.

LA NAVORA.—Como un lobo va por los caminos, deseando topar con vos.

EL CIEGO.—Ese día se verá quién sale con la cabeza quebrada.

LA MOZA DEL CIEGO.—No hay que hablar de lo que está por venir. Echa una copla, [6] y vámonos mundo adelante, Electus.

(El Ciego de Gondar, con la cabeza agachada sobre el hombro, templa la zanfoña [7] bajo la anguarina portuguesa. Otra vez se alegra el coro de las hilanderas, ramo bermejo y dorado de manzanas con una arrugada como las reinetas. El Ciego de Gondar canta y mueve un viejo son en el teclado desvencijado. La moza le acompaña con el pandero.)

EL CIEGO.—
   En Quintán de Castro Lés,
quintán de barbas honradas,
tiene Don Pedro Bolaño
casa, regalo y labranzas.

---

[3] tiene cizaña — la cizaña es una planta gramínea que es venenosa.

[4] vos — os.

[5] cativo — cautivo.

[6] echa una copla — canta una copla.

[7] zanfoña — Zanfonía, instrumento músico de cuerda.

LA MOZA.—

   ¡Ay! Un hijo que tenía,
galán de muy buena gracia,
¡ay! traidores lo mataron
entre la noche y el alba.

EL CIEGO.—

   Lloró el viejo como viejo,
arrepuñadas las barbas,
que toda su sangre entierra,
con el hijo que enterraba.

LA MOZA.—

   ¡Ay! Un murmuro le miente
que el muerto prenda dejaba.
¡Ay! Prenda engendrada en moza,
que tiene la casa llana.

EL CIEGO.—

   Y el viejo sin maliciarse
que van buscando sus arcas,
hace traer al infante
y en su casa lo regala.

(Por una puerta baja salta un mozo gañán medio desnudo, todo tinto de mosto. Es Malvín, el hijo de la loca que guarda las cabras. Nació en el pajar, y en refajuelo jugó por los rincones de la cócina, rodando los calabazos de grandes vetas amarillas. Veinte años de comer el mismo pan le han dado la lealtad de un mastín.)

MALVÍN.—¿Quieres probar cómo te hundo la zanfoña en las costillas y luego te meto los huesos en un haz? ¡Por una aventuranza!

EL CIEGO.—¡Tojos bravos! ¡Piedras sin alma! ¡Dejad al ciego que recoja su pan por los caminos! ¡En esta noche oscura no puede ver ni la mano que le daña, ni la que le concede el bien de caridad!

LA NAVORA.—¡Anda, gran enredador! Dormido ves tú como las liebres, ¡cuánto más, espabilado!

UNA DE LAS CINCO MOCINAS.—¡Para un misionero! ¡Conmueve!

JUANA DE JUNO.—Míralo con cuánta priesa[8] se camina. ¡No quiere aventuranzas! Ahora de antes echó una prosa con más veneno que un verde alacrán.

MALVÍN.—Adentro la escuché. La mejor que dice es un ramo de ortigas.

JUANA DE JUNO.—Suéltale el perro, que le roa los calcaños.[9]

(Asoma en la puerta de la solana un hombre flaco, con capa de larga esclavina y medias azules. Le consume el rostro, y le ahonda los ojos, la barba canosa y crecida de calenturas. Es Don Pedro Bolaño.)

DON PEDRO.—¡Dejad al Ciego! Harto sabéis que no es del Ciego el solimán[10] de sus prosas.

MALVÍN.—Por sabido que no. Otro raposo las urde sin salir del tobo. Mas sea de la cabeza, sea del rabo, yo lo he de sacar.

DON PEDRO.—¡Deja sus incumbencias a Dios! Tú alcanza al Ciego y hazle que vuelva para hablar conmigo. Rapaz, te recomiendo que no lo maltrates. Suelta el cayado que tomaste.

(Malvín salta al camino. Fuerte, montés, manchado de mosto, dorado por el sol, tiene la gracia de un verso rudo, en un poema antiguo. Don Pedro Bolaño, lentamente, sin ruido, como una sombra, entra en la casa. Hay en toda su figura una tristeza medrosa, algo de fantasma y algo de desenterrado. Las hilanderas se inclinan, hablando quedo.)

JUANA DE JUNO.—El aire frío de su capa hace roncar al gato en el quicio de la puerta.

LA NAVORA.—¡No es conocido Don Pedro Bolaño! ¡Aquella risa tan liberal para pobres y ricos, la enterró con el hijo que le mataron!

LA HIJA MÁS NUEVA DE ROSA DE TODOS.—¿Nunca se supo quién fue el matador?

---

[8] priesa — prisa.

[9] calcaños — calcáneos (talones).
[10] solimán — sublimado corrosivo.

LA NAVORA.—¡Nunca jamás!

JUANA DE JUNO.—¡La abuela dice bien!... Si se supo, la justicia nunca lo encontró...

LA HIJA MÁS NUEVA DE ROSA DE TODOS.—Y el infante recogido, ¿será verdad que no es sangre de Don Miguelito? [11]

UNA DE LAS CINCO MOCINAS.—Nos [12] también lo tenemos oído... Decir, lo dicen. Pero la lengua del escorpión de la estrella más alta lo puede decir. [13]

JUANA DE JUNO.—Hay quien lleva la paternidad escrita en el semblante.

LA NAVORA.—Y en la condición se revela la sangre. Pero todo ello viene andando los tiempos, Juana de Juno.

JUANA DE JUNO.—La Galana tuvo conversa con muchos.

LA NAVORA.—¡Notorio!

JUANA DE JUNO.—Cumple un año, para la feria de Santiago, que la vi sentada en La Braña, riendo con un mozo, y atándose el pañuelo.

LA NAVORA.—Un pañuelo, por igual lo desata una mano que lo desata el viento.

JUANA DE JUNO.—Tuve un mal pensamiento, y lo espanté para no condenar mi alma. Al disimulo pasé por detrás, y vi que le vi... ¡La espalda y los hombros llenos de tierra! ¿Qué hacéis, rapazas? ¿No lloráis ni reís?

LA NAVORA.—¡Afanes de loquear y de dar que decir tienen algunas mozas! ¡Con prados y maizales que es una gloria, ir a recoger esquilmo en La Braña! Las mozas de hoy no miran por su honra ni por la buena prenda que llevan vestida. [14]

LA HIJA MAYOR DE ROSA DE TODOS.—¿Qué está diciendo? ¡Santa del Cielo! No miran aquellas que les cuesta poco trabajo ganarlo, que las demás bien reparamos.

LA NAVORA.—Si encuentran un cortejo que les deje una onza de oro, de nada les aprovecha.

LA HIJA MAYOR DE ROSA DE TODOS.—¡Cortejos de onza de oro, pendientes y gargantilla! ¡No son de este tiempo, señora Andrea la Navora!

(Callan y mueven el huso las cinco mocinas, todas en hilera como santas de un retablo. El banco cojea, levantando una cabecera, y los husos tienen un baile de holgazanes. Después, las cinco mocinas siguen hilando, rígidas y cándidas.)

JUANA DE JUNO.—La Galana tiene dos enemigos que la comen: el jarro de vino y la curia.

LA NAVORA.—Di tres enemigos, porque también levanta su quiñón el criado.

LA HIJA MAYOR DE ROSA DE TODOS.—¿El criado es el amigo de ahora?

JUANA DE JUNO.—Amigos tiene muchos, pero ése reina con todos. Es al que señalan por padre del picarín. ¿Habéis reparado en el picarín? Tiene toda la cara del hijo más nuevo de Anxelo. Son de un tiempo: Cayeron el mismo día en la cama la mujer y Rosa Galana.

LA NAVORA.—Don Pedro Bolaño a ninguna de tantas mentiras inclina las orejas.

JUANA DE JUNO.—Hace bien, que una caridad nunca se pierde. Con todo, cuando oyó el primer murmuro, quedóse mortal.

LA NAVORA.—Ni tú lo viste, Juana de Juno, ni yo tampoco.

JUANA DE JUNO.—¡Bien que lo vi! Andaba de noche por los corredores, como alma en pena, [15] batallando entre devolverle el hijo a la madre o

---

[11]   sangre de don Miguelito — emparentado con (hijo).

[12] · nos — nosotros.

[13]   la lengua... decir — no es difícil que se haga saber algo por el estilo.

[14]   la buena prenda... vestida — puede referirse tanto a la vestimenta como a la virginidad.

---

[15]   alma en pena — un alma que sufre, buscando descanso.

seguir guardándole. ¡Le quiere por los vivires! ¿Reparasteis cuando Don Pedro estuvo a mirar nuestra tarea? No asomó en su cara la risa, si no fue con los embelecos del picarín. ¡Por los vivires le quiere!

UNA DE LAS CINCO MOCINAS.—¡A las veces lo mira tan fijo, que el niño llora!

JUANA DE JUNO.—Don Pedro busca adivinar lo que ya sabe. Hace como el celoso, que con la más pequeña cosa duda y con la más grande aún no se resuelve a creer.

(El Ciego de Gondar entra en la heredad, sacudiendo la espalda bajo la mano que Malvín le afirma a modo de yugo. Virula, la moza, queda en el camino.)

EL CIEGO.—¿Adónde me llevas?

MALVÍN.—R e s p u e s t a me pides, respuesta te doy. Vamos a comparecer en la presencia de mi amo. Juana de Juno ¿quieres en un vuelo prevenirle?

JUANA DE JUNO.—Hermano Electus, verás qué responsorio [16] te canta Don Pedro.

EL CIEGO.—¡Como no me alcance la cachiporra del hisopo!

MALVÍN.—Lo que mi amo disponga no lo sé. Como yo estuviese en su puesto, te aseguro que después del responsorio te enterraba.

EL CIEGO.—¡Mala alma tienes, condenado!

MALVÍN.—Como estoy ignorante de lo que mi amo disponga, a la prevención voy a cavar una cueva.

EL CIEGO.—¡Mala alma tienes!

LA MOZA DEL CIEGO.—No te espantes, cativo. Don Pedro sabrá disimular una prosa del Ciego.

(El viejo labrador aparece en la solana, sin ruido, como una sombra. Una de sus manos recoge la capa sobre el pecho. Solamente Pantoja de la Cruz pintó figuras de tan sombrío y místico realismo.)

DON PEDRO.—¡Eres como los lobos, Electus! Vas por las veredas pidiendo una limosna, y quieres estorbar la generosa voluntad que yo tengo para ese niño.

EL CIEGO.—¡Mi señor Don Pedro!

DON PEDRO.—¿Quién te ordena venir a mi puerta con esas coplas y esos sones desvergonzados? ¡Habla!

EL CIEGO.—Mi señor Don Pedro, el pobre de pedir que recorre los caminos oye lo que se dice por todas las bandas de la Cristiandad, sin distinguir al modo de aquel que tiene ojos. Dentro de mí, las voces se juntan como el marullo de las olas. ¡El que tiene vista distingue unas olas de otras! El que solamente las oye, nada distingue!

DON PEDRO.—A ti te pagan por venir a mi puerta con esos sones. ¿Quién te paga?

EL CIEGO.—Mi señor Don Pedro, el ciego tiene que comer y beber, y que mantener a la moza. Ahora esperamos bautizo. Si mi amo quisiese hacer una caridad y sacarnos de pila lo que nazca,[17] picarín o picarina...

DON PEDRO.—Contesta a mi pregunta: ¿Quién te paga?

EL CIEGO.—Pagar, no me pagan. Tiénenme prometida una licencia para pedir en el convento de Santa Clara, en Viana del Prior.

DON PEDRO.—Sospecho quién te protege, pero quiero oírlo de tus labios. ¡Habla!

EL CIEGO.—¡La lengua se me caiga! Prometí con juramento no revelarlo a persona nacida. Si falto, me condeno. ¡Tan seguro que me condeno! Me condeno de firme y voy de cabeza para los Infiernos. ¡Tan seguro que voy! ¡Magnánimo corazón, no consientas ver negra mi al-

---

[16] responsorio — oraciones y versículos que se rezan después de las lecciones en maitines y de las capítulas de otras horas.

[17] sacarnos. . nazca — ser padrino del que nazca.

ma por salir tú delante con un empeño! [18] Cállome el nombre. ¡Me lo callo, así me pasen un cuchillo por la garganta, y me troncen la cabeza y me la pongan en una pica más alta que la luna, clavada y escachada como un colondro!

DON PEDRO.—Basta ya de burlas chabacanas. ¡Calla el nombre! Pero no aparezcas por mi puerta, si no quieres quedar sepulto en ella. Acaso las historias tuyas y de otros espanten de mi alma el amor que tengo puesto en ese niño. ¡Si tal conseguís, arrancadas se vean vuestras lenguas! ¡Malditos seáis!

EL CIEGO.—¡Señor Don Pedro, para qué decirle aquello que sobradamente sabe!

DON PEDRO.—¡Dilo!

EL CIEGO.—¡Fue Caín contra Abel! El otro pobre no fue nunca contra su hermano.

DON PEDRO.—¡Dilo!

EL CIEGO.—En una rama está retorcida la serpiente. La piedra de una centella le aplaste la cabeza. ¡Espantarla con la higa, el amo y los criados de esta casa! ¡Espantarla con la higa! ¡Salte de aquí, Demonio Cabrón! ¡Deja tu puesto a la paloma blanca que viene por el camino para posarse entre nos! [19] ¡En el pico, pintado de rosa, trae un ramo de oliva!

LA NAVORA.—¡Qué agudo! ¡Cómo adivinó que llegaba Doña Isoldina!

(Doña Isoldina viene aún muy lejos, atravesando un campo verde. Es alta, blanca, con la pátina dorada del sol y una gracia sonriente esparcida desde los labios a los ojos. Tiene pulida de un inocente resplandor la frente serena, y las manos castas, caseras, hacendosas, con el perfume campesino del Evangelio. Y como las fuentes claras de los prados, su alma es humilde y cristalina, llena de un murmullo sagrado.)

EL CIEGO.—¡Santo del Cielo! ¡Revelaré el nombre de aquel que me incita! ¡Revelado va! ¡Por las veredas lo publicaré! ¡Mi amo me lo manda! ¡Mandado fue! ¡Si digo mentira, que muerto me entierren! ¡Muerto de siete días, descuartizado, salado y salpreso!

DON PEDRO.—¡Calla, hombre de burlas! ¡Calla, por todos los Demonios!

EL CIEGO.—¡No reniegue, cristiano, que más no me demoro!

DON PEDRO.—Si antes te dije que hablases, ahora te mando echar un nudo a la lengua.

EL CIEGO.—¡La paloma blanca se puso a deshojar su ramo de oliva en los aires entre el claro sol y la tierra cativa!

(Se yergue, explicadora, Juana de Juno, llena de saber, el huso suspendido en el aire y la mano vuelta, con los dedos algo entreabiertos, aprisionando la luz como en un cuadro veneciano. Las cinco mocinas la escuchan extáticas, y escuchan llenas de malicia las hijas de Rosa de Todos.)

JUANA DE JUNO.—Tales palabras —que son de los viejos— vienen a representar que el sol es como un resplandor del Cielo, y un carbón negro del Infierno la tierra cativa.

LA NAVORA.—Vienen a decir tales palabras que el sol es el poderío que tiene Don Pedro Bolaño, y la tierra cativa la condición del pobre, que sólo tiene una sábana de tierra, y un cobertor de tierra, y un jergón de tierra... ¡Y eso al morir!

JUANA DE JUNO.—Si acaso, tal sentencia puede contener que el sol es la caridad que hace Don Pedro Bolaño, y la tierra cativa el alma negra que la quiere estorbar.

LA NAVORA.—¡Te engañas, moza! Cualquiera a quien interrogues te lo explicará de distinta conformidad.

---

[18] no consientas... empeño — es necesario no enflaquecer la voluntad, no importa cuál sea la razón.

[19] nos — nosotros.

JUANA DE JUNO.—Y ninguno lo explicará al conforme de la abuela.

LA NAVORA.—Ni otra cosa aventuro. Las palabras sabias que vienen de los viejos a cada uno le dicen una cosa distinta, como acontece con las músicas.

UNA DE LAS CINCO MOCINAS.—Una espiga tiene muchos granos que desgranar, y mucha harina que amasar, y mucho pan que dar. Y las buenas palabras —nuestra abuela decía— son espigas de la era de Dios.

(Con su mano, prieta y dorada, como un fruto bendito, Doña Isoldina abre la cancela y alza el azafate de ciruelas migueleñas, que ofrece como regalo a Don Pedro Bolaño.)

DON PEDRO.—¡Sobrina! ¡Sobrina! ¡En mal momento llegas!...

DOÑA ISOLDINA.—¡Ya lo sé!

DON PEDRO.—Lo sabes y te presentas ante mí. ¡Si me es odiosa toda vuestra raza!

DOÑA ISOLDINA.—¡Yo, no! Y mi raza tampoco... ¿Está el niño en la cuna? ¿Puedo verle?

DON PEDRO.—¡No!

DOÑA ISOLDINA.—Es el hijo...

DON PEDRO.—¿De quién? ¿Tú lo sabes? Yo ya lo dudo.

DOÑA ISOLDINA.—¡De mi marido!

DON PEDRO.—Le mataron sin que lo fuese. Muchacha, deja los modos de libro impreso: Di el hijo de tu primo.

DOÑA ISOLDINA.—¿Está en la cuna?

DON PEDRO.—Ven conmigo. Cuando lo tomas en brazos parece que se van mis dudas.

(La figura rancia del caballero labrador entra en la casa. Doña Isoldina sube la escalera de piedra y, santiguándose, cruza la misma puerta.)

JUANA DE JUNO.—¡Ay Electus, padre de los raposos, cómo conociste que llegaba Doña Isoldina! Doña Isolda, su madre, es quien te dicta las prosas.

EL CIEGO.—¡Doña Isoldina es una paloma blanca!

JUANA DE JUNO.—¿Y la sentiste venir volando?

EL CIEGO.—Sentí al gavilán volar sobre ella. Sentí a la sierpe alentar para ella. Sentí al Santo Ángel de la Guarda majar sobre todos nosotros, bailándonos una ribeirana encima de la cabeza y de los hombros, con sus pies blancos.

JUANA DE JUNO.—¡Calla, prosero!

LA MOZA DEL CIEGO.—¡Prosero será!... Pero él, adivinar, adivinó quién venía.

MALVÍN.—A poco también lo proclamas brujo. Adivinó como pudiera adivinar cualquier otro. Doña Isoldina, todas las tardes, al toque de la oración, aparece por la puerta con la súplica de ver al infante que recogió Don Pedro.

LA NAVORA.—¡Tanto amor tuvo al muerto, que aún guarda para el hijo de la bribona!

UNA DE LAS CINCO MOCINAS.—¡Los hermanos como lobos, el uno arregañado para el otro, y la sobrina venir todas las tardes con el ruego de ver al niño! ¡Parece un ejemplo!

LA NAVORA.—Estaba velada, y al rayar el día de la boda le mataron al novio.

LA HIJA MÁS NUEVA DE ROSA DE TODOS.—¡Y no saberse ni sospecharse quién pudo ser el matador!

LA NAVORA.—¡Nada!

LA HIJA MÁS NUEVA DE ROSA DE TODOS.—¿Ni si fue más de uno?

LA NAVORA.—¡Nada!

JUANA DE JUNO.—Pronto lo dijo.

MALVÍN.—Puede aventurarse que un hombre solo no se ponía con el muerto.[20] ¡Y dos, lo recelo!

JUANA DE JUNO.—Don Miguelito traía oro de Portugal. ¡Y lo que

___

[20] un hombre... muerto — seguramente fue más de un hombre.

no es oro! [21] ¡Tanto pañuelo de seda! ¡Tanta fina randa! ¡Y veludillo de grana! Con ese trato ganaba mucho dinero. Pero también le servía para conquistar a las mozas con regalos. En el proceso aparecía la sospecha de una moza. ¿Tú no lo has oído, Electus?

EL CIEGO.—¡Así muerto me entierren!

LA NAVORA.—¡Cuánto sabes! Sin declararlo claramente, pusiste de manifiesto quién te recompensa por cantar a esta puerta.

LA MOZA DEL CIEGO.—No dijo ninguna cosa que de antes no la supiese Don Pedro.

EL CIEGO.—El pobre que recorre los caminos del mundo tiene que ser callado como la tierra. Quien todos los días halla que comer en la cocina de un amo, no sabe lo que son trabajos. ¡Eso solamente lo sabe la criatura que está tullida de las piernas o manca de los brazos! ¡Falta de la vista o falta del conocimiento, que es lo más peor, porque no puede alabar a Dios! ¡El pobre de pedir que anda los caminos del mundo tiene que ser callado como la tierra! Un suponer: Hay un rico caballero que va por el monte y descubre una cueva de ladrones, y como es un rico caballero y lleva su vara derecha, lo declara al Alcalde Mayor. El pobre de pedir nunca ve cosa ninguna. No sabe de asesinos ni de ladrones. Para llenar las alforjas hay que ser callado como la tierra. Los pecados de un pobre de pedir no son como los de un rico caballero. El pobre de pedir puede hacer muchas cosas malas sin condenar su alma. El pobre de pedir dice que no hay ladrones en el mundo porque a él nadie le roba. El pobre de pedir dice que no hay asesinos en el mundo porque a él nadie le quiere mal. El pobre de pedir dice que no hay odio entre las familias porque él es como una

piedra que rueda. El pobre de pedir dice que no hay pleitos por las herencias porque él no tiene nada que dejar... Al verdadero pobre de pedir hay que enterrarlo de limosna, y como pasa tantos trabajos, aun cuando haga alguna cosa mala, no se condena como los ricos. ¿Sabéis vosotros quién está más al pique de condenarse? ¡El Rey!

(El Ciego palpa en el aire, alcanza el hombro de la moza, afirma bien la mano y sale al camino. Anda levantando mucho los zuecos y habla sin gestos, inclinado sobre la oreja de la coima.)

LA NAVORA.—Siempre a recomendar el secreto, y es el primero en publicar las nuevas por los caminos.

JUANA DE JUNO.—Pues si de alguno sabe quién fue el matador y dónde enterraron el dinero...

LA NAVORA.—Dirás que es el Ciego de Gondar.

JUANA DE JUNO.—Y no descarrío. Cuando embarca mucha bebida,[22] lo publica.[23]

LA HIJA MAYOR DE ROSA DE TODOS.—Dice con el vulgar que en ella anda una mujer, pero el nombre no lo dice.

UNA DE LAS CINCO MOCINAS.—Por nuestra aldea corrióse [24] que la víspera de morir estuvo el hijo del amo con la diversión de leer en las cartas, y que por tres veces le salió en ellas que una mujer de espadas le guardaba traición.

JUANA DE JUNO.—Esa sangre salpicó a la cara y a las manos de una mujer. ¿Quién ella sea?

MALVÍN.—Callad con el cuento y mirad quién viene por el camino.

JUANA DE JUNO.—¡Santísimo Señor, nada malo pudo escuchar, que no la nombré!

LA NAVORA.—¡Muera el cuento!

---

[21] ¡Y... oro! —y fuera de lo de oro...

[22] cuando embarca mucha bebida — cuando bebe mucho.

[23] lo publica — lo hace saber.

[24] corrióse — la gente murmuró.

JUANA DE JUNO.—¡Muera el cuento!

(Una mujer renegrida y garbosa, con zapato bajo y mantilla de terciopelo picado, entra en la heredad. Las hilanderas, con la cabeza vuelta hacia el camino, murmuran de una en una, con largas escalas llenas de misterio: ¡Muera el cuento! ¡Muera el cuento! ¡Muera el cuento!)

LA GALANA.—¡Salud para todos!
LAS HILANDERAS, COMO EN UN ROSARIO.—¡El Señor la depare! ¡El Señor la depare! ¡El Señor la depare! ¡Amén!
LA GALANA.—¿Está el amo?
JUANA DE JUNO.—Adentro entró, por la puerta no salió, brujo no nació y por la chimenea no voló.
LA GALANA.—¿Quieres darle aviso de que llegó agora Rosa Galana?
JUANA DE JUNO. — Excusa de nombrarte, que bien te conozco.
LA GALANA.—No eres tú sola la que me conoce.
JUANA DE JUNO.—Por sabido que no. Yo te conozco a un modo y no faltará quien te conozca al otro.
LA GALANA.—¿Lo dices con segunda? [25]
JUANA DE JUNO.—Lo digo con la fe de Dios. Alégrome conocerte.

(A este tiempo, Don Pedro Bolaño sale despacio, con la cabeza erguida y la expresión nublada. Trae en brazos al niño, abrigado y oculto bajo la capa. Hasta llegar al arambol de la solana, no habla ni mueve un gesto.)

DON PEDRO.—Rosa Galana, ¿traes firmado el papel que declara la condición del niño y el permiso para que me lo confirmen por nieto?
LA GALANA.—Firmado no traigo nada. Antes de firmar, razón es tratar. [26]

___
[25] ¿Lo dices con segunda? — ¿Lo dices con doble intención?
[26] razón es tratar — es mejor discutir esto.

DON PEDRO.—Hagamos capítulo: Tengo manifestado mi deseo de calificar a este niño por mi nieto, darle mi apellido y la legítima naturaleza para heredar.
LA GALANA.—¡Muy bueno si busca eso! ¿Y si busca quitarse de más tratos con la madre del niño? Reconocido abuelo, a su lado lo guarda para mientras viva. Tengo consultado gente de leyes. Si el hijo goza grandeza, justo parece que goce la madre de igual beneficio. ¡Y mi Señor Don Pedro no quiere eso! Quiere apartar a la madre con aquello que sea voluntario, sin mediar papel ni palabra de convenio. ¡Hable, Señor Don Pedro! ¿Qué dice? No se esté callado a mirarme como un inquisidor.
DON PEDRO.—Digo que, si no firmas, te llevarás a tu hijo. O todo sangre mía, o todo sangre tuya. ¡Particiones, no!
LA GALANA.—Pero diga algo, señor, diga algo. ¿Me concede los molinos que tiene en Aralde y aquel agro pequeño que tiene debajo? Si me los concede, y una casa donde vivir, con cuatro gallinas y una cabra, quien dice una cabra dice una vaca...
DON PEDRO.—¡Tú me dejarás pobre!
LA GALANA.—¿Me los concede?
DON PEDRO.—Los molinos. El agro, no.
LA GALANA.—Pero ¿qué vale, si son cuatro ferrados de tierra mala?
DON PEDRO.—¡Me dejarás pobre!
LA GALANA.—¡Pobre! No tiente a Dios, Señor Don Pedro.
DON PEDRO.—Tráeme firmado el papel.
LA GALANA.—Ha de hablarse todo. Tocante a decir me quito de tener imperio de madre sobre mi hijo, yo no firmo por cosa ninguna.
DON PEDRO.—¿Son tus últimas palabras?
LA GALANA.—Son, sí, señor. ¿Y por qué no habían de serlo? Antes de firmar conviene tratar. ¿Recuer-

da las tierras que tiene camino de San Amedio? ¿Las recuerda?

DON PEDRO.—Rosa Galana, sobre nuestras conciencias van a pesar durante toda la vida tus palabras.

(Mesurado y erguido, el viejo labrador baja la gran escalera de la solana, que visten de oro las mazorcas esparcidas por la balaustrada, secándose al sol y oreando al viento de Sálvora.)

DON PEDRO.—Rosa Galana, ten a tu hijo.

LA GALANA.—¡Qué me entrega, señor!

DON PEDRO.—Al hijo de tu sangre.

LA GALANA.—¡Tanto de la mía como de la suya!

DON PEDRO.—Nuestra sangre no puede mezclarse.

LA GALANA.—¡Claramente que ahora no puede! ¡Pero cuando pudo, ya se mezcló! ¡Y bien que se mezcló! ¿No tiene delante la muestra?

DON PEDRO.—Yo únicamente sé que ese niño es tu hijo, y que te lo llevas.

LA GALANA.—¿Y no se le oprime el corazón de lo dejar[27] ir?

DON PEDRO.—El niño no podía ser de los dos.

LA GALANA.—¡Yo no se lo pido!

DON PEDRO.—Pero yo renuncio a él. No quiero vivir esclavo tuyo y acabar pidiendo limosna por los caminos.

(Don Pedro Bolaño se aleja con la frente baja y las manos juntas, apre-

[27] lo dejar — dejarlo.

tando la capa sobre su pecho. Al entrar por la puerta levanta los brazos con aquel ademán bíblico de sembrador que maldice.)

DON PEDRO.—Había propuesto que mi sangre o la tuya. La tuya ha vencido, Rosa Galana. Te llevas a tu hijo y yo entierro todos mis amores de viejo. ¡Sal de mi casa con ese hijo de la tierra y nunca vuelvas!... ¡A mi puerta os vea temblando de frío, en carnes y harapos, metidos en nieve!...

(El viejo labrador pasa encorvado bajo la puerta de la solana. Rosa Galana sacude al niño hasta hacerle llorar y estalla en denuestos.)

LA GALANA.—Hemos de ver si por el rapaz no vienes, viejo avaricioso! ¡Ortiga brava, que ni a los suyos tiene ley! ¡Con las rodillas y las barbas por tierra has de venir a mi puerta, Pedro Bolaño!

EL CABEZALERO.—Dad aviso que fincamos de vuelta los llevadores del Foral de András.

LA GALANA.—¡Dejad paso, monteses!

UNA VIEJA.—¡Qué andar de malterciar!

MALVÍN.—¡Qué andar de perra ladronera!

EL MÁS VIEJO DE LOS FORÁNEOS.—No sabes más cuánta verdad hay en esa que hablas al modo de ventolera. Es monstruo y, como tal, desenvuelve una parte de bestia. Murió poco ha quien con esa mujer en el monte cazó y pieza cobró.

EL RUMOR RELIGIOSO DE TODOS.—¡Brujas fuera!... ¡Brujas fuera!... ¡Brujas fuera!...

JORNADA SEGUNDA

ÁNIMA EN PENA

Tarde de otoño. Un río tranquilo, espaciado en remansos bajo la verde sombra de chopos y mimbrales. A las dos riberas, agros mellizos de heno y de linar, que, a par del río, se rizan con la brisa. Llueve menudo, menudo, en una gran paz. Sobre la arena fuerte de la ribera, que cruje desgranada, están sentados un hombre y una mujer. A su espalda, abierta y vacía, la casa alzada con pedruscos, cubierta con paja de maíz y envuelta en humo. Las figuras parecen muy lejanas en el cernir de la lluvia menuda. Dos larvas en la orilla del río. Hablan de una manera furtiva y medrosa, como si quisiesen no alterar el reposo del paisaje, la quietud de las hojas y del cristal del agua, la paz de todas las cosas que dice la perfección del éxtasis y el sentido hermético y eterno de la felicidad.

ANXELO.—¡Ánima en pena, no me arremolines en tu círculo! ¡Ánima en pena, corita entre dos luces, no me implores con las voces, con las manos no me hagas las cruces! Si me abrazares, caeríamos los dos en el profundo Infierno. ¡Vaya si caeríamos! Caeríamos, porque yo soy un gran pecador y te arrastraría, ánima en pena. ¡No te atolondres! Más te vale esperar, para el pago de la deuda que tengo contigo, a que se descargue mi conciencia. ¡Tan cierto que te vale más! ¡Mírala, que está más negra que los cuervos, ánima en pena! ¡Yo haré mi revelación! ¡Yo diré mi sanguinidad! ¡La palabra mía toda será de verdad!... ¡Mi palabra, palabra será que hile el cáñamo de un dogal!

MAURIÑA.—¡Calla, langrán! Acabarás en una cueva de galera por ese entresoñar y ese devanar de los meollos.

ANXELO.—¡Mauriña, yo más no puedo con la cadena de anillos dobles que llevo colgada! ¡Mauriña, yo hago mi delación y pago mi culpa! ¡Mi culpa pagada, mi alma, de negra, blanca!

MAURIÑA. — ¡Calla, langrán! ¡Cuando encuentras por donde comer sin trabajos, ni usuras, ni agonías, quieres hacer tu revelación y echarnos a todos por los caminos pidiendo una limosna!

ANXELO.—¡Mi culpa pagada, mi alma, de negra, blanca!

MAURIÑA.—¡Salúdate para espantar malas ideas! Calienta el horno con el capricho del viejo Bolaño. Rosa Galana no se desgarra del hijo sin una buena renta, y de la mitad has de ser tú el dueño. ¿No te amigaste con ella? Pues si te quiere, que lo manifieste. Para que todos pasásemos hambre y anduviésemos descalzos, metidos en agua y en nieve, no te fuiste de mi jergón para el suyo. ¡Condenada, ladra! ¡Más renegrecida no la dio Dios! Ten por cierto que la bribona no la entrega al hijo sin recibir mucha riqueza, y con esa ambición se lo titula por nieto a Don Pedro Bolaño. ¡Santísimo Señor, un espejo de ese hijo tuyo que ahora está a dormir en la cuna! ¡Ay babalán, langrán, aprende a sacarle los dineros, que un cuenco de berzas también lo tenías andando a cavar!

ANXELO.—¡Mauriña, yo no quiero más tratos con esa mala mujer!

MAURIÑA.—¡Calla, langrán!

ANXELO.—¡No me estorbes redimir mi alma! ¡Déjame entrar para adentro de la casa! ¡No me arrempujes fuera! ¡Enciende un cirio de cera bendita, que venga cabo de ti, para morir, Mauriña!

MAURIÑA.—¿Qué delirio traes contigo? ¿Qué mala fada [28] te echaron? ¡Tan cobarde nunca te vi!

ANXELO.—Déjame entrar para adentro de la casa y calentarme al pie del horno.

MAURIÑA.—¿A qué te fuiste, si habías de volver con ese ramo cativo y las manos llenas de sangre?

ANXELO.—Aquella mala mujer que me embrujó.

MAURIÑA.—¡Calla, langrán! Fuiste tú, que cegaste por ella.

ANXELO.—¡Fue el Demonio! Con aquello que hice pensé alzar mi casa... Procurarte una ayuda a ti y a los hijos...

MAURIÑA.—Más ayuda recibo del gallo pinto y las tres pitas que allá están escarbando la tierra.

ANXELO.—Aquella mala mujer me embrujó. Siento dentro de mí un espíritu cautivo revolar y batir como el pájaro en una gayola. Mauriña, guía para dentro de la casa, encienda la cera bendita y atranca la puerta.

MAURIÑA.—Quien comió la carne, que roa el hueso. En la casa no entras.

ANXELO.—¡Rosa Galana vendrá por mí!... Mauriña, vamos para adentro de la casa, cierra la puerta. ¡No la dejes entrar, que si se mira he de irme tras ella!

MAURIÑA.—¡Ya me tienes medrosa! ¿Tanto es su poder?

ANXELO.—¡Repara mis manos, manchadas de sangre!

MAURIÑA.—¡Calla!

ANXELO.—Yo salvaré mi alma declarando toda la verdad.

MAURIÑA.—¡Calla!

ANXELO.—¡Mi culpa pagada, mi alma, de negra, blanca!

---

[28] fada — hada.

MAURIÑA.—¡Calla! Y, pues pasamos en la vida tantas miserias, deja un día calentar el horno con el capricho de Don Pedro Bolaño. ¡Salúdate para espantar malas ideas! Y como estuviste un año con esa amistad, sigue otro tiempo... Mucho nunca ha de ser, que esas mujeres bribonas tienen la virazón del viento en la mar. Por ese hijo que tuviste con ella nos vendrá la hartura.

ANXELO.—El hijo de un pobre andará a pedir, Mauriña. La riqueza de esa gran casa la tendrá en sufragios el ánima del muerto, que para redimirse me manda que todo lo declare. ¡El hijo de un pobre perderá el gallo, la moza y el caballo!

MAURIÑA.—¡Calla! Te pones al cuello el dogal y le robas su regalía a un inocente que culpa no tiene.

ANXELO.—¡Que cave la tierra! Yo, por no querer cavarla, tengo el alma aterida y negra.

MAURIÑA.—Y luego, ¿qué hacer, cuando de viejos no sirvamos para cavar?

ANXELO.—Queda el reinar de pobre de pedir y una piedra en un camino donde tropezar y caer y acabar de morir.

(El Ciego de Gondar y María Virula vienen de muy lejos, sonando en el pedregal de la ribera sus madreñas herradas.)

EL CIEGO.—Hermano barquero, te llega pasaje... ¡Buena pasaje, de la que paga con dineros ajenos!

ANXELO.—No loquees más, Electus.

EL CIEGO.—Reír no es loquear.

ANXELO.—Pero es de rapaces que aún no conocen las penas del mundo.

EL CIEGO.—Y también de los viejos que las saben olvidar.

ANXELO.—El Señor nos da las penas para que nos abracemos con ellas, y el que las olvida no cumple su Ley.

EL CIEGO.—Y tú, cativo, ¿piensas que yo puedo olvidar alguna vez que me falta la luz de los ojos?

LA MOZA DEL CIEGO.—Cantar y reír nunca fue pecado.

ANXELO.—Eso dice el Demonio. Pero para reír y cantar hay que holgar y dejar la tierra sin cavar. Y del no sembrar viene el no tener pan, y el robar y el matar.

EL CIEGO.—Y entonces tú, ¿por qué levantas el hombro a la obligación que tenías en casa de Rosa Galana?

MAURIÑA.—¿Hablaste con la tal mujer?

EL CIEGO.—María Virula la oyó suspirar.

LA MOZA DEL CIEGO.—Ella se explica bien en lo que dice. Y tú, cuando la veas con otro, comprende las cosas de la vida y disimula y no te acalores. ¿Que hoy le vende la risa y la conversa a Valerio el Pajarito?... Tú nada sabes. Cuando un árbol tiene raíces no teme al viento, ni teme a la hiedra el muro con cimiento. Y tú, Mauriña, que lo aconsejes bien.

MAURIÑA.—¡Mejor que lo aconsejo, María Virula! La Virgen santísima, Nuestra Señora Bendita, que oye mis palabras, sabe cuánto le predico porque vuelva a la obligación que tenía.

ANXELO.—¡Sois a tentarme como dos serpientes! ¡Tened compasión de este temblor de agonía en que mi alma se consume, batiéndose como un pájaro cuando lo apretáis en la mano!

MAURIÑA.—¡Calla!... No sé qué tienen tus palabras, que me dan miedo.

ANXELO.—¡Mauriña, déjame morir viendo la lumbre de mi casa; cierra la puerta con el tranquero y enciende la cera bendita, que rompa mi cadena de pecados!...

MAURIÑA.—¡Calla con esas relaciones agoreras, que en la raíz de los cabellos siento el frío!

ANXELO.—En el atrio de la iglesia, abrazado con sus piedras benditas, batiendo con la frente hasta que se rompa, publicaré mi culpa. ¡Mi culpa, pagada, mi alma, de negra, blanca!

MAURIÑA.—¡Calla! ¿No ves que de pavura me rechinan los dientes? ¡Calla! ¡Con tu delirio, al cuello te aprietas un dogal!

ANXELO.—¡Penar y pecar, y por los caminos del mundo rodar y rodar! ¡Jesús Crucificado, que no sea siempre rodar! Ruedan las piedras sin alma, pero los huesos bautizados tienen un cenicero bendito donde acabar en ceniza.

MAURIÑA.—¡Calla, cativo! o con mis manos te he de ahogar! Tu culpa está sepultada bajo la tierra.

LA MOZA DEL CIEGO.—¿De qué culpa hablas?

MAURIÑA.—No hablo de culpa ninguna. Es llevarle la vena de su delirio.

EL CIEGO.—Todos tenemos que callar y nos encubrir.

MAURIÑA.—El más santo lleva en la alforja un delito de horca. ¡Son muy tentadores los caminos!

EL CIEGO.—La Galana puede acabar con los dineros. Le gustan las meriendas con empanadas y levantar el jarro.[29] Acabados los dineros, acabado el valimiento con la curia.

MAURIÑA.—Aconséjalo, Electus, tú que tienes buena labia y sabes explicarte.

EL CIEGO.—Para estas amonestaciones, aún vale mejor María Virula.

LA MOZA DEL CIEGO.—Hermano Anxelo, vamos a ponerle la montera al buey. ¿A ti qué te importa de los tratos que tenga con otro Rosa Galana? Lo que no va en mi año no va en mi daño. Tú, a estar hecho un caballero, con tu petaca llena y tu reloj de plata. Había de ser tu propia mujer, y un extremo tampoco estaba bien.

MAURIÑA.—Por sabido que no.[30]

---

[29] levantar el jarro — beber.
[30] Por sabido que no — desde luego que no.

EL CIEGO.—María Virula viene a significarte que dejes los celos con rabia a la puerta de la casa.

ANXELO.—No son celos ni rabia. ¡Son mis manos, cubiertas de sangre!

EL CIEGO.—Eso es la fiebre que te acomete.

ANXELO.—Cada nuevo mozo de quien se acompaña la serpiente es para mí un remordimiento, por no poder desengañarle.

MAURIÑA.—¡Son celos, langrán!

ANXELO.—Es remordimiento de dejar a un hombre mozo caminar ciego de cara a la horca... El alma del muerto, cuando se me aparece, nada me culpa tanto. ¡Más me culpa por ello que por su sangre derramada!

MAURIÑA.—¡Otra vez estoy a temblar!

(Pasa una tropa de chalanes en jacos nuevos de poca alzada, fuertes los cascos, lanudos los corvejones, brava la vista, montaraz la crin. Son los tres rapaces de Alonso Tovío, con Guzmán de Meis, Remigio de Cálago y Valerio el Pajarito.)

EL PAJARITO.—¡Adónde el barquero!...

LA MOZA DEL CIEGO.—Va sin agua el río, y no hay barca ni barquero.

GUZMÁN DE MEIS.—Pues vamos a buscar el vado.

UNO DE LOS TOVÍOS.—Sudosas como llevamos las monturas, alguna puede atrapar una alferecía. Más nos vale bajar por los molinos hasta la Puente Vieja.

MAURIÑA.—Para el que va caballero, como vais vosotros, no es vuelta.

EL CIEGO.—¡Día de feria, foliada en el molino, con unas mozas!... Yo no las vi, pero las apalpé.

LA MOZA DEL CIEGO.—A lo mejor apalpaste a una vieja.

EL CIEGO.—Era muy dura.

LA MOZA DEL CIEGO.—Entonces fue que yo estaba cerca.

GUZMÁN DE MEIS.—Vamos a buscar la puente, Valerio.

EL PAJARITO.—Para vosotros es camino; para mí, no. Aquí finco [31] hasta que nade la barca.

GUZMÁN DE MEIS.—¡Muy dichoso! Vamos nosotros, rapaces.

LOS TOVÍOS.—¡Vamos allá!

(Se parten al trote con ruda fanfarria de frenos y de bocados. Se esfuman a lo largo de la ribera, entre los pliegues ingrávidos de la llovizna. Se desvanecen y desaparecen bajo los ramajes, que gotean, lacios, tristes. Valerio el Pajarito descabalga y hace sonar sus espuelas mexicanas de planta vieja y labrada.)

EL PAJARITO.—¿Esperáis la barca, Electus?

EL CIEGO.—Sí que la esperamos.

MAURIÑA.—¡Y éste, langrán!... Pero tiene perdida el habla.

EL PAJARITO.—Pues ya habéis topado, por esta vez, con uno que os pague el pasaje.

EL CIEGO.—Dios te lo recompense, Pajarito.

MAURIÑA.—¡Amén!

EL PAJARITO.—Vosotros os miráis en esa pequeñez. Pero en algunas partes, como en el presidio y en la América, una moneda de patacón se tira y no se hace más caso en toda la vida, por mucho que uno viva. ¡Mil años que sean!

MAURIÑA.—Por esos parajes hay más moneda. ¡Aquí no hay sino pobreza!

EL PAJARITO.—Me repunto que llevamos igual camino. Yo llego hasta el ventorrillo de Rosa Galana.

LA MOZA DEL CIEGO.—¡Mucho la visitas!

EL PAJARITO.—Es una mujer que me gusta.

LA MOZA DEL CIEGO.—¡Buena moza, lo es!

EL PAJARITO.—Me dijeron que tenía un amigo.

---

[31] finco — permanezco, me quedo.

LA MOZA DEL CIEGO.—Dicen que lo tiene.

EL PAJARITO.—Todavía no lo conozco.

MAURIÑA.—No lo habrás procurado...

EL PAJARITO.—¡Me alegraría conocerlo!

MAURIÑA.—¡Langrán! ¡Babalán! ¿Qué haces que no le hundes la cabeza en la tierra a ese alabancioso?

ANXELO.—¡Valerio!

EL PAJARITO.—¿Qué hay?

ANXELO.—Una vez estuviste en presidio, y estarás la segunda si mantienes trato con esa mala mujer.

EL PAJARITO.—A las mujeres las gobierno yo con una varilla de mimbre, como a ganado manso.

MAURIÑA.—Tú eres listo, y a ésa la camelas para sacarle los dineros. Tú has corrido tierras y sabes el trato y el capricho de las mujeres. ¡Aprende, langrán!

EL PAJARITO.—Con Rosa, hablando lo cierto, yo no tengo otra amistad que el darle algunas luces en el pleito del niño párvulo.

ANXELO.—Esa mujer te embrujará.

EL PAJARITO.—Ni esa ni otra. ¿No me dicen el Pajarito? Pajarito soy, y sé abrir la jaula y volar.

ANXELO.—Yo al igual pensaba, y el día que ella quiso me puso el yugo. ¡Es arte que tiene! ¡Con la mirada embruja!

MAURIÑA.—¡Ya estoy a temblar!

EL PAJARITO.—Embruja con sus buenas colores, y el andar garboso, y el aire del refajo, y el pico.

ANXELO.—Volviendo de la siega, ya puesto el sol, salióme al camino un can ladrando, los ojos en lumbre. Le di con el zueco y escapó dando un alarido que llenó la oscuridad de la noche como la voz de una mujer cautiva. A poco andar, descubro un ventorrillo y a ella sentada en la puerta. Entré para recobrarme... ¡Nunca entrara! Por su mano me llena un vaso. Lo bebo, y al beberlo siento sus ojos fijos. Lo poso, y al posarlo, reparo que, a raíz

del cabello, le corre una gota de sangre. Recelándome, le digo: Tienes sangre en la frente. Ella toma un paño, se lo pasa por la cara y me lo muestra blanco. Luego, salta a decirme: ¿Tú vienes por el camino del río?

EL CIEGO.—A todos pregunta de dónde vienen y adónde van, por dar noticia de las veredas a los contrabandistas que tienen en su casa una atalaya.

ANXELO.—Escupió en los dedos, espabiló el candil y, poniéndome la luz en la cara, me dijo, sin mover la boca: ¿A quién topaste en el camino? [32] Y en aquel momento, yo reconozco en su voz el alarido del perro al darle en la cabeza la zocada. ¡Ya no pude salir de su rueda! Sin apartarme los ojos, se pone a decir que si precisa un criado. Yo le respondo, atrevido: En tu presencia lo tienes, pero has de hacerle un sitio en tu cama.

LA MOZA DEL CIEGO.—No ibas tú poco de prisa.

MAURIÑA.—¡Langrán! ¡Babalán! Y ese despejo que tuviste entonces, ¿por qué no lo tienes ahora?

ANXELO.—Ella, riendo, me dio con el paño que se había pasado por la cara, y en un lóstrego se me aparece cubierto de sangre.

MAURIÑA.—Es el delirio que tienes de ver los fantasmas y las ánimas, y tantas cosas que no son. ¡Ya estoy a temblar!

ANXELO.—Llenó de resolio [33] un vaso abarquillado y nos pusimos a beber juntos, agarrados por la cintura

MAURIÑA.—¡Así los encontré! ¡Traidores! ¡Creí que me caía! Rosa Galana, que me vio, abrazóse conmigo, metiéndome una mano encima de la boca para que no se me oyese vocear... ¡Tanto me dijo!...

[32] ¿A quien... camino? — ¿A quién encontraste?

[33] resolio — léase "resoli" o "rosoli", aguardiente con canela y azúcar y otros ingredientes olorosos.

9

RAMÓN DEL VALLE INCLÁN

¡Tanto me dijo!... ¡Si me diría, que abrió el cajón del dinero y, con la cabeza vuelta a otro lado, me mandó agarrar lo que quisiese!...

ANXELO.—¡Escuchad! ¡Uno!... ¡Dos!... ¡Tres!...

EL CIEGO.—Es una campana que mueve el viento.

ANXELO.—¡Es un perro que aúlla!... Con la sombra cubre el claro de la luna. Nunca, desde aquel día, volviera a oírlo.[34]

(Aparece Rosa Galana, encapuchada con el mantelo, y el niño cobijado debajo. Viene por un alto del sendero. El andar, garboso y decidido. Ladra con furia un perro.)

LA GALANA.—¡A la paz de Dios, amigos! ¿De cuándo celebráis aquí feria?

EL CIEGO.—De nueva data, Rosa.

LA GALANA.—La feria tuya es el llenar la andorga.

EL CIEGO.—Pues aquí no dan nada.

LA GALANA.—¡Ay Pajarito, mi corazón es un puro brinco!

EL PAJARITO.—Sosiégalo, que ya estamos el uno a la vera del otro, Rosa.

LA GALANA.—¡Alabancioso! No van mis palabras por ese camino de tentación.

EL PAJARITO.—¿Quieres ponerme la mano en el pecho? ¡También mi corazón tiene su baile! ¡Pueden mucho los ojos de una mujer morena!

LA GALANA.—¡Qué lindo canto tienes, Pajarito!

EL PAJARITO.—Pajarito soy, y como tal, quisiera estarme toda la vida deshojando una rosa con el pico.

LA GALANA.—Y, en acabándose la última hoja, ¿qué harías? ¡Volar!...

MAURIÑA.—¡Habla tú alguna sentencia, langrán! ¡Siempre a callar como una piedra!

LA GALANA.—Vengo todo el camino con la zozobra de que me roben al hijo. Una mujer de bien, que anda en la casa de ese viejo avaricioso, secretamente me dio la voz para que estuviese alerta. ¡Dios se lo pague! ¡Don Pedro Bolaño quiere campar con la suya sin soltar los dineros! ¡El demonio se lo lleve! ¡Tan codicioso como tirano! Y a ti, Electus, raposo sin ojos, ¿te parece bueno irle con coplas de sátira para que reniegue de su sangre? ¡Sin tus coplas, que le dejaron la espina, nunca él me entrega a este hijo!

EL CIEGO.—Rosa Galana, no me guardes mal corazón, pues ninguna cosa dijo mi boca que antes no la supiese y rumiase el viejo Bolaño. Yo agradezco el vaso que me das, y estoy por ello tan obligado, que a la hora presente aconsejaba a este cativo que volviese a la obligación que tenía en tu casa.

LA MOZA DEL CIEGO.—A este cativo le hicieron mal de ojo,[35] y menester será llevarlo a que reciba las ondas de la mar bajo la luna de medianoche.

EL CIEGO.—O bien a San Pedro Mártir!

LA GALANA.—O bien a Santa Junta de Moraña.

EL CIEGO.—¡Mejor a Nuestra Señora de la Lanzada!

ANXELO.—¡Callad con vuestra letanía! Este mal mío no lo curan saludadores ni las ondas de la mar.

LA GALANA.—Rey de las mozas, ¡mira para mí y alegra los ojos! Bebe un trago de este resolio y verás cómo echas fuera del cuerpo a la bruja chupona.

ANXELO.—¡Arredra! ¡Aparta! ¡Por Jesús Crucificado, quítame la cadena que llevo al cuello!

LA GALANA.—Te mando que no delires más. Y ahora, a beber conmigo un trago de resolio. Mauriña, tenme al rapaz. Ponlo bajo techado, que va dormido.

[34] volviera a oírlo — volví a oírlo.

[35] mal de ojo — especie de maleficio.

MAURIÑA.—¿Cómo sacaste a esta criatura del poder de Don Pedro Bolaño?

LA GALANA.—¡Cosas que pasan!

MAURIÑA.—Yo esperaba que, por tu valimiento, el viejo Bolaño me consintiese llevar la vaca a pacer a sus prados.

LA GALANA.—Tú mete la vaca en ellos.

MAURIÑA.—Estoy tímida... Ya una vez me atrapó y me puso como un Nazareno.

EL PAJARITO.—El rapaz ha de tomar el regalo que tenía.

EL CIEGO.—No se te vuele el pájaro del puño, Rosa.

LA GALANA.—¿Qué quieres decir?

EL CIEGO.—Que por ser tirana no prives al rapaz de verse algún día heredero de tanta riqueza. Cuida que las otras familias, hermanos y sobrinos, conspiran... Hermanos y sobrinos.

(Anxelo se levanta como una sombra. Los ojos febriles, la boca blanca y trémula en el rostro mortal, de cera amarilla.)

ANXELO.—¡El hijo de un pobre andará a pedir! No será su vida el se divertir [36] de caballero y el devanar el día entero en festejar y mozar y reír, sin priesa de acabar y sin cuidar de morir. ¡Mi palabra, palabra será que hile el cáñamo de un dogal!

LA GALANA.—Este ladrón nos meterá a todos en un presidio. Hay que ponerle un sello en la boca.

MAURIÑA.—Un sello de pez hirviente.

EL PAJARITO.—No hay mejor sello que la piedra de la sepultura.

LA GALANA.—Ten reparo.

EL PAJARITO.—No hablo más.

ANXELO.—Ánima en pena con sudario de llamas, ¡no me atormentes! Ánima en pena con sudario de sangre, ¡no me atormentes! ¡Si tienes obligaciones en este mundo, yo las

andaré en tu servicio, ánima! ¡La riqueza no te la usurpará el hijo de un pobre, ánima! ¡La tendrás en sufragios para salir de penas, ánima!

LA GALANA.—Bebe un sorbo de resolio para echar fuera el ramo de fiebre que te entra puesto el sol.

ANXELO.—¡No bebo!

LA GALANA.—¡Que te lo vierto en los ojos!

ANXELO.—¡Aunque tal hagas!

LA GALANA.—¡Bebe!

ANXELO.—¡De haber bebido viene mi cadena!

LA GALANA.—No hables de cadenas. Vamos a cenar todos juntos una empanada, bajo la luna, al arrimo de un roble, como las brujas.

(Rompiendo por entre los sauces viene la sombra oscura del Ciego de Flavia. Una figura penitente con el pecho cubierto de rosarios. No lleva criado y golpea las piedras del camino con el bordón.)

EL CIEGO DE FLAVIA.—¡A las santas noches de Dios!

LA GALANA.—Aún no lo son.

EL CIEGO DE FLAVIA.—Mucho no le faltará, que cantan los sapos y el rocío me moja las barbas.

LA GALANA.—Con tanta ciencia, y no sabes quién se halla en la nuestra compañía.

LA MOZA DEL CIEGO.—No infiernes, Rosa.

EL CIEGO DE FLAVIA.—Si almas caritativas no me lo hubieran advertido en el camino, llegando aquí me lo declarara su pestilencia.

EL CIEGO DE GONDAR.—La pestilencia es que nos vamos a mazar la cabeza.

EL CIEGO DE FLAVIA.—Date diligencia.

LA MOZA DEL CIEGO.—Tú, conmigo, Electus. Déjale con su querella, que causa tiene para no aborrecer. Vamos a buscar la vereda.

(María Virula hace andar al Ciego dándole empujones, y le sigue,

---

[36] se divertir — divertirse.

*guiñando los ojos con un gesto pí-
caro a los otros, que se quedan riendo y embullando.)*

EL CIEGO DE FLAVIA.—¿Dónde
está el cerdo que me hizo rey coro-
nado? ¿Dónde la gallina de mal
poner? [37] ¡Una centella de las nubes
os confunda en carbón! ¡Como de
la vista, de todos los sentidos ce-
guéis!

LA MOZA DEL CIEGO.—Caminemos
sin hablar.

EL CIEGO DE GONDAR.—Tentaciones me vienen de le decir [38] adiós,
remedando al buey en su mugido.

LA MOZA DEL CIEGO.—No hagas
escarnio, que lo mismo te puede
suceder a ti.

EL CIEGO DE GONDAR.—Te comía
el corazón en un plato, con tenedor
y navaja, como el Rey de las Es-
pañas.

*(La Virula empuja al Ciego. Los
otros se huelgan con la risa jocunda
que promueve una farsa grotesca.*

---

[37] ¿Dónde... poner? — ¿Dónde
está la gallina que no ponga bien?
[38] le decir — decirle.

*Se oye de pronto la voz despavorida
de Mauriña.)*

LA VOZ DE MAURIÑA.—¡Que me
arrebatan al rapaz, robado! ¡Ya se
lo- llevan! ¡Ya se lo llevan! ¡Una
sombra ligera! ¡Saltó la ventana!

ANXELO.—¡El ánima en pena!

MAURIÑA.—¡El ánima en pena!

LA GALANA.—¡Ah! ¡Ladrones!
¡Ladrones! ¡Por allá! ¡Por allá va!

MAURIÑA.—¡El ánima en pena!

*(El Pajarito saca el revólver que
lleva a la cintura, corre a situarse
en lo alto de un bardal, y dispara.
Ladran en la lejanía los perros de
Lugar de Condes y Lugar de Reyes.)*

LA GALANA.—¡Cayó!... ¡Ca-
yó!... ¡Cayó!... ¡Ah ladrón!...

EL PAJARITO.—¡Un rayo me par-
ta, que se levanta otra vez!

*(Corre por entre los árboles. De
tiempo en tiempo se oyen las deto-
naciones de su revólver. Anxelo parece como muerto sobre la yerba.
Mauriña escucha, medrosa y arrodillada.)*

LA GALANA.—Pedro Bolaño, ¡no
me avasallará tu gran poder!

JORNADA TERCERA

CAUTIVERIO

En la casa de DON PEDRO BOLAÑO. Es la hora en que las gallinas se recogen con el gallo mocero. Arde una lumbrada de tojos en la gran cocina, ahumada de cien años, que dice con sus hornos y su vasto lar [39] *holgura y labranzas. Una vieja hila sentada debajo del candil. Los otros criados desgranan mazorcas para enviar el fruto al molino. Hablan en voz baja. Tienen un aire de misterio. Las figuras, las sombras, las voces, parecen próximas a desvanecerse, inconsistentes como el ondular de la llama bajo las negras piedras de la chimenea, donde silba el viento.*

JUANA DE JUNO.—Cuando Don Pedro entró en la casa, el sollozo que dio la llenó toda. No iba la gran bribona por la cerca cuando el amo ya enviaba por el niño a señora Andrea la Navora.

LA HIJA MAYOR DE ROSA DE TODOS.—Y Rosa Galana, cuando vio que el hijo le era devuelto, quedóse mortal.[40] Gustante hubiera querido recoger del aire sus palabras.

JUANA DE JUNO.—Por eso fue aquel hablar mío de que la criatura no había perdido su suerte y que volvería a reinar en esta casa.

(La Navora entra acezando y se desata las puntas del pañuelo para respirar a su talante.[41] *Todos callan, en espera de que hable la vieja hilandera.)*

LA NAVORA.—¡Santísimo Señor de los Ejércitos! ¡No topé en mis años con mujer más rebelde! ¡Lo que retalea! ¡Lo que retalea! Le hablé al corazón, y por nada de este mundo consintió en tornarse acá.

JUANA DE JUNO.—Veremos lo que alcanza Malvín.

LA NAVORA.—¿También va a cabo de ella? No sacará nada... ¡La Galana quiere que el amo se humille!... ¡Que con sus canas y su gran orgullo vaya a rogarle!... ¡Quiere que la cubra de oro!

JUANA DE JUNO.—Malvín, si tercia, no habrá de ser con palabras conqueridoras. ¡Antes de partir estuvo afilando la hoz! Mas el amo, que lo vido,[42] le ordenó que la dejare,[43] y por segunda vez le llamó para hacerle sus recomendaciones.

LA HIJA MAYOR DE ROSA DE TODOS.—Mi verdad que, si tanto había de afanarse el amo por recobrar al infante, más le valiera no haberse desavenido con la madre y apartarla con aquello que pedía.

JUANA DE JUNO.—¿Y tú sabes lo que pedía? Cada hora, una nueva cosa. ¡Y Don Pedro Bolaño siempre fue muy celoso de su fuero![44]

(En la puerta ahumada, abierta en el rincón del muro, aparecen dos

---

[39] lar — hogar, casa.
[40] mortal — con apariencia de muerto.
[41] a su talante — libremente.

[42] vido — vio.
[43] dejare — dejara, dejase.
[44] fuero — vanidad, arrogancia, privilegio.

RAMÓN DEL VALLE INCLÁN

sombras borrosas y silenciosas. El caballero labrador apoya una mano en el hombro de Doña Isoldina. Despacio y sin hablar, pasan por entre los familiares y van a sentarse ante la mesa, dispuesta cerca del hogar para la cena.)

DON PEDRO.—¿Sabe tu madre que estás en mi casa?

DOÑA ISOLDINA.—Supondrá que estoy en la novena.

DON PEDRO.—Hoy colacionas conmigo. Tu compañía me consuela, y no te dejo ir.

(Con esto, Don Pedro Bolaño, dando un suspiro, se sienta en su sillón frailero. A la otra cabecera, en un escabel, se sienta Doña Isoldina. El viejo queda un momento distraído mirando la llama. Una moza sube de la bodega el jarro talavereño y una vieja sirve la cena. Don Pedro se santigua y bendice la mesa. Hay un leve y apagado murmullo, que finalizan a un tiempo el amo y la sobrina.)

DON PEDRO.—¡Amén!

DOÑA ISOLDINA.—¡Amén!

DON PEDRO.—¿Qué alcanzará Malvín? ¿A ti no te anuncia nada el corazón, sobrina?

DOÑA ISOLDINA.—¡Hace tanto tiempo que no creo anuncios del corazón!... ¡En el día más alegre de mi vida ocurrió la desgracia!... ¡Y mi corazón cantaba!

DON PEDRO.—¿Y ahora no sientes alguna voz secreta?

DOÑA ISOLDINA.—No... Ni creo en ellas.

DON PEDRO.—¡Yo, sí! En todos los sucesos graves de mi vida el corazón me anunció lo que estaba oculto. La muerte de mi hijo la vi en un sueño... Y de los disgustos y de los afanes que ese huérfano había de ocasionarme también tuve presentimientos. A guiarme de la corazonada,[45] jamás lo hubiera traído conmigo. Sin tu inclinación por el monjío, ese niño no entra aquí.[46]

DOÑA ISOLDINA.—Era una obligación mirar por él.

DON PEDRO.—No. Me lo pusieron delante de los ojos, y es tanta su semejanza con el muerto, y estaba yo tan solo... Pero antes de que todo eso ocurriese, mi primer impulso fue llamarte a ti, tenerte a mi lado... Y acaso, andando el tiempo, casarte con otro hombre y criar vuestros hijos como mis nietos... ¡Eso debió ser!

DOÑA ISOLDINA.—No se quiere más que una vez en la vida.

DON PEDRO.—Calla con esas historias de libro impreso. Se quiere siempre: la moza, al mozo, y el viejo, al niño. Mírame a mí, que no puedo vivir sin ese nieto de tras la Iglesia. ¿Tú comprendes la cárcel que sería esta casa quitando el sol de todas sus ventanas? Pues eso será mi vida si no recobro al nieto.

DOÑA ISOLDINA.—¡Dios lo traiga!

(Entra humildemente una mocina con ojos de inocencia. En las manos sostiene un nido de tórtolas.)

LA MOCINA.—¡Santas y buenas noches!

VARIAS VOCES.—¡Santas y buenas!

DON PEDRO.—¿Acomodaste el ganado, Musquilda?

LA MOCINA.—Acomodé, sí, señor.

DOÑA ISOLDINA.—¿Qué tienes? Suspiras como después de haber llorado, rapaza.

JUANA DE JUNO.—¿Te coceó la vaca?

LA MOCINA.—Murieron las tórtolas que estaba criando para el lucerín. De hambre no fue. Así, frías como están, topélas[47] en el nido.

---

[45] a guiarme de la corazonada — si hubiera juzgado según mis presentimientos.

[46] no entra aquí — no hubiera entrado aquí.

[47] topélas — las hallé.

(Bajo el arco que abre zaguán a la plaza hay una hilera de figuras desvanecidas, diluidas, monótonas. Gesto y voz en la gama del gris.)

DIANA DE SÁLVORA.—Ya está Don Pedro a su mesa. ¿Quién entra primero?

LA ABUELA.—¿Qué vos manda la doctrina? ¿No vos manda ser de pro [48] para los viejos?

LA OFRECIDA.—Nos vamos delante porque somos dos, y la vez de la una y la vez de la otra hacen una vez mayor.

(Se adelantan juntas y encorvadas. Quedan en el umbral viendo el fuego, con las llamas bailando en los ojos.)

JUANA DE JUNO.—¡No embrujéis la lumbre, de lejos!

LA ABUELA.—¡Espíritu Santo!

LA OFRECIDA.—¡Ave María!

JUANA DE JUNO.—¿Qué conveniencia os trae?

LA ABUELA.—Cambiar maíz por pan cocido. Estas espijas que nos dieron por las puertas.

JUANA DE JUNO.—¿Quién cosechó maíz tan cativo?

LA ABUELA.—Reparo pones [49] a la limosna que me diste.

(Don Pedro Bolaño, que ha estado mirando a la vieja muy fijo y encapotado, saca el cuerpo un poco fuera en el sillón frailero.)

DON PEDRO.—Tú no eres nativa de Lugar de Condes.

LA ABUELA.—¡Sí, señor, cabo del crucero!

DON PEDRO.—Darás aviso a Remigio de Cálago para el Foral del Canabal. ¡Que no busque andar en justicias!

LA OFRECIDA.—Remigio de Cálago se mudó de Lugar de Condes.

Ahora vive en Lugar de Reyes. Si no le corre priesa,[50] mañana de amanecido le llevo volando el recado.

DON PEDRO.—Que os cambien ese maíz.

LA ABUELA.—¿Por cuánto pan?

DON PEDRO.—Por un pan entero.

(Calladas, silenciosas, han ido entrando en la cocina las otras sombras cobijadas bajo el arco del zaguán. Un rapacín cubierto con el manteo de la madre, y Diana de Sálvora. Viene con ella una brisa de redes y algas. Es blanca, alegre, desnuda de pierna y de pie, con los ojos verdes de onda de mar, metida en vientos y en soles.)

DIANA DE SÁLVORA.—¡Santas noches!

TODOS.—¡Santas y buenas!

DIANA DE SÁLVORA.—Venía a vuestra puerta por un puñado de harina levedo para amasar.

JUANA DE JUNO.—¿Para amasar o para un unto?

DIANA DE SÁLVORA.—¡Ni que fuera bruja!

LA NAVORA.—Bruja, no; pero les echas un requiebro.

DIANA DE SÁLVORA.—¡Tengo ciencia! Con ello esclarezco las vidas. Señor Don Pedro, ¿quiere que le lea las cartas y le manifieste su mañana?

DON PEDRO.—Ya sabes que maldigo de hechicerías.

DIANA DE SÁLVORA.—¡Mire que en la faltriquera traigo el naipe!

DON PEDRO.—¡Nada de adivinos!

DIANA DE SÁLVORA.—¡A ver qué salía! El cinco de oros. ¡Vea! Audacia y fortuna. Esto dice una consecuencia de cuanto aquel escrúpulo que tuvo y fue tocante...[51]

DON PEDRO.—¡Cuándo dejarás de venirme con estas salmodias! Esta noche no quiero conocer el porvenir.

[48] ser de pro — en favor, a provecho de, delante de.
[49] Reparo pones... — obstáculo pones, objeción pones.
[50] no le corre prisa — si no tiene prisa.
[51] fue tocante — con respecto a.

DIANA DE SÁLVORA.—Canta el viento marino. Corazón valiente no teme interrogar al Destino.

DON PEDRO.—Corazón valiente otro tiempo lo fui [52] y lo mostré.

(Sucede un largo silencio. La cocina tiene paz de retablo. Danzan las llamas en el hogar, y en torno todas las figuras están quietas, imbuidas de misterio. Bajo el manteo que le encapucha, El rapacín levanta su voz, clara como en el coro.)

EL RAPACÍN.—Dice mi madre que si le emprestan un puño de harina maiza para hacer unas papas,[53] pues ella no tiene con qué darnos cena.

DOÑA ISOLDINA.—¡Pobres almas! Son cinco, y la madre ella sola a trabajar. ¿Qué hace tu madre?

EL RAPACÍN.—Pues no hace nada. Cava la tierra.

DON PEDRO.—Dile de venir [54] mañana para sacar los ganados, pues está en un viaje Malvín.

EL RAPACÍN.—¿No me dan la harina?

DIANA DE SÁLVORA.—¿Y a mí ese puño de levedo?

DON PEDRO.—Dad al rapacín lo que pide. Tú, Diana de Sálvora, siéntate. Cenarás al compango con todos, y luego te arrimarás a hilar una rueca, que pronto esperamos al tejedor.

(Aparecen en la puerta El Ciego de Gondar y La Moza. Dos figuras negras que despiden un vaho de humedad. El hombre se sacude bajo la anguarina. La mujer hace temblar largo y fino las sonajas de la pandera.)

EL CIEGO.—¿Dan su licencia al ciego para que se caliente a la lumbre? Algo tiene que comunicar al

señor Don Pedro Bolaño. ¡Mi amo por toda la vida! Aun cuando no veo, paréceme que está sentado a la mesa. ¡Que le haga muy buen provecho!

DON PEDRO.—¡Mala nueva traéis! ¡Sois pájaros de mal agüero!

LA MOZA DEL CIEGO.—La nueva que traemos así puede ser buena como puede ser mala. No la denigre sin la conocer,[55] que no le pedimos aguinaldo por ella.

EL CIEGO.—Me falta la luz de los ojos, y de todas las cosas de este cativo mundo solamente logro alcanzar una parte pequeña... Pero decía mi abuelo que por la oreja, como por el rabo, se reconoce todo el cuerpo de la bestia. A Rosa Galana le robaron el hijo. Quién fuese no sé...

DON PEDRO.—¿Tú lo has visto?

EL CIEGO.—Yo nada veo.

DON PEDRO.—¿Tú?

LA MOZA DEL CIEGO.—Yo andaba lejos.

DON PEDRO.—¡Decid pronto lo que sepáis!

LA MOZA DEL CIEGO.—Saber cosa cierta, ninguna. Oímos voces... Y los tiros que daba Valerio...

EL CIEGO.—¡Y hasta el gemido de un cristiano al fincar en tierra! [56]

DON PEDRO.—¡Tampoco ahora me engañó el corazón!

DOÑA ISOLDINA.—¿En dónde ha sido?

EL CIEGO.—¡En el paso de la Barca!

DON PEDRO.—¡Encended luces!

JUANA DE JUNO.—¡Son los asesinos de don Miguelito!

DON PEDRO.—¡Pediré justicia!

LA NAVORA.—¡Le comerán los canes de la curia! ¡No hay justicia en Quintán de Castro Lés!

DON PEDRO.—¡Pues haré la justicia por mi mano! ¡Iré a sacarles de su madriguera!

---

[52] corazón... fui — en otro tiempo fui corazón valiente.

[53] hacer unas papas — hacer una comida.

[54] dile de venir — dile que venga.

[55] la conocer — conocerla.

[56] ¡...al fincar en tierra! — al caer.

DOÑA ISOLDINA.—¡No irá usted solo! Yo también iré.

JUANA DE JUNO.—¡Y todos nos![57] Ya están encendidas las teas.

EL CIEGO.—No descubran al Ciego... Es la primera vez que olvida los mandamientos del pobre de pedir.

DOÑA ISOLDINA.—Alguien llama desde el camino.

LA VOZ DE MALVÍN.—¡Socorro, mi amo!... ¡Socorro!...

DON PEDRO.—¡Es la voz de Malvín!

LA VOZ DE MALVÍN.—¡Socorro!... ¡Venid a recogerme!...

DON PEDRO.—¡Alumbrad el camino!

LA VOZ DE MALVÍN.—¡Muero desangrado! ¡Socorro, mi amo!

DON PEDRO.—Su voz llega hasta mí como un remordimiento. Tiemblo de miedo y de angustia... ¡Y de dudas también! ¿Acaso la avaricia me ha endurecido el corazón? ¡Señor, pon al niño en mis brazos, y déjame tan pobre, tan pobre, que pida limosna para él!

(El portón de la cocina está abierto de par en par ante el cielo estrellado y profundo. Don Pedro Bolaño hállase atento a los rumores de la noche, vencido, amedrentado, caviloso, sintiendo en el oscuro enlace de todas las cosas lo irreparable y lo adverso del Destino. De fuera llegan las ráfagas de un rumor asustadizo y doloroso.)

LA VOZ DE DOÑA ISOLDINA.—¡Cayó en la cancela! ¡Tiene al niño abrazado! ¡Dádmelo! ¡Dádmelo!

JUANA DE JUNO.—¡Está aterido el ángel de Dios!

MALVÍN.—¡Está muerto!

JUANA DE JUNO.—¡De la sien le corre un hilo de sangre!

(Aparece en la puerta Doña Isoldina con el niño en brazos. Juana

de Juno le cruza las manos amoratadas sobre el pecho y le cubre la cara con un pañuelo blanco. El viejo labrador levanta los brazos como una sombra.)

DON PEDRO.—¡Le mató la dureza de mi corazón!

LA MOCINA.—¡Qué lirio blanco, blanco!... Parece un Niño Jesús.

LA NAVORA.—¡No aparenta muerto! Acercadlo al fuego... Por veces nos engañamos... Pudiera revivir el ángel de Dios.

MALVÍN.—El mismo plomo que pasó mi pecho, el mismo plomo le mató.

(Doña Isoldina, sentada en una silla de roble, tiene acostado al niño en su regazo. En torno, sobre las losas, están arrodilladas las figuras familiares como en los retablos del nacimiento y de la muerte de Nuestro Señor Jesucristo. Don Pedro Bolaño, en su sillón cerca del fuego, habla entre sí con apagada voz.)

DON PEDRO.—¡Tan viejo y tan solo! ¡Ya me pueden enterrar!

MALVÍN.—¡No se desconsuele, señor mi amo! Tengo una niebla en los ojos y no puedo verle la cara, mas por el sonar de sus palabras paréceme que llora. ¡No llore, señor mi amo! ¡No llore, mi padre Don Pedro!

DON PEDRO.—¡Qué hacer sino llorar!

MALVÍN.—Voy a morir, y es mi obligación descubrirle la verdad de todas las cosas. No llore como su sangre la sangre derramada del picarín.

DON PEDRO.—¡Rosa de mi sangre, que mi vida alegraba!

MALVÍN.—¡Engaño era! ¡Engaño de malas mujeres!

DON PEDRO.—¿Qué importa que fuese engaño? Sobre mi cuello se juntaban sus manos, y como aquellos hijos míos que vi morir de ángeles, me sonreía.

LA NAVORA.—No hables tú, Malvín. Hablando pierdes vida. Restaña con este lienzo la sangre que te mana. Estás atarazado como un Nazareno.

MALVÍN.—Un can blanco vino tras de mí.

JUANA DE JUNO.—¿Por qué no lo espantaste?

MALVÍN.—Porque pensé: Malvín pecador, es el can de la muerte, y si ha de roerte los huesos en la sepultura, cuando no lo sientas, que roa en ellos mientras estás vivo, y este dolor vaya en descargo de tus culpas.

(Mauriña y Anxelo, dos figuras doloridas, hechas de terror y de miseria, llegan sigilosas hasta el umbral de la puerta y se arrodillan con las manos juntas, estremecidas bajo sus harapos.)

MAURIÑA.—¡Casa enlutada!

ANXELO.—¡Sangre derramada!

MAURIÑA.—¡Habla para que llamen al verdugo y te sea perdonada!

ANXELO.—¡Vednos aquí, arrodillados sobre la tierra, besándola con nuestra boca y haciendo en ella las cruces benditas! ¡Vednos aquí, pidiendo un castigo y las justicias de este mundo para ser perdonados en aquel otro mundo de la verdad resplandeciente, donde los santos y los ángeles, lindos como soles, están cantando y bailando sus bailes a la vera de Dios Nuestro Señor Jesucristo! ¡Aquí, arrodillado, publicaré mi condenación! ¡Mi palabra, palabra será que hile el cáñamo de un dogal! Noble caballero, ¡toma un hacha en tus manos y corta mi cabeza!... ¡Corazón afligido, castiga al matador!... ¡Ay!... ¡El can que aúlla! ¡No lo dejéis entrar!

MAURIÑA.—Remata con una palabra tu confesión, Anxelo. ¡Que hemos llegado a esta puerta arrastrados en el aire del ánima en pena! ¡El ánima en pena del hijo que lloras, noble caballero! ¡Juntos la vimos cuando íbamos caminando por

una senda! ¡Abrazados nos trajo en su torbellino, mas yo no soy culpada!

ANXELO.—¡Aúlla el can! ¡Aúlla el can!

MAURIÑA.—Es la mujer que lo tiene embrujado. No la dejen entrar. ¡Remata, Anxelo, con una palabra para que la sombra del muerto vuelva a la huesa!

ANXELO.—¡Aúlla el can!

(Se oye en una ráfaga la voz de Rosa la Galana, y se ve su sombra que adelanta en la noche. En la cocina callan todos, como recogidos bajo el vuelo de unas alas invisibles.)

LA VOZ DE LA GALANA.—Don Pedro Bolaño, ¡devuélveme a mi hijo! ¿Es acción de caballeros o de facciosos robar el hijo a una madre? ¿No hay justicia en Quintán de Castro Lés?

DON PEDRO.—¡Entra, sierpe rabiosa! ¡Entra!

LA GALANA.—¡Ay viejo mañero, quiere que entre! ¡No entro, no! ¡Conozco la artería! ¡Me pone la trampa para me llevar [58] a la justicia con aquel dictado de pisar en su casa por la fuerza!

DON PEDRO.—¡Ojalá nunca hubieras pisado en sus losas! ¡Contigo vienen desgracias y furias! ¡Entra y contempla a tu hijo muerto!

LA GALANA.—¿Qué dice, condenado? ¡El hijo mío, muerto! ¡Muerto el jilguero de más lindo cantar! ¡Muerto después de haberlo criado con los trabajos del mundo! ¡Nuestro Señorín de Belén! ¡Siete ferrados de trigo gastados en yerbas de medicina y miel para las aguas! ¡Si no era con miel, me las cuspía, que en todo heredaba la inclinación de caballero! ¡No me desampares, Pedro Bolaño! ¡Era la flor de ese gran árbol esa prenda muerta!

DON PEDRO.—¡Era la flor de la tierra!

─────────

[58] me llevar — llevarme.

LA GALANA.—¡No desampare a
la madre!

DON PEDRO.—¡A la sierpe que lo
mató!

LA GALANA.—¡Yo! ¿Que yo lo
maté? Usted, que me lo roba ahora,
y que antes me lo devolvió por no
darme lo que era debido. Recuerde
que ni aun quiso escucharme. Tengo testigos. ¡Reclamaré ante la Justicia!

DON PEDRO.—¡No hables tú de
Justicia! ¡Lo que debes hacer es te-
merla!

LA GALANA.—¿Y por qué la he
de temer? El que no es culpado no
teme.

DON PEDRO.—¡Tú eres culpada!
¿Quién asesinó a mi hijo, Rosa Galana?

LA GALANA.—¿Ahora me levanta
esa calumnia? ¿Qué hablaste tú,
Mauriña? ¿Qué hablaste, Anxelo?
¿Qué buscáis aquí? ¿Un pedazo de
pan? En mi casa lo tenéis sin vos
poner de rodillas, humillados con los
brazos abiertos. ¡Vamos, Anxelo!

ANXELO.—¡Rosa!

LA GALANA.—¡Yérguete!

ANXELO.—¡Rosiña!

LA GALANA.—¡Vamos!

ANXELO.—¡Vamos!

MAURIÑA.—¡Nuevamente te echas
al cuello la cadena de pecados!

ANXELO.—¡No me la arranca nadie, si no es la muerte!

LA GALANA.—¡Tú tampoco quedas aquí, Mauriña! ¡Anda con nos!

MAURIÑA.—¿Adónde, Rosa?

LA GALANA.—Adonde vos lleve.

MAURIÑA.—Mas ¿adónde?

LA GALANA.—¡A los infiernos!

*(Anxelo y Mauriña salen delante,
humilladas las frentes, con un tre-
mido trágico bajo sus harapos. La
mirada dura y negra de Rosa la Galana los sigue hasta que pasan el
vano del arco. La Galana, en el
umbral, se vuelve, escupe en las losas y hace los cuernos* [59] *con la mano izquierda. Las gentes de la cocina se santiguan. Un momento después, tres perros blancos ladran en
la puerta.)*

------

[59] hace los cuernos — señala el engaño de una mujer a un hombre.

TELÓN

MIGUEL DE UNAMUNO Y JUGO

Miguel de Unamuno y Jugo nació en Bilbao el 27 de septiembre de 1864 y murió en Salamanca el 31 de diciembre de 1936. Durante su niñez fue muy religioso y recuerda sus emociones religiosas en sus libros *Paz en la guerra* (1897) y *Recuerdos de niñez y de mocedad* (1908).

En 1880 obtuvo el bachillerato y ya tempranamente comenzó a despertarse en él la rebeldía frente al tradicionalismo católico que en su niñez y adolescencia viviera. A los dieciséis, se traslada a Madrid para estudiar Filosofía y Letras. Se le conoce como devora-libros y se dedica intensamente al estudio. Obtiene el título de Licenciado en Filosofía y Letras de la Universidad de Madrid en 1883 y se doctora en el mismo campo al año siguiente. Su crisis religiosa va en aumento y deja de asistir a misa permanentemente.

En 1891 se presenta en Madrid para opositar a la cátedra de Lengua y Literatura griegas y obtiene éxito en la empresa. Seis años más tarde aparece su primera novela, *Paz en la guerra,* recuerdos de la guerra carlista. La crisis religiosa sigue y Unamuno trata de recuperar su fe perdida. El problema lo acosa repetidamente y lo obsesiona sin fin.

Al mismo tiempo que desarrolla su obra literaria personal colabora en revistas de España y América como *Revista Ibero Americana, La Ilustración Española y Americana, La Lectura* y *La España Moderna.*

En 1902, publica en Barcelona *En torno al casticismo* y, en la misma ciudad, su segunda novela, *Amor y pedagogía,* obra que describe el fracaso de un hombre que desea someterse a la vida a medida científica en vez de dejarla correr por cauce normal.

En 1905 publica *Vida de Don Quijote y Sancho,* comparando al caballero andante con San Ignacio de Loyola, algo que más tarde rechaza. En 1913 aparece *Del sentimiento trágico de la vida en los hombres y en los pueblos.* Es su obra maestra y la más profunda de todas. Es la síntesis y un intento sistemático de exposición de la incompatibilidad entre la razón y la fe, problema central de su pensamiento.

En 1914 publica *Niebla,* a la que Unamuno llama *nivola.* Plantea en esta obra la cuestión de la supervivencia del hombre después de su muerte. Su novela *Nada menos que todo un hombre* es escenificada con éxito en Madrid en 1926.

En 1930 estrena *Sombras de sueño,* drama que no es entendido. Se nota el paralelismo entre esta obra y la temática exhibida ya antes en *Niebla*. El año siguiente aparece *San Manuel Bueno, Mártir,* novela cuya tesis es nuevamente la supervivencia después de la muerte.

Toda su obra, novela, ensayo, teatro y poesía, se unifica alrededor de dos temas insistentes: la obsesión por descubrir la entraña de lo español y el anhelo dramático y trágico de dar finalidad a la vida. En conjunto, toda la vida de Unamuno, real y literaria, es la continua búsqueda de la esencia del espíritu español.

Alrededor de los treinta años, Unamuno parece romper con la mesura intelectual de sus primeros escritos y pasa a la fase más característica de su producción literaria, que se exhibe hasta su muerte. A esta edad, sus obsesiones espirituales comienzan a cubrir todo lo que escribe y desarrolla las crisis interiores que descubren a Unamuno melancólico, agónico y desesperado, quien reconoce que carece de una filosofía fija con la cual vivir. Su inspiración principal viene de Kierkegaard y es la influencia del danés la cual más se presiente en la obra unamunesca.

La incertidumbre filosófica de Unamuno se exhibe en su indecisión con relación al quijotismo. *En torno al casticismo* demuestra su oposición al quijotismo, o sea a la impráctica devoción a la utópica y romántica visión del mundo, buscando la renovación y reconstrucción nacional. Por años, después de la aparición de este ensayo, aboga por la muerte de Don Quijote. En el año decisivo de 1898, Unamuno cambia su dirección y declara su oposición a la regeneración y europeización de España. Busca establecer el libro de Cervantes como la biblia nacional de España.

El interés por la dualidad creador/creación que se presenta en varias de sus obras surge del interés que Unamuno siente por discernir la relación que existe entre Cervantes y Don Quijote. La superioridad de la obra maestra de Cervantes por sobre todo el resto de su creación literaria implica que quizás Cide Hamete Benengeli fue el verdadero autor de Don Quijote y que el héroe mismo eligió a Cervantes como narrador de su historia. Se llega a deducir, entonces, que la creación literaria adquiere más preeminencia al ser ésta la que elige a quien es sólo mero escritor de una realidad ya existente. Para Unamuno, Don Quijote es un heroico caballero andante que persigue la fama y la inmortalidad.

Similarmente, Unamuno desesperadamente busca el significado de la vida y desea creer en la inmortalidad del ser humano. Como español, Unamuno reconoce que la esencia de su espíritu es la disonancia de su conflicto permanente entre el ideal y la realidad De esto que vea por un lado el sentido sanchopancesco de lo inmediato, de lo tangible, y del otro el ansia quijotesca de inmortalidad, de eternidad. Unamuno ejemplifica la irracionalidad, el superindividualismo y el carácter volcánico del hispano y, por lo tanto, es netamente español o, parafraseando al autor: "siendo vasco, español dos veces".

Sombras de sueño es una obra dramática pero se diferencia del resto de su producción sólo en la técnica. El drama trata pirandelianamente la lucha entre el hombre de carne y hueso y el ente de ficción y culmina con la victoria de uno de ellos sobre el otro. Consiste la obra de escenas que confrontan directamente los caracteres del drama sin episodios que lo alarguen y ornamenten. Como todos los dramas de Unamuno, no es *Sombras* espectáculo de pasatiempo sino creación de ideas y sentimientos.

· BIBLIOGRAFÍA SELECTA

DEL Río, Ángel. *Historia de la literatura española.* Vol. II. Nueva York: Holt, Rinehart and Wiston, 1963.

ONIEVA, Antonio J. *Unamuno.* Madrid: Compañía Bibliográfica Española, S. A., 1964.

RUBIA BARCIA, José and ZEITLIN, M. A. *Unamuno: Creator and Creation,* Berkeley: University of California Press, 1967.

UNAMUNO, Miguel de. *Teatro completo.* Madrid: Aguilar, 1959.

SOMBRAS DE SUEÑO

Miguel de Unamuno

PERSONAJES

Don Juan Manuel de Solórzano
Elvira, su hija
Tomás, criado de la casa Solórzano
Rita, su mujer
Julio Macedo
La Mar

ACTO PRIMERO

SOLÓRZANO y TOMÁS

SOLÓRZANO.—Otro año más de desgracia, Tomás... A este paso...[1] Nada, que tengo a Dios de espaldas...

TOMÁS.—Cierto, señor; hogaño ha sido fatal... Con estos tiempos... Dios no quiere llover.[2] Mas no desespere...

SOLÓRZANO.—Mi pobre hacienda, lo que me queda de la antigua hacienda de los Solórzano, siempre más honrada que opulenta, mengua de un modo alarmante, y a ti, al viejo criado de la casa, a ti que eres como de la familia más bien...

TOMÁS.—Mi padre fue criado del suyo, de su abuela mi abuelo...

SOLÓRZANO.—A ti que estás en todos los secretos[3] de esta hoy pobre casa, debo decirte que temo su ruina completa, si Dios no lo remedia...

TOMÁS.—¡En viviendo yo, no![4]

SOLÓRZANO.—Sí, ya lo sé, Tomás, ya lo sé...

TOMÁS.—Lo mío es suyo y basta para no morirse de hambre. Usted me ha hecho hombre...

SOLÓRZANO.—Y créeme que no lo temo por mí, sino por mi pobre hija, por la pobre Elvira... El último retoño de los Solórzano de esta isla. ¡Y una hija! ¡Una mujer! Ni mi nombre va a quedar en esta isla que

descubrió, conquistó y colonizó mi antepasado don Diego... *(Señala un gran retrato al óleo que cuelga de la pared.)* Y a cuyo estudio he dedicado mi vida...

TOMÁS.—Cierto, señor. Nadie sabe de ella lo que usted sabe. Porque ¡cuidado que ha recogido libros en su librería!

SOLÓRZANO.—Sí, sí, creo tener todos, todo lo que sobre nuestra isla se ha escrito, directa o indirectamente; todo libro en que se haga mención de ella o de sus hombres. Y luego el archivo de don Diego de Solórzano y de sus sucesores... ¡Una riqueza!

TOMÁS.—Y la hacienda...

SOLÓRZANO.—Sí, una pobreza. Enriqueciendo el alma, la historia, me he empobrecido. ¿Te pesa, Tomás? Porque te he arrastrado en mi ruina... ¡Perdónamelo!

TOMÁS.—¿Yo? ¿Yo tener que perdonar al señor? Si se lo debo todo... ¡Más que la vida..., el alma! Le debo lo poco que sé; le debo el no vivir como las bestias; le debo el ser de esta casa..., de la casa. Tuviera yo mil vidas y se las daría para que siguiera empobreciéndose en enriquecer esa historia...

SOLÓRZANO.—*(Emocionado.)* Gracias, Tomás, gracias. Comeremos del mismo pan. Pero lo que más me acongoja es esa pobre hija, hija mía, esa pobre Elvira... Sola, siempre aquí sola... aislada. ¡Qué terrible palabra esta de aislamiento! Solo los que vivimos en una isla así, sin poder salir de ella, lo podemos comprender... Va para los veintidós y no he podido aún sacarla decentemente. Y aquí se consumirá... *(Se enjuga una lágrima.)*

---

[1] a este paso... — como van las cosas...

[2] Dios... llover — Dios no quiere que llueva.

[3] que... secretos — que sabes todos los secretos.

[4] ¡En viviendo yo, no! — ¡Mientras yo viva, no!

TOMÁS.—No se apesadumbre, señor. ¡A lo hecho, pecho, y cara al viento! [5]

SOLÓRZANO.—¡Aquí se consumirá, aislada y... soltera! ¿Va a casarse con cualquiera de estos patanes? Ni aun la quieren... por pobre.[6] Solórzano no les dice nada. ¿Va a venir nadie de fuera a buscarla? Y ella no puede salir, ni... para eso... debe. Aquí se consumirá aislada y sin consuelo. Y la pobre corderita ni se queja... No se queja, ¿eh, Tomás? Tu mujer, Rita, su ama de cría, la que le ha hecho de madre desde que mi pobre Rosa se murió al darla a luz, tu Rita, ¿no le ha oído quejarse?

TOMÁS.—Jamás, señor, que yo sepa. Y además su hija tiene un consuelo...

SOLÓRZANO.—¿Cuál?

TOMÁS.—¡El mismo de usted...: los libros!

SOLÓRZANO.—Que por cierto ahora le trae como loca esa historia de Tulio Montalbán, el caudillo de las luchas de aquella republiqueta, que escribió, luego de muerto Tulio, su suegro. Y me parece que mi pobre Quijotesa hasta se halla enamorada de él...

TOMÁS.—Algo hay de eso. A Rita no le habla de otra cosa. Se lleva el libro a todas partes; con él se pasea; con él se acuesta; con él duerme, con él sueña...

SOLÓRZANO.—Dirás que con Tulio, el héroe...

TOMÁS.—No, sino con el libro, pues que al hombre no le ha conocido...

SOLÓRZANO.—¿Y qué quieres que haga, la pobre?

TOMÁS.—A mi Rita la abraza y mostrándole el retrato ese del libro, le dice: "Pero ¿no ves qué hermoso? ¿Qué arrogante?" Y creo que cuando se va con el libro a orillas

de la mar es a ver si resucita el hombre... Porque me parece haber oído que se murió...

SOLÓRZANO.—Al menos así dice esa historia.

TOMÁS.—A ver si resucita y pasa y...

SOLÓRZANO.—Se la lleva.

TOMÁS.—¡Quién sabe!

SOLÓRZANO.—El príncipe encantado y encantador. Y eso ¿lo sabe...?

TOMÁS.—¡Toda la isla! Y todos hablan de la extraña manía de la señorita Elvira...

SOLÓRZANO.—De la pobre Elvira... Y se ríen...

TOMÁS.—"¡Cosas de la Solórzano!", dicen.

SOLÓRZANO.—De la pobre Solórzano..., de la pobre... Y esto es lo que más amarga mis años. Porque estos patanes...

TOMÁS.—Aquí todo el mundo le respeta, señor.

SOLÓRZANO.—Me compadece, Tomás, me compadece, que no es lo mismo. Y un descendiente de don Diego de Solórzano no quiere, no debe, no puede ser compadecido por los descendientes de aquellos a quienes dió la isla... Mas hablemos de otra cosa. ¿Quién es ese hombre extraño...?

TOMÁS.—¿Ese que llegó en un barco de paso y se quedó como a descansar unos días y no se va...?

SOLÓRZANO.—¡El mismo!

TOMÁS.—Nadie lo sabe y todos hablan de él. Es la novedad...[7]

SOLÓRZANO.—Una novedad que, como todas, se va ya haciendo vieja, una vieja novedad...

TOMÁS.—Con nadie se relaciona;[8] paga lo que gasta, se pasea y ni se le ve hacer nada... Ni lee...

SOLÓRZANO.—¿Que no lee?

TOMÁS.—Parece que no...

SOLÓRZANO.—Hombre extraño, en verdad...

TOMÁS.—Se habla ya de sus cosas...

SOLÓRZANO.—Sí, como de las mías... "¡Cosas de Solórzano!" ¡Mentecatos! Ellos no tienen cosas..., las cosas son ellos... Sí, sí, ya sé que ese majadero de Saldaña dice: "¡solorzanadas!"[9] Pero no tengas cuidado, que jamás se dirá: "¡saldañadas!", porque esa cosa no tiene nada propio..., ni el sentido. Pero dejémosles. Y el hombre ése, ¿se llama...?

TOMÁS.—Julio Macedo, y es de allá..., ultramarino.

SOLÓRZANO.—Me interesa como historiador ese hombre. Averigua lo que puedas acerca de él. No me resigno a ignorar..., no debo ignorar nada de lo que en la isla pase, y ya que ha caído en ella, pertenece a su historia...

TOMÁS.—Pero si no hace nada...[10]

SOLÓRZANO.—¿No dices que dicen que tiene cosas? Esto basta. Todo el que tiene cosas, que no es cosa, pertenece a la historia... Averigua... Mas aquí llega Elvira...

ESCENA II

SOLÓRZANO, TOMÁS y ELVIRA

ELVIRA.—(Al entrar, con el libro en la mano, va a besar a su padre.) ¡Buenos días, papá! ¡Buenos días, Tomás!

SOLÓRZANO.—Qué, ¿a pasar el día..., otro día más...?

ELVIRA.—¡No te pongas así, papá! Ya te tengo dicho que me hago cuenta de todo y vivo resignada. Tú lo sabes, Tomás; lo sabe Rita.

TOMÁS.—Lo sé, señorita. Y ya le tengo dicho y repetido y vuelto a repetir[11] a su señor padre que

mientras no faltemos,[12] nada le faltará.

ELVIRA.—Y en todo caso yo sabré trabajar...

SOLÓRZANO.—¡Eso... jamás! ¿Trabajar tú? ¡Jamás de los jamases!

ELVIRA.—¡Sí, trabajaré! ¿Es que el trabajo deshonra?

SOLÓRZANO.—Según qué trabajo...

ELVIRA.—¿Entonces...?

SOLÓRZANO.—Pero ¿en qué vas a trabajar tú, corderita? ¿Y para quién?

ELVIRA.—¿Qué para quién...?[13]

SOLÓRZANO.—Sí, tú me entiendes, ¿para quién? ¿Quién te va a dar trabajo? ¡No, aquí, en esta isla, no! Poco que se reirían...[14]

TOMÁS.—Permítame, señor... No haga caso de risas; ande yo caliente y ríase la gente...[15] Y en cuanto a su hija, mientras vivamos nosotros...

SOLÓRZANO.—Pero tú, Tomás, tu mujer Rita y yo podemos faltar el mejor día..., no somos ya jóvenes..., la vida gasta..., la soledad más..., y ésta..., ésta..., ésta sola...

ELVIRA.—Y aislada, ¿no es eso?

SOLÓRZANO.—¡Sí, eso es, aislada!

TOMÁS.—Me voy, señor, porque veo que se acongoja... Es mejor dejarles.

ELVIRA.—Sí, Tomás, déjanos. Yo sosegaré a papá...

(Se va Tomás.)

ESCENA III

SOLÓRZANO y su hija ELVIRA

ELVIRA.—Pero, padre ¿por qué haces estas escenas y delante de...?

---

[9] solorzanadas — cosas de Solórzano.

[10] Pero... nada — Pero no hace nada.

[11] ya... repetir — ya le he dicho y repetido muchas veces.

[12] mientras no faltemos — mientras vivamos.

[13] ¿Qué para quién? — ¿me preguntas para quién?

[14] Poco... reirían — todos se reirían mucho.

[15] ande... gente — refrán.

SOLÓRZANO.—Tomás es de la familia; no un criado cualquiera..., mejor nosotros sus criados porque él nos cría... Su mujer, Rita, te crió, te dió su leche, la de la hija que perdió, él nos da su sudor y...

ELVIRA.—Sí, lo sé. Sé que son ellos los que principalmente nos sostienen; pero a ellos, a sus padres...

SOLÓRZANO.—Sí, les hicieron los míos. En casa se conocieron, en casa se casaron; pero... ¡no importa! No me deja que duerma esta visión de tu porvenir. Tú sola..., sola..., sola con mi menguada hacienda, que apenas si nos alcanza... y con mis libros, todo el tesoro que te dejo.

ELVIRA.—(Acariciándole.) No te acongojes así, papaíto; ya me las compondré. A una mujer sola y acostumbrada al arreglo casero con poco, con muy poco le basta. Haré milagros. ¿Sociedad? ¡La de tus libros: la de la mar! Y quién sabe... acaso salga yo un día, no a caballo, pero sí en un velero, en un corcel de mar, en un clavileño marino, vela al viento del destino, a correr mares, a desfacer entuertos de hombres...

SOLÓRZANO.—(Enternecido.) ¡Solórzano..., Solórzano..., Solórzano! ¡Quijotesa! Ése (Señalando el retrato.) fué también, a su modo, un Quijote... ¡Quijotesa! [16]

ELVIRA.—Y Quijotesa isleña... marina... Iré, sí, por esos mares de Dios, por esos mares eternamente niños..., eternamente niños...

SOLÓRZANO.—Ya salió la mujercita..., la madrecita...

ELVIRA.—Iré, Quijotesa marina, por esos mares eternamente niños, en busca...

SOLÓRZANO.—Sí, en busca de tu príncipe encantado, del hombre de tu libro...

ELVIRA.—Sí, del hombre de mi libro... el del libro de mi hombre, de mi Tulio, de mi...

SOLÓRZANO.—¡De tu Dulcineo! [17] ¡Ay Quijotesa, Quijotesa!

ELVIRA.—¿Y por qué no? Aquí le tienes. (Le muestra en el libro el retrato de Tulio Montalbán.) ¡Aquí le tienes! ¿Le ves? ¿Sigues creyendo que es una superchería?

SOLÓRZANO.—No acaba de convencerme esa historia que ese don Adolfo Jacquetot escribió sobre su yerno Tulio Montalbán... Falta documentación... No hay documentos.

ELVIRA.—Pero, ¡mira, papá, óyeme! Había nacido y criádose en una pequeña república americana sometida al rapaz predominio de una fuerte potencia vecina. Vivió vida de campo, al sol y al aire, sin sentirse ni ciudadano ni patriota. Enamoróse perdidamente [18] de una Elvira —¡como yo!—, y siendo aún muy mozo, casi un niño, a los dieciocho, casóse con ella, como a esa misma edad se había casado con su Teresa Simón Bolívar, el Libertador. Y como Bolívar, enviudó también Tulio Montalbán un año más tarde, a sus diecinueve. Bolívar cuentan que decía: "Si no hubiese enviudado, mi vida quizá habría sido otra; no sería el general Bolívar ni el Libertador". Y algo así le ocurrió a Montalbán. La muerte de su Elvira le sumergió en una desenfrenada desesperación. El padre de ella, su suegro, que fue quien luego de muerto él escribió este relato de su vida, como en piadosa ofrenda, cuenta aquí cómo temieron que acabase a propia mano violenta con su vida. Oye. (Abre el libro y lee en él:) "Bien es verdad que muchas veces le oí hablar a mi pobre hija Elvira del fondo melancólico y aun misantrópico de su marido y de có-

---

[16] ¡Solórzano... Quijotesa! — nótese la admiración de Solórzano y Elvira por don Quijote; sentimiento que refleja el acercamiento unamunesco al héroe cervantino.

[17] ¡De tu Dulcineo! — nótese el trastocamiento con la novela.

[18] perdidamente — completamente. Implica una pérdida total de control.

mo le había oído decir que si aquel temprano amor no le salva, apegándole a la vida, habría acabado, sin saber por qué, suicidándose."

SOLÓRZANO.—Pero, ¡cómo manejas tu libro! [19] Ni un pastor protestante su Biblia... [20] Diríase que te lo sabes de memoria...

ELVIRA.—Casi y haz cuenta...

SOLÓRZANO.—Muy hermoso todo ello, muy romántico, pero ni un solo documento, ni un parte de combate, ni una carta...

ELVIRA.—Pero deja que acabe... Lo que le salvó del suicidio, por desesperación el viudo de Elvira Jacquetot, fué el amor de patria. Buscando alimento al fuego que le consumía el corazón, paró mientes en la postración civil de su patria, de la pequeña República en que quiso crear una familia, y se lanzó a redimirla, a emanciparla. Levantó bandera contra los opresores, declaró la guerra a los gobernantes mediatizados, abyectos servidores de la vecina potencia opresora, y se propuso hacer a su patria, patria de verdad y no sólo ficción de ello, de hecho y no de derecho solamente, independiente. La campaña fué una sucesión de heroicos hechos de armas. Aquí tienes, padre, aquí tienes la historia. ¿Por qué no la vuelves a leer, padre?

SOLÓRZANO.—No tengo tiempo, te he dicho.

ELVIRA.—¿Que no tienes tiempo?

SOLÓRZANO.—No, porque en ese libro no se habla nada de nuestra isla ni se la menciona ni de paso...

ELVIRA.—Quién sabe...

SOLÓRZANO.—¿Cómo que quién sabe...? [21]

ELVIRA.—Es cierto que ni se la menciona siquiera; pero a mí se me figura estarla sintiendo, a esta isla, a nuestra isla, a mi isla..., ¿te lo digo?

SOLÓRZANO.—Dilo, hija.

ELVIRA.—¡Mi ínsula Barataria! [22]

SOLÓRZANO.—Ahora, Quijotesa, pasas a Sancha...[23]

ELVIRA.—Todo es uno. El hombre podrá ser Quijote o Sancho; la mujer, papaíto, es Quijotesca y Sancha en uno... Nuestro ideal es la realidad...

SOLÓRZANO.—¡Filósofa estás!

ELVIRA.—Es que...

SOLÓRZANO.—Calla hija mía, calla...

ELVIRA.—Y aquí, en este libro, se cuenta cómo Tulio llevó siempre sobre su pecho, con un escapulario, un retrato de·su Elvira y la primera y casi la última carta de amor que le escribiera; cómo era el nombre de Elvira el que invocaba al entrar en los combates; cómo parecía que más que libertar a su patria buscaba libertarse de la vida e ir a juntarse con la que fué su compañera en breve y fugitivo trecho de ella. Oye, padre. (Leyendo:) "Quiero libertar la tierra en que mi Elvira descansa, y cuando sobre ella ondee un pabellón de hombres libres, ya no me quedará sino descansar a mi vez a su lado, mezclados mis huesos con los suyos y hechos un mismo polvo nuestras carnes." Pero no fué así. Porque cuando ya Tulio Montalbán había logrado echar de su patria a los que la tiranizaban, una noche al cruzar un río, se hubo de ahogar en él. Los soldados que le acompañaban dijeron que le enterraron allí cerca; mas el caso es que no ha vuelto a saberse de él...

SOLÓRZANO.—Pues te lo repito, hija, ni un documento, ni un solo documento en toda esa historia...

[19] ¡cómo... libro! — ¡Qué bien empleas tu libro!
[20] Ni... Biblia — Un pastor protestante no lo haría mejor con su Biblia.
[21] ¿Cómo... sabe? — ¿Que quieres decir con "quién sabe"?
[22] ¡Mi ínsula Barataria! — referencia a la ínsula que los Duques le dieron a Sancho Panza.
[23] Sancha — Sancho Panza, en versión femenina.

ELVIRA.—¿Y esas proclamas, papá, esas proclamas tan vibrantes y tan hermosas?

SOLÓRZANO.—¡Eso es literatura!

ELVIRA.—¡Pero son documentos!

SOLÓRZANO.—Sí, literarios. Mira tú que aquella proclama en que les habla a sus soldados de su Elvira, en que dice: "la patria de mi Elvira" y que hay que libertar la tierra que guarda las cenizas de aquella llama de amor de hogar...

ELVIRA.—¡Hermosísima, papá, hermosísima! ¡Llama de amor de hogar!

SOLÓRZANO.—Pero eso no es documento.

ELVIRA.—¿Y si le escribió así?... (Mirando al retrato que encabeza el libro.) Si yo hubiese encontrado en mi vida un hombre así... ¿Hombre? ¡No, más que un hombre! Si esta pobre isla fuese una republiqueta vejada y oprimida; si aquí pudiese haber una guerra libertadora; si una tempestad siquiera hubiese echado a estas castas al hombre, así de fuego y de sacrificio, ¡que llama de amor de hogar habría encontrado en mí! Pero hombres así son de otro mundo y acaso en este mismo...

SOLÓRZANO.—Ficción de poetas, suegros o no. Que así no se aprende a vivir, hija mía, que así no se hace sino soñar en vano...

ELVIRA.—Y ¿qué otra cosa quieres que haga, padre? ¿Quieres que me ponga a buscar novio entre los acomodados de esta pequeña villa o de la isla toda?

SOLÓRZANO.—¡No, eso no, no, no y no!

ELVIRA.—¿No te he dicho que el remedio está en que nos vayamos, en que dejemos esta isla y en ella los huesos de don Diego de Solórzano, los que te tienen preso a ella?

SOLÓRZANO.—¡Él, no! ¡Sus huesos, no!

ELVIRA.—¿Pues qué?

SOLÓRZANO.—¡Su herencia, hija, su herencia! Este mezquino patrimonio, cargado de deudas e hipotecas, que es la muerte de nuestra vida. ¡Y si no fuese por mi biblioteca..., por mis libros!

ELVIRA.—¡Déjame, pues, con el mío! Con el pueblo, la soledad de nuestro aislamiento... Y algún encanto tendrá éste, hasta para otros... ¿Nos has oído hablar, padre, de ese hombre extraño que anda por la isla?

SOLÓRZANO.—Sí, parece que desembarcó enfermo y diciendo que no podía continuar la navegación hasta reponerse y que se quedaba aquí. Dicen que se llama Julio Macedo, americano [24] al parecer, finísimo y culto. Sí, sé de él y quiero saber más... (Se asoma al balcón como a ver la mar.) Por aquí suele pasar con alguna frecuencia... Mírale, allí viene... Trae el aire distraído...

ELVIRA.—(Asomándose al balcón.) Aislado...

SOLÓRZANO.—Parece preocupado...

ELVIRA.—Pero mira, papá, que no observe que le observamos. Ya sabes que se dice que en esta muerta ciudadela isleña el fisgoneo es la tarea de cada día, que cuando uno pasa por la calleja solitaria tras de todas las celosías hay pares de ojos atisbándole... Retirémonos, que no nos vea.

SOLÓRZANO.—Y que nos vea, ¿qué Es la novedad de la isla, la novedad histórica. Porque la historia se reduce ahora aquí a estas pequeñas viejas novedades, a estos hechos...

ELVIRA.—¡Aislados!

SOLÓRZANO.—¡Aislados, así es! (Retirándose del balcón.)

ELVIRA.—(Mostrando el retrato de don Diego.) ¡Ése sí que está aislado!

SOLÓRZANO.—¡No más que el de tu libro!

---

[24] americano — hispanoamericano.

TELÓN

ACTO SEGUNDO

Un rincón de costa, con un pequeño arenal. Se ve la mar, que ocupa todo el fondo.

ESCENA PRIMERA

ELVIRA, *que llega con el libro y se sienta en una roca, frente a la mar.*

ELVIRA.—¡Decir que vivo aislada cuando tengo por compañera a la mar! ¡Y al libro, que es otro mar! ¡O mejor a Tulio, a mi Tulio! Mi Dulcineo que dice mi padre. ¿Por qué nací viuda? Porque yo nací viuda, no me cabe duda de ello. En fin, mientras el libro de la mar me arrulla, voy a releer su historia en este otro... *(Pónese a leer.)*

ESCENA II

ELVIRA y JULIO MACEDO. *Llega* JU-
LIO *mientras ella está absorta en la lectura, y al llegar junto a ella...*

MACEDO.—¡Elvira!
ELVIRA. — *(Sobresaltada.)* ¿Eh? ¿Qué? ¿Quién me llama así? ¡Caballero!
MACEDO.—No se sobresalte, Elvira. Veo que gusta usted de soñar aquí, en esta isla, donde todos duermen...
ELVIRA.—¿Y en qué lo ha conocido usted, caballero?
MACEDO.—¡Ah!, eso está a la vista. Basta mirarla a usted a los ojos. Esos ojos nacieron para soñar. Y para hacer soñar...,[25] para ser soñados...[26]

ELVIRA.—¡Qué de prisa va usted, caballero!
MACEDO.—Es mi marcha. Necesito vivir muy de prisa. ¡He perdido tanto tiempo...!
ELVIRA.—¡Pues es usted joven!
MACEDO.—Menos que lo parezco. Mas ello importa poco. Sí, tengo prisa...
ELVIRA.—¡Bah!, en cuanto usted se reponga reanudará su viaje...
MACEDO.—No llevo viaje.[27]
ELVIRA.—¿Cómo que no?
MACEDO.—No; me quedo aquí ya para siempre. Acabo de decidirlo.
ELVIRA.—¿Aquí? ¿Y para siempre? ¿Usted?
MACEDO.—Sí, aquí, yo y para siempre. Vine con terribles propósitos de enterrarme en vida, pero... ¡Ahora quiero vivir! Quiero saber qué es eso que llaman vida y de que otros gozan...
ELVIRA.—No lo comprendo...
MACEDO.—Pues me parece que hablo bien claro...
ELVIRA.—Y muy derecho, muy a tiro...[28]
MACEDO.—Me gusta acortar trámites. Y ahora, ¿me permitirá usted que fuese alguna vez a visitarla?
ELVIRA.—Eso es cosa de mi padre, el amo de la casa.
MACEDO.—No es sólo a su padre, es a usted a quien deseo hablar, con quien tengo que hablar. Y la verdadera ama de la casa de los Solór-

---

[25] Y... soñar..., — agréguese "a otros".
[26] para ser soñados — agréguese "por otros".

[27] No llevo viaje. — No estoy viajando.
[28] muy a tiro — directamente, sin trabas.

zano es usted. Usted es la casa misma.

ELVIRA.—Bueno, pero y usted ¿quién es?

MACEDO.—¿Yo? Yo me llamo Julio Macedo.

ELVIRA.—¿Y quién es Julio Macedo?

MACEDO.—Y eso, ¿qué importa? Un náufrago..., uno que ha echado la mar a esta isla...,[29] un hombre nuevo que empieza a vivir ahora..., uno sin historia... ¿Qué importa quién es Julio Macedo? Este que está aquí y que le habla ahora y le mira y arde por dentro. ¿Le he preguntado yo acaso quién es Elvira Solórzano? Para mí es como si hubiéramos nacido ahora y sin historia. El pasado no cuenta. No tengo pasado; no quiero tenerlo; ahora no quiero sino tener porvenir. Y en esta isla...

ELVIRA.—¿En esta isla? ¿Aislado? ¿Sabe usted lo que es vivir aislados?

MACEDO.—¡Sí, aislado quiero vivir, aislado..., con usted, Elvira! Usted mi isla..., y el mar ciñéndonos.

ELVIRA.—¡Señor Macedo!

MACEDO.—¡Ah!, ¿qué voy de prisa? Ya empecé diciéndole que es mi modo. Además, va más de prisa la juventud. Conque ¿podré visitarla?

ELVIRA.—¿Y para qué?

MACEDO.—¿Para qué? ¿Para qué? ¡Para vivir! Y usted irá conociéndome; usted irá sintiendo quién es, o mejor quién va a ser Julio Macedo; usted me irá haciendo...[30]

ELVIRA.—Pero su historia...

MACEDO.—¡Yo no tengo historia, Elvira!

(Silencio.)

ELVIRA.—Bueno, señor Macedo, hablaré con mi padre.

MACEDO.—¡Y yo también!

ELVIRA.—¿Qué quiere decir eso?

MACEDO.—Nada; que espero ganar la confianza de don Juan Manuel, y de usted..., el corazón.

ELVIRA.—¿Y con qué seguridad habla?

MACEDO.—Es también mi modo, Elvira.

ELVIRA.—Ni que se tratara de un Don Juan Tenorio, de un conquistador de raza... Llegar, ver y vencer, ¿no es así?

MACEDO.—¡No es así, no, Elvira, sino llegar, ver y ser vencido! Yo no soy conquistador, sino conquistado. Un náufrago de la vida...

ELVIRA.—¿Y con qué derecho...?

MACEDO.—No es cuestión de derecho, Elvira.

ELVIRA.—¡Y dale con Elvira!

MACEDO.—¿No me será permitido ni siquiera darle ese nombre dulce como la leche de la madre en la boca del niño enfermo? Que así es mi boca, como la de un niño y de un niño enfermo. ¡Ser niño!

ELVIRA.—¿Es que le gustaría volver a la niñez?

MACEDO.—¿A la niñez? ¡Más allá, mucho más allá!

ELVIRA.—¿Cómo más allá?

MACEDO.—¡Sí, más allá de la niñez, más allá del nacimiento!

ELVIRA.—¡No lo comprendo!

MACEDO.—Sí, me gustaría volver al seno materno, a su oscuridad y su silencio y su quietud...

ELVIRA.—¡Diga, pues, que a la muerte!

MACEDO.—No, a la muerte, no; eso no es la muerte. Me gustaría "des-nacer",[31] no morir...

ELVIRA.—Y por eso...

MACEDO.—¡Sí, por eso! ¡Un amor así, como el que busco, me valdría lo mismo! ¡Volver a la niñez!

ELVIRA.—¿Y no le parece, señor Macedo...?

MACEDO.—Llámeme Julio, se lo suplico...

---

[29] uno... isla — uno que ha viajado por mar y llegado a esta isla.

[30] haciendo — formando.

[31] des-nacer — volver a una época anterior al nacimiento.

ELVIRA.—¿Y no le parece Tulio...?

MACEDO.—(Sobresaltado al oírse llamar Tulio.) ¿Eh? ¿Qué?

ELVIRA.—Digo, Julio...; ¿no le parece, Julio, que la mar es como la niñez, una niñez eterna? ¿No siente junto a ella, hundiendo en ella con la mirada el alma, que se hace niño, que nos hacemos niños? ¿No siente...?

MACEDO.—Siga, Elvira, siga...

ELVIRA.—De aquí salimos. Nuestro primer padre no fué Adán, fué Noé. ¡Y la humanidad acabará en un arca, los que queden, la última familia, y hundiéndose en la mar...! Y la mar es la historia.

MACEDO.—No, no; la contrahistoria. En ella se hunde la historia. ¿No conoce aquellas estrofas de Lord Byron, el poeta de la mar?

ELVIRA.—¡No las he de conocer...! "Los siglos han pasado sin dejar una arruga sobre tu frente azul; despliegas tus olas con la misma serenidad que en la primera aurora..."

MACEDO.—¡Poeta... también!

ELVIRA.—¿Querrá decir poetisa?

MACEDO.—No, sino poeta, mujer poeta, no poetisa... No me gusta eso de poetisa... Hombre poeta, mujer poeta...

ELVIRA.—¿Y es que no hay en los hombres algo que corresponda a eso que usted llama, con tanto desdén, poetisa?

MACEDO.—Sí, los machos que yo llamaría..., "poetos".

ELVIRA.—¿Cómo?

MACEDO.—"Poetos".

ELVIRA.—Tiene gracia...

MACEDO.—Ellos son los que no la tienen. Y, como le digo, poeta es común de dos...

ELVIRA.—¿Quiere decir que el poeta y la poeta no tienen sexo?

MACEDO.—¡Están sobre él! ¡Y usted es para mí mi poeta, es decir, creadora, madre! La madre no tiene sexo. Me está creando y recreando

como la mar... ¡Y nada de poetisa!

ELVIRA.—Quijotesa me llama mi padre.

MACEDO.—Más bien quijote..., mujer poeta y mujer quijote... Pero prefiero a Sancha...

ELVIRA.—Así me llama otras veces mi padre.

MACEDO.—¡Sancha, Sancha, Sancha de hogar!...

ELVIRA.—...marino.

MACEDO.—¡Sea! ¡De hogar infantil y antihistórico!

ELVIRA.—Bueno, caballero. Dejemos ahora esto, que ahí viene mi ama.

MACEDO.—¿Rita?

ELVIRA.—¿La conoce usted?

MACEDO.—Conozco ya a toda su familia..., empezando por su padre.

ESCENA III

Dichos y RITA.

RITA.—Buenos días, caballero; buenos, hija...

MACEDO.—Buenos. ¿Viene usted a quitármela?

RITA.—¿Quitársela? ¿Es que la ha conquistado ya? ¡Vaya con el caballerete!

ELVIRA.—¡Es una broma de este caballero, ama!

MACEDO.—¡Yo no gasto bromas! [32]

RITA.—Bien, sea lo que fuere, vengo a decirte, hija, que tu padre te llama.

MACEDO.—Eso es despedirme. Pero yo iré a verlos, porque necesito verlos..., lo necesito.

RITA.—Y yo no veo inconveniente en que usted venga a casa del señor. Aunque aquí, en la isla, nadie le conozca, su sola presencia le abona.

---

[32] ¡Yo no gasto bromas! — No desperdicio mi tiempo haciendo bromas.

MACEDO.—(*Emocionado.*) Usted ha sido madre, señora...

RITA.—Y haga cuenta [33] que lo soy.

MACEDO.—Claro, cuando una mujer se hace madre de verdad es para siempre.

RITA.—Pues sí, se le ve la dignidad y la hombría de bien en el porte.

MACEDO.—Gracias, madre, gracias.

ELVIRA.—¡Y aquí, en esta isla, la hospitalidad es religión!

MACEDO.—Es que yo busco otra cosa que hospitalidad..., digo, no; hospitalidad, sí, hospitalidad..., que viene de hospital...

RITA.—¿Es que se siente enfermo?

MACEDO.—Y no otra cosa, señora. Enfermo de vida..., enfermo de ensueño...

RITA.—(*Aparte.*) ¡Buena pareja!

ELVIRA.—Pues ahí tiene la mar...

MACEDO.—Cierto; es su arrullo un canto brizador para el último sueño de la pobre humanidad doliente. Aquí vendrá a dormirse para siempre el linaje de Noé...

RITA.—¡Y qué bien habla este señor, Elvira! Si parece un libro...

MACEDO.—No, no señora, no soy un libro, soy un hombre... Y no hablo yo..., es que habla en mí...[34] (*Silencio. A Elvira.*) Decía usted...

ELVIRA.—Oía a la mar...

MACEDO.—¡Oír a la mar...! Pero pecho a pecho..., mi corazón en ella... (*Al oído de Elvira.*) ¡En ti..., corazón de la Tierra! ¿Volveré a oírla?

ELVIRA.—¿A quién? ¿A mí? (*Silencio.*) Puede venir a nuestra casa cuando guste... (*Silencio.*)

MACEDO.—¿Decía usted más...?

ELVIRA.—No decía más..., miraba esa concha...

MACEDO.—(*Se adelanta y la recoje.*) Es una casa vacía..., vacía y sin puerta. El pobre animalito que la habitó se ha fundido en la mar donde naciera.[35] Queda aquí, en la arena, su casa, o mejor este cadáver de casa... ¿Sabe, Elvira, lo que es un cadáver de casa?

RITA.—(*Aparte.*) ¡La de los Solórzano!

MACEDO.—¿Sabe lo que es?

ELVIRA.—Sé tantas cosas que no quisiera...

MACEDO.—Y yo quiero tantas cosas que no sé. ¡Un cadáver de casa! Y este cadáver de casa, esta pobre conchita —¡mírela, mírela, han quedado en ella, en franjas, como huellas de encendidas oleadas!—, esta pobre conchita, aquí, en la arena, se hará arena... Esta pequeña playa es un cementerio de casas vacías...

RITA.—¿No le oyes, Elvira?

ELVIRA.—¡Sí, le oigo y... me oigo!

MACEDO.—Y oímos a la mar, que arrulla el sueño de las disueltas casas vacías... Porque las casas, como los que las habitaron, sueñan... ¿Sueña su casa, Elvira? ¿Sueña la casona de los Solórzano?

ELVIRA.—¡Sueña y... duerme!

MACEDO.—¡Pues yo iré a despertarla!

RITA.—¡Dios le bendiga, hijo!

MACEDO.—¡Usted, como madre, bendita siempre!

ELVIRA.—Ya le he dicho que venga cuando guste.

MACEDO.—Iré. (*Se guarda la concha.*)

ELVIRA.—Qué, ¿se la guarda?

MACEDO.—Es mi amuleto ya...

ELVIRA.—Venga, le repito, cuando le plazca...

MACEDO.—Iré, pues. Adiós. (*Señalando a la mar.*) A Dios.[36] (*Vase.*)

---

[33] haga cuenta — imagínese.
[34] es que habla en mí — aquí Mácedo no completa su oración, dejando fuera el sujeto.

[35] naciera — nació.
[36] A Dios — nótese que con la separación, Macedo ya no implica la despedida.

Escena IV

Elvira y Rita.

Rita.—¡Qué hombre! ¡Parece un hombre de libro! ¡Como ese tuyo!

Elvira.—No digas esas cosas, ama. ¡Pues no hay diferencia de uno a otro! Éste *(Señala al libro.)*, el hombre de esta historia...

Rita.—¿Y sabes si este otro la tiene?

Elvira.—¡Quiá! [37]

Rita.—¿Y si la tuviese...?

Elvira.—¡Como éste, como éste que se murió por su patria..., no! ¿Por su Elvira, luchando en pro de la libertad de su pueblo...?

Rita.—Sí, como éste no se ha muerto aún no tiene historia. Por lo visto, para tener historia es preciso haberse muerto... Por algo suelen decir cuando uno se muere: "¡Ése..., ya pasó a la historia!" Mírale, mírale cómo se va, orilla de la mar y como hablando con las olas... Y de cuando en cuando se vuelve, como distraído, a mirarnos..., a mirarte...

Elvira.—Es que va oyendo a las olas...

Rita.—¡Va repitiéndose lo que te ha oído..., lo que le has dicho y..., lo que no le has dicho!

Elvira.—El pobre...

Rita.—¿Quién más pobre, Elvira?

Elvira.—¡Cállate, Rita!

Rita.—Pero vamos a casa, que a tu padre no le gusta esperar...

Elvira.—Pues esperando vive...

Rita.—Como todo el mundo. Y vámonos, vámonos...

Elvira.—Espera a que le perdamos de vista... Mira: ya desaparece tras de aquellas rocas...

Rita.—Sí, y se irá a su posada y...

Elvira.—¡Pobrecito!

Rita.—Mira bien, Elvira, recapacita... Acaso este hombre es provi-

dencial y ha caído en la isla como llovido del cielo, aquí, donde tan raro llueve... Fíjate, mira que no podemos durar, que cualquier día vas a quedarte sola...

Elvira.—¿Más sola?

Rita.—¡Sí, más sola! ¡Al hombre le abona su presencia; le basta con ella...! ¡Y el oírle hablar como habla! Un hombre que habla así, que dice esas cosas, y, sobre todo, un hombre que se queda en esta isla y por ti...

Elvira.—¿Por mí?

Rita.—¡Sí, por ti! Un hombre que se queda en nuestra isla por ti no necesita más recomendación. Repara, Elvira... Qué, ¿no me oyes?

Elvira.—Oía a la mar...

Rita.—Sí, es lo que suele decirse: "¡Le oigo como quien oye llover!" y tú: "¡Como quien oye a la mar!" Pues tendrás que oírme, Elvira, tendrás que oírme. Y ahora óyeme esta historia. Siendo yo moza tuve una amiga que requerida de amores se venía acá, a este mismo lugar, y viendo venir y morir las olas se decía: "Me quiere..., no me quiere..., me quiere..., no me quiere..."

Elvira.—¡Como las que deshojan margaritas..., donde las hay!

Rita.—Sí, la mar era su margarita y las olas sus hojas...

Elvira.—Pero éstas no se acaban nunca..., a la mar no se la deshoja...

Rita.—¡Es verdad!

Elvira.—¡Hojas, hojas, hojas! ¡Hojas de margarita..., hojas de mar..., hojas de libro!

Rita.—Sí, las hojas de ese libro te tienen encantada..., y éste ha venido a desencantarte...

Elvira.—¡Cállate, sirena!

Rita.—¡Qué gracia! ¿Sirena... yo? ¿Yo... sirena?

Elvira.—Cállate y no digo...

Rita.—¡Dilo, hija, dilo!

Elvira.—No, no lo digo... ¡Cállate! Quiero oír a la mar..., quiero hojearla..., deshojarla... *(Silencio.)*

---

[37] ¡Quiá! — exclamación que implica contrariedad o incredulidad.

RITA.—¿Qué te dice?

ELVIRA.—*(Mirando a lo lejos.)* ¿Se perdió ya de vista?

RITA.—¡Para mí..., sí!

ELVIRA.—Pues vámonos a casa...

RITA.—Sí, oyéndola...

ELVIRA.—"Me quiere..., no me quiere..., me quiere..., no me quiere..."

RITA.—¡Calla, calla! ¡Oigámosla!

(Vanse y se oye el rumor de la mar.)

TELÓN

ACTO TERCERO

La casa de los Solórzano

ESCENA PRIMERA

SOLÓRZANO y RITA

RITA.—Pues sí, señor amo, le dije que usted decía que puede pedir cuanto quiera, que la vieja casa de los Solórzano estaba abierta para él...

SOLÓRZANO.—Y no te dijo si le interesaba...

RITA.—Sí, no oculta que lo que le interesa es Elvira; pero me dijo que le gustaría saber de esta isla en que vive, en que se va a quedar a vivir, acaso a morir. "¿Y dónde mejor que aquí, en esta casa, en la librería de usted y hablando con usted para conocer la isla?"

SOLÓRZANO.—Me place..., me place que venga... Y yo a mi vez deseo conocerle, interrogarle, sondearle... Porque se me ha metido una idea en la cabeza...

RITA.—¿Cuál?

SOLÓRZANO.—Nada..., nada... Este hombre y el otro hombre, el del libro...[38]

RITA.—Pero si aquél se murió, señor...

SOLÓRZANO.—Quién sabe..., quién sabe...

RITA.—¡Bah!, cavilaciones. Además, este señor Macedo conoce ya la manía de la pobre Elvira...

SOLÓRZANO.—¿La conoce?

RITA.—¿Y quién no en la isla? Y como él, por mucho que se aísle, vive en ella... La conoce y me ha hablado de esa manía...

SOLÓRZANO.—¿Y qué te dijo, qué?

RITA.—Me dijo que era una enfermedad de la pobre Elvira y que él se prometía curársela...

SOLÓRZANO.—¿Eso te dijo?

RITA.—¡Eso! El hombre me parece un excelente partido...

SOLÓRZANO.—Quién sabe...

RITA.—Si usted le hubiera oído lo que el otro día le dijo a Elvira tomando en la mano una concha de la playa de Bahía Roja... Comparó a la concha con una casa vacía y sin puerta, y dijo que luego se hace arena...

SOLÓRZANO.—¡No repitas esas cosas, Rita!

RITA.—Pues yo le he oído hablar al señor de esos caracoles vacíos donde, arrimándolos al oído, se oye el rumor de la mar...

SOLÓRZANO.—¡El de la historia! Pero vienen los sabios —¡siempre los sabios!— y nos dicen que es el rumor de la circulación de la sangre en el pabellón de la oreja...

RITA.—¡Qué cosas se oyen!

SOLÓRZANO.—¿Conque te dijo que se prometía curar a mi Elvira de la enfermedad de su libro?

RITA.—¡Eso me dijo!

SOLÓRZANO.—Entonces es que sabe que esa historia es fábula... ¡En todo caso..., que venga! ¡Aquí llega Elvira, vete!

---

[38] Este... libro — nótese el resurgimiento de la idea unamunesca de *Niebla* en la cual el personaje cobra realidad e inmortalidad que su progenitor no puede realizar.

ESCENA II

SOLÓRZANO y ELVIRA.

ELVIRA.—Buenos, padre.

SOLÓRZANO.—Buenos, hija. Y ya sabes que esperamos a don Julio Macedo. Que yo aquí, para entre nosotros, sigo con la sospecha de que ni es Julio ni es Macedo...

ELVIRA.—Claro, como no te ha presentado los documentos que lo justifiquen...

SOLÓRZANO.—Yo insisto en que podría ser...

ELVIRA.—¿Quién? ¿Él? ¿Él? ¿Montalbán? ¡Tonterías! ¿Crees tú que si fuese él no le habría yo reconocido en cuanto se dirigió a mí la primera vez? ¡En seguida! No, no; ni se parece al retrato que figura al frente del libro ni... Y, en todo caso, de ser él, habríamelo dicho al punto el corazón...

SOLÓRZANO.—Vamos, sí, que te habrías enamorado de él locamente a las primeras miradas.

ELVIRA.—¡Claro está! Y lejos de haberme enamorado el hombre se me despega..., yo no sé..., le tengo miedo... El caso es que cuando me está ausente llego hasta a desear volver a verle, tenerle a mi lado, pero así que le tengo ya quisiera escaparme de él... No sé lo que me pasa... Y ese misterio... ¡No, él no es; no puede ser!

SOLÓRZANO.—En todo caso, si no es tu Montalbán se me ha metido en la cabeza que él sabe de Montalbán... Tengo mis indicios para esta sospecha. Y si ésa es historia verdadera o es fábula...

ELVIRA.—Pero ¿cómo va a ser fábula, padre?

SOLÓRZANO.—¡Bueno, bueno, cállate..., quijotesa!

ELVIRA.—¡Sólo a ti se te ocurre dudar de ello; sólo a ti se te ocurre dudar de que sea historia verdadera una tan hermosa! ¡Malditos documentos!

SOLÓRZANO.—Ésas son cosas de teatro.

ELVIRA.—Las cosas de teatro son las de más verdad, padre. ¿O crees que es más verdadero lo que hacen y dicen todos esos patanes que nos compadecen?

SOLÓRZANO.—¡Bien, bien, basta! Y ahora, en cuanto llegue, y, antes de ponerme yo ai habla detenida con él [39] —ya sabes que desea conocer la historia de nuestra isla, ¿y dónde mejor que aquí?—, antes que departamos, sondéale...

ESCENA III

Dichos y TOMÁS

TOMÁS.—¿Se puede? [40]

SOLÓRZANO.—¡Entra, Tomás!

TOMÁS.—Ese señor Macedo que viene a visitarles...

SOLÓRZANO.—¿Qué aire trae?

TOMÁS.—El de siempre...: ensimismado...

ELVIRA.—(Aparte.) Aislado.

TOMÁS.—¿Qué le digo?

SOLÓRZANO.—¡No le hagas esperar, que pase!

ESCENA IV

SOLÓRZANO, ELVIRA y MACEDO

MACEDO.—(Entrando.) ¡Salud y paz a esta casa!

SOLÓRZANO.—¡Y a usted que viene a honrarla!

ELVIRA.—¡Bien venido, señor Macedo!

MACEDO.—(Mirando al libro que tiene bajo la mano Elvira.) ¡Bien hallada! ¡Ah, aquí, al fin, se respira hogar!

SOLÓRZANO.—¡E historia, señor Macedo, historia!

MACEDO.—¿Historia? ¿Para qué? ¡Basta el hogar! El hogar y la historia están reñidos entre sí...

---

[39] antes... él — antes de que hable yo con él detenidamente...

[40] ¿Se puede? — ¿Me permiten entrar?

ELVIRA.—Pues éste, señor Macedo, es un hogar de historia; aquí no se respira sino historia. Vea ese retrato que lo preside.

MACEDO.—¡Un retrato!

ELVIRA.—¡Sí, un retrato!

MACEDO.—Vamos..., un muerto...

SOLÓRZANO.—¡Un muerto inmortal!

MACEDO.—No hay otra inmortalidad que la de la muerte, señor Solórzano. ¡Llámela historia!

ELVIRA.—De ella vive mi padre.

SOLÓRZANO.—Es más,[41] me dijeron que al solicitar usted ser recibido en esta pobre casa —¡pobre, pero rica de historia!— ha sido para conocer la historia de esta isla.

MACEDO.—Su inmortalidad...

SOLÓRZANO.—Para empaparse en ella.

MACEDO.—Cabal, pero...

SOLÓRZANO.—Sí, ya lo sé. Y ahora me permitirá que le deje algún tiempo con mi hija, necesito anotar ciertas ideas que acaban de ocurrírseme... Usted sabe lo que es esto... Cuando de repente le hiere a uno una idea, hay que ponerla por escrito [42] al punto, en caliente... No hay que detenerse...

MACEDO.—¡Lo sé, lo sé, señor de Solórzano, lo sé! ¡No hay que detenerse, cabal! ¡Y por mí no se detenga usted!

SOLÓRZANO.—Le dejo, pues, con mi hija.

MACEDO.—Gracias.

(Se va Solórzano.)

ESCENA V

MACEDO y ELVIRA.

MACEDO.—Ya sé, Elvira, que ese libro le tiene sorbido el seso.

ELVIRA.—¿Hay en ello mal?

MACEDO.—Siempre hay mal en enamorarse de un ente de ficción, de un fantasma...

ELVIRA.—¿Ente de ficción? ¿Fantasma? ¿Es que no fué real Tulio Montalbán?

MACEDO.—No lo sé...; pero creo que no es real ningún tipo que anda en libros, sean de historia o novelas.

ELVIRA.—¿Ninguno?

MACEDO.—¡Ninguno! Sólo son reales los hombres de carne y hueso y sangre.

ELVIRA.—¿Cómo...?

MACEDO.—¡Como yo! Y por eso le dije, Elvira, que no importaba cuál es mi historia. Mi vida, mi verdadera vida ha empezado hace poco, y en cuanto a historia..., ¡no quiero tenerla!

ELVIRA.—Pero ¿es que no ha vivido usted antes? ¿No tiene pasado?

MACEDO.—¿Yo? ¡No..., no! *(Señalando por el balcón a la mar.)* Mi pasado es ése..., la niñez eterna...

ELVIRA.—*(Levantándose y yendo a mirar la mar.)* La niñez eterna... *(Volviéndose.)* Dejemos a la mar y...

MACEDO.—¡A la historia!, ¿no es eso?

ELVIRA.—¡A la historia! Y bien, ¿quién es usted? Otra vez, ¿quién es?...

MACEDO.—El que estoy aquí, el que la está sorbiendo con los ojos y el corazón...

ELVIRA.—¿Puedo preguntarle algo de su vida, de su historia pasada?

MACEDO.—Ya le tengo dicho que no tengo pasado; soy un nuevo... Noé. Acabo de nacer. ¿Y qué importa mi pasado? ¿No tiene aquí mi presente? Si un rey es hombre, verdadero hombre, hombre natural, ¿sabe cuál ha de ser su supremo anhelo?

ELVIRA.—¿Cuál?

MACEDO.—Poder de cuando en cuando retirarse a un rincón remoto, acaso a una choza de pastor serrano y encontrar allí una pobre pastora que le quiera sin saber quién

---

[41] Es más — Además.
[42] ponerla por escrito — escribirla.

10

es, sin saber que es rey, ignorando que haya reyes en el mundo.

ELVIRA.—Pero usted en ese pasado de que reniega, vivió...

MACEDO.—Soñé que vivía...

ELVIRA.—Soñó que vivía y conoció a otras personas...

MACEDO.—Soñé que las conocía...

ELVIRA.—Soñó que las conocía... ¿Y puedo preguntarle, ya que no por usted mismo, por alguno de los que soñó conocer?

MACEDO.—Pregunte y yo sabré responder... o silencio o verdad.

ELVIRA.—¿Conoció usted a Tulio Montalbán? (Silencio.) ¿Le conoció usted? (Silencio.) ¿Le conoció usted?, diga...

MACEDO.—¡Sí, le conocí!

ELVIRA.—¿Mucho?

MACEDO.—Mucho. Éramos del mismo lugar. Del mismo tiempo, nos criamos juntos; juntos hicimos la campaña por libertar a la patria...

ELVIRA.—Y bien (Se incorpora, apoyando la mano temblorosa en el libro.), ¿murió Montalbán?

MACEDO.—Sí, murió.

ELVIRA.—¿Cómo? ¿Se ahogó? ¿Se suicidó?

MACEDO.—Fué muerto.

ELVIRA.—¿Quién le mató? (Silencio.) ¿Quién le mató? La verdad, la verdad que me ha prometido, ¿quién le mató? (Silencio.) ¡Ah, usted le mató, Macedo, usted le mató..., usted!

MACEDO.—¡Sí, yo le maté; yo, Julio Macedo, maté a Tulio Montalbán!

ELVIRA.—¡Caín! ¡Caín! ¡Vete! ¡Vete y no vuelvas..., vete! Por algo me aterraba tu presencia..., por algo no me sentía tranquila a tu lado..., por algo... (Elvira retrocede.)

MACEDO.—(Cogiéndole de un brazo.) No, tú no me has huido; tú me has buscado, pero no a mí. Yo maté, sí, a Tulio Montalbán, o al menos creí dejarle muerto, pero fué cara a cara, noblemente, a orilla de uno de los ríos sagrados de la patria, en una noche de luna llena... Luchamos como luchan dos hermanos que sirven causas contrarias, noble, pero sañudamente, como acaso lucharon, diga lo que quiera la Biblia, Caín y Abel, y le dejé por muerto como pudo él haberme dejado a mí...

ELVIRA.—¿Y por qué? ¿Por envidia también?

MACEDO.—No, sino porque él, el libertador de la patria, iba a convertirse fatalmente en su tirano. Que allí es así...

ELVIRA.—¿Y qué más podía apetecer aquella patria que tener semejante tirano, un amo así?

MACEDO.—¡Tú acaso, mi patria no! Mi patria no debe aceptar tiranos. ¡La que se ha dejado tiranizar por él, luego de muerto, por un fantasma, por un tipo de libro, eres tú! (La suelta del brazo.)

ELVIRA.—Ah, ¿sientes celos?

MACEDO.—¡Sí, siento celos! ¡Me devoran los celos! No puedo soportar que lo que debió ser mío, lo que sería mi paz, mi vida, algo como un dulce seno materno en vida, me lo robe..., ése..., ese del libro..., ese que creí dejar muerto.[43] Vine acá, a esta isla, buscando la muerte o algo peor que ella; te conocí, sentíme resucitar a nueva vida, a una vida de santo aislamiento; soñé en un hogar que hubiese de ser, te lo repito, como un claustro materno —"y bendito el fruto de tu vientre..."—, cerrado al mundo, y he vuelto a encontrarme con él..., con él...

ELVIRA.—¿Es que no le dejó bien muerto, acaso?

MACEDO.—Puede ser. ¿Y ahora?

ELVIRA.—Ahora vete, vete y no vuelvas. Si no eres Tulio Montalbán, mi Tulio, eres por lo menos algo tan grande como él...

MACEDO.—¿Entonces?

---

[43] La frustración del autor que se cree suplantado por su creación resurge aquí y recuerda la discusión entre Unamuno y su protagonista en Niebla.

ELVIRA.—No basta la grandeza.

MACEDO,.—¿Y ése... qué más tiene?

ELVIRA.—¡Ah, con él...!

MACEDO.—Se hace historia, ¿no es eso?

ELVIRA.—¡Vete, he dicho, vete! Que grito si no; que llamo... Que va a oírme.

MACEDO.—¿Hasta la mar?

ELVIRA.—¡Hasta la mar! ¡Váyase!

(Macedo se retira lentamente; queda mirando a la mar y se enjuga una lágrima.)

ELVIRA.—¿Llora?

MACEDO.—¡De rabia!

ELVIRA.—Váyase..., le perdono, pero váyase... Le perdono...

MACEDO.—Pero yo no me perdono... ¡Adiós! Mas tú me llamarás, tú tendrás que llamarme, estoy seguro de ello; tú tendrás que llamar al matador de Tulio Montalbán..., a que te desencante, a que te haga ver..., a que despierte a tu corazón amodorrado por esa cabecita loca...

ELVIRA.—¿Y si no le llamo?

MACEDO.—Si no me llamas...

ELVIRA.—¿Qué?

MACEDO.—Me llamaré yo. ¡Adiós, Elvira!

ELVIRA.—¡Adiós!

ESCENA VI

ELVIRA sola.

Me decía el corazón que si éste no era Tulio, mi Tulio, mi ángel, era algo tan grande como él, aunque en el mal... Y es mi demonio... *(Contemplando el retrato del libro.)* ¡No, no es él..., ha dicho verdad! "Me quiere..., no me quiere...; me quiere, no me quiere..." Pero *(Escuchando.)* ha encontrado a mi padre. Se despiden. ¿Qué se dirán? Veamos.

ESCENA VII

SOLÓRZANO y ELVIRA.

SOLÓRZANO.—*(Entrando.)* Pero ¿qué ha pasado, hija? ¿Qué ha sido ello? Porque sacaba una cara... ¿Qué ha sido?

ELVIRA.—Que he tenido que despedirle, padre, que despacharle...

SOLÓRZANO.—¿Pues? ¿Se ha propasado?

ELVIRA.—No, no se propasó; no habría podido propasarse. Es, a pesar de todo, un caballero...

SOLÓRZANO.—A pesar de todo... ¿Entonces?

ELVIRA.—Que le he arrancado su secreto, padre, que le he arrancado su secreto.

SOLÓRZANO.—¿Es él?

ELVIRA.—*(Pausa.)* No; pero es algo tan grande como él. Y no me preguntes más, no quiero saber más...

SOLÓRZANO.—¿Cómo? ¿Yo? ¿Un historiador?

ELVIRA.—Y padre.

SOLÓRZANO.—Como historiador y como padre.

ELVIRA.—No puedo verle, no debo verle, no quiero verle... Es, a lo menos, un renegado... Me da miedo...

SOLÓRZANO.—Me parece que estás ya enamorada...

ELVIRA.—¿Yo? ¿De él? ¿De ese renegado?

SOLÓRZANO.—Sí, tú, de él, de Julio Macedo...

ELVIRA.—Quién sabe... Pero no, no puedo, no debo, no quiero ser suya. Hay en su vida un terrible secreto, un misterio, que amargaría los nuestros. No puedo llegar a ser de Julio Macedo.

SOLÓRZANO.—Pero como amigos...

ELVIRA.—¡No; o todo o nada!

SOLÓRZANO.—¿Y te lo reveló?

ELVIRA.—Sí, me lo reveló. Y ese secreto fatídico ha abierto un abismo entre los dos... para siempre...

292 MIGUEL DE UNAMUNO

SOLÓRZANO. — ¿Para siempre? Quién sabe... Porque ese abismo te atrae.

ELVIRA.—Y porque me atrae no puedo mirarle, no debo mirarle..., no debo entregarme al vahído..., he de seguir dueña de mí misma...

SOLÓRZANO.—¡Dueña de ti misma...! No lo eres ya..., más embrujada que antes..., primero por el hombre del libro, ahora por el de la mar. Mas como no podemos hacer que se vaya, que se vuelva a la mar de donde vino, como no podemos despacharle de la isla como tú le has despachado de esta casa...

ELVIRA.—Él se irá.

SOLÓRZANO.—Y si no se va ¿qué le vamos a hacer?

ELVIRA.—Tú, padre, no lo sé; pero yo, si él sigue aquí, en la isla, si no se va, no podré ya salir de casa —¡de casa!—, porque no quiero, no puedo, no debo encontrarme

con él. Me quedaré aquí enclaustrada, "encasada"...

SOLÓRZANO.—Más que aislada...

ELVIRA.—¡Y más que soltera! Isla u hogar solitario, ¿qué más da? Me quedaré aquí, contemplando a la mar y releyendo mi historia, la de mi Montalbán...

SOLÓRZANO.—¿Y él?

ELVIRA.—¿Quién..., él?

SOLÓRZANO.—¿Macedo, él?

ELVIRA.—Es cuenta suya. Pero acá, a casa, no puede volver. Si quieres hablar con él de historia, hazlo fuera, junto a la mar, no aquí. Dejadme en mi claustro, con mi Tulio, con nuestro don Diego, "encasada", te digo, hasta que me entierren o... me "enmaren"...

SOLÓRZANO.—¿Qué es eso?

ELVIRA.—Me hundan en la mar.

SOLÓRZANO.—Por palabras te ha dado...

ELVIRA.—Son las hojas, padre, las hojas...

TELÓN

ACTO CUARTO

ESCENA PRIMERA

SOLÓRZANO y TOMÁS.

SOLÓRZANO.—¿Y qué quiere?

TOMÁS.—Pide una segunda, una última entrevista...

SOLÓRZANO.—En estos días..., desde aquella visita fatal .. ¡Y cómo está mi Elvira desde entonces! Ni duerme ni descansa. Ese hombre la persigue en sueños.

TOMÁS.—Dice Rita que no hace sino llorar.

SOLÓRZANO.—Este hombre nos ha traído a casa...

TOMÁS.—¡Historias!

SOLÓRZANO.—¿Más historia?

TOMÁS.—Dice mi Rita que Elvira por las noches se arrebuja en la cama y se tapa los ojos con las sábanas, para no verle, y que cree oír los pasos de él por la calleja.

SOLÓRZANO.—¿De veras?

TOMÁS.—¡Y es verdad! Porque de noche ese hombre ronda la calleja. Y alguna vez ella, la pobrecita, ha llegado a asomarse tras de los cristales y ha estado a punto de llamarle. Pero es lo que parece que ella dice a mi Rita: "¿Cómo quieres que le llame después de lo que pasó y de lo que supe?, ¡imposible!" Y no dice qué es lo que pasó ni qué es lo que supo, pero está en que no puede llamarle. Es así como punto de honra.

SOLÓRZANO.—¡Claro, una Solórzano!

TOMÁS.—Y habla del secreto del secreto, del misterio del misterio, y la pobre se desmedra y encanija, se

aja aquí, sin sol, y si esto sigue va a concluir mal.

SOLÓRZANO.—Sí, desde que lo despachó, ese hombre me la tiene embrujada.[44] Y como esto debe acabar, está bien que vuelva. Ya la he convencido de que vuelva a recibirle delante de mí, los tres solos, y a que se expliquen.

RITA.—¿Se puede?

SOLÓRZANO.—Entra, Rita. ¿Qué hay?

RITA.—Ese hombre...

SOLÓRZANO.—Dile que entre. ¡Y vámonos!

(Queda la escena sola.)

ESCENA II

Entra MACEDO, *se queda un momento contemplando el retrato de* DON DIEGO; *luego se va al libro de la "Historia de Tulio Montalbán"; lo hojea y se queda mirando el retrato del héroe. Ahoga un sollozo. Cierra el libro y lo deja sobre la mesilla de labor de* ELVIRA. *Se dirige hacia el balcón y contempla la mar respirando fuertemente. Repara en un caracol marino, lo toma, y aplicándoselo al oído.*

MACEDO.—¡Cómo me canta la sangre! ¡Tengo fiebre! ¡Fiebre de vida! ¡Fiebre de muerte! ¿O será la voz de la mar, como dicen los poetas? ¡Pero... oigo sus pasos! *(Deja el caracol a punto que entran Solórzano y su hija Elvira.)*

---

[44] me la tiene embrujada — la ha embrujado.

293

ESCENA III

SOLÓRZANO, ELVIRA y MACEDO. *Al entrar se hacen una profunda reverencia muda.* SOLÓRZANO *cierra el balcón y luego le hace a* MACEDO, *con un ademán, indicación de que se siente.* MACEDO *rehúsa.*

MACEDO.—No, que estoy de prisa. Lo que he de decirles por despedida es bien poco y prefiero decirlo en pie. Es postura de caminante y de combatiente.

ELVIRA.—¿Es que viene de combate, señor Macedo?

MACEDO.—¡Es mi trágico sino, señorita!

ELVIRA.—¡Pues al entrar le sorprendimos oyendo en ese caracol... a la mar!

MACEDO.—¡No; oyendo en esa casa vacía... a mi sangre!

SOLÓRZANO.—Discusiones entre poetas y científicos, a que los historiadores no hacemos caso. Los historiadores queremos historia, que no es ni poesía ni ciencia.

MACEDO.—¿Está usted seguro?

SOLÓRZANO.—Segurísimo. ¡Y en todo caso usted dirá!

MACEDO.—Sí, yo diré. Y digo que yo fuí Tulio Montalbán. *(Pausa.)*

SOLÓRZANO.—¿No te lo decía yo, hija mía?

ELVIRA.—Y me lo decía yo misma a solas y callandito. Pero, entonces, ¿por qué renegó de sí mismo? ¿Por qué aquella historia?

MACEDO.—¿Historia? ¡Eso es lo terrible! Aquella historia que te *(Apoyando el tuteo.)* conté, Elvira, era y sigue siendo verdadera. Te prometí silencio o verdad. Y era verdad lo que te dije. Por lo menos, así lo creí.

ELVIRA.—¿Aquello de la lucha y la muerte?

MACEDO.—Sí, en aquella noche trágica, junto al río más sagrado de mi patria, creí haber dado muerte a Tulio Montalbán, al de la historia, para poder vivir fuera de ella, sin patria alguna, desterrado en to-

das partes, peregrino y vagabundo, como un hombre oscuro, sin nombre y sin pasado.[45] Hice jurar a mis fieles soldados que guardarían el secreto de mi desaparición haciendo creer en mi muerte y entierro, y huí... ¿Adónde? Ni lo sé.

SOLÓRZANO.—¿No te decía yo, hija, que jamás me convenció el relato de aquella muerte no documentada? ¿Lo oyes?

MACEDO.—Y erré, más muerto que vivo, huyendo de mí mismo, de mis recuerdos, de mi historia... Todo mi pasado no era para mí más que un sueño de madrugada, una pesadilla más bien. Sólo me faltó el valor supremo, el de acabar del todo con Tulio Montalbán. No quise dejar ni un retrato. Mas no pude acabar con ellos ni que mi pobre suegro publicase... eso. *(Señalando el libro.)* ¿Retrato? ¿Para qué? Se comprende el de ése *(Señalando al de Don Diego),* que dejó descendientes de sangre que pueden contemplarlo..., ¿y quién sabe si su espíritu está desde él contemplándoles a ustedes?

SOLÓRZANO.—¿Lo cree usted?

MACEDO.—¡Es tan extraño este mundo... y el otro! Los que parecemos de carne y hueso no somos sino entes de ficción, sombras, fantasmas, y ésos que andan por los cuadros y los libros y los que andamos por los escenarios del teatro de la historia somos los de verdad, los duraderos. Creí poder sacudirme del personaje y encontrar bajo de él, dentro de él, al hombre primitivo y original. No era sino el apego animal a la vida, y una vaga esperanza... Pero ahora..., ahora sí que sabré acabar con el personaje!

ELVIRA.—¡Tulio!

MACEDO.—¿Tulio? ¿Tulio o... Julio?

ELVIRA.—¡Es igual!

MACEDO.—¡No, no es igual! Y me has llamado; has invocado el

_____
45 Partiendo de aquí Julio Macedo se confunde con su protagonista, Tulio.

nombre, uno u otro, pero el nombre; no me has tomado, al hombre, al animal si quieres. Y éste sobra... ¡No, no te me acerques, no me toques! Todo lo que hagas o digas ahora será mentira, nada más que mentira! Eres una mentira, una mentira que se miente a sí misma... ¡Llegué acá, a esta isla, decidido a enterrarme en ella vivo y te vi! *(Pausa.)* ¡Te vi..., te vi y sentí resucitar al que fuí antes de mi historia, antes de esa fatídica historia que ha contado ese hombre que hizo el libro de mi vida, que me hizo libro; sentí revivir al oscuro mancebo que se casó a los dieciocho años con su Elvira! ¡Volví a encontrar a mi Elvira!... ¡Cómo te pareces a ella! Pero ¡sólo de cuerpo, no de alma! Porque aquel bendito ángel de mi hogar fugitivo apetecía el silencio y la oscuridad y buscaba el aislamiento y jamás soñó con que su nombre resonara en la historia unido al mío. Esta resonancia posterior fué obra de su pobre padre, el que le ha vuelto el seso.[46] Mi pobre Elvira sólo anhelaba pasar inadvertida y yo hacer de mi hogar un claustro materno y vivir en él como si no viviese. ¡Porque le tengo a la vida un miedo loco!

ELVIRA.—Pues quédate, Tulio, y viviremos aquí; yo contigo. ¡Seré tuya!

MACEDO.—¿De Tulio o de Julio, otra vez?

ELVIRA.—De quien quieras.

MACEDO.—¡No, de quien yo quiera..., no! ¡Tú eres del otro, no de mí! ¡Tú eres del nombre! Te vi, sentíme resucitar, creí que había resucitado mi Elvira, la mía, te busqué y me encontré con el que creí haber matado y que te había vuelto loca; me encontré con el de ese

---

46 Macedo, usando del intercambio de adjetivos posesivos, confunde intencionalmente a la Elvira de Tulio con la Elvira a quien habla aquí y lo hace subsiguientemente.

---

libro fatal. Y tú, que amabas —¿amar?— con la cabeza, cerebralmente, a Tulio Montalbán, no podías amar con el corazón, carnalmente si quieres, a un náufrago sin nombre. Todo tu empeño fué conocer mi pasado cuando yo venía huyendo de él. ¡Y ni me conociste! Prueba que era tu cabeza, cabeza de libro, y no tu corazón, el enamorado...

ELVIRA.—¿Y por qué no me lo dijiste?

MACEDO.—¿Para qué? ¿Para que te hubieras rendido a Tulio Montalbán, que venía buscando olvido, silencio, oscuridad y aislamiento y lo hubieras arrastrado otra vez a la historia? No, no...

ELVIRA.—Pero yo... ¡Mira Tulio: óyeme y perdóname, perdóname, perdóname! Aquí, ante mi padre, ante Dios, te lo pido de rodillas. ¡Tulio, Tulio, perdón! ¿Por qué me cegué? ¿Por qué? ¿Por qué no dejé oír la voz del corazón?

MACEDO.—¡Porque no le tienes, sino cabeza!

ELVIRA.—¡Tulio, Tulio, no me atormentes así!

MACEDO.—¡No, no tienes corazón! El corazón se te ha secado en el aislamiento y entre estos libros.

SOLÓRZANO.—*(Que había permanecido sentado, cabizbajo y como ausente.)* Los libros, señor mío...

MACEDO.—¿Los libros? ¡Dejemos ahora a los libros y a los retratos! ¡Yo no soy un hombre de libro ni de retrato! ¡Y no, Elvira —¡este nombre me quema los labios!—, no tienes corazón!

ELVIRA.—*(Acercándosele y cogiéndole de una mano.)* ¡Mira, Tulio: perdóname!

MACEDO.—*(Retirando la mano.)* Sí, y que nos demos las manos y que aquí, frente a la mar, ante el retrato de Don Diego, ¡gran conquistador!, tu padre bendiga nuestra unión, ¿no es así? Y que yo cargue...

SOLÓRZANO.—¡Caballero!

MACEDO.—Vine de la mar..., haga cuenta que montado en un delfín fantástico... Y tú, Elvira (*Dirigiéndose a un ser ausente.*), pálida sombra de mi sueño de ayer mañana, de cuando resucité...

ELVIRA.—¡Tulio, Tulio, Tulio...!

MACEDO.—¿Eh? ¿Esa voz? Pero no, no; no es la suya..., no es la tuya, Elvira mía... Esta voz suena a libro, a papel... Cuando tú (*Dirigiéndose a Elvira de Solórzano.*) me hablas de tu amor parece que recitas, parece una lección bien aprendida... Ella no me habló de su amor nunca..., ella me envolvía, contra su pecho, con su silencio... Y aquel silencio era verdad, y tu voz es mentira... Era ella como la mar y como la mar vivió, sin conocerse, en niñez eterna... Ni sé si aprendió a leer... Y apenas si hablaba..., balbucía... Era verdad, y tú, mentira...

ELVIRA.—No, verdad, verdad, Tulio.

MACEDO.—¡No, no, no! ¡Ah, mi Elvira, mi Elvira, la mía..., ¿mía?, la del que fui... ¡Ah, mi Elvira, ya sé donde estás! Perdóname por haberte confundido. Tú, tú supiste santificar mi oscuridad con tu aliento..., en tu regazo, en tus brazos, hallé un claustro materno... ¡Tú, mi Elvira, que ni apenas sabías leer, leías en mis ojos, Elvira mía!

ELVIRA.—Sí, yo, tu Elvira...

MACEDO.—¡No, tú no! ¡Tú no! Tú eres la del libro, ¡quítate de ahí! No; tú no te habrías sacrificado a mantener por siempre oculto mi nombre, a guardar mi secreto.

SOLÓRZANO.—Que usted, señor mío, acaba de romper.

MACEDO.—Es que ahora ya no importa que usted lo sepa y hasta, como historiador que es, lo propale. Ahora ya... ¡Basta y adiós, que tengo prisa! (*Repara en el libro, lo coje y lo tira al suelo.*)

SOLÓRZANO.—Pero ¡hombre, tratar así a un libro!

MACEDO.—¡Y tratar así a un hombre!

SOLÓRZANO.—Un libro es sagrado...

MACEDO.—¡Más sagrado soy yo! ¿O es que cree usted que mi imagen es más que yo?

SOLÓRZANO.—Es historia...

MACEDO.—¿Y yo qué soy? ¿Qué soy yo, Elvira?

ELVIRA.—Tú, mi Tulio, tú... mira...

MACEDO.—(*Recogiendo el libro del suelo y entregándoselo a Elvira.*) ¡Toma mi cadáver! (*Reponiéndose.*) Mas..., perdóname, no he sabido lo que me hacía. ¡Esto que he hecho con el pobre libro —¡qué culpa tiene!— es indigno de mí! Perdóneme, señorita, perdone que haya maltratado así a su...

ELVIRA.—Pero si te estoy diciendo...

MACEDO.—Sí, sí, me he precipitado, me he apresurado al entregarle mi cadáver...

ELVIRA.—No diga eso...

MACEDO.—¡Presagios!

SOLÓRZANO.—Cállese, por Dios, señor Macedo, cállese...

MACEDO.—Sí, voy a callarme y para siempre. ¡Adiós! (*Volviéndose*). ¡Ah, bien me decía el corazón que olvidaba algo!... (*Saca la concha y se la da a Elvira.*) ¿La recuerda? ¿Recuerda aquel cadáver de casa que recogí en las arenas de Bahía Roja? ¡Tómela! ¡Guárdela en recuerdo mío!

ELVIRA.—Pero...

MACEDO.—¡Tómela, he dicho! ¡Y... adiós!

ELVIRA.—¡Padre! ¡Padre! ¡Detenle! ¡No le dejes salir...; mira que sé adónde va!

SOLÓRZANO.—Pero ¿es que voy a retenerle aquí para siempre, hija?

MACEDO.—Sí, sabe adónde voy..., sabe que voy en busca de mi Elvira, de la mía, sabe que voy a la mar de donde vine..., a mi Elvira... ¿Cómo pude creer que hubiera otra que ella? No, Elvira mía, no; como eres eterna eres sola... No hay más que un solo amor verdadero..., el primero..., el que nació de la niñez..., el que un hombre virgen cobra a una virgen... ¡Y mi Elvira, señorita, fué virgen..., virgen de hombres y de libros!

SOLÓRZANO.—¿Qué quiere usted decir, caballero?

MACEDO.—¡Lo qué he dicho, ni más ni menos! ¡Y ahora otra vez..., adiós! ¡A Dios! (Vase lentamente, mas al llegar a la puerta se vuelve.) Y guarda ese libro, Elvira, guárdalo... ¡Adiós por último! (Permanece callado y sin irse.)

SOLÓRZANO.—¡Qué penoso es esto, caballero!

MACEDO.—Sí, es penoso decidirse... ¡Cuánto cuesta morir! ¡Y la mar tan tranquila! Como si no pasase nada... Adiós, Elvira, adiós. (Sale como huido.)

ESCENA IV

SOLÓRZANO y ELVIRA. Se abrazan.

ELVIRA.—¿No oyes a la mar, padre?

SOLÓRZANO.—No, hoy no..., está tranquila...

ELVIRA.—¿No oyes a la mar? ¿No oyes su gemido?

SOLÓRZANO.—No, no le oigo.

ELVIRA.—Oye..., escucha..., espera...

SOLÓRZANO.—No te pongas así, hija.

ELVIRA.—Espera... ›, oye... ¡Ay!, ¿no has oído?

SOLÓRZANO.—¿Es que ha sonado un tiro? (No debe oírse nada en escena, como si sólo Elvira y su padre lo hubiesen oído.)

ELVIRA.—Sí, y es él, él..., ahí abajo..., en el portal... ¡Ahora sí que le ha matado a Tulio Montalbán!

SOLÓRZANO.—¡Voy a verlo!

ELVIRA.—¡Yo no, no..., no quiero verlo!

(Solórzano se va.)

ESCENA V

ELVIRA. Sola, que se pasea agitada y escuchando lo que pasa afuera. Se detiene un momento junto al retrato de DON DIEGO. Luego coge el libro, que le tiembla en la mano, y lo arroja horrorizada. Se queda mirando a la mar. Después saca la concha y la contempla.

ELVIRA.—Vacía, vacía, vacía..., sin puerta ya...; y se hará arena sobre la que deshojará el mar sus olas. Qué pesadilla!

ESCENA VI

ELVIRA y RITA.

RITA.—(Entrando.) ¡Abajo yace!

ELVIRA.—Pero...

RITA.—Sí, para siempre... (Se abrazan, sollozando.)

RITA.—¡En su pecho llevába un escapulario y un retrato..., éste!

(Elvira lo mira y rompe a llorar.)

ESCENA VII

Dichos y SOLÓRZANO, entrando con TOMÁS.

SOLÓRZANO.—Ya hay, Elvira, en nuestro hogar, en el portal de nuestra casa, hasta ahora limpio y honrado, una mancha de sangre..., ¡sangre! Y ahora hay que coger ese maldito libro y echarlo a la mar... ¡Pero no!, quemarlo..., quemarlo..., quemarlo...

ELVIRA.—¿Y por qué no también ese retrato? (Señalando el de Don Diego.)

SOLÓRZANO.—Acaso... Y los libros todos... ¡Hay que quemarlo todo!

ELVIRA.—Pero aquí me anogo. (Va y abre el balcón que da a la mar.)

SOLÓRZANO.—¡Hay que quemarlo todo..., todo! ¡Acaso habría que quemar la isla! ¡Que resucite el volcán! ¡Quemarlo todo..., todo..., todo! ¡Quemar la historia! ¡Quemarlo todo!

ELVIRA.—¡Menos la mar, padre! ¡Mírala! ¡Como si no hubiese pasado nada! ¡Como si no hubiese historia! ¡Mírala! Mientras haya mar no habrá aislamiento... ¿Y no sería lo mejor echar a ese hombre a la mar, de donde vino? ¡Qué pesadilla!

SOLÓRZANO.—¡Después de quemarle!

ELVIRA.—¿Para qué? ¡Mírala, padre, mírala! ¡Es como si no hubiese pasado nada!

TELÓN

FIN DE
"SOMBRAS DE SUEÑO"

FEDERICO GARCÍA LORCA *

Federico García Lorca es indudablemente uno de los autores más famosos del siglo veinte. No sólo por haber contribuido con obras admirables a la historia de la literatura sino por haber caído víctima de la guerra Civil española.

Nació en 1898 en Fuentevaqueros, cerca de Granada, de una familia de campesinos ricos. En su juventud mostró un enorme amor a la tierra, un conocimiento del folklore andaluz, de las leyendas andaluzas, de las canciones de niños y de las supersticiones del pueblo. También mostró afición y talento por la música, la poesía y el dibujo. En 1919 fue a Madrid, estudió Ciencia, Letras y Derecho. Se graduó en Derecho, una carrera que nunca siguió. En Madrid vivió en la famosa Residencia de los Estudiantes donde se reunían todos los grandes poetas de la época y allí entabló amistad con muchos de ellos. Los que lo conocían dicen que tenía una personalidad mágica formidable, un don de entretener a la gente porque cantaba, tocaba el piano y recitaba poesía. Era un juglar moderno.

Fue un gran poeta y a menudo demasiado popularizado en sus tiempos. Incluso se quejó de la popularidad excesiva de ciertos romances de su famoso *Romancero gitano* que se recitaban por toda España.

Su primera obra *Impresiones y paisajes,* con sus primeros poemas, la publicó en 1918. Su *Libro de poemas,* escrito entre 1917-1921, lo publicó en 1921. En este año empezó su *Poema del cante jondo* que no se publicó sino hasta 1931. Su *Romancero gitano,* empezado en 1924, apareció en 1928, y su libro *Canciones,* empezado en el mismo año, apareció en 1927. En 1931 empieza *Diván del Tamarit,* que fue publicado en 1936. En 1935 publica *Llanto por Ignacio Sánchez Mejías* y *Seis poemas gallegos.* En 1936 sale su obra *Primeras Canciones,* una colección de poemas, escritos en 1922.

A fines de los años veinte tuvo una crisis cuando se sintió encerrado en el mundo. Como resultado se ensimismó y abandonó a sus amistades. Por medio de una beca proporcionada por unos amigos se marchó a Nueva York en 1929. Esta experiencia casi traumática se describe en su poesía de este período. Ve a la naturaleza, que significaba tanto en su obra anterior, completamente destruida. Fruto de este choque cultural es *Poeta en Nueva York,* una obra considerada por

---

* Editorial Porrúa ha publicado en su colección "Sepan Cuantos...", números 251 y 255, la obra dramática y poética de Federico García Lorca.

muchos, aunque esto sea discutible, surrealista. Durante este período su único momento de felicidad lo pasó en los Catskills, una vuelta a la naturaleza limpia, no mecanizada, que no encontró en la metrópoli.

Al salir de Nueva York fue a Cuba, y volvió a España en 1931. Formó con unos amigos un grupo ambulante de comediantes, La Barraca, que escenificó varias obras del Siglo de Oro.

Después de su último viaje a Buenos Aires estalló la Guerra Civil. Fue apresado, y, sin juicio alguno, ejecutado. La razón y los detalles de su muerte siguen siendo un misterio. La prensa mundial se ocupó de este acto bárbaro; el gobierno nacional permaneció callado, no se defendió, y las obras de García Lorca desaparecieron del mercado.

El interés de García Lorca por el teatro es muy temprano, como lo atestigua su obra *Maleficio de la mariposa* (1919). Fue presentada en el teatro pero fracasó. Escribió varias piezas para el teatro guiñol: *Títeres de cachiporra, La niña que riega la albahaca y el príncipe preguntón* (1923), *Amor de don Perlimplín con Belisa en su jardín* (1931), y *El retablillo de don Cristóbal* (1931), obras todas muy graciosas y encantadoras.

En 1927 escribió *Mariana Pineda*, basada en un hecho auténtico: la conspiración política de un grupo de republicanos que trata de destruir la monarquía. En 1930 escribió *La zapatera prodigiosa*, una comedia farsa, llamada por García Lorca una farsa violenta.

Durante su estancia en Nueva York trabaja en *Así que pasen cinco años* y *El público*. La primera obra fue estrenada en 1936. La segunda nunca la terminó.

Es probablemente su viaje a Nueva York lo que lo inclinó a lo dramático. Después de su regreso escribió sus dramas más famosos, cuyo eje fundamental es la realidad psicológica de la mujer española y sus más caracterizados determinantes —la honra, la pasión amorosa, el instinto maternal y las convenciones sociales—.

En esta época escribió *Bodas de sangre* (1933), *Yerma* (1934), *Doña Rosita la soltera* (1935) y *La casa de Bernarda Alba* (1936). Podemos decir que su mejor teatro abarca tres formas:

1. De inspiración romántica con evocaciones del siglo XIX: *Mariana Pineda, Doña Rosita la soltera.*

2. De pura farsa con predominio de lo burlesco: *La zapatera prodigiosa, Amor de don Perlimplín con Belisa en su jardín.*

3. De tema popular, ambiente trágico y localización campesina: *Bodas de sangre, Yerma, La casa de Bernarda Alba.*

Ningunas de las primeras dos categorías revelan el temperamento dramático de Lorca, a pesar de ciertos momentos de gran belleza. Al Lorca dramático y trágico hay que buscarlo en las tres obras de la tercera categoría. El autor se revela aquí un trágico de tensa fibra, pero es un dramaturgo que no llegó a la madurez. Las tres son tragedias al modo clásico, con cierto fatalismo que empuja a los protagonistas hacia la acción. Los temas se tratan de una manera directa. El lenguaje suele también ser directo y a veces hasta ofensivo para el pudor de algunos espectadores. Los personajes, se puede decir, mueren por un instinto primario, el sexual.

La obra que incluimos aquí es una obra popularísima en España y en el extranjero. Resiste la traducción, pero, no obstante, ha sido traducida a todas las lenguas. Con su aire de *ballet,* su verso ágil, sus figuras simbólicas y su efectismo pasional es quizá su obra más asequible.

Las semejanzas entre su poesía y su teatro son muy fuertes. Esencialmente sólo la forma exterior cambia, y por eso no es posible enjuiciar a García Lorca separando al poeta del dramaturgo.

García Lorca trajo al teatro español la vida popular. Era escritor del pueblo como Juan Ruiz y Lope de Vega. También de gran importancia son los problemas psicológicos que trajo al escenario —la frustración, el odio, la fuerza de la sangre y las fuerzas oscuras en el hombre—.

En contraste con las demás obras incluidas en esta antología, *Bodas de sangre* no lleva notas, porque la anotación de los textos de García Lorca está prohibida actualmente por New Directions Publishing Corporation.

BIBLIOGRAFÍA SELECTA

CAMPBELL, ROY. *Lorca.* New Haven: Yale University, 1952.

COBB, CARL W. *Federico García Lorca.* New York: Twayne, 1967.

GARCÍA LORCA, FEDERICO. *Obras completas.* Madrid: Aguilar, 1955.

HONIG, EDWIN. *García Lorca.* Cincinnati: New Directions Books, 1944.

Lorca, editado por Manuel Durán. New Jersey: Prentice Hall, 1962.

SALINAS, PEDRO. *Literatura española —siglo XX.* México: Editorial Séneca, 1941.

VALBUENA PRAT, ÁNGEL. *Historia del teatro español.* Barcelona: Editorial Noguer, 1956.

BODAS DE SANGRE

Tragedia en tres actos y siete cuadros

Federico García Lorca

PERSONAJES

LA MADRE

LA NOVIA

LA SUEGRA

LA MUJER DE LEONARDO

LA CRIADA

LA VECINA

MUCHACHAS

LEONARDO

EL NOVIO

EL PADRE DE LA NOVIA

LA LUNA

LA MUERTE (como mendiga)

LEÑADORES

MOZOS

ACTO PRIMERO

Cuadro primero

Habitación pintada de amarillo

Novio.—*(Entrando.)* Madre.
Madre.—¿Qué?
Novio.—Me voy.
Madre.—¿Adónde?
Novio.—A la viña. *(Va a salir.)*
Madre.—Espera.
Novio.—¿Quiere algo?
Madre.—Hijo, el almuerzo.
Novio.—Déjalo. Comeré uvas. Deme la navaja.
Madre.—¿Para qué?
Novio.—*(Riendo.)* Para cortarlas.
Madre.—*(Entre dientes y buscándola.)* La navaja, la navaja... Malditas sean todas y el bribón que las inventó.
Novio.—Vamos a otro asunto.
Madre.—Y las escopetas y las pistolas y el cuchillo más pequeño, y hasta las azadas y los bieldos de la era.
Novio.—Bueno.
Madre.—Todo lo que puede cortar el cuerpo de un hombre. Un hombre hermoso, con su flor en la boca, que sale a las viñas o va a sus olivos propios, porque son de él, heredados...
Novio.—*(Bajando la cabeza.)*—Calle usted.
Madre.—...y ese hombre no vuelve. O si vuelve es para ponerle una palma encima o un plato de sal gorda para que no se hinche. No sé cómo te atreves a llevar una navaja en tu cuerpo, ni cómo yo dejo a la serpiente dentro del arcón.
Novio.—¿Está bueno ya?
Madre.—Cien años que yo viviera, no hablaría de otra cosa. Primero tu padre; que me olía a clavel y lo disfruté tres años escasos. Luego tu hermano. ¿Y es justo y puede ser que una cosa pequeña como una pistola o una navaja pueda acabar con un hombre, que es un toro? No callaría nunca. Pasan los meses y la desesperación me pica los ojos y hasta en las puntas del pelo.
Novio.—*(Fuerte.)* ¿Vamos a acabar?
Madre.—No. No vamos a acabar. ¿Me puede alguien traer a tu padre? ¿Y a tu hermano? Y luego el presidio. ¿Qué es el presidio? ¡Allí comen, allí fuman, allí tocan los instrumentos! Mis muertos llenos de hierba, sin hablar, hechos polvo; dos hombres que eran dos geranios... Los matadores, en presidio, frescos, viendo los montes...
Novio.—¿Es que quiere usted que los mate?
Madre.—No... Si hablo es porque... ¿Cómo no voy a hablar viéndote salir por esa puerta? Es que no me gusta que lleves navaja. Es que... que no quisiera que salieras al campo.
Novio.—*(Riendo.)* ¡Vamos!
Madre.—Que me gustaría que fueras una mujer. No te irías al arroyo ahora y bordaríamos las dos cenefas y perritos de lana.
Novio.—*(Coge de un brazo a la madre y ríe.)*—Madre, ¿y si yo la llevara conmigo a las viñas?
Madre.—¿Qué hace en las viñas una vieja? ¿Me ibas a meter debajo de los pámpanos?
Novio.—*(Levantándola en sus brazos.)* Vieja, revieja, requetevieja.
Madre.—Tu padre sí que me llevaba. Eso es buena casta. Sangre.

Tu abuelo dejó un hijo en cada esquina. Eso me gusta. Los hombres, hombres; el trigo, trigo.

NOVIO.—¿Y yo, madre?

MADRE.—¿Tú, qué?

NOVIO.—¿Necesito decírselo otra vez?

MADRE.—(Seria.) ¡Ah!

NOVIO.—¿Es que le parece mal?

MADRE.—No.

NOVIO.—¿Entonces?

MADRE.—No lo sé yo misma. Así, de pronto, siempre me sorprende. Yo sé que la muchacha es buena. ¿Verdad que sí? Modosa. Trabajadora. Amasa su pan y cose sus faldas, y siento, sin embargo, cuando la nombro, como si me dieran una pedrada en la frente.

NOVIO.—Tonterías.

MADRE.—Más que tonterías. Es que me quedo sola. Ya no me quedas más que tú y siento que te vayas.

NOVIO.—Pero usted vendrá con nosotros.

MADRE.—No. Yo no puedo dejar aquí solos a tu padre y a tu hermano. Tengo que ir todas las mañanas, y si me voy es fácil que muera uno de los Félix, uno de la familia de los matadores, y lo entierren al lado. ¡Y eso sí que no! ¡Ca! ¡Eso sí que no! Porque con las uñas los desentierro y yo sola los machaco contra la tapia.

NOVIO.—(Fuerte.) Vuelta otra vez.

MADRE.—Perdóname. (Pausa.) ¿Cuánto tiempo llevas en relaciones?

NOVIO.—Tres años. Ya pude comprar la viña.

MADRE.—Tres años. ¿Ella tuvo un novio, no?

NOVIO.—No sé. Creo que no. Las muchachas tienen que mirar con quién se casan.

MADRE.—Sí. Yo no miré a nadie. Miré a tu padre, y cuando lo mataron miré a la pared de enfrente. Una mujer con un hombre y ya está.

NOVIO.—Usted sabe que mi novia es buena.

MADRE.—No lo dudo. De todos modos siento no saber cómo fue su madre.

NOVIO.—¿Qué más da?

MADRE.—(Mirándolo.) Hijo.

NOVIO.—¿Qué quiere usted?

MADRE.—¡Que es verdad! ¡Que tienes razón! ¿Cuándo quieres que la pida?

NOVIO.—(Alegre.) ¿Le parece bien el domingo?

MADRE.—(Seria.) Le llevaré los pendientes de azófar, que son antiguos, y tú le compras...

NOVIO.—Usted entiende más...

MADRE.—Le compras unas medias caladas, y para ti dos trajes... ¡Tres! ¡No te tengo más que a ti!

NOVIO.—Me voy. Mañana iré a verla.

MADRE.—Sí, sí, y a ver si me alegras con seis nietos, o los que te dé la gana, ya que tu padre no tuvo lugar de hacérmelos a mí.

NOVIO.—El primero para usted.

MADRE.—Sí, pero que haya niñas. Que yo quiero bordar y hacer encaje y estar tranquila.

NOVIO.—Estoy seguro de que usted querrá a mi novia.

MADRE.—La querré. (Se dirige a besarlo y reacciona.) Anda, ya estás muy grande para besos. Se los das a tu mujer. (Pausa. Aparte.) Cuando lo sea.

NOVIO.—Me voy.

MADRE.—Que caves bien la parte del molinillo, que la tienes descuidada.

NOVIO.—¡Lo dicho!

MADRE.—Anda con Dios. (Vase el Novio. La Madre queda sentada de espaldas a la puerta. Aparece en la puerta una Vecina vestida de color oscuro, con pañuelo a la cabeza.) Pasa.

VECINA.—¿Cómo estás?

MADRE.—Ya ves.

VECINA.—Yo bajé a la tienda y vine a verte. ¡Vivimos tan lejos!...

MADRE.—Hace veinte años que no he subido a lo alto de la calle.

VECINA.—Tú estás bien.

MADRE.—¿Lo crees?

VECINA.—Las cosas pasan. Hace dos días trajeron al hijo de mi vecina con los dos brazos cortados por la máquina. *(Se sienta.)*

MADRE.—¿A Rafael?

VECINA.—Sí. Y allí lo tienes. Muchas veces pienso que tu hijo y el mío están mejor donde están, dormidos, descansando, que no expuestos a quedarse inútiles.

MADRE.—Calla. Todo eso son invenciones, pero no consuelos.

VECINA.—¡Ay!

MADRE.—¡Ay! *(Pausa.)*

VECINA.—*(Triste.)* ¿Y tu hijo?

MADRE.—Salió.

VECINA.—¡Al fin compró la viña!

MADRE.—Tuvo suerte.

VECINA.—Ahora se casará.

MADRE.—*(Como despertando y acercando su silla a la silla de la Vecina.)* Oye.

VECINA.—*(En plan confidencial.)* Dime.

MADRE.—¿Tú conoces a la novia de mi hijo?

VECINA.—¡Buena muchacha!

MADRE.—Sí, pero...

VECINA.—Pero quien la conozca a fondo no hay nadie. Vive sola con su padre allí, tan lejos, a diez leguas de la casa más cerca. Pero es buena. Acostumbrada a la soledad.

MADRE.—¿Y su madre?

VECINA.—A su madre la conocí. Hermosa. Le relucía la cara como a un santo; pero a mí no me gustó nunca. No quería a su marido.

MADRE.—*(Fuerte.)* Pero ¡cuántas cosas sabéis las gentes!

VECINA.—Perdona. No quise ofender; pero es verdad. Ahora, si fue decente o no, nadie lo dijo. De esto no se ha hablado. Ella era orgullosa.

MADRE.—¡Siempre igual!

VECINA.—Tú me preguntaste.

MADRE.—Es que quisiera que ni a la viva ni a la muerta las conociera nadie. Que fueran como dos cardos, que ninguna persona les nombra y pinchan si llega el momento.

VECINA.—Tienes razón. Tu hijo vale mucho.

MADRE.—Vale. Por eso lo cuido. A mí me habían dicho que la muchacha tuvo novio hace tiempo.

VECINA.—Tendría ella quince años. Él se casó ya hace dos años, con una prima de ella, por cierto. Nadie se acuerda del noviazgo.

MADRE.—¿Cómo te acuerdas tú?

VECINA.—¡Me haces unas preguntas!...

MADRE.—A cada uno le gusta enterarse de lo que le duele. ¿Quién fué el novio?

VECINA.—Leonardo.

MADRE.—¿Qué Leonardo?

VECINA.—Leonardo el de los Félix.

MADRE.—*(Levantándose.)* ¡De los Félix!

VECINA.—Mujer, ¿qué culpa tiene Leonardo de nada? Él tenía ocho años cuando las cuestiones.

MADRE.—Es verdad... Pero oigo eso de Félix y es lo mismo *(Entre dientes.)* Félix que llenárseme de cieno la boca *(Escupe.)* y tengo que escupir, tengo que escupir por no matar.

VECINA.—Repórtate: ¿qué sacas con eso?

MADRE.—Nada. Pero tú lo comprendes.

VECINA.—No te opongas a la felicidad de tu hijo. No le digas nada. Tú estás vieja. Yo también. A ti y a mí nos toca callar.

MADRE.—No le diré nada.

VECINA.—*(Besándola.)* Nada.

MADRE.—*(Serena.)* ¡Las cosas!...

VECINA.—Me voy, que pronto llegará mi gente del campo.

MADRE.—¿Has visto qué día de calor?

VECINA.—Iban negros los chiquillos que llevan el agua a los segadores. Adiós, mujer.

MADRE.—Adiós.

(La Madre se dirige a la puerta de la izquierda. En medio del camino se detiene y lentamente se santigua.)

TELÓN

CUADRO SEGUNDO

Habitación pintada de rosa con co-
bres y ramos de flores populares.
En el centro, una mesa con mantel.
Es la mañana.

(*Suegra de Leonardo con un niño*
en brazos. Lo mece. La Mujer, en
la otra esquina, hace punto de me-
dia.)

SUEGRA.
     Nana, niño nana
     del caballo grande
     que no quiso el agua.
     El agua era negra
     dentro de las ramas.
     Cuando· llega al puente
     se detiene y canta.
     ¿Quién dirá, mi niño,
     lo que tiene el agua,
     con su larga cola
     por su verde sala?

MUJER. (*Bajo.*)
     Duérmete clavel,
     que el caballo no quiere
                         [beber.
SUEGRA.
     Duérmete, rosal,
     que el caballo se pone a
                         [llorar.
     Las patas heridas,
     las crines heladas,
     dentro de los ojos
     un puñal de plata.
     Bajaba al río.
     ¡Ay, cómo bajaban!
     La sangre corría
     más fuerte que el agua.

MUJER.
     Duérmete, clavel,
     que el caballo no quiere
                         [beber.
SUEGRA.
     Duérmete, rosal,
     que el caballo se pone a
                         [llorar.
MUJER.
     No quiso tocar
     la orilla mojada
     su belfo caliente

con moscas de plata.
A·los mentes duros
sólo relinchaba
con el río muerto
sobre la garganta.
¡Ay, caballo grande,
que no quiso el agua!
¡Ay, dolor de nieve,
caballo del alba!

SUEGRA.
     ¡No vengas! ¡Deténte!,
     cierra la ventana
     con ramas de sueños
     y sueño de ramas.

MUJER. Mi niño se duerme.
SUEGRA. Mi niño se calla.
MUJER. Caballo, mi niño
     tiene una almohada.
SUEGRA. Su cuna de acero.
MUJER. Su colcha de holanda.
SUEGRA. Nana, niño, nana.
MUJER. ¡Ay, caballo grande,
     que no quiso el agua!
SUEGRA. ¡No vengas, no entres!
     Vete a la montaña.
     Por los. valles grises
     donde está la jaca.

MUJER. (*Mirando.*)
     Mi niño se duerme.

SUEGRA.
     Mi niño descansa.

MUJER. (*Bajito.*)
     Duérmete clavel,
     que el caballo no quiere
                         [beber.
SUEGRA. (*Levantándose y muy ba-*
jito.)
     Duérmete, rosal,
     que el caballo se pone a
                         [llorar.

(*Entran al niño. Entra Leonardo.*)

LEONARDO.—¿Y el niño?
MUJER.—Se durmió.
LEONARDO.—Ayer no estuvo bien.
Lloró por la noche.
     MUJER.—(*Alegre.*) Hoy está co-
mo una dalia. ¿Y tú? ¿Fuiste a casa
del herrador?

LEONARDO.—De allí vengo. ¿Quérrás creer? Llevo más de dos meses poniendo herraduras nuevas al caballo y siempre se le caen. por lo visto se las arranca con las piedras.

MUJER.—¿Y no será que lo usas mucho?

LEONARDO.—No. Casi no lo utilizo.

MUJER.—Ayer me dijeron las vecinas que te habían visto al límite de los llanos.

LEONARDO.—¿Quién lo dijo?

MUJER.—Las mujeres que cogen las alcaparras. Por cierto que me sorprendió. ¿Eras tú?

LEONARDO.—No. ¿Qué iba a hacer yo allí, en aquel secano?

MUJER.—Eso dije. Pero el caballo estaba reventando de sudar.

LEONARDO.—¿Lo viste tú?

MUJER.—No. Mi madre.

LEONARDO.—¿Está con el niño?

MUJER.—Sí. ¿Quieres un refresco de limón?

LEONARDO.—Con el agua bien fría.

MUJER.—¿Cómo no viniste a comer?...

LEONARDO.—Estuve con los medidores del trigo. Siempre entretienen.

MUJER.—(Haciendo el refresco y muy tierna.) ¿Y lo pagan a buen precio?

LEONARDO.—El justo.

MUJER.—Me hace falta un vestido y al niño una gorra con lazos.

LEONARDO.—(Levantándose.) Voy a verlo.

MUJER.—Ten cuidado, que está dormido.

SUEGRA.—(Saliendo.) Pero ¿quién da esas carreras al caballo? Está abajo, tendido, con los ojos desorbitados como si llegara del fin del mundo.

LEONARDO.—(Agrio.) Yo.

SUEGRA.—Perdona; tuyo es.

MUJER.—(Timida.) Estuvo con los medidores del trigo.

SUEGRA.—Por mí, que reviente. (Se sienta. Pausa.)

MUJER.—El refresco. ¿Está frío?

LEONARDO.—Sí.

MUJER.—¿Sabes que piden a mi prima?

LEONARDO.—¿Cuándo?

MUJER.—Mañana. La boda será dentro de un mes. Espero que vendrán a invitarnos.

LEONARDO.—(Serio.) No sé.

SUEGRA.—La madre de él creo que no estaba muy satisfecha con el casamiento.

LEONARDO.—Y quizá tenga razón. Ella es de cuidado.

MUJER.—No me gusta que penséis mal de una buena muchacha.

SUEGRA.—Pero cuando dice eso es porque la conoce. ¿No ves que fué tres años novia suya? (Con intención.)

LEONARDO.—Pero la dejé. (A su mujer.) ¿Vas a llorar ahora? ¡Quita! (Le aparta bruscamente las manos de la cara.) Vamos a ver al niño.

(Entran abrazados. Aparece la Muchacha, alegre. Entra corriendo.)

MUCHACHA.—Señora.

SUEGRA.—¿Qué pasa?

MUCHACHA.—Llegó el novio a la tienda y ha comprado todo lo mejor que había.

SUEGRA.—¿Vino solo?

MUCHACHA.—No, con su madre. Seria, alta. (La imita.) Pero ¡qué lujo!

SUEGRA.—Ellos tienen dinero.

MUCHACHA.—¡Y compraron unas medias caladas!... ¡Ay, qué medias! ¡El sueño de las mujeres en medias! Mire usted: una golondrina aquí (señala al tobillo), un barco aquí (señala la pantorrilla) y aquí una rosa (señala el muslo).

SUEGRA.—¡Niña!

MUCHACHA.—¡Una rosa con las semillas y el tallo! ¡Ay! ¡Todo en seda!

SUEGRA.—Se van a juntar dos buenos capitales.

(Aparecen Leonardo y su Mujer.)

MUCHACHA.—Vengo a deciros lo que están comprando.

LEONARDO.—*(Fuerte.)* No nos importa.

MUJER.—Déjala.

SUEGRA.—Leonardo, no es para tanto.

MUCHACHA.—Usted dispense. *(Se va llorando.)*

SUEGRA.—¿Qué necesidad tienes de ponerte a mal con las gentes?

LEONARDO.—No le he preguntado su opinión. *(Se sienta.)*

SUEGRA.—Está bien. *(Pausa.)*

MUJER.—*(A Leonardo.)* ¿Qué te pasa? ¿Qué idea te bulle por dentro de la cabeza? No me dejes así, sin saber nada...

LEONARDO.—Quita.

MUJER.—No. Quiero que me mires y me lo digas.

LEONARDO.—Déjame. *(Se levanta.)*

MUJER.—¿Adónde vas, hijo?

LEONARDO.—*(Agrio.)* ¿Te puedes callar?

SUEGRA.—*(Enérgica a su hija.)* ¡Cállate! *(Sale Leonardo.)* ¡El niño!

(Entra y vuelve a salir con él en brazos. La Mujer ha permanecido de pie, inmóvil.)

Las patas heridas,
las crines heladas,
dentro de los ojos
un puñal de plata.
Bajaban al río.
¡Ay, cómo bajaban!
La sangre corría
más fuerte que el agua.

MUJER. *(Volviéndose lentamente y como soñando.)*

Duérmete, clavel,
que el caballo se pone a
[beber.

SUEGRA. Duérmete, rosal,
que el caballo se pone a
[llorar.

MUJER. Nana, niño, nana.

SUEGRA. ¡Ay, caballo grande,
que no quiso el agua!

MUJER. *(Dramática.)*

¡No vengas, no entres!
¡Vete a la montaña!

¡Ay, dolor de nieve,
caballo del alba!

SUEGRA. *(Llorando.)*
Mi niño se duerme...

MUJER. *(Llorando y acercándose lentamente.)* Mi niño descansa...

SUEGRA.
Duérmete, clavel,
que el caballo se pone a
[beber.

MUJER. *(Llorando y apoyándose sobre la mesa.)*
Duérmete, rosal,
que el caballo se pone a llorar.

TELÓN

CUADRO TERCERO

Interior de la cueva donde vive la novia. Al fondo, una cruz de grandes flores rosa. Las puertas redondas con cortinas de encaje y lazos rosa. Por las paredes de material blanco y duro, abanicos redondos, jarros azules y pequeños espejos.

CRIADA.—Pasen... *(Muy afable, llena de hipocresía humilde. Entran el Novio y su Madre. La Madre viste de raso negro y lleva mantilla de encaje. El Novio, de pana negra con gran cadena de oro.)* ¿Se quieren sentar? Ahora vienen. *(Sale.)*

(Quedan madre e hijo sentados, inmóviles como estatuas. Pausa larga.)

MADRE.—¿Traes el reloj?

NOVIO.—Sí. *(Lo saca y lo mira.)*

MADRE.—Tenemos que volver a tiempo. ¡Qué lejos vive esta gente!

NOVIO.—Pero estas tierras son buenas.

MADRE.—Buenas; pero demasiado solas. Cuatro horas de camino y ni una casa ni un árbol.

NOVIO.—Éstos son los secanos.

MADRE.—Tu padre los hubiera cubierto de árboles.

NOVIO.—¿Sin agua?

MADRE.—Ya la hubiera buscado. Los tres años que estuvo casado conmigo, plantó diez cerezos. (*Haciendo memoria.*) Los tres nogales del molino, toda una viña y una planta que se llama Júpiter, que da flores encarnadas, y se secó. (*Pausa.*)

NOVIO.—(*Por la novia.*) Debe estar vistiéndose.

(*Entra el padre de la novia. Es anciano, con el cabello blanco reluciente. Lleva la cabeza inclinada. La madre y el Novio se levantan y se dan las manos en silencio.*)

PADRE.—¿Mucho tiempo de viaje?

MADRE.—Cuatro horas. (*Se sientan.*)

PADRE.—Habéis venido por el camino más largo.

MADRE.—Yo estoy ya vieja para andar por las terreras del río.

NOVIO.—Se marea. (*Pausa.*)

PADRE.—Buena cosecha de esparto.

NOVIO.—Buena de verdad.

PADRE.—En mi tiempo ni esparto daba esta tierra. Ha sido necesario castigarla y hasta llorarla, para que nos dé algo provechoso.

MADRE.—Pero ahora da. No te quejes. Yo no vengo a pedirte nada.

PADRE.—(*Sonriendo.*) Tú eres más rica que yo. Las viñas valen un capital. Cada pámpano una moneda de plata. Lo que siento es que las tierras... ¿entiendes?... estén separadas. A mí me gusta todo junto. Una espina tengo en el corazón, y es la huertecilla esa metida entre mis tierras, que no me quieren vender por todo el oro del mundo.

NOVIO.—Eso pasa siempre.

PADRE.—Si pudiéramos con veinte pares de bueyes traer tus viñas aquí y ponerlas en la ladera. ¡Qué alegría!...

MADRE.—¿Para qué?

PADRE.—Lo mío es de ella y lo tuyo de él. Por eso. Para verlo todo junto, ¡que junto es una hermosura!

NOVIO.—Y sería menos trabajo.

MADRE.—Cuando yo me muera, vendéis aquello y compráis aquí al lado.

PADRE.—Vender, ¡vender! ¡Bah!; comprar, hija, comprarlo todo. Si yo hubiera tenido hijos hubiera comprado todo ese monte hasta la parte del arroyo. Porque no es buena tierra; pero con brazos se la hace buena, y como no pasa gente no te roban los frutos y puedes dormir tranquilo. (*Pausa.*)

MADRE.—Tú sabes a lo que vengo.

PADRE.—Sí.

MADRE.—¿Y qué?

PADRE.—Me parece bien. Ellos lo han hablado.

MADRE.—Mi hijo tiene y puede.

PADRE.—Mi hija también.

MADRE.—Mi hijo es hermoso. No ha conocido mujer. La honra más limpia que una sábana puesta al sol.

PADRE.—Qué te digo de la mía. Hace las migas a las tres, cuando el lucero. No habla nunca; suave como la lana, borda toda clase de bordados y puede cortar una maroma con los dientes.

MADRE.—Dios bendiga su casa.

PADRE.—Que Dios la bendiga.

(*Aparece la Criada con dos bandejas. Una con copas y la otra con dulces.*)

MADRE.—(*Al hijo.*) ¿Cuándo queréis la boda?

NOVIO.—El jueves próximo.

PADRE.—Día en que ella cumple veintidós años justos.

MADRE.—¡Veintidós años! Esa edad tendría mi hijo mayor si viviera. Que viviría caliente y macho como era, si los hombres no hubieran inventado las navajas.

PADRE.—En eso no hay que pensar.

MADRE.—Cada minuto. Métete la mano en el pecho.

PADRE.—Entonces el jueves. ¿No es así?

NOVIO.—Así es.

PADRE.—Los novios y nosotros iremos en coche hasta la iglesia, que está muy lejos, y el acompañamiento en los carros y en las caballerías que traigan.

MADRE.—Conformes.

(Pasa la Criaaa.)

PADRE.—Dile que ya puede entrar. *(A la Madre.)* Celebraré mucho que te guste.

(Aparece la Novia. Trae las manos caídas en actitud modesta y la cabeza baja.)

MADRE.—Acércate. ¿Estás contenta?

NOVIA.—Sí, señora.

PADRE.—No debes estar seria. Al fin y al cabo ella va a ser tu madre.

NOVIA.—Estoy contenta. Cuando he dado el sí es porque quiero darlo.

MADRE.—Naturalmente. *(Le coge la barbilla.)* Mírame.

PADRE.—Se parece en todo a mi mujer.

MADRE.—¿Sí? ¡Qué hermoso mirar! ¿Tú sabes lo que es casarse, criatura?

NOVIA.—*(Seria.)* Lo sé.

MADRE.—Un hombre, unos hijos y una pared de dos varas de ancho para todo lo demás.

NOVIO.—¿Es que hace falta otra cosa?

MADRE.—No. Que vivan todos, ¡eso! ¡Que vivan!

NOVIA.—Yo sabré cumplir.

MADRE.—Aquí tienes unos regalos.

NOVIA.—Gracias.

PADRE.—¿No tomamos algo?

MADRE.—Yo no quiero. *(Al Novio.)* ¿Y tú?

NOVIO.—Tomaré. *(Toma un dulce. La Novia toma otro.)*

PADRE.—*(Al Novio.)* ¿Vino?

MADRE.—No lo prueba.

PADRE.—¡Mejor! *(Pausa. Todos están de pie.)*

NOVIO.—*(A la Novia.)* Mañana vendré.

NOVIA.—¿A qué hora?

NOVIO.—A las cinco.

NOVIA.—Yo te espero.

NOVIO.—Cuando me voy de tu lado siento un despego grande y así como un nudo en la garganta.

NOVIA.—Cuando seas mi marido ya no lo tendrás.

NOVIO.—Eso digo yo.

MADRE.—Vamos. El sol no espera. *(Al padre):* ¿Conformes en todo?

PADRE.—Conformes.

MADRE.—*(A la Criada.)* Adiós, mujer.

CRIADA.—Vayan ustedes con Dios.

(La Madre besa a la Novia y van saliendo en silencio.)

MADRE.—*(En la puerta.)* Adiós, hija. *(La Novia contesta con la mano.)*

PADRE.—Yo salgo con vosotros. *(Salen.)*

CRIADA.—Que reviento por ver los regalos.

NOVIA.—*(Agria.)* Quita.

CRIADA.—Ay, niña, enséñamelos.

NOVIA.—No quiero.

CRIADA.—Siquiera las medias. Dicen que son todas caladas. ¡Mujer!

NOVIA.—¡Ea, que no!

CRIADA.—Por Dios. Está bien. Parece como si no tuvieras ganas de casarte.

NOVIA.—*(Mordiéndose la mano con rabia.)* ¡Ay!

CRIADA.—Niña, hija, ¿qué te pasa? ¿Sientes dejar tu vida de reina? No pienses en cosas agrias. ¿Tienes motivos? Ninguno. Vamos a ver los regalos. *(Coge la caja.)*

NOVIA.—*(Cogiéndola de las muñecas.)* Suelta.

CRIADA.—¡Ay, mujer!

NOVIA.—Suelta he dicho.

CRIADA.—Tienes más fuerza que un hombre.

NOVIA.—¿No he hecho yo trabajos de hombre? ¡Ojalá fuera!

CRIADA.—¡No hables así!

NOVIA.—Calla he dicho. Hablemos de otro asunto. *(La luz va des-*

*apareciendo de la escena. Pausa lar-
ga.)*

CRIADA.—¿Sentiste anoche un caballo?

NOVIA.—¿A qué hora?

CRIADA.—A las tres.

NOVIA.—Sería un caballo suelto
de la manada.

CRIADA.—No. Llevaba jinete.

NOVIA.—¿Por qué lo sabes?

CRIADA.—Porque lo vi. Estuvo
parado en tu ventana. Me chocó
mucho.

NOVIA.—¿No sería mi novio? Algunas veces ha pasado a esas horas.

CRIADA.—No.

NOVIA.—¿Tú le viste?

CRIADA.—Sí.

NOVIA.—¿Quién era?

CRIADA.—Era Leonardo.

NOVIA.—*(Fuerte.)* ¡Mentira! ¡Mentira! ¿A qué viene aquí?

CRIADA.—Vino.

NOVIA.—¡Cállate! ¡Maldita sea tu
lengua. *(Se siente el ruido de un caballo.)*

CRIADA.—*(En la ventana.)* Mira,
asómate. ¿Era?

NOVIA.—¡Era!

TELÓN RÁPIDO

FIN DEL ACTO PRIMERO

ACTO SEGUNDO

Zaguán de casa de la novia. Portón al fondo. Es de noche. La novia sale con enaguas blancas encañonadas, llenas de encajes y puntas bordadas, y un corpiño blanco, con los brazos al aire. La criada, lo mismo.

CRIADA.—Aquí te acabaré de peinar.

NOVIA.—No se puede estar ahí dentro, del calor.

CRIADA.—En estas tierras no refresca ni al amanecer.

(Se sienta la Novia en una silla baja y se mira en un espejito de mano. La Criada la peina.)

NOVIA.—Mi madre era de un sitio donde había muchos árboles. De tierra rica.

CRIADA.—¡Así era ella de alegre!

NOVIA.—Pero se consumió aquí.

CRIADA.—El sino.

NOVIA.—Como nos consumimos todas. Echan fuego las paredes. ¡Ay! no tires demasiado.

CRIADA.—Es para arreglarte mejor esta onda. Quiero que te caiga sobre la frente. *(La Novia se mira en el espejo.)* ¡Qué hermosa estás! ¡Ay! *(La besa apasionadamente.)*

NOVIA.—*(Seria.)* Sigue peinándome.

CRIADA.—*(Peinándola.)* ¡Dichosa tú que vas a abrazar a un hombre, que lo vas a besar, que vas a sentir su peso!

NOVIA.—Calla.

CRIADA.—Y lo mejor es cuando te despiertes y lo sientas a tu lado y que él te roza los hombros con su aliento, como con una plumilla de ruiseñor.

NOVIA.—*(Fuerte.)* ¿Te quieres callar?

CRIADA.—¡Pero niña! ¿Una boda, qué es? Una boda es esto y nada más. ¿Son los dulces? ¿Son los ramos de flores? No. Es una cama relumbrante y un hombre y una mujer.

NOVIA.—No se debe decir.

CRIADA.—Eso es otra cosa. ¡Pero es bien alegre!

NOVIA.—O bien amargo.

CRIADA.—El azahar te lo voy a poner desde aquí hasta aquí, de modo que la corona luzca sobre el peinado. *(Le prueba el ramo de azahar.)*

NOVIA.—*(Se mira en el espejo.)* Trae. *(Coge el azahar, lo mira y deja caer la cabeza abatida.)*

CRIADA.—¿Qué es esto?

NOVIA.—Déjame.

CRIADA.—No son horas de ponerse triste. *(Animosa.)* Trae el azahar. *(La novia tira el azahar.)* ¡Niña! ¿Qué castigo pides tirando al suelo la corona? ¡Levanta esa frente! ¿Es que no te quieres casar? Dilo. Todavía te puedes arrepentir. *(Se levanta.)*

NOVIA.—Son nublos. Un mal aire en el centro, ¿quién no lo tiene?

CRIADA.—¿Tú quieres a tu novio?

NOVIA.—Lo quiero.

CRIADA.—Sí, sí, estoy segura.

NOVIA.—Pero éste es un paso muy grande.

CRIADA.—Hay que darlo.

NOVIA.—Ya me he comprometido.

CRIADA.—Te voy a poner la corona.

NOVIA.—*(Se sienta.)* Date prisa, que ya deben ir llegando.

CRIADA.—Ya llevarán lo menos dos horas de camino.

NOVIA.—¿Cuánto hay de aquí a la iglesia?

CRIADA.—Cinco leguas por el arroyo, que por el camino hay el doble.

(La Novia se levanta y la Criada se entusiasma al verla.)

Despierte la novia
la mañana de la boda.
¡Que los ríos del mundo
lleven tu corona!

NOVIA.—*(Sonriente.)* Vamos.

CRIADA.—*(La besa entusiasmada y baila alrededor.)*
Que despierte
con el ramo verde
del laurel florido.
¡Que despierte
por el tronco y la rama
de los laureles!

(Se oyen unos aldabonazos.)

NOVIA.—¡Abre! Deben ser los primeros convidados. *(Entra. La Criada abre sorprendida.)*

CRIADA.—¿Tú?

LEONARDO.—Yo. Buenos días.

CRIADA.—¡El primero!

LEONARDO.—¿No me han convidado?

CRIADA.—Sí.

LEONARDO.—Por eso vengo.

CRIADA.—¿Y tu mujer?

LEONARDO.—Yo vine a caballo. Ella se acerca por el camino.

CRIADA.—¿No te has encontrado a nadie?

LEONARDO.—Los pasé con el caballo.

CRIADA.—Vas a matar al animal con tanta carrera.

LEONARDO.—¡Cuando se muera, muerto está. *(Pausa.)*

CRIADA.—Siéntate. Todavía no se ha levantado nadie.

LEONARDO.—¿Y la novia?

CRIADA.—Ahora mismo la voy a vestir.

LEONARDO.—¡La novia! ¡Estará contenta!

CRIADA.—*(Variando de conversación.)* ¿Y el niño?

LEONARDO.—¿Cuál?

CRIADA.—Tu hijo.

LEONARDO.—*(Recordando como soñoliento.)* ¡Ah!

CRIADA.—¿Lo traen?

LEONARDO.—¡No! *(Pausa. Voces cantando muy lejos.)*

VOCES. ¡Despierte la novia
la mañana de la boda!

LEONARDO. Despierte la novia
la mañana de la boda.

CRIADA.—Es la gente. Vienen lejos todavía.

LEONARDO.—*(Levantándose.)* ¿La novia llevará una corona grande, no? No debía ser tan grande. Un poco más pequeña le sentaría mejor. ¿Y trajo ya el novio el azahar que se tiene que poner en el pecho?

NOVIA.—*(Apareciendo todavía en enaguas y con la corona de azahar puesta.)* Lo trajo.

CRIADA.—*(Fuerte.)* No salgas así.

NOVIA.—¿Qué más da? *(Seria.)* ¿Por qué preguntas si trajeron el azahar? ¿Llevas intención?

LEONARDO.—Ninguna. ¿Qué intención iba a tener? *(Acercándose.)* Tú, que me conoces, sabes que no la llevo. Dímelo. ¿Quién he sido yo para ti? Abre y refresca tu recuerdo. Pero dos bueyes y una mala choza son casi nada. Ésa es la espina.

NOVIA.—¿A qué vienes?

LEONARDO.—A ver tu casamiento.

NOVIA.—¡También yo vi el tuyo!

LEONARDO.—Amarrado por ti, hecho con tus dos manos. A mí me pueden matar, pero no me pueden escupir. Y la plata, que brilla tanto, escupe algunas veces.

NOVIA.—¡Mentira!

LEONARDO.—No quiero hablar, porque soy hombre de sangre y no quiero que todos estos cerros oigan mis voces.

NOVIA.—Las mías serían más más fuertes.

CRIADA.—Estas palabras no pueden seguir. Tú no tienes que hablar de lo pasado. (*La Criada mira a las puertas, presa de inquietud.*)

NOVIA.—Tiene razón. Yo no debo hablarte siquiera. Pero se me calienta el alma de que vengas a verme y atisbar mi boda y preguntes con intención por el azahar. Vete y espera a tu mujer en la puerta.

LEONARDO.—¿Es que tú y yo no podemos hablar?

CRIADA.—(*Con rabia.*) No; no podéis hablar.

LEONARDO.—Después de mi casamiento he pensado noche y día de quién era la culpa, y cada vez que pienso sale una culpa nueva que se come a la otra; ¡pero siempre hay culpa!

NOVIA.—Un hombre con su caballo sabe mucho y puede mucho para poder estrujar a una muchacha metida en un desierto. Pero yo tengo orgullo. Por eso me caso. Y me encerraré con mi marido, a quien tengo que querer por encima de todo.

LEONARDO.—El orgullo no te servirá de nada. (*Se acerca.*)

NOVIA.—¡No te acerques!

LEONARDO.—Callar y quemarse es el castigo más grande que nos podemos echar encima. ¿De qué me sirvió a mí el orgullo y el no mirarte y el dejarte despierta noches y noches? ¡De nada! ¡Sirvió para echarme fuego encima! Porque tú crees que el tiempo cura y que las paredes tapan, y no es verdad, no es verdad. ¡Cuando las cosas llegan a los centros, no hay quien las arranque!

NOVIA.—(*Temblando.*) No puedo oírte. No puedo oír tu voz. Es como si me bebiera una botella de anís y me durmiera en una colcha de rosas. Y me arrastra, y sé que me ahogo, pero voy detrás.

CRIADA.—(*Cogiendo a Leonardo por las solapas.*) ¡Debes irte ahora mismo!

LEONARDO.—Es la última vez que voy a hablar con ella. No temas nada.

NOVIA.—Y sé que estoy loca y sé que tengo el pecho podrido de aguantar, y aquí estoy quieta por oírlo, por verlo menear los brazos.

LEONARDO.—No me quedo tranquilo si no te digo estas cosas. Yo me casé. Cásate tú ahora.

CRIADA.—(*A Leonardo.*) ¡Y se casa!

VOCES.—(*Cantando más cerca.*)
    Despierte la novia
    la mañana de la boda.

NOVIA.—¡Despierte la novia!

(*Sale corriendo a su cuarto.*)

CRIADA.—Ya está aquí la gente. (*A Leonardo.*) No te vuelvas a acercar a ella.

LEONARDO.—Descuida. (*Sale por la izquierda. Empieza a clarear el día.*)

MUCHACHA 1ª (*entrando*).
    Despierte la novia
    la mañana de la boda;
    ruede la ronda
    y en cada balcón una corona.

VOCES.—¡Despierte la novia!

CRIADA.—(*Moviendo algazara.*)
    Que despierte
    con el ramo verde
    del amor florido.
    ¡Que despierte
    por el tronco y la rama
    de los laureles!

MUCHACHA 2ª (*entrando*).
    Que despierte
    con el largo pelo,
    camisa de nieve,
    botas de charol y plata
    y jazmines en la frente.

CRIADA. ¡Ay, pastora,
    que la luna asoma!

MUCHACHA 1ª
    ¡Ay, galán,
    deja tu sombrero por el olivar!

MOZO 1º (*entrando con el sombrero en alto*).
    Despierte la novia,
    que por los campos viene
    rodando la boda,
    con bandejas de dalias
    y panes de gloria.

VOCES.
   ¡Despierte la novia!
MUCHACHA 2ª
   La novia
   se ha puesto su blanca corona,
   y el novio
   se la prende con lazos de oro.
CRIADA.
   Por el toronjil
   la novia no puede dormir.
MUCHACHA 3ª *(entrando).*
   Por el naranjel
   el novio le ofrece cuchara y
                              [mantel.

(Entran tres convidados.)

MOZO 1º
   ¡Despierta, paloma!
   El alba despeja
   campanas de sombra.
CONVIDADO.
   La novia, la blanca novia,
   hoy doncella,
   mañana señora.
MUCHACHA 1ª
   Baja, morena,
   arrastrando tu cola de seda.
CONVIDADO.
   Baja, morenita,
   que llueve rocío la mañana fría.
MOZO 1º
   Despertad, señora, despertad,
   porque viene el aire lloviendo
                              [azahar.
CRIADA.
   Un árbol quiero bordarle
   lleno de cintas granates
   y en cada cinta un amor
   con vivas alrededor.
VOCES.
   Despierte la novia.
MOZO 1º
   ¡La mañana de la boda!
CONVIDADO.
   La mañana de la boda
   qué galana vas a estar;
   pareces, flor de los montes,
   la mujer de un capitán.
PADRE *(entrando).*
   La mujer de un capitán
   se lleva el novio.
   ¡Ya viene con sus bueyes
   por el tesoro!

MUCHACHA 3ª
   El novio
   parece la flor del oro;
   cuando camina,
   a sus plantas se agrupan las
                              [clavelinas.
CRIADA.
   ¡Ay mi niña dichosa!
MOZO 2º
   Que despierte la novia.
CRIADA.
   ¡Ay mi galana!
MUCHACHA 1ª
   La boda está llamando
   por las ventanas.
MUCHACHA 2ª
   Que salga la novia.
MUCHACHA 1ª
   ¡Que salga, que salga!
CRIADA.
   ¡Que toquen y repiquen
   las campanas!
MOZO 1º
   ¡Que viene aquí! ¡Que sale ya!
CRIADA.
   ¡Como un toro, la boda
   levantándose está!

(Aparece la Novia. Lleva un traje negro mil novecientos, con caderas y larga cola rodeada de gasas plisadas y encajes duros. Sobre el peinado de visera lleva la corona de azahar. Suenan las guitarras. Las Muchachas besan a la Novia.)

MUCHACHA 3ª—¿Qué esencia te echaste en el pelo?
NOVIA.—*(Riendo.)* Ninguna.
MUCHACHA 2ª.—*(Mirando el traje.)* La tela es de lo que no hay.
MOZO 1º—¡Aquí está el novio!
NOVIO.—¡Salud!
MUCHACHA 1ª—*(Poniéndole una flor en la oreja.)*
   El novio
   parece la flor del oro.
MUCHACHA 2ª
   ¡Aires de sosiego
   le manan los ojos!

(El Novio se dirige al lado de la Novia.)

NOVIA.—¿Por qué te pusiste esos zapatos?

NOVIO.—Son más alegres que los negros.

MUJER DE LEONARDO.—(Entrando y besando a la Novia.) ¡Salud! (Hablan todas con algazara.)

LEONARDO.—(Entrando como quien cumple un deber.)
La mañana de casada
la corona te ponemos.

MUJER.
¡Para que el campo se alegre
con el agua de tu pelo!

MADRE.—(Al Padre.) ¿También están ésos aquí?

PADRE.—Son familia. ¡Hoy es día de perdones!

MADRE.—Me aguanto, pero no perdono.

NOVIO.—¡Con la corona da alegría mirarte!

NOVIA.—¡Vámonos pronto a la iglesia!

NOVIO.—¿Tienes prisa?

NOVIA.—Sí. Estoy deseando ser tu mujer y quedarme sola contigo, y no oír más voz que la tuya.

NOVIO.—¡Eso quiero yo!

NOVIA.—Y no ver más que tus ojos. Y que me abrazarás tan fuerte, que aunque me llamara mi madre, que está muerta, no me pudiera despegar de ti.

NOVIO.—Yo tengo fuerza en los brazos. Te voy a abrazar cuarenta años seguidos.

NOVIA. — (Dramática, cogiéndolo del brazo.) ¡Siempre!

PADRE.—¡Vamos pronto! ¡A coger las caballerías y los carros! Que ya ha salido el sol.

MADRE.—¡Que llevéis cuidado! No sea que tengamos malahora.

(Se abre el gran portón del fondo. Empiezan a salir.)

CRIADA. (Llorando.)
Al salir de tu casa,
blanca doncella,
acuérdate que sales
como una estrella...

MUCHACHA 1ª
Limpia de cuerpo y ropa
al salir de tu casa para la boda.

(Van saliendo.)

MUCHACHA 2ª
¡Ya sales de tu casa
para la iglesia!

CRIADA.
¡El aire pone flores
por las arenas!

MUCHACHA 3ª
¡Ay la blanca niña!

CRIADA.
Aire oscuro el encaje
de su mantilla.

(Salen. Se oyen guitarras, palillos y panderetas. Quedan solos Leonardo y su mujer.)

MUJER.—Vamos.

LEONARDO.—¿Adónde?

MUJER.—A la iglesia. Pero no vas en el caballo. Vienes conmigo.

LEONARDO.—¿En el carro?

MUJER.—¿Hay otra cosa?

LEONARDO.—Yo no soy hombre para ir en carro.

MUJER.—Y yo no soy mujer para ir sin su marido a un casamiento. ¡Que no puedo más!

LEONARDO.—¡Ni yo tampoco!

MUJER.—¿Por qué me miras así? Tienes una espina en cada ojo.

LEONARDO.—¡Vamos!

MUJER.—No sé lo que pasa. Pero pienso y no quiero pensar. Una cosa sé. Yo ya estoy despachada. Pero tengo un hijo. Y otro que viene. Vamos andando. El mismo sino tuvo mi madre. Pero de aquí no me muevo.

(Voces fuera.)

VOCES.
Al salir de tu casa
para la iglesia,
acuérdate que sales
como una estrella.

MUJER.—(Llorando.)
¡Acuérdate que sales
Como una estrella!

Así salí yo de mi casa también.
Que me cabía todo el campo en la
boca.

LEONARDO.—*(Levantándose.)* Vamos.

MUJER.—¡Pero conmigo!

LEONARDO.—Sí. *(Pausa.)* ¡Echa a
andar! *(Salen.)*

VOCES.
    Al salir de tu casa
    para la iglesia,
    acuérdate que sales
    como una estrella.

TELÓN LENTO

CUADRO SEGUNDO

*Exterior de la cueva de la novia.
Entonación en blancos, grises y azules fríos. Grandes chumberas. To-
nos sombríos y plateados. Panorama de mesetas color barquillo, todo
endurecido como paisaje de cerámi-
ca popular.*

CRIADA.—*(Arreglando en una mesa copas y bandejas.)*
    Giraba,
    giraba la rueda
    y el agua pasaba
    porque llega la boda
    que se aparten las ramas
    y la luna se adorne
    por su blanca baranda.

(En voz alta.) ¡Pon los manteles!

(En voz patética.) Cantaban,
    cantaban los novios
    y el agua pasaba,
    porque llega la boda,
    que relumbre la escarcha
    y se llenen de miel
    las almendras amargas.

(En voz alta.) ¡Prepara el vino!

(En voz poética.) Galana.
    Galana de la tierra,
    mira cómo el agua pasa.
    Porque llega tu boda

    recógete las faldas
    y bajo el ala del novio
    nunca salgas de tu casa.
    Porque el novio es un palomo
    con todo el pecho de brasa
    y espera el campo el rumor
    de la sangre derramada.
    Giraba,
    giraba la rueda
    y el agua pasaba.
    ¡Porque llega tu boda,
    deja que relumbre el agua!

MADRE.—*(Entrando.)* ¡Por fin!

PADRE.—¿Somos los primeros?

CRIADA.—No. Hace rato llegó
Leonardo con su mujer. Corrieron
como demonios. La mujer llegó
muerta de miedo. Hicieron el camino como si hubieran venido a caballo.

PADRE.—Ése busca la desgracia.
No tiene buena sangre.

MADRE.—¿Qué sangre va a tener?
La de toda su familia. Mana de su
bisabuelo, que empezó matando, y
sigue en toda la mala ralea, ma-
nejadores de cuchillos y gente de
falsa sonrisa.

PADRE.—¡Vamos a dejarlo!

CRIADA.—¿Cómo lo va a dejar?

MADRE.—Me duele hasta la punta de las venas. En la frente de
todos ellos yo no veo más que la
mano con que mataron a lo que era
mío. ¿Tú me ves a mí? ¿No te parezco loca? Pues es loca de no haber
gritado todo lo que mi pecho necesita. Tengo en mi pecho un grito
siempre puesto de pie a quien tengo
que castigar y meter entre los man-
tos. Pero se llevan a los muertos
y hay que callar. Luego la gente
critica. *(Se quita el manto.)*

PADRE.—Hoy no es día de que
te acuerdes de esas cosas.

MADRE.—Cuando sale la conversación, tengo que hablar. Y hoy
más. Porque hoy me quedo sola en
mi casa.

PADRE.—En espera de estar acompañada.

MADRE.—Ésa es mi ilusión: los nietos. (Se sientan.)

PADRE.—Yo quiero que tengan muchos. Esta tierra necesita brazos que no sean pagados. Hay que sostener una batalla con las malas hierbas, con los cardos, con los pedruscos que salen no se sabe dónde. Y estos brazos tienen que ser de los dueños, que castiguen y que dominen, que hagan brotar las simientes. Se necesitan muchos hijos.

MADRE.—¡Y alguna hija! ¡Los varones son del viento! Tienen por fuerza que manejar armas. Las niñas no salen jamás a la calle.

PADRE.—(Alegre.) Yo creo que tendrán de todo.

MADRE.—Mi hijo la cubrirá bien. Es de buena simiente. Su padre pudo haber tenido conmigo muchos hijos.

PADRE.—Lo que yo quisiera es que esto fuera cosa de un día. Que en seguida tuvieran dos o tres hombres.

MADRE.—Pero no es así. Se tarda mucho. Por eso es tan terrible ver la sangre de una derramada por el suelo. Una fuente que corre un minuto y a nosotros nos ha costado años. Cuando yo llegué a ver a mi hijo, estaba tumbado en mitad de la calle. Me mojé las manos de sangre y me las lamí con la lengua. Porque era mía. Tú no sabes lo que es eso. En una custodia de cristal y topacios pondría yo la tierra empapada por ella.

PADRE.—Ahora tienes que esperar. Mi hija es ancha y tu hijo es fuerte.

MADRE.—Así espero. (Se levantan.)

PADRE.—Prepara las bandejas de trigo.

CRIADA.—Están preparadas.

MUJER DE LEONARDO.—(Entrando.) ¡Que sea para bien!

MADRE.—Gracias.

LEONARDO.—¿Va a haber fiesta?

PADRE.—Poca. La gente no puede entretenerse.

CRIADA.—¡Ya están aquí!

(Van entrando invitados en alegres grupos. Entran los novios cogidos del brazo. Sale Leonardo.)

NOVIO.—En ninguna boda se vio tanta gente.

NOVIA.—(Sombría.) En ninguna.

PADRE.—Fue lucida.

MADRE.—Ramas enteras de familias han venido.

NOVIO.—Gente que no salía de su casa.

MADRE.—Tu padre sembró mucho y ahora lo recoges tú.

NOVIO.—Hubo primos míos que yo ya no conocía.

MADRE.—Toda la gente de la costa.

NOVIA.—(Alegre.) Se espantaban de los caballos. (Hablan.)

MADRE.—(A la Novia.)—¿Qué piensas?

NOVIA.—No pienso en nada.

MADRE.—Las bendiciones pesan mucho. (Se oyen guitarras.)

NOVIA.—Como plomo.

MADRE.—(Fuerte.) Pero no han de pesar. Ligera como paloma debes ser.

NOVIA.—¿Se queda usted aquí esta noche?

MADRE.—No. Mi casa está sola.

NOVIA.—¡Debía usted quedarse!

PADRE.—(A la Madre.) Mira el baile que tienen formado. Bailes de allá de la orilla del mar.

(Sale Leonardo y se sienta. Su mujer detrás de él, en actitud rígida.)

MADRE.—Son los primos de mi marido. Duros como piedras para la danza.

PADRE.—Me alegra verlos. ¡Qué cambio para esta casa! (Se va.)

NOVIO.—(A la Novia.) ¿Te gustó el azahar?

NOVIA.—(Mirándole fija.) Sí.

NOVIO.—Es todo de cera. Dura siempre. Me hubiera gustado que llevaras en todo el vestido.

NOVIA.—No hace falta. (Mutis Leonardo por la derecha.)

MUCHACHA 1ª—Vamos a quitarte los alfileres.

NOVIA.—(Al Novio.) Ahora vuelvo.

MUJER.—¡Que seas feliz con mi prima!

NOVIO.—Tengo seguridad.

MUJER.—Aquí los dos; sin salir nunca y a levantar la casa. ¡Ojalá yo viviera también así de lejos!

NOVIO.—¿Por qué no compráis tierras? El monte es barato y los hijos se crían mejor.

MUJER.—No tenemos dinero. ¡Y con el camino que llevamos!

NOVIO.—Tu marido es un buen trabajador.

MUJER.—Sí, pero le gusta volar demasiado. Ir de una cosa a otra. No es hombre tranquilo.

CRIADA.—¿No tomáis nada? Te voy a envolver unos roscos de vino para tu madre, que a ella le gustan mucho.

NOVIO.—Ponle tres docenas.

MUJER.—No, no. Con media tiene bastante.

NOVIO.—Un día es un día.

MUJER.—(A la Criada.) ¿Y Leonardo?

CRIADA.—No lo vi.

NOVIO.—Debe estar con la gente.

MUJER.—¡Voy a ver! (Se va.)

CRIADA.—Aquello está hermoso.

NOVIO.—¿Y tú no bailas?

CRIADA.—No hay quien me saque.

(Pasan al fondo dos muchachas; durante todo este acto el fondo será un animado cruce de figuras.)

NOVIO.—(Alegre.) Eso se llama no entender. Las viejas frescas como tú bailan mejor que las jóvenes.

CRIADA.—Pero ¿vas a echarme requiebros, niños? ¡Qué familia la tuya! ¡Machos entre los machos! Siendo niña vi la boda de tu abuelo. ¡Qué figura! Parecía como si se casara un monte.

NOVIO.—Yo tengo menos estatura.

CRIADA.—Pero el mismo brillo en los ojos. ¿Y la niña?

NOVIO.—Quitándose la toca.

CRIADA.—¡Ah! Mira. Para la medianoche, como no dormiréis, os he preparado jamón, y unas copas grandes de vino antiguo. En la parte baja de la alacena. Por si lo necesitáis.

NOVIO.—(Sonriente.) No como a media noche.

CRIADA.—(Con malicia.) Si tú no, la novia. (Se va.)

MOZO 1º — (Entrando.) ¡Tienes que beber con nosotros!

NOVIO.—Estoy esperando a la novia.

MOZO 2º—¡Ya la tendrás en la madrugada!

MOZO 1º—¡Que es cuando más gusta!

MOZO 2º—Un momento.

NOVIO.—Vamos. (Salen. Se oye gran algazara. Sale la Novia. Por el lado opuesto salen dos muchachas corriendo a encontrarla.)

MUCHACHA 1ª—¿A quién diste el primer alfiler, a mí o a ésta?

NOVIA.—No me acuerdo.

MUCHACHA 1ª—A mí me lo diste aquí.

MUCHACHA 2ª—A mí delante del altar.

NOVIA.—(Inquieta y con una gran lucha interior.) No sé nada.

MUCHACHA 1ª—Es que yo quisiera que tú...

NOVIA.—(Interrumpiendo.) Ni me importa. Tengo mucho que pensar.

MUCHACHA 2ª—Perdona. (Leonardo cruza al fondo.)

NOVIA.—(Ve a Leonardo.) Y estos momentos son agitados.

MUCHACHA 1ª—¡Nosotras no sabemos nada!

NOVIA.—Ya lo sabréis cuando os llegue la hora. Estos pasos son pasos que cuestan mucho.

MUCHACHA 1ª—¿Te has disgustado?

NOVIA.—No. Perdonad vosotras.

MUCHACHA 2ª—¿De qué? Pero los dos alfileres sirven para casarse, ¿verdad?

NOVIA.—Los dos.

MUCHACHA 1ª—Ahora, que una se casa antes que otra.

NOVIA.—¿Tantas ganas tenéis?

MUCHACHA 2ª—(Vergonzosa.) Sí.

NOVIA.—¿Para qué?

MUCHACHA 1ª—Pues... (Abrazando a la segunda.)

(Echan a correr las dos. Llega el Novio y muy despacio abraza a la Novia por detrás.)

NOVIA.—(Con gran sobresalto.) ¡Quita!

NOVIO.—¿Te asustas de mí?

NOVIA.—¡Ay! ¿Eras tú?

NOVIO.—¿Quién iba a ser? (Pausa.) Tu padre o yo.

NOVIA.—¡Es verdad!

NOVIO.—Ahora que tu padre te hubiera abrazado más blando.

NOVIA.—(Sombría.) ¡Claro!

NOVIO.—(La abraza fuertemente de modo un poco brusco.) Porque es viejo.

NOVIA.—(Seca.) ¡Déjame!

NOVIO.—¿Por qué? (La deja.)

NOVIA.—Pues... la gente. Pueden vernos. (Vuelve a cruzar el fondo la Criada, que no mira a los novios.)

NOVIO.—¿Y qué? Ya es sagrado.

NOVIA.—Sí, pero déjame... Luego.

NOVIO.—¿Qué tienes? ¡Estás como asustada!

NOVIA.—No tengo nada. No te vayas. (Sale la mujer de Leonardo.)

MUJER.—No quiero interrumpir...

NOVIO.—Dime.

MUJER.—¿Pasó por aquí mi marido?

NOVIO.—No.

MUJER.—Es que no lo encuentro, y el caballo no está tampoco en el establo.

NOVIO.—(Alegre.) Debe estar dándole una carrera. (Se va la Mujer inquieta. Sale la Criada.)

CRIADA.—¿No andáis satisfechos de tanto saludo?

NOVIO.—Ya estoy deseando que esto acabe. La novia está un poco cansada.

CRIADA.—¿Qué es eso, niña?

NOVIA.—¡Tengo como un golpe en las sienes!

CRIADA.—Una novia de estos montes debe ser fuerte. (Al Novio): Tú eres el único que la puedes curar, porque tuya es. (Sale corriendo.)

NOVIO.—(Abrazándola.) Vamos un rato al baile. (La besa.)

NOVIA.—(Angustiada.) No. Quiero echarme en la cama un poco.

NOVIO.—Yo te haré compañía.

NOVIA.—¡Nunca! ¿Con toda la gente aquí? ¿Qué dirían? Déjame sosegar un momento.

NOVIO.—¡Lo que quieras! ¡Pero no estés así por la noche!

NOVIA.—(En la puerta.) A la noche estaré mejor.

NOVIO.—¡Que es lo que yo quiero! (Aparece la Madre.)

MADRE.—Hijo.

NOVIO.—¿Dónde anda usted?

MADRE.—En todo ese ruido. ¿Estás contento?

NOVIO.—Sí.

MADRE.—¿Y tu mujer?

NOVIO.—Descansa un poco. ¡Mal día para las novias!

MADRE.—¿Mal día? El único bueno. Para mí fue como una herencia. (Entra la Criada y se dirige al cuarto de la Novia.) Es la roturación de las tierras, la plantación de árboles nuevos.

NOVIO.—¿Usted se va a ir?

MADRE.—Sí. Yo tengo que estar en mi casa.

NOVIO.—Sola.

MADRE.—Sola no. Que tengo la cabeza llena de cosas y de hombres y de luchas.

NOVIO.—Pero luchas que ya no son luchas.

(Sale la Criada rápidamente; desaparece corriendo por el fondo.)

MADRE.—Mientras una vive, lucha.

Novio.—¡Siempre la obedezco!

Madre.—Con tu mujer procura estar cariñoso, y si la notaras infatuada o arisca, hazle una caricia que le produzca un poco de daño, un abrazo fuerte, un mordisco y luego un beso suave. Que ella no pueda disgustarse, pero que sienta que tú eres el macho, el amo, el que manda. Así aprendí de tu padre. Y como no lo tienes, tengo que ser yo la que te enseñe estas fortalezas.

Novio.—Yo siempre haré lo que usted mande.

Padre.—(Entrando.) ¿Y mi hija?

Novio.—Está dentro.

Muchacha 1ª—¡Vengan los novios, que vamos a bailar la rueda!

Mozo 1º—(Al Novio.) Tú la vas a dirigir.

Padre.—(Saliendo.) ¡Aquí no está!

Novio.—¿No?

Padre.—Debe haber salido a la baranda.

Novio.—¡Voy a ver! (Entra.)

(Se oye algazara y guitarras.)

Muchacha 1ª—¡Ya han empezado! (Sale.)

Novio.—(Saliendo.) No está.

Madre.—(Inquieta.) ¿No?

Padre.—¿Y adónde pudo haber ido?

Criada.—(Entrando.) ¿Y la niña, dónde está?

Madre.—(Seria.) No lo sabemos.

(Sale el Novio. Entran tres invitados.)

Padre.—(Dramático.) Pero ¿no está en el baile?

Criada.—En el baile no está.

Padre.—(Con arranque.) Hay mucha gente. ¡Mirad!

Criada.—¡Ya he mirado!

Padre.—(Trágico.) ¿Pues dónde está?

Novio.—(Entrando.) Nada. En ningún sitio.

Madre.—(Al Padre.) ¿Qué es esto? ¿Dónde está tu hija?

(Entra la mujer de Leonardo.)

Mujer.—¡Han huido! ¡Han huido! Ella y Leonardo. En el caballo. ¡Iban abrazados, como una exhalación!

Padre.—¡No es verdad! ¡Mi hija, no!

Madre.—¡Tu hija, sí! Planta de mala madre, y él, también él. ¡Pero ya es la mujer de mi hijo!

Novio.—(Entrando.) ¡Vamos detrás! ¿Quién tiene un caballo?

Madre.—¿Quién tiene un caballo ahora mismo, quién tiene un caballo? Que le daré todo lo que tengo, mis ojos y hasta mi lengua...

Voz.—Aquí hay uno.

Madre.—(Al hijo.) ¡Anda! ¡Detras! (Sale con dos mozos.) No. No vayas. Esa gente mata pronto y bien...; ¡pero sí, corre, y yo detrás!

Padre.—No será ella. Quizá se haya tirado al aljibe.

Madre.—Al agua se tiran las honradas, las limpias; ¡ésa, no! Pero ya es mujer de mi hijo. Dos bandos. Aquí hay dos bandos. (Entran todos.) Mi familia y la tuya. Salid todos de aquí. Limpiarse el polvo de los zapatos. Vamos a ayudar a mi hijo. (La gente se separa en dos grupos.) Porque tiene gente; que son sus primos del mar y todos los que llegan de tierra adentro. ¡Fuera de aquí! Por todos los caminos. Ha llegado otra vez la hora de la sangre. Dos bandos. Tú con el tuyo y yo con el mío. ¡Atrás! ¡Atrás!

TELÓN

FIN DEL ACTO SEGUNDO

ACTO TERCERO

CUADRO PRIMERO

Bosque. Es de noche. Grandes troncos húmedos. Ambiente oscuro. Se oyen dos violines.

(Salen tres leñadores.)

LEÑADOR 1º—¿Y los han encontrado?

LEÑADOR 2º—No. Pero los buscan por todas partes.

LEÑADOR 3º—Ya darán con ellos.

LEÑADOR 2º—¡Chissss!

LEÑADOR 3º—¿Qué?

LEÑADOR 2º—Parece que se acercan por todos los caminos a la vez.

LEÑADOR 1º—Cuando salga la luna los verán.

LEÑADOR 2º—Debían dejarlos.

LEÑADOR 1º— El mundo es grande. Todos pueden vivir en él.

LEÑADOR 3º—Pero los matarán.

LEÑADOR 2º—Hay que seguir la inclinación; han hecho bien en huir.

LEÑADOR 1º—Se estaban engañando uno a otro y al final la sangre pudo más.

LEÑADOR 3º—¡La sangre!

LEÑADOR 1º—Hay que seguir el camino de la sangre.

LEÑADOR 2º—Pero sangre que ve la luz se la bebe la tierra.

LEÑADOR 1º—¿Y qué? Vale más ser muerto desangrado que vivo con ella podrida.

LEÑADOR 3º—Callar.

LEÑADOR 1º—¿Qué? ¿Oyes algo?

LEÑADOR 3º—Oigo los grillos, las ranas, el acecho de la noche.

LEÑADOR 1º—Pero el caballo no se siente.

LEÑADOR 3º—No.

LEÑADOR 1º—Ahora la estará queriendo.

LEÑADOR 2º—El cuerpo de ella era para él y el cuerpo de él para ella.

LEÑADOR 3º—Los buscan y los matarán.

LEÑADOR 1º—Pero ya habrán mezclado sus sangres y serán como dos cántaros vacíos, como dos arroyos secos.

LEÑADOR 2º—Hay muchas nubes y será fácil que la luna no salga.

LEÑADOR 3º—El novio los encontrará con luna o sin luna. Yo lo vi salir. Como una estrella furiosa. La cara color ceniza. Expresaba el sino de su casta.

LEÑADOR 1º—Su casta de muertos en mitad de la calle.

LEÑADOR 2º—¡Eso es!

LEÑADOR 3º—¿Crees que ellos lograrán romper el cerco?

LEÑADOR 2º—Es difícil. Hay cuchillos y escopetas a diez leguas a la redonda.

LEÑADOR 3º—Él lleva un buen caballo.

LEÑADOR 2º—Pero lleva una mujer.

LEÑADOR 1º—Ya estamos cerca.

LEÑADOR 2º—Un árbol de cuarenta ramas. Lo cortaremos pronto.

LEÑADOR 3º—Ahora sale la luna. Vamos a darnos prisa. *(Por la izquierda surge una claridad.)*

LEÑADOR 1º
¡Ay luna que sales!
Luna de las hojas grandes.

LEÑADOR 2º
¡Llena de jazmines la sangre!

LEÑADOR 1º
¡Ay luna sola!
¡Luna de las verdes hojas!

LEÑADOR 2º
Plata en la cara de la novia.
LEÑADOR 3º
¡Ay luna mala!
Deja para el amor la oscura
[rama.
LEÑADOR 1º
¡Ay triste luna!
¡Deja para el amor la rama
[oscura!

(Salen. Por la claridad de la izquierda aparece la Luna. La Luna es un leñador joven con la cara blanca. La escena adquiere un vivo resplandor azul.)

LUNA.
Cisne redondo en el río,
ojo de las catedrales,
alba fingida en las hojas
soy; ¡no podrán escaparse!
¿Quién se oculta? ¿Quién
[solloza
por la maleza del valle?
La luna deja un cuchillo
abandonado en el aire,
que siendo acecho de plomo
quiere ser dolor de sangre.
¡Dejadme entrar! ¡Vengo
[helada
por paredes y cristales!
¡Abrir tejados y pechos
donde pueda calentarme!
¡Tengo frío! Mis cenizas
de soñolientos metales,
buscan la cresta del fuego
por los montes y las calles.
Pero me lleva la nieve
sobre su espalda de jaspe,
y me anega, dura y fría,
el agua de los estanques.
Pues esta noche tendrán
mis mejillas roja sangre,
y los juncos agrupados
en los anchos pies del aire.
¡No haya sombra ni emboscada
que no puedan escaparse!
¡Que quiero entrar en un pecho
para poder calentarme!
¡Un corazón para mí!
¡Caliente!, que se derrame
por los montes de mi pecho;
dejadme entrar, ¡ay, dejadme!

(A las ramas.)

No quiero sombras. Mis rayos
han de entrar en todas partes,
y haya en los troncos oscuros
un rumor de claridades,
para que esta noche tengan
mis mejillas dulce sangre,
y los juncos agrupados
en los anchos pies del aire.
¿Quién se oculta? ¡Afuera digo!
¡No! ¡No podrán escaparse!
Yo haré lucir al caballo
una fiebre de diamante.

(Desaparece entre los troncos, y vuelve la escena a su luz oscura. Sale una anciana totalmente cubierta por tenues paños verdeoscuros. Lleva los pies descalzos. Apenas si se le verá el rostro entre los pliegues. Este personaje no figura en el reparto.)

MENDIGA.
Esa luna se va y ellos se acercan.
De aquí no pasan. El rumor del río
apagará con el rumor de troncos
el desgarrado vuelo de los gritos.
Aquí ha de ser, y pronto. Estoy
[cansada.
Abren los cofres, y los blancos hilos
aguardan por el suelo de la alcoba
cuerpos pesados con el cuello herido.
No se despierte un pájaro y la brisa,
recogiendo en su falda los gemidos,
huya con ellos por las negras copas
o los entierre por el blando limo.

(Impaciente.)

¡Esa luna, esa luna!

(Aparece la Luna. Vuelve la luz azul intensa.)

LUNA.—Ya se acercan. Unos por la cañada y otros por el río. Voy a alumbrar las piedras. ¿Qué necesitas?
MENDIGA.—Nada.
LUNA.—El aire va llegando duro, con doble filo.
MENDIGA.—Ilumina el chaleco y aparta los botones, que después las navajas ya saben el camino.

LUNA.—Pero que tarden mucho en morir. Que la sangre me ponga entre los dedos su delicado silbo. ¡Mira que ya mis valles de ceniza despiertan en ansia de esta fuente de chorro estremecido?

MENDIGA.—No dejemos que pasen el arroyo, ¡Silencio!

LUNA.—¡Allí vienen! *(Se va. Queda la escena oscura.)*

MENDIGA.—De prisa. Mucha luz. ¿Me has oído? ¡No pueden escaparse!

(Entra el Novio y Mozo 1º. La Mendiga se sienta y se tapa con el manto.)

NOVIO.—Por aquí.

MOZO 1º—No los encontrarás.

NOVIO.—*(Enérgico.)* ¡Sí los encontraré!

MOZO 1º—Creo que se han ido por otra vereda.

NOVIO.—No. Yo sentí hace un momento el galope.

MOZO 1º—Sería otro caballo.

NOVIO.—*(Dramático.)* Oye. No hay más que un caballo en el mundo, y es éste. ¿Te has enterado? Si me sigues, sígueme sin hablar.

MOZO 1º—Es que quisiera...

NOVIO.—Calla. Estoy seguro de encontrármelos aquí. ¿Ves este brazo? Pues no es mi brazo. Es el brazo de mi hermano y el de mi padre y el de toda mi familia que está muerta. Y tiene tanto poderío, que puede arrancar este árbol de raíz si quiere. Y vamos pronto, que siento los dientes de todos los míos clavados aquí de una manera que se me hace imposible respirar tranquilo.

MENDIGA.—*(Quejándose.)* ¡Ay!

MOZO 1º—¿Has oído?

NOVIO.—Vete por ahí y da la vuelta.

MOZO 1º—Esto es una caza.

NOVIO.—Una caza. La más grande que se puede hacer. *(Se va el Mozo. El Novio se dirige rápidamente hacia la izquierda y tropieza con la Mendiga, la Muerte.)*

MENDIGA.—¡Ay!

NOVIO.—¿Qué quieres?

MENDIGA.—Tengo frío.

NOVIO.—¿Adónde te diriges?

MENDIGA.—*(Siempre quejándose como una mendiga.)* Allá lejos...

NOVIO.—¿De dónde vienes?

MENDIGA.—De allí..., de muy lejos.

NOVIO.—¿Viste un hombre y una mujer que corrían montados en un caballo?

MENDIGA.—*(Despertándose.)* Espera... *(Lo mira.)* Hermoso galán. *(Se levanta.)* Pero mucho más hermoso si estuviera dormido.

NOVIO.—Dime, contesta, ¿los viste?

MENDIGA.—Espera... ¡Qué espaldas más anchas! ¿Cómo no te gusta estar tendido sobre ellas y no andar sobre las plantas de los pies que son tan chicas?

NOVIO.—*(Zamarreándola.)* ¡Te digo si los viste! ¿Han pasado por aquí?

MENDIGA.—*(Enérgica.)* No han pasado; pero están saliendo de la colina. ¿No los oyes?

NOVIO.—No.

MENDIGA.—¿Tú no conoces el camino?

NOVIO.—¡Iré sea como sea!

MENDIGA.—Te acompañaré. Conozco esta tierra.

NOVIO.—*(Impaciente.)* ¡Pues vamos! ¿Por dónde?

MENDIGA.—*(Dramática.)* ¡Por allí!

(Salen rápidos. Se oyen lejanos dos violines que expresan el bosque. Vuelven los leñadores. Llevan las hachas al hombro. Pasan lentos entre los troncos.)

LEÑADOR 1º
¡Ay muerte que sales!
Muerte de las hojas grandes.

LEÑADOR 2º
¡No abras el chorro de la
[sangre!

LEÑADOR 1º
¡Ay muerte sola!
Muerte de las secas hojas.

LEÑADOR 3º
¡No cubras de flores la boda!
LEÑADOR 2º
¡Ay triste muerte!
Deja para el amor la rama
[verde.
LEÑADOR 1º
¡Ay muerte mala!
¡Deja para el amor la verde
[rama!

*(Van saliendo mientras hablan.
Aparecen Leonardo y la Novia.)*

LEONARDO.
¡Calla!
NOVIA.
Desde aquí yo me iré sola.
¡Vete! Quiero que te vuelvas.
LEONARDO.
¡Calla, digo!
NOVIA.
Con los dientes,
con las manos, como puedas,
quita de mi cuello honrado
el metal de esta cadena,
dejándome arrinconada
allá en mi casa de tierra.
Y si no quieres matarme
como a víbora pequeña,
pon en mis manos de novia
el cañón de la escopeta.
¡Ay, qué lamento, qué fuego
me sube por la cabeza!
¡Qué vidrios se me clavan en la
[lengua!
LEONARDO.
Ya dimos el paso; ¡calla!
porque nos persiguen cerca
y te he de llevar conmigo.
NOVIA.
¡Pero ha de ser a la fuerza!
LEONARDO.
¿A la fuerza? ¿Quién bajó
primero las escaleras?
NOVIA.
Yo las bajé.
LEONARDO.
¿Quién le puso
al caballo bridas nuevas?
NOVIA.
Yo misma. Verdá.

LEONARDO.
¿Y qué manos
me calzaron las espuelas?
NOVIA.
Estas manos, que son tuyas,
pero que al verte quisieron
quebrar las ramas azules
y el murmullo de tus venas.
¡Te quiero! ¡Te quiero! ¡Aparta!
Que si matarte pudiera,
te pondría una mortaja
con los filos de violetas.
¡Ay, qué lamento, qué fuego
me sube por la cabeza!
LEONARDO.
¡Qué vidrios se me clavan en la
[lengua!
Porque yo quise olvidar
y puse un muro de piedra
entre tu casa y la mía.
Es verdad. ¿No lo recuerdas?
Y cuando te vi de lejos
me eché en los ojos arena.
Pero montaba a caballo
y el caballo iba a tu puerta
Con alfileres de plata
mi sangre se puso negra,
y el sueño me fue llenando
las carnes de mala hierba.
Que yo no tengo la culpa,
que la culpa es de la tierra
y de ese olor que te sale
de los pechos y las trenzas.
NOVIA.
¡Ay qué sinrazón! No quiero
contigo cama ni cena,
y no hay minuto del día
que estar contigo no quiera,
porque me arrastras y voy,
y me dices que me vuelva
y te sigo por el aire
como una brizna de hierba.
He dejado a un hombre duro
y a toda su descendencia
en la mitad de la boda
y con la corona puesta.
Para ti será el castigo
y no quiero que lo sea.
¡Déjame sola! ¡Huye tú!
No hay nadie que te defienda.
LEONARDO.
Pájaros de la mañana
por los árboles se quiebran.

La noche se está muriendo
en el filo de la piedra.
Vamos al rincón oscuro
donde yo siempre te quiera,
que no me importa la gente
ni el veneno que nos echa.

(La abraza fuertemente.)

NOVIA.
Y yo dormiré a tus pies
para guardar lo que sueñas.
Desnuda, mirando al campo,

(Dramática.)

como si fuera una perra,
¡porque eso soy! Que te miro
y tu hermosura me quema.
LEONARDO.
Se abrasa lumbre con lumbre.
La misma llama pequeña
mata dos espigas juntas.
¡Vamos!

(La arrastra.)

NOVIA.
¿Adónde me llevas?
LEONARDO.
Adonde no puedan ir
estos hombres que nos cercan.
¡Donde yo pueda mirarte!
NOVIA *(sarcástica).*
Llévame de feria en feria,
dolor de mujer honrada,
a que las gentes me vean
con las sábanas de boda
al aire, como banderas.
LEONARDO.
También yo quiero dejarte
si pienso como se piensa.
Pero voy donde tú vas.
Tú también. Da un paso.
          [Prueba.
Clavos de luna nos funden
mi cintura y tus caderas.

(Toda esta escena es violenta, llena de gran sensualidad.)

NOVIA.
¿Oyes?
LEONARDO.
Viene gente.

NOVIA.
  ¡Huye!
Es justo que yo aquí muera
con los pies dentro del agua,
espinas en la cabeza.
Y que me lloren las hojas,
mujer perdida y doncella.
LEONARDO.
Cállate. Ya suben.
NOVIA.
  ¡Vete!
LEONARDO.
Silencio. Que no nos sientan.
Tú delante. ¡Vamos, digo!

(Vacila la Novia.)

NOVIA.
¡Los dos juntos!
LEONARDO *(abrazándola).*
¡Como quieras!
Si nos separan, será
porque esté muerto.
NOVIA.
Y yo muerta.

(Salen abrazados.)

(Aparece la Luna muy despacio. La escena adquiere una fuerte luz azul. Se oyen los dos violines. Bruscamente se oyen dos largos gritos desgarrados, y se corta la música de los violines. Al segundo grito aparece la Mendiga y queda de espaldas. Abre el manto y queda en el centro como un gran pájaro de alas inmensas. La Luna se detiene. El telón baja en medio de un silencio absoluto.)

TELÓN

ÚLTIMO CUADRO

Habitación blanca con arcos y gruesos muros. A la derecha y a la izquierda escaleras blancas. Gran arco al fondo y pared del mismo color. El suelo será también de un blanco reluciente. Esta habitación simple tendrá un sentido monumental de

*iglesia. No habrá ni un gris, ni una
sombra, ni siquiera lo preciso para
la perspectiva.*

*(Dos muchachas vestidas de azul
oscuro están devanando una madeja
roja.)*

MUCHACHA 1ª
Madeja, madeja,
¿qué quieres hacer?
MUCHACHA 2ª
Jazmín de vestido,
cristal de papel.
Nacer a las cuatro,
morir a las diez.
Ser hilo de lana,
cadena a tus pies
y nudo que apriete
amargo laurel.
NIÑA *(cantando).*
¿Fuiste a la boda?
MUCHACHA 1ª
No.
NIÑA.
¡Tampoco fui yo!
¿Qué pasaría
por los tallos de las viñas?
¿Qué pasaría
por el ramo de la oliva?
¿Qué pasó
que nadie volvió?
¿Fuiste a la boda?
MUCHACHA 2ª
Hemos dicho que no.
NIÑA *(yéndose).*
¡Tampoco fui yo!
MUCHACHA 2ª
Madeja, madeja,
¿qué quieres cantar?
MUCHACHA 1ª
Heridas de cera,
dolor de arrayán.
Dormir la mañana,
de noche velar.
NIÑA *(en la puerta).*
El hilo tropieza
con el pedernal.
Los montes azules
lo dejan pasar.
Corre, corre, corre

y al fin llegará
a poner cuchillo
y quitar el pan.

(Se va.)

MUCHACHA 2ª
Madeja, madeja.
¿qué quieres decir?
MUCHACHA 1ª
Amante sin habla.
Novio carmesí.
Por la orilla muda
tendidos los vi.

(Se detiene mirando la madeja.)

NIÑA *(asomándose a la puerta).*
Corre, corre, corre,
el hilo hasta aquí.
Cubiertos de barro
los siento venir.
¡Cuerpos estirados,
paños de marfil!

(Se va.)

*(Aparecen la Mujer y la Suegra
de Leonardo. Llegan angustiadas.)*

MUCHACHA 1ª
¿Vienen ya?
SUEGRA *(agria).*
No sabemos.
MUCHACHA 2ª
¿Qué contáis de la boda?
MUCHACHA 1ª
Dime.
SUEGRA *(seca).*
Nada.
MUJER.
Quiero volver para
saberlo todo.
SUEGRA *(enérgica).*
Tú, a tu casa.
Valiente y sola en tu casa.
A envejecer y a llorar.
Pero la puerta cerrada.
Nunca. Ni muerto ni vivo.
Clavaremos las ventanas.
Y vengan lluvias y noches
sobre las hierbas amargas.
MUJER.
¿Qué habrá pasado?

SUEGRA.
   No importa.
   Échate un velo en la cara.
   Tus hijos son hijos tuyos
   nada más. Sobre la cama
   pon una cruz de ceniza
   donde estuvo su almohada.

(Salen.)

MENDIGA *(a la puerta)*.
   Un pedazo de pan, muchachas.
NIÑA.
   ¡Vete!

(Las muchachas se agrupan.)

MENDIGA.
   ¿Por qué?
NIÑA.
   Porque tú gimes: vete.
MUCHACHA 1ª
   ¡Niña!
MENDIGA.
   ¡Pude pedir tus ojos!
      Una nube
   de pájaros me sigue;
   ¿quieres uno?
NIÑA.
   ¡Yo me quiero marchar!
MUCHACHA 2ª (*a la Mendiga.)*
   ¡No le hagas caso!
MUCHACHA 1ª
   ¿Vienes por el camino del
                    [arroyo?
MENDIGA.
   ¡Por allí vine!
MUCHACHA 1ª *(tímida).*
   ¿Puedo preguntarte?
MENDIGA.
   Yo los vi; pronto llegan:
      dos torrentes
   quietos al fin entre piedras
                    [grandes,
   dos hombres en las patas del
                    [caballo.
   Muertos en la hermosura de
      la noche.
(Con delectación.)
   Muertos, sí, muertos.
MUCHACHA 1ª
   ¡Calla, vieja, calla!

MENDIGA.
   Flores rotas los ojos, y sus
                    [dientes
   dos puñados de nieve
                    [endurecida.
   Los dos cayeron, y la novia
                    [vuelve
   teñida en sangre falda y
                    [cabellera.
   Cubiertos con dos mantas ellos
                    [vienen
   sobre los hombros de los
                    [mozos altos.
   Así fue; nada más. Era lo justo.
   Sobre la flor del oro, sucia
                    [arena.

*(Se va. Las muchachas inclinan
las cabezas y rítmicamente van saliendo.)*

   MUCHACHA 1ª
   Sucia arena.
   MUCHACHA 2ª
   Sobre la flor del oro.
   NIÑA.
   Sobre la flor del oro
   traen a los muertos del arroyo.
   Morenito el uno,
   morenito el otro.
   ¡Qué ruiseñor de sombra vuela
                    [y gime
   sobre la flor del oro!

*(Se va. Queda la escena sola. Apa-
rece la Madre con una Vecina. La
Vecina viene llorando.)*

   MADRE.—Calla.
   VECINA.—No puedo.
   MADRE.—Calla, he dicho. *(En la
puerta.)* ¿No hay nadie aquí? *(Se
lleva las manos a la frente.)* Debía
contestarme mi hijo. Pero mi hijo
es ya un brazado de flores secas.
Mi hijo es ya una voz oscura detrás de los montes. *(Con rabia a la
Vecina.)* ¿Te quieres callar? No
quiero llantos en esta casa. Vuestras
lágrimas son lágrimas de los ojos
nada más, y las mías vendrán cuando yo esté sola, de las plantas de
mis pies, de mis raíces, y serán más
ardientes que la sangre,

VECINA.—Vente a mi casa; no te quedes aquí.

MADRE.—Aquí. Aquí quiero estar. Y tranquila. Ya todos están muertos. A medianoche dormiré, dormiré sin que ya me aterren la escopeta o el cuchillo. Otras madres se asomarán a las ventanas, azotadas por la lluvia, para ver el rostro de sus hijos. Yo no. Yo haré con mi sueño una fría paloma de marfil que lleve camelias de escarcha sobre el camposanto. Pero no; camposanto no, camposanto no: lecho de tierra, cama que los cobija y que los mece por el cielo. (*Entra una mujer de negro que se dirige a la derecha y allí se arrodilla. A la Vecina.*) Quítate las manos de la cara. Hemos de pasar días terribles. No quiero ver a nadie. La tierra y yo. Mi llanto y yo. Y estas cuatro paredes. ¡Ay! ¡Ay! (*Se sienta transida.*)

VECINA.—Ten caridad de ti misma.

MADRE.—(*Echándose el pelo hacia atrás.*) He de estar serena. (*Se sienta.*) Porque vendrán las vecinas y no quiero que me vean tan pobre. ¡Tan pobre! Una mujer que no tiene un hijo siquiera que poderse llevar a los labios.

(*Aparece la Novia. Viene sin azahar y con un manto negro.*)

VECINA.—(*Viendo a la Novia con rabia.*) ¿Dónde vas?

NOVIA.—Aquí vengo.

MADRE.—(*A la vecina.*) ¿Quién es?

VECINA.—¿No la reconoces?

MADRE.—Por eso pregunto quién es. Porque tengo que no reconocerla, para no clavarle mis dientes en el cuello. ¡Víbora! (*Se dirige hacia la Novia con ademán fulminante; se detiene. A la Vecina.*) ¿La ves? Está ahí y llorando, y yo quieta sin arrancarle los ojos. No me entiendo. ¿Será que yo no quería a mi hijo? Pero, ¿y su honra? ¿Dónde está su honra? (*Golpea a la Novia. Ésta cae al suelo.*)

VECINA.—¡Por Dios! (*Trata de separarlas.*)

NOVIA.—(*A la Vecina.*) Déjala; he venido para que me mate y que me lleven con ellos. (*A la Madre.*) Pero no con las manos; con garfios de alambre, con una hoz, y con fuerza, hasta que se rompa en mis huesos. ¡Déjala! Que quiero que sepa que yo soy limpia, que estaré loca, pero que me pueden enterrar sin que ningún hombre se haya mirado en la blancura de mis pechos.

MADRE.—Calla, calla; ¿qué me importa eso a mí?

NOVIA.—¡Porque yo me fui con el otro, me fui! (*Con angustia.*) Tú también te hubieras ido. Yo era una mujer quemada, llena de llagas por dentro y por fuera, y tu hijo era un poquito de agua de la que yo esperaba hijos, tierra, salud; pero el otro era un río oscuro, lleno de ramas, que acercaba a mí el rumor de sus juncos y su cantar entre dientes. Y yo corría con tu hijo que era como un niñito de agua fría y el otro me mandaba cientos de pájaros que me impedían el andar y que dejaban escarcha sobre mis heridas de pobre mujer marchita, de muchacha acariciada por el fuego. Yo no quería, ¡óyelo bien!, yo no quería. ¡Tu hijo era mi fin y yo no lo he engañado, pero el brazo del otro me arrastró como un golpe de mar, como la cabezada de un mulo, y me hubiera arrastrado siempre, siempre, siempre, aunque hubiera sido vieja y todos los hijos de tu hijo me hubiesen agarrado de los cabellos! (*Entra una vecina.*)

MADRE.—Ella no tiene la culpa, ¡ni yo! (*Sarcástica.*) ¿Quién la tiene, pues? ¡Floja, delicada, mujer de mal dormir es quien tira una corona de azahar para buscar un pedazo de cama calentado por otra mujer!

NOVIA.—¡Calla, calla! Véngate de mí; ¡aquí estoy! Mira que mi cuello es blando; te costará menos trabajo que segar una dalia de tus huerto. Pero ¡eso no! Honrada, honrada como una niña recién nacida. Y fuerte para demostrártelo. Enciende la lumbre. Vamos a meter las manos; tú, por tu hijo, yo, por mi cuerpo. Las retirarás antes tú. *(Entra otra vecina.)*

MADRE.—Pero ¿qué me importa a mí tu honradez? ¿Qué me importa tu muerte? ¿Qué me importa a mí nada de nada? Benditos sean los trigos, porque mis hijos están debajo de ellos; bendita sea la lluvia, porque moja la cara de los muertos. Bendito sea Dios, que nos tiende juntos para descansar. *(Entra otra vecina.)*

NOVIA.—Déjame llorar contigo.

MADRE.—Llora. Pero en la puerta.

(Entra la Niña. La Novia queda en la puerta. La Madre, en el centro de la escena.)

MUJER *(entrando y dirigiéndose a la izquierda).*
Era hermoso jinete,
y ahora montón de nieve.
Corrió ferias y montes
y brazos de mujeres.
Ahora, musgo de noche
le corona la frente.

MADRE.
Girasol de tu madre,
espejo de la tierra.
Que te pongan al pecho
cruz de amargas adelfas;
sábana que te cubra
de reluciente seda,
y el agua forme un llanto
entre tus manos quietas.

MUJER.
¡Ay; que cuatro muchachos
llegan con hombros cansados!

NOVIA.
¡Ay, que cuatro galanes
traen a la muerte por el aire!

MADRE.
Vecinas.

NIÑA *(en la puerta).*
Ya los traen.

MADRE.
Es lo mismo.
La cruz, la cruz.

MUJERES.
Dulces clavos,
dulce cruz,
dulce nombre
de Jesús.

NOVIA.
Que la cruz ampare a muertos
[y vivos.

MADRE.
Vecinas, con un cuchillo,
con un cuchillito,
en un día señalado, entre las
[dos y las tres,
se mataron los dos hombres
[del amor.
Con un cuchillo,
con un cuchillito
que apenas cabe en la mano,
pero que penetra fino
por las carnes asombradas,
y que se para en el sitio
donde tiembla enmarañada
la oscura raíz del grito.

NOVIA.
Y esto es un cuchillo,
un cuchillito
que apenas cabe en la mano;
pez sin escamas ni río,
para que un día señalado,
[entre las dos y las tres,
con este cuchillo
se queden dos hombres duros
con los labios amarillos.

MADRE.
Y apenas cabe en la mano,
pero que penetra frío
por las carnes asombradas
y allí se para, en el sitio
donde tiembla enmarañada
la oscura raíz del grito.

(Las vecinas, arrodilladas en el suelo, lloran.)

TELÓN

FIN DEL DRAMA

ÍNDICE

Esta obra se acabó de imprimir
El día 19 de noviembre de 1999, en los talleres de

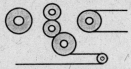

OFFSET UNIVERSAL, S. A.
Calle 2, 113-3, Granjas San Antonio,
09070, México, D. F.

COLECCIÓN "SEPAN CUANTOS..."

442.	BALZAC, Honorato de: El lirio en el valle. Prólogo de Jaime Torres Bodet.	25.00
580.	BAROJA, Pío: Desde la última vuelta del camino. (Memorias). El escritor según él y según los críticos. Familia. Infancia y juventud. Introducción de Néstor Julán.	40.00
581.	BAROJA, Pío: Desde la última vuelta del camino. (Memorias). Final del siglo XIX y principios del siglo XX. Galería de tipos de la época. 1989.	40.00
582.	BAROJA, Pío: Desde la última vuelta del camino. (Memorias). La intuición y el estilo. Bagatelas de otoño.	40.00
592.	BAROJA, Pío: Las inquietudes de Shanti Andia.	35.00
335.	BARREDA, Gabino: La educación positivista en México. Selección, estudio introductivo y preámbulos por Edmundo Escobar.	40.00
334.	BATALLAS DE LA REVOLUCION Y SUS CORRIDOS. Prólogo y preparación de Daniel Moreno.	25.00
426.	BAUDELAIRE, Carlos: Las flores del mal. Diarios íntimos. Introducción de Arturo Souto Alabarce.	40.00
17.	BECQUER, Gustavo Adolfo: Rimas, leyendas y narraciones. Prólogo de Juana de Ontañón.	30.00
	BENAVENTE. Véase: Teatro Español Contemporáneo	
35.	BERCEO, Gonzalo de: Milagros de Nuestra Señora. Vida de Santo Domingo de Silos. Vida de San Millán de la Cogolla. Vida de Santa Oria. Martirio de San Lorenzo. Prólogo y versión moderna de Amancio Bolaño e Isla.	35.00
491.	BERGSON, Henry: Introducción a la metafísica. La Risa. Filosofía de Bergson por Manuel García Morente.	40.00
590.	BERGSON, Henry: Las dos fuentes de la moral y de la religión. Introducción de John M. Oesterreicher.	40.00
	BERLER, Beatrice. Véase Prescott, William H.	
	BERMUDEZ, Ma. Elvira. Véase: VERNE, Julio	
	BESTEIRO, Julián. Véase: HESSEN, Juan	
500.	BIBLIA DE JERUSALEN. Nueva edición totalmente revisada y aumentada.	230.00
705.	BLASCO IBÁÑEZ, Vicente: La barraca. Cañas y barro.	70.00
380.	BOCCACCIO: El Decamerón. Prólogo de Francisco Montes de Oca. 8a. edición.	50.00
487.	BOECIO, Severino: La consolación de la filosofía. Prólogo de Gustave Bardy.	25.00
522.	BOISSIER, Gastón: Cicerón y sus Amigos. Estudio de la sociedad Romana del tiempo de César. Prólogo de Augusto Rostagni.	25.00
495.	BOLIVAR, Simón: Escritos políticos. El espíritu de Bolívar por Rufino Blanco y Fombona.	70.00
	BOSCAN, Juan. Véase: VEGA: Garcilaso de la	
278.	BOTURINI BENADUCI, Lorenzo: Idea de una nueva historia general de la América Septentrional. Estudio preliminar por Miguel León-Portilla.	35.00
420.	BRONTE, Carlota: Jane Eyre. Prólogo de Marga Sorensen.	35.00
119.	BRONTE, Emily: Cumbres Borrascosas. Prólogo de Sergio Pitol.	25.00
584.	BRUYERE, LA: Los caracteres. Precedidos de los caracteres de Teofrasto.	30.00
667.	BUCK, PEARL S.- La buena tierra.	40.00
516.	BULWER-LYTTON. Los últimos días de Pompeya. Prólogo de Santiago Galindo.	25.00
441.	BURCKHARDT, Jacob: La Cultura del Renacimiento en Italia. Prólogo de Werner Kaegi.	35.00
606.	BURGOS, Fernando: Antología del cuento hispanoamericano.	60.00
104.	CABALLERO, Fernan: La gaviota. La familia de Alvareda. Prólogo de Salvador Reyes Nevares.	30.00
222.	CALDERON, Fernando: A ninguna de las tres. El torneo. Ana Bolena. Herman o la vuelta del cruzado. Prólogo de María Edmée Alvarez.	25.00
74.	CALDERON DE LA BARCA, Madame: La vida en México. Traducción y prólogo de Felipe Teixidor.	40.00
41.	CALDERON DE LA BARCA, Pedro: La vida es sueño. El alcalde de Zalamea. Prólogo de Guillermo Díaz-Plaja.	25.00

331. CALDERON DE LA BARCA, Pedro: Autos Sacramentales: La cena del Rey Baltasar. El gran Teatro del Mundo. La hidalga del valle. Lo que va del hombre a Dios. Los encantos de la culpa. El divino Orfeo. Sueños hay que verdad son. La vida es sueño. El día mayor de los días. Selección, introducción y notas de Ricardo Arias. 35.00

CALVO SOTELO (Véase: Teatro Español Contemporáneo).

252. CAMOENS, Luis de: Los Lusiadas. Traducción, prólogo y notas de Ildefonso Manuel Gil. 25.00

329. CAMPOAMOR, Ramón de: Doloras. Poemas. Introducción de Vicente Gaos. 50.00

668. CANELLA Y SECADES, Fermín.- Historia de Llanes y su Concejo. 1a. edición. Facsimilar de la edición de 1896. 40.00

435. CANOVAS DEL CASTILLO, Antonio: La campana de Huesca. Prólogo de Serafín Estébanez Calderón. 25.00

285. CANTAR DE LOS NIBELUNGOS. Traducción al español e introducción de Marianne Oeste de Bopp. 30.00

279. CANTAR DE ROLDAN, EL. Versión de Felipe Teixidor. 20.00

624. CAPELLAN, Andrés El: Tratado del amor cortés. Traducción, introducción y notas de Ricardo Arías y Arías. 35.00

640. CARBALLO, Emmanuel.- Protagonistas de la literatura mexicana. José Vasconcelos. Genaro Martínez McGregor. Martín Luis Guzmán. Julio Torri. Alfonso Reyes. Artemio de Valle-Arizpe. Julio Jiménez Rueda. Octavio G. Barreda. Carlos Pellicer. José Gorostiza. Jaime Torres Bodet. Salvador Novo. Rafael F. Muñoz. Agustín Yáñez. Mauricio Magdaleno. Nellie Campobello. Ramón Rubín. Juan Rulfo. Juan José Arreola. Elena Garro. Rosario Castellanos. Carlos Fuentes. 65.00

307. CARLYLE, Tomás: Los Héroes. El culto a los héroes y lo heroico de la historia. Estudio preliminar de Raúl Cardiel Reyes. 25.00

215. CARROLL, Lewis: Alicia en el país de las maravillas. Al otro lado del espejo. Ilustrado con grabados de John Tenniel. Prólogo de Sergio Pitol. 35.00

57. CASAS, Fr. Bartolomé de las: Los Indios de México y Nueva España. Antología. Edición, prólogo, apéndices y notas de Edmundo O'Gormann. Con la colaboración de Jorge Alberto Manrique. 30.00

318. CASIDAS DE AMOR PROFANO Y MISTICO. Ibn Zaydum. Ibn Arabi. Estudio y traducción de Vicente Cantarino. 25.00

223. CASONA, Alejandro: Flor de leyendas. La sirena varada. La dama del alba. La barca sin pescador. Prólogo de Antonio Magaña Esquivel. 25.00

249. CASONA, Alejandro: Otra vez el diablo. Nuestra Natacha. Prohibido suicidarse en primavera. Los arboles mueren de pie. Prólogo de Antonio Magaña Esquivel. 30.00

357. CASTELAR, Emilio: Discursos. Recuerdos de Italia. Ensayos. Selección e introducción de Arturo Souto A. 25.00

372. CASTRO, Américo: La realidad histórica de España. 50.00

268. CASTRO, Guillén de: Las mocedades del Cid. Prólogo de María Edmée Alvarez. 25.00

643. CELLINI, Benvenuto: Autobiografía. Prólogo de Manuel Ramírez. 50.00

25. CERVANTES DE SALAZAR, Francisco: México en 1554 y Túmulo Imperial. Edición, prólogo y notas de Edmundo O'Gorman. 30.00

6. CERVANTES SAAVEDRA, Miguel de: El ingenioso hidalgo Don Quijote de la Mancha. Prólogo y esquema biográfico por Américo Castro. 50.00

9. CERVANTES SAAVEDRA, Miguel de: Novelas ejemplares. Comentario de Sergio Fernández. 35.00

98. CERVANTES SAAVEDRA, Miguel de: Entremeses. Introducción de Arturo Souto A. 30.00

422. CERVANTES SAAVEDRA, Miguel de: Los trabajos de Persiles y Segismunda. Prólogo de Mauricio Serrahima. 25.00

578. CERVANTES SAAVEDRA, Miguel de: Don Quijote de la Mancha. Edición abreviada. Introducción de Arturo Uslar Pietri. 30.00

20. CESAR, Cayo Julio: Comentarios de la guerra de las Galias y Guerra Civil. Prólogo de Xavier Tavera. 25.00

693.	GREEN, Graham.- El poder y la gloria. Caminos sin ley.	70.00
	GUILLEN DE NICOLAU, Palma. Véase: MISTRAL, Gabriela	
169.	GÜIRALDES, Ricardo: Don segundo sombra. Prólogo de María Edmée Alavrez.	30.00
	GUITTON, Jean. Véase: SERTILANGES, A. D.	
19.	GUTIERREZ NAJERA, Manuel: Cuentos y cuaresmas del Duque Job. Cuentos frágiles. Cuentos de color de humo. Primeros cuentos. Ultimos cuentos. Prólogo y capítulo de novelas. Edición e introducción de Francisco Monterde.	35.00
438.	GUZMAN, Martín Luis: Memorias de Pancho Villa.	68.00
508.	HAGGARD, Henry Rider: Las minas del Rey Salomón. Introducción de Allan Quatermain.	35.00
396.	HAMSUN, Knut: Hambre. Pan. Prólogo de Antonio Espina.	30.00
631.	HAWTHORNE, Nathaniel: La letra escarlata. Prólogo de Ludwig Lewisohn.	35.00
484.	HEBREO, León: Diálogos de Amor. Traducción de Garcilaso de la Vega, El Inca.	30.00
187.	HEGEL: Enciclopedia de las ciencias filosóficas. Estudio introductivo y análisis de la obra por Francisco Larroyo.	35.00
429.	HEINE, Enrique: Libro de los cantares. Prosa escogida. Prólogo de Marcelino Menéndez Pelayo.	25.00
599.	HEINE, Enrique: Alemania. Cuadros de viaje. Prólogo de Maxime Alexandre.	35.00
	HENRIQUEZ UREÑA, Pedro. Véase: URBINA, Luis G.	
688.	HEMINGWAY, Ernest: EL viejo y el mar. Las nieves del Kilimanyaro. La vida breve y feliz de Francis Macomber.	30.00
271.	HEREDIA, José María: Poesías completas. Estudio preliminar de Raimundo Lazo.	25.00
216.	HERNANDEZ, José: Martín Fierro. Estudio preliminar por Raimundo Lazo.	20.00
176.	HERODOTO: Los nueve libros de la historia. Introducción de Edmundo O'Gorman.	50.00
323.	HERRERA Y REISSIG, Julio: Poesías. Introducción de Ana Victoria Mondada.	25.00
206.	HESIODO: Teogonía. Los trabajos y los días. El escudo de Heracles. Idilios de Bión. Idilios de Mosco. Himnos órficos. Prólogo de Manuel Villálaz.	20.00
607.	HESSE, Hermann: El lobo estepario. Relatos autobiográficos. Prólogo de F. Martini.	35.00
630.	HESSE, Hermann: Demian. Siddhartha. Prólogo de Ernest Robert Curtis.	30.00
686.	HESSE, Hermann: Bajo la rueda. Klein y Wagner. El último verano de Klingsor. Herman Hesse una autobiografía.	40.00
351.	HESSEN, Juan: Teoría del conocimiento. MESSER, Augusto: Realismo crítico. BESTEIRO, Julian: Los juicios sintéticos "A priori". Preliminar y estudio introductivo por Francisco Larroyo.	35.00
156.	HOFFMAN, E. T. G.: Cuentos. Prólogo de Rosa María Phillips.	30.00
2.	HOMERO: La Ilíada. Traducción de Luis Segala y Estalella. Prólogo de Alfonso Reyes.	30.00
4.	HOMERO: La Odisea. Traducción de Luis Segala y Estalella. Prólogo de Manuel Alcalá.	25.00
240.	HORACIO: Odas y épodos. Satiras. Epístolas. Arte poética. Estudio preliminar de Francisco Montes de Oca.	30.00
77.	HUGO, Víctor: Los miserables. Nota preliminar de Javier Peñalosa.	80.00
294.	HUGO, Víctor: Nuestra Señora de París. Introducción de Arturo Souto A.	35.00
586.	HUGO, Víctor: Noventa y tres. Prólogo de Marcel Aymé.	30.00
274.	HUGON, Eduardo: Las veinticuatro tesis tomistas. Incluye, además Encíclica Aeterni Patris, de León XIII. Motu Propio Doctoris Angelici, de Pio X Motu Propio non multo post. De Benedicto XV. Encíclica Studiorum Ducem, de Pio XI. Análisis de la obra precedida de un estudio sobre los orígenes y desenvolvimiento de la Neoescolástica, por Francisco Larroyo.	30.00
	HUIZINGA, Johan. Véase: ROTTERDAM, Erasmo de	
39.	HUMBOLDT, Alejandro de: Ensayo político sobre el reino de la Nueva España. Estudio preliminar, cotejos, notas y anexos de Juan A. Ortega y Medina.	90.00

KUPRIN: Véase: Cuentos Rusos

427. LAERCIO, Diógenes: Vidas de los filósofos más ilustres. FILOSTRATO: Vidas de los sofistas. traducciones y prólogos de José OrtízSanz y José M. Riaño.   40.00

LAERCIO, Diógenes. Véase: LUCRECIO CARO, Tito

LAFONTAINE. Véase: Fábulas.

520. LAFRAGUA, José María y OROZCO Y BERRA, Manuel: La ciudad de México. Prólogo de Ernesto de la Torre Villar. Con la colaboración de Ramiro Navarro de Anda.   50.00

155. LAGERLOFF, Selma: El maravilloso viaje de Nils Holgersson. Introducción de Palma Guillén de Nicolau.   30.00

549. LAGERLOFF, Selma: El carretero de la muerte. El esclavo de su finca y otras narraciones. Prólogo de Agustín Loera y Chávez.   35.00

272. LAMARTINE, Alfonso de: Graziella. Rafael. Estudio preliminar de Daniel Moreno.   25.00

93. LARRA, Mariano José de. "Fígaro": Artículos. Prólogo de Juana de Ontañón.   40.00

459. LARRA, Mariano José de. "Fígaro": El doncel de Don Enrique. El doliente. Macías. Prólogo de Arturo Souto A.   30.00

333. LARROYO, Francisco: La filosofía Iberoamericana. Historia, formas, temas, polémica, realizaciones.   35.00

34. Lazarillo de Tormes, El. (Autor desconocido). Vida del buscón Don Pablos de FRANCISCO DE QUEVEDO. Estudio preliminar de Guillermo Díaz-Plaja.   30.00

38. LAZO, Raimundo: Historia de la literatura hispanoamericana. El período colonial (1492-1780).   60.00

65. LAZO, Raimundo: Historia de la literatura hispanoamericana. El siglo XIX (1780-1914).   40.00

179. LAZO, Raimundo: La novela Andina. (Pasado y futuro. Alcides. Arguedas. César Vallejo. Ciro Alegría. Jorge Icaza. José María Arguedas. Previsible misión de Vargas Llosa y los futuros narradores).   25.00

184. LAZO, Raimundo: El romanticismo. (Lo romántico en la lírica hispanoamericana, del siglo XVI a 1970).   30.00

226. LAZO, Raimundo: Gertrudis Gómez de Avellaneda. La mujer y la poesía lírica.   25.00

LECTURA EN VOZ ALTA. (Véase:ARREOLA, Juan José)

247. LE SAGE: Gil Blas de Santillana. Traducción y prólogo de Francisco José de Isla. Y un estudio de Sainte-Beuve.   45.00

321. LEIBNIZ, Godofredo G.: Discurso de metafísica. Sistema de la naturaleza. Nuevo tratado sobre el entendimiento humano. Monadología. Principios sobre la naturaleza y la gracia. Estudio introductivo y análisis de las obras por Francisco Larroyo.   40.00

145. LEON, Fray Luis de: La perfecta casada. Cantar de los cantares. Poesías originales. Introducción y notas de Joaquín Antonio Peñalosa.   25.00

632. LESSING, G. E.: Laocoonte. Introducción de Wilhelm Dilthey.   35.00

48. Libro de los Salmos. Versión directa del hebreo y comentarios de José González Brown.   35.00

304. LIVIO, Tito: Historia Romana. Primera década. Estudio preliminar de Francisco Montes de Oca.   45.00

671. LOCKE, John: Ensayo sobre el Gobierno Civil.   40.00

276. LONDON, Jack: El lobo de mar. El mexicano. Introducción de Arturo Souto A.   30.00

277. LONDON, Jack: El llamado de la selva. Colmillo blanco.   30.00

284. LONGO: Dafnis y Cloé. APULEYO: El asno de oro. Estudio preliminar e Francisco Montes de Oca.   35.00

12. LOPE DE VEGA Y CARPIO, Félix: Fuente ovejuna. Peribañez y el comen-dador de Ocaña. El mejor alcalde, el Rey. El caballero de Olmedo. Biografía y presentación de las obras por J. M. Lope Blanch.   30.00

657. LOPE DE VEGA. Poesía lírica. Prólogo de Alfonso Junco.   65.00

566. LOPEZ DE GOMARA, Francisco: Historia de la conquista de México. Estudio preliminar de Juan Miralles Ostos.   50.00

LOPE DE VEGA. Véase: Autos Sacramentales

506.	MELVILLE, Herman: Moby Dick o la ballena blanca. Prólogo de W. Somerset Maugham.	45.00
336.	MENENDEZ, Miguel Angel: Nayar. (Novela). Ilustró Cadena M.	29.00
370.	MENENDEZ PELAYO, Marcelino: Historia de los heterodoxos españoles. Erasmistas y protestantes. Sectas místicas. Judaizantes y moriscos. Artes mágicas. Prólogo de Arturo Farinelli.	65.00
389.	MENENDEZ PELAYO, Marcelino: Historia de los heterodoxos españoles. Regalismo y enciclopedia. Los afrancesados y las Cortes de Cadiz. Reinados de Fernando VII e Isabel II. Krausismo y Apologístas católicos. Prólogo de Arturo Ferinelli.	65.00
405.	MENENDEZ PELAYO, Marcelino: Historia de los heterodoxos españoles. Epocas romana y visigoda. Priscilianismo y adopcionismo. Mozárabes. Acordobeses. Panteismo semítico. Albigenses y valdenses. Arnaldo de Vilanova. Raimundo Lulio. Herejes en el siglo XV. Advertencia y discurso preliminar de Marcelino Menéndez Pelayo.	65.00
475.	MENENDEZ PELAYO, Marcelino: Historia de las ideas estéticas en España. Las ideas estéticas entre los antiguos griegos y latinos. Desarrollo de las ideas estéticas hasta fines del siglo XVII.	65.00
482.	MENENDEZ PELAYO, Marcelino: Historia de las ideas estéticas en España. Reseña histórica del desarrollo de las doctrinas estéticas durante el siglo XVIII.	65.00
483.	MENENDEZ PELAYO, Marcelino: Historia de las ideas estéticas en España. Desarrollo de las doctrinas estéticas durante el siglo XIX.	65.00
	MESSER, Augusto: Véase: HESSEN, Juan	
	MIHURA: Véase: Teatro Español Contemporáneo	
18.	MIL Y UN SONETOS MEXICANOS. Selección y nota preliminar de Salvador Novo.	35.00
136.	MIL Y UNA NOCHES, LAS. Prólogo de Teresa E. de Rhode.	35.00
194.	MILTON, John: El paraíso perdido. Prólogo de Joaquín Antonio Peñaloza.	30.00
	MIRA DE AMEZCUA: Véase: Autos Sacramentales	
109.	MIRO, Gabriel: Figuras de la pasión del señor. Nuestro Padre San Daniel. Prólogo de Juana de Ontañón.	45.00
68.	MISTRAL, Gabriela: Lecturas para mujeres. Gabriela Mistral (1922-1924). Por Palma Guillén de Nicolau.	25.00
250.	MISTRAL, Gabriela: Desolación. Ternura. Tala. Lagar. Introducción de Palma Guillén de Nicolau.	35.00
144.	MOLIERE: Comedias. Tartufo. El burgués gentilhombre. El misántropo. El enfermo imaginario. Prólogo de Rafael Solana.	25.00
149.	MOLIERE: Comedias. El avaro. Las preciosas ridículas. El médico a la fuerza. La escuela de las mujeres. Las mujeres sabias. Prólogo de Rafael So-lana.	35.00
32.	MOLINA, Tirso de: El vergonzoso en palacio. El condenado por desconfiado. El burlador de Sevilla. La prudencia en la mujer. Edición de Juana de Ontañón.	30.00
	MOLINA, Tirso de: Véase: Autos Sacramentales	
600.	MONTAIGNE: Ensayos completos. Notas prologales de Emiliano M. Aguilera. Traducción del francés de Juan G. de Luaces.	100.00
208.	MONTALVO, Juan: Capítulos que se le olvidaron a Cervantes. Estudio introductivo de Gonzalo Zaldumbide.	30.00
501.	MONTALVO, Juan: Siete tratados. Prólogo de Luis Alberto Sánchez.	35.00
8.	MONTES DE OCA, Francisco.- Ocho siglos de poesía en lengua castellana.	100.00
381.	MONTES DE OCA, Francisco: Poesía hispanoamericana.	40.00
191.	MONTESQUIEU: Del espíritu de las leyes. Estudio preliminar de Daniel Moreno.	50.00
282.	MORO, Tomás: Utopía. Prólogo de Manuel Alcalá.	30.00
129.	MOTOLINIA, Fray Toribio: Historia de los indios de la Nueva España. Estudio crítico, apéndices, notas e índice de Edmundo O'Gorman.	30.00
588.	MUNTHE, Axel: La historia de San Michele. Introducción de Arturo Uslar-Pietri.	35.00

605.	PAYNO, Manuel: El hombre de la situación. Retratos históricos. Moctezuma II. Cuauhtémoc. La Sevillana. Alfonso de Avila. Don Martín Cortés. Fray Marcos de Mena. El Tumulto de 1624. La Familia Dongo.	30.00
622.	PAYNO, Manuel: Novelas cortas. Apuntes biográficos por Alejandro Villaseñor y Villaseñor.	35.00
	PEMAN: Véase: Teatro Español Contemporáneo	
	PENSADOR MEXICANO: Véase: Fábulas	
64.	PEREDA, José María de: Peñas arriba. Sotileza. Introducción de Soledad Anaya Solórzano.	30.00
165.	PEREYRA, Carlos: Hernán Cortés. Prólogo de Martín Quirarte.	25.00
493.	PEREYRA, Carlos: Las huellas de los conquistadores.	30.00
498.	PEREYRA, Carlos: La conquista de las rutas oceánicas. La obra de España en América. Prólogo de Silvio Zavala.	35.00
188.	PEREZ ESCRICH, Enrique: El mártir del Gólgota. Prólogo de Joaquín Antonio Peñalosa.	40.00
69.	PEREZ GALDOS, Benito: Miau. Marianela. Prólogo de Teresa Silva Tena.	40.00
107.	PEREZ GALDOS, Benito: Doña perfecta. Misericordia	40.00
117.	PEREZ GALDOS, Benito: Episodios nacionales: Trafalgar. La corte de Carlos IV. Prólogo de María Eugenia Gaona.	30.00
130.	PEREZ GALDOS, Benito: Episodios nacionales: 19 de marzo y el 2 de mayo. Bailén.	30.00
158.	PEREZ GALDOS, Benito: Episodios nacionales: Napoleón en Chamartín. Zaragoza. Prólogo de Teresa Silva Tena.	30.00
166.	PEREZ GALDOS, Benito: Episodios nacionales: Gerona. Cádiz. Nota preliminar de Teresa Silva Tena.	30.00
185.	PEREZ GALDOS, Benito: Fortunata y Jacinta. (Dos historias de casadas). Introducción de Agustín Yáñez.	50.00
289.	PEREZ GALDOS, Benito: Episodios nacionales: Juan Martín el Empecinado. La batalla de los Arapiles.	30.00
378.	PEREZ GALDOS, Benito: La desheredada. Prólogo de José Salavarría.	35.00
383.	PEREZ GALDOS, Benito: El amigo manso. Prólogo de Joaquín Casalduero.	25.00
392.	PEREZ GALDOS, Benito: La fontana de oro. Introducción de Marcelino Menéndez Pelayo.	40.00
446.	PEREZ GALDOS, Benito: Tristana. Nazarín. Prólogo de Ramón Gómez de la Serna.	25.00
473.	PEREZ GALDOS, Benito: Angel Guerra. Prólogo de Emilia Pardo Bazán.	35.00
489.	PEREZ GALDOS, Benito: Torquemada en la hoguera. Torquemada en la cruz. Torquemada en el purgatorio. Torquemada y San Pedro. Prólogo de Joaquín Casalduero.	35.00
231.	PEREZ LUGIN, Alejandro: La casa de la Troya. Estudiantina.	25.00
235.	PEREZ LUGIN, Alejandro: Currito de la Cruz.	25.00
263.	PERRAULT, CUENTOS DE: Griselda. Piel de asno. Los deseos ridículos. La bella durmiente del bosque. Caperucita roja. Barba azul. El gato con botas. Las hadas. Cenicienta. Riquete el del copete. Pulgarcito. Prólogo de María Edmée Alvarez.	25.00
308.	PESTALOZZI, Juan Enrique: Cómo Gertrudis enseña a sus hijos. Cartas sobre la educación de los niños. Libros de educación elemental. Prólogos, estudio introductivo y preámbulos de las obras por Edmundo Escobar.	40.00
369.	PESTALOZZI, Juan Enrique: Canto del cisne. Estudio preliminar de José Manuel Villalpando.	25.00
492.	PETRARCA: Cancionero. Triunfos. Prólogo de Ernst Hatch Wilkins.	35.00
221.	PEZA, Juan de Dios: Hogar y patria. El arpa del amor. Noticia preliminar de Porfirio Martínez Peñalosa.	25.00
224.	PEZA, Juan de Dios: Recuerdos y esperanzas. Flores del alma y versos festivos.	35.00
557.	PEZA, Juan de Dios: Leyendas históricas tradicionales y fantásticas de las calles de la ciudad de México. Prólogo de Isabel Quiñónez.	35.00
594.	PEZA, Juan de Dios: Memorias. Reliquias y retratos. Prólogo de Isabel Quiñonez.	35.00

669.	REMARQUE, Erich Maria.- Sin novedad en el frente. Etiología y cronología de la Primera Guerra Mundial.	30.00
597.	RENAN, Ernesto: Marco Aurelio y el fin del mundo antiguo. Precedido de la plegaria sobre la acrópolis.	35.00
101.	RIVA PALACIO, Vicente: Cuentos del general. Prólogo de Clementina Díaz y de Ovando.	25.00
474.	RIVA PALACIO, Vicente: Las dos emparedadas. Memorias de los tiempos de la inquisición.	30.00
476.	RIVA PALACIO, Vicente: Calvario y Tabor.	30.00
507.	RIVA PALACIO, Vicente: La vuelta de los muertos.	30.00
162.	RIVAS, Duque de: Don Alvaro o la fuerza del Sino. Romances históricos. Prólogo de Antonio Magaña Esquivel.	25.00
172.	RIVERA, José Eustasio: La vorágine. Prólogo de Cristina Barros Stivalet.	25.00
	ROBIN HOOD.(Véase: Anónimo)	
87.	RODO, José Enrique: Ariel. Liberalismo y Jacobinismo. Ensayos: Rubén Darío, Bolívar, Montalvo. Estudio preliminar, índice biográfico, cronológico y resumen bibliográfico por Raimundo Lazo.	30.00
115.	RODO, José Enrique: Motivos de Proteo y nuevos motivos de Proteo. Prólogo de Raimundo Lazo.	30.00
88.	ROJAS, Fernando de: La Celestina. Prólogo de Manuel de Ezcurdia. Con una cronología y dos glosarios.	25.00
	ROMANCERO DEL CID. Véase: Poema de Mío Cid	
650.	ROPS, Daniel: Jesús en su tiempo. Jesús ante la crítica por Daniel Rops.	60.00
	ROSAS MORENO: Véase: Fábulas	
328.	ROSTAND, Edmundo: Cyrano de Bergerac. Prólogo, estudio y notas de Angeles Mendieta Alatorre.	30.00
440.	ROTTERDAM, Erasmo de: Elogio de la locura. Coloquios. Erasmo de Rotterdam, Por Johan Huizinga.	30.00
113.	ROUSSEAU, Juan Jacobo: El contrato social o principios de Derecho Político. Discurso sobre las ciencias y las artes. Discurso sobre el origen de la desigualdad. Estudio preliminar de Daniel Moreno.	25.00
159.	ROUSSEAU, Juan Jacobo: Emilio o de la educación. Estudio preliminar de Daniel Moreno.	35.00
470.	ROUSSEAU, Juan Jacobo: Confesiones. Prólogo de Jeanne Renée Becker.	50.00
265.	RUEDA, Lope de: Teatro completo. Eufemia. Armelina. De los engañados. Medora. Colloquio de Camelia. Colloquio de Tymbria. Diálogo sobre la invención de las Calcas. El deleitoso. Registro de representantes. Colloquio llamado prendas de amor. Colloquio en verso. Comedia llamada discordia y questión de amor. Auto de Naval y Abigail. Auto de los desposorios de Moisén. Farsa del sordo: Introducción de Arturo Souto A.	35.00
10.	RUIZ DE ALARCON, Juan: Cuatro comedias. Las paredes oyen. Los pechos privilegiados. La verdad sospechosa. Ganar amigos. Estudio, texto y comentarios de Antonio Castro Leal.	35.00
451.	RUIZ DE ALARCON, Juan: El examen de maridos. La prueba de las promesas. Mudarse por mejorarse. El tejedor de Segovia. Prólogo de Alfonso Reyes.	25.00
	RUIZ IRIARTE: Véase: Teatro Español Contemporáneo	
51.	Sabiduría de Israel. Tres obras de la cultura judía. Traducciones directas de Angel María Garibay K.	30.00
	SABIDURIA DE JESUS BEN SIRAK: Véase: Proverbios de Salomón	
300.	SAHAGUN, Fr. Bernardino de: Historia general de las cosas de la Nueva España. La dispuso para la prensa en esta nueva edición, con numeración, anotaciones y apéndices Angel María Garibay K.	90.00
299.	SAINT-EXUPERY, Antoine de: El principito. Nota preliminar y traducción de María de los Angeles Porrúa.	20.00
322.	SAINT-PIERRE, Bernardino de: Pablo y Virginia. Introducción de Arturo Souto A.	30.00
659.	SAINTE-BEUVE. Retratos literarios. Prólogo de Gerard Bauer.	40.00

611.	TARACENA, Alfonso: La verdadera Revolución Mexicana. (1912-1914). Palabras de Sergio Golwarz.	60.00
612.	TARACENA, Alfonso: La verdadera Revolución Mexicana. (1915-1917). Palabras de Jesús González Schmal.	60.00
613.	TARACENA, Alfonso: La verdadera Revolución Mexicana. (1918-1921). Palabras de Enrique Krauze.	60.00
614.	TARACENA, Alfonso: La verdadera Revolución Mexicana. (1922-1924). Palabras de Ceferino Palencia.	60.00
615.	TARACENA, Alfonso: La verdadera Revolución Mexicana. (1925-1927). Palabras de Alfonso Reyes.2a. edición. 1992. vii-421 pp. Rústica.	60.00
616.	TARACENA, Alfonso: La verdadera Revolución Mexicana. (1928-1929). Palabras de Rafael Solana, Jr.	60.00
617.	TARACENA, Alfonso: La verdadera Revolución Mexicana. (1930-1931). Palabras de José Muñoz Cota.	60.00
618.	TARACENA, Alfonso: La verdadera Revolución Mexicana. (1932-1934). Palabras de Martín Luis Guzmán.	60.00
619.	TARACENA, Alfonso: La verdadera Revolución Mexicana. (1935-1936). Palabras de Enrique Alvarez Palacios.	60.00
620.	TARACENA, Alfonso: La verdadera Revolución Mexicana. (1937-1940). Palabras de Carlos Monsiváis.	60.00
	TASIN: Véase: Cuentos Rusos	
403.	TASSO, Torcuato: Jerusalén libertada. Prólogo de M. Th. Laignel.	25.00
325.	TEATRO ESPAÑOL CONTEMPORANEO: BENAVENTE: Los intereses creados. La malquerida. MARQUINA. En Flandes se ha puesto el sol. HNOS. ALVAREZ QUINTERO: Malvaloca. VALLE INCLAN: El embrujado. UNAMUNO: Sombras de sueño. GARCIA LORCA: Bodas de sangre. Introducción y anotaciones por Joseph W. Zdenek y Guillermo I. Castillo-Feliú.	35.00
330.	TEATRO ESPAÑOL CONTEMPORÁNEO: LOPEZ RUBIO: Celos del aire. MIHURA: Tres sombreros de copa. LUCA DE TENA: Don José, Pepe y Pepito. SASTRE: La mordaza. CALVO SOTELO: La muralla. PEMAN: Los tres etcéteras de Don Simón. NEVILLE: Alta fidelidad. PASO: Cosas de papá y mamá. OLMO: La camisa. RUIZ IRIARTE: Historia de un adulterio. Introducción y anotaciones por Joseph W. Zdenek y Guillermo I. Castillo-Feliú.	35.00
350.	TEIXIDOR, Felipe: Viajeros mexicanos. (Siglos XIX y XX).	50.00
37.	TEOGONIA E HISTORIA DE LOS MEXICANOS. Tres opúsculos del Siglo XVI. Edición de Angel M. Garibay K.	25.00
253.	TERENCIO: Comedias: La andriana. El eunuco. El atormentador de sí mismo. Los hermanos. La suegra. Formión. Estudio preliminar de Francisco Montes de Oca.	25.00
	TIMONEDA: Véase: Autos Sacramentales	
201.	TOLSTOI, León: La guerra y la paz. De "La guerra y la paz" por Eva Alexandra Uchmany.	100.00
205.	TOLSTOI, León: Ana Karenina. Prólogo de Fedro Guillén.	40.00
295.	TOLSTOI, León. Cuentos escogidos. Prólogo de Fedro Guillén.	25.00
394.	TOLSTOI, León: Infancia-Adolescencia-Juventud. Recuerdos. Prólogo de Salvador Marichalar.	35.00
413.	TOLSTOI, León: Resurrección. Prólogo de Emilia Pardo Bazán.	35.00
463.	TOLSTOI, León: Los Cosacos. Sebastopol. Relatos de guerra. Prólogo de Jaime Torres Bodet.	25.00
479.	TORRE VILLAR, Ernesto de la: Los Guadalupes y la independencia. Con una selección de documentos inéditos.	25.00
550.	TRAPE, Agostino: San Agustín. El hombre, el pastor, el místico. Presentación y traducción de Rafael Gallardo García O.S.A.	35.00
290.	TUCIDIDES: Historia de la guerra del Peloponeso. Introducción de Edmundo O'Gorman.	45.00
453.	TURGUENEV, Iván: Nido de Hidalgos. Primer amor. Aguas primaverales. Prólogo de Emilia Pardo Bazán.	30.00
	TURGUENEV: Véase: Cuentos Rusos	
591.	TURNER, John Kenneth. México bárbaro.	30.00

209.	TWAIN, Mark: Las aventuras de Tom Sawyer. Introducción de Arturo Souto A.	35.00
337.	TWAIN, Mark: El príncipe y el mendigo. Introducción de Arturo Souto A.	25.00
	UCHMANY, Eva: Véase: TOLSTOI, León	
	UNAMUNO, Miguel de. Véase: Teatro Español Contemporáneo	
384.	UNAMUNO, Miguel de: Cómo se hace una novela. La tía Tula. San Manuel bueno, mártir y tres historias más. Retrato de Unamuno por J. Cassou y comentarios de Unamuno.	40.00
388.	UNAMUNO, Miguel de. Niebla. Abel Sánchez. Tres novelas ejemplares y un prólogo.	40.00
402.	UNAMUNO, Miguel de: Del sentimiento trágico de la vida. La agonía del cristianismo. Introducción de Ernst Robert Curtius.	45.00
408.	UNAMUNO, Miguel de: Por tierras de Portugal y España. Andanzas y visiones españolas. Introducción de Ramón Gómez de la Serna.	30.00
417.	UNAMUNO, Miguel de: Vida de Don Quijote y Sancho. En torno al casticismo. Introducción de Salvador de Madariaga.	45.00
523.	UNAMUNO, Miguel de: Antología poética. Prólogo de Arturo Souto A.	50.00
480.	URBINA, Luis G. y otros: Antología del centenario. Estudio documentado de la literatura mexicana durante el primer siglo de independencia 1800-1821. Obra compilada bajo la dirección de Don Justo Sierra.	40.00
237.	USIGLI, Rodolfo: Corona de sombra. Corona de fuego. Corona de luz.	30.00
52.	VALDES, Juan de: Diálogos de la lengua. Prólogo de Juan M. Lope Blanch.	25.00
	VALDIVIELSO: Véase: Autos Sacramentales	
56.	VALERA, Juan: Pepita Jiménez y Juanita la Larga. Prólogo de Juana de Ontañón.	30.00
190.	VALMIKI: El Ramayana. Prólogo de Teresa E. Rohde.	20.00
135.	VALLE-INCLAN, Ramón del: Sonata de primavera. Sonata de estío. Sonata de otoño. Sonata de invierno. (Memorias del Marqués de Bradomín. Estudio preliminar de Allen W. Phillips.	30.00
287.	VALLE-INCLAN, Ramón del: Tirano Banderas. Introducción de Arturo Souto A.	25.00
	VALLE-INCLAN, Ramón del. Véase: Teatro Español Contemporáneo	
694.	VAN DER MEERSCH, Maxence: Cuerpos y almas.	80.00
55.	VARGAS MARTINEZ, Ubaldo: Morelos: siervo de la nación.	35.00
95.	VARONA, Enrique José: Textos escogidos. Ensayo de interpretación, acotaciones y selección de Raimundo Lazo.	30.00
660.	VASARI, GIORGIO. Vidas de grandes artistas. Las artes plásticas renacentistas, por Rudolf Chadraba.	40.00
425.	VEGA, Garcilaso de la y BOSCAN, Juan: Poesías completas. Prólogo de Dámaso Alonso.	40.00
439.	VEGA, Garcilaso de la "El Inca": Comentarios reales. Introducción de José de la Riva-Agüero.	50.00
217.	VELA, Arqueles: El modernismo. Su filosofía. Su estética. Su técnica.	35.00
243.	VELA, Arqueles: Análisis de la expresión literaria.	40.00
339.	VELEZ DE GUEVARA, Luis: El diablo cojuelo. Reinar después de morir. Introducción de Arturo Souto A.	25.00
111.	VERNE, Julio: De la tierra a la luna. Alrededor de la luna. Prólogo de María Elvira Bermúdez.	25.00
114.	VERNE, Julio: Veinte mil leguas de viaje submarino. Nota de María Elvira Bermúdez.	25.00
116.	VERNE, Julio: Viaje al centro de la tierra. El doctor Ox. Maese Zacarías. Un drama en los aires. Nota de María Elvira Bermúdez.	30.00
123.	VERNE, Julio. La isla misteriosa. Nota de María Elvira Bermúdez.	30.00
168.	VERNE, Julio: La vuelta al mundo en 80 días. Las tribulaciones de un chino en China.	20.00
180.	VERNE, Julio: Miguel Strogoff. Con una biografía de Julio Verne por María Elvira Bermúdez.	30.00
183.	VERNE, Julio: Cinco semanas en globo. Prólogo de María Elvira Bermúdez.	25.00
186.	VERNE, Julio: Un capitán de quince años. Prólogo de María Elvira Bermúdez.	30.00
189.	VERNE, Julio: Dos años de vacaciones. Prólogo de María Elvira Bermúdez.	25.00

269.	ZEA, Leopoldo: Conciencia y posibilidad del mexicano. El occidente y la conciencia de México. Dos ensayos sobre México y lo mexicano.	25.00
528.	ZEVACO, Miguel: Los Pardaillán. Tomo I: En las garras del monstruo. La espía de la Médicis. Horrible revelación	35.00
529.	ZEVACO, Miguel: Los Pardaillán. Tomo II: El círculo de la muerte. El cofre envenenado. La cámara del tormento.	30.00
530.	ZEVACO, Miguel: Los Pardaillán. Tomo III: Sudor en sangre. La sala de las ejecuciones. La venganza de Fausta.	35.00
531.	ZEVACO, Miguel: Los Pardaillán. Tomo IV: Una tragedia en la Bastilla. Vida por vida. La crucificada.	35.00
532.	ZEVACO, Miguel: Los Pardaillán. Tomo V: El vengador de su madre. Juan el Bravo. La hija del Rey Hugonote.	35.00
548.	ZEVACO, Miguel: Los Pardaillán. Tomo VI: El tesoro de Fausta. La prisionera. La casa misteriosa.	35.00
555.	ZEVACO, Miguel: Los Pardaillán. Tomo VII: El día de la justicia. El santo oficio. Ante el César.	35.00
556.	ZEVACO, Miguel: Los Pardaillán. Tomo VIII. Fausta la diabólica	35.00
558.	ZEVACO, Miguel: Los Pardaillán. Tomo IX: La abandonada. La dama blanca. El fin de los Pardaillán.	35.00
412.	ZOLA, Emilio: Naná. Prólogo de Emilia Pardo Bazán.	35.00
414.	ZOLA, Emilio: La taberna. Prólogo de Guy de Maupassant.	30.00
58.	ZORRILLA, José: Don Juan Tenorio. El puñal del Godo. Prólogo de Salvador Novo.	25.00
681.	ZORRILLA, José: Recuerdos del tiempo viejo. Prólogo de Emilia Pardo Bazán.	60.00
153.	ZORRILLA DE SAN MARTIN, Juan: Tabaré. Estudio crítico por Raimundo Lazo.	25.00
418.	ZWEIG, Stefan: El mundo de ayer.	30.00
589.	ZWEIG, Stefan: Impaciencia del corazón.	30.00
689.	ZWEIG, Stefan: Fouché el genio tenebroso.	35.00
683.	ZWEIG, Stefan: María Antonieta	60.00
690.	ZWEIG, Stefan.- Momentos estelares de la humanidad. Nuevos momentos estelares.	25.00
696.	ZWEIG, Stefan.- Veinticuatro horas en la vida de una mujer. Carta de una desconocida. Confusión de sentimientos.	30.00

— Encuadernación en Tela $13.00 más por tomo —

PRECIOS SUJETOS A VARIACION SIN PREVIO AVISO